La Lengua Que Heredamos

Curso de Español Para Bilingües

Third Edition

La Lengua Que Heredamos

Curso de Español Para Bilingües

Third Edition

Sarah Marqués

Marymount College

JOHN WILEY & SONS, INC.

New York • Chichester • Brisbane • Toronto • Singapore

. Reproduced with
and Instituto
:e.

:s Davis
e Hines
Production Manager   Linda Muriello
Production Editor   John Rousselle
Senior Designer   Laura Nicholls
Assistant Manufacturing Manager Mark Cirillo
Associate Photo Editor   Hilary Newman
Illustration Coordinator   Anna Melhorn

This book was set in 10/12 New Caledonia by Monotype Composition
and printed and bound by Donnelley/Willard. The cover was printed by
New England Book Company.

Recognizing the importance of preserving what has been written, it is a
policy of John Wiley & Sons, Inc. to have books of enduring value published in the United States printed on acid-free paper, and we exert our
best efforts to that end.

Library of Congress Cataloging in Publication Data:
Marqués, Sarah,
    La lengua que heredamos: curso de español para bilingües / Sarah
Marqués.—3. ed.

    English and Spanish.
    Includes index.
    1. Spanish language—Grammar—1950–   2. Spanish language–Study
and teaching—Bilingual method.   I. Title.   91-18483
    ISBN 0-471-10999-1 (paper)
    PC4112.M26   1992
    468.2'421—dc20

Printed in the United States of America

10 9 8 7 6 5 4 3

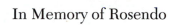

In Memory of Rosendo

PREFACE

La Lengua que Heredamos: Curso de Español para Bilingües has been designed for students of Hispanic background, born or educated in the United States, who speak Spanish at home and want to improve their formal knowledge of the language. All four skills—understanding, speaking, reading, and writing—are stressed, but because students have more difficulty with reading, writing and vocabulary skills, I have provided a variety of practical exercises to strengthen their performance in these problem areas. Nonetheless, listening and speaking have not been forgotten. Many exercises can be done orally, and instructors will find many opportunities to encourage students to speak Spanish.

The text can be used at the elementary or intermediate level, depending on the students' linguistic ability. Depending on the instructor's choice of material, it can also be used in either a one-term or two-term course.

The vocabulary is based on the standard lexicon used in all Spanish-speaking countries. Still, the text does not dismiss nonstandard varieties as useless or undersirable: It aims to add the standard forms known to monolinguals of other Spanish-speaking countries to the linguistic repertoire the students already have.

I have not geared the text to any specific Hispanic nationality, but I have considered some linguistic difficulties within certain groups.

The text consists of 22 *Capítulos* plus *Ejercicios preparatorios para la lectura* and 5 *Repasos*.

The *Ejercicios preparatorios* include a number of prereading exercises should the instructor find it necessary to prepare the students for more advanced work.

The *Repasos*, which appear after Chapters 5, 10, 15, 20 and 22, include exercises covering the grammatical points studied in the preceding chapters. They serve to check and reinforce the concepts studied.

Each regular chapter contains the following: *Lectura, Gramática, Semejanzas y Contrastes, Ortografía* and *Miscelánea.*

Lectura. The informative readings are very diverse in content and authorship. All are written in clear standard Spanish. The selections cover all Spanish-speaking countries, as well as Spanish-speaking groups in the United States. Each lesson presents some salient characteristics of a different country or group. Many students are unfamiliar with the numerous Hispanic countries, and these readings can serve to introduce them to the rich variety of the Hispanic world.

Each reading includes *Preguntas,* a brief comprehension exercise, and *Otras preguntas,* which requires more subjective answers from the students. These additional questions ensure the students' opportunity for oral expression and sustained interest in the discussions. There are two other sections or exercises associated with the *Lecturas.*

Mejore su Vocabulario includes varied exercises to ensure that the students learn active use of the terms used in the *Lecturas,* which are often found in periodicals and literary works. Idiomatic expressions are also covered when they appear in the readings. *Temas para Redactar y Conversar* present three topics related to the readings, giving students the opportunity to express themselves in either oral or written form. The first two lessons include some suggestions on writing and a set of exercises to facilitate the writing of compositions.

Gramática.   *La Lengua que Heredamos* has a practical approach to grammar based on material I have collected through years of classroom work. Grammar explanations are simple and nontechnical and are followed immediately by exercises. Problematic points due to English interference receive special attention.

Rules of accents are explained in Capítulo 4. Each lesson thereafter provides exercises to reinforce the correct use of accents.

In Capítulo 21 some basic explanations and formulas for writing business letters are presented. Capítulo 2 includes a list of the most frequent words, phrases and verbs "loaned" from English.

Semejanzas y Contrastes.   The purpose of this section is to clarify in detail a large number of words commonly confused because of English interference, particularly false cognates. This section also deals with different Spanish equivalents of English verbs such as *to take, to move, to ask, to fail, to raise,* and *to become.*

Ortografía.   This section covers the use of troublesome letters (*s, z, c, h, g, j*), *homófonos* (*bello–vello, ceso–seso*), and *parónimos* (*resumir–reasumir, retratar–retractar*).

Miscelanea.   This book's goal is to improve students' command of the Spanish language while providing them with cultural insights about the Hispanic world that is part of their heritage. This section can be used in class as a springboard for discussion or as a topic for a research project.

The suggested reading list previously found after each *Lectura* is now included in the Apéndice at the end of the book. The Apéndice also includes «Versos Sencillos» by José Martí.

The basic structure of the second edition has been kept, but I have added the following features:

Each chapter has now a section called Antes de leer. It includes questions of general knowledge but related to the topic of the lectura. Also in this section students are able to use some strategies to improve their reading skills, such as scanning, skimming and decoding. Some suggestions for improving writing skills have been added after the Ejercicios preparatorios para la lectura.

At the suggestions of several users, I have re-arranged some grammatical points. The indicative verbs, the subjunctive, the preterit and the imperfect now appear in earlier chapters. Also the préstamos de la lengua (loaned words from English) were moved from chapter 22 to chapter 2. This will allow the students to be aware of them earlier.

Eight lecturas are now new as well as some exercises.

New words and verbs which have different equivalents in Spanish have been added such as: *to get, right* and *light* which can be problematic when translating.

Spanish-English glossaries.

Also at the suggestions of some users the suggested reading list in the Apéndice have been expanded to include more women writers. The Apéndice also includes the lyrics of the tango *Cambalache.*

The Miscelánea section in some chapters has been expanded with new information.

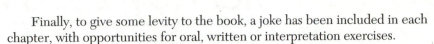

Finally, to give some levity to the book, a joke has been included in each chapter, with opportunities for oral, written or interpretation exercises.

An Answer Key is available to instructors upon request.

Finally, I would like to express my appreciation to the following colleagues for their valuable and helpful reviews of the manuscript: Maria Canteli-Dominicis, St. John's University. Cipriano Cardenas, University of Texas at Brownsville; Lilia Fernandez, Loyola University of Chicago; Lino Garcia, University of Texas-Pan American; Irma Perlman, University of Wisconsin-Milwaukee; Luis M. Quesada, Miami-Dade Community College; Eduardo G. Aguilar, University of Texas at Brownsville and Texas Southmost College; Gabriel Blanco, La Salle University.

A final word of thanks goes to Carlos Davis and the staff at John Wiley & Sons, Inc., for their assistance.

Sarah Marqués

ACKNOWLEDGMENTS

The author wishes to thank the following persons and companies for permission to reprint the material cited:

Chapter 3:   From *Saludos hispanos*. "Un gran ejecutivo hispano: Jaime Oaxaca" by Claire Metalon, pp. 9, 64; Sept.-Oct. 1989.

Chapter 6:   "Audaz rescate en Cuba" by Peter Michelmore. Reprinted with permission from the August 1993 Selecciones del Reader's Digest. Copyright © 1993 por Reader's Digest Latinoamericana. S.A.

Chapter 8:   El nahual. From *Me llamo Rigoberta Menchú y así me nació la conciencia*. Editor Elizabeth Burgos. By permission of Siglo XXI Editores, México, D. F.

Chapter 11:   "Richter 7" Relato XIV from *Relatos completos* by Pedro Joaquín Chamorro. By permission of the President of Nicaragua Violeta Barrios de Chamorro.

Chapter 14:   Drama "La maestra" by Enrique Buenaventura. Permission given by the author.

Chapter 18:   "Orgullosa tradición del sombrero boliviano" by Katie Hickman. *Américas* magazine, Volume 39, no. 4, July-August 1987. Reprinted from *Américas*, a bimonthly magazine published by the General Secretariat of the Organization of American States in English and Spanish.

Chapter 19:   "Los sonetos de la muerte" by Gabriela Mistral. By permission of Editorial Porrúa, México, D.F.

CONTENTS

Ejercicios preparatorios para la lectura 1

Sugerencias para mejorar la escritura 14

Capítulo 1 / España 16

Datos/Mapa 16   Antes de leer 16   Lectura: España y su herencia lingüística 17   Temas para redactar y conversar 23   Gramática: *El alfabeto* 24   *Sonido de las vocales y las consonantes* 24   *Letras sencillas y dobles* 25   Chiste 27   Semejanzas y contrastes: *Cognados* 27   Ortografía: Uso de la C 32   Refranes 33   Miscelánea para leer y comentar 35

Capítulo 2 / México 36

Datos/Mapa 36   Antes de leer 36   Lectura: El bosque de Chapultepec.Centro de alta cultura de México 37   Temas para redactar y conversar 41   Gramática: *Diptongos y triptongos* 42   *Triptongos* 42   *Sílaba* 44   *División de palabras en sílabas* 44   *Recomendaciones generales en cuanto al silabeo* 45   Chiste 46   Semejanzas y contrastes: *préstamos de la lengua* 47   Ortografía: *Uso de la S, las terminaciones -sión y xión* 51   Miscelánea para leer y comentar 53

Capítulo 3 / Los Mexico-Americanos 54

Datos/Mapa 54   Antes de leer 54   Lectura: Los mexico-americanos 55   Un mexico-americano triunfador 56   Temas para redactar y conversar 58   Gramática *palabras simples, derivadas, compuestas y parasintéticas* 59   *Familias de palabras afines* 60   *Cambios de ie e y ue o* 60   *Sufijos y prefijos* 63   Chiste 65   Semejanzas y contrastes: *Distintas traducciones del verbo "to take"* 65   Ortografía: *Homófonos de C y S* 70   Miscelánea para leer y comentar 73

Capítulo 4 / Otros Grupos Hispánicos En Los Estados Unidos 74

Mapa 74   Antes de leer 74   Lectura: Otros grupos hispánicos en los Estados Unidos 75   Temas para redactar y conversar 78   Gramática: *El artículo* 79   *Uso del artículo definido* 79   *Omisión del artículo definido* 80   *Concordancia del artículo con el sustantivo* 80   *Contracción del artículo definido el* 81   *El artículo neutro lo* 82   *Los indefinidos unos y unas* 83   *Omisión del artículo indefinido* 83   *Reglas de la acentuación* 86   *Palabras en las que el acento destruye el diptongo* 86   Chiste 88   Semejanzas y contrastes 88   Ortografía: *Uso de la z* 90   Miscelánea para leer y comentar 94

Capítulo 5 / Puerto Rico   95

Datos/Mapa 95   Antes de leer 95   Lectura: Guanina 96
Temas para redactar y conversar 100   Chiste 101   Gramática
Acentuación de los monosílabos 101   *Letras mayúsculas y minúsculas*
Aumentativos diminutivos y despectivos 104   Semejanzas y contrastes:
«back y to back» 106   Ortografía: *homófonos de S y Z* 110
Miscelánea para leer y comentar 112

Repaso I   113

Capítulo 6 / Cuba   115

Datos/Mapa 115   Antes de leer 115   Lectura: Audaz rescate en
Cuba 116   Temas para redactar y conversar 122   Gramática: *El
verbo* 123   *El infinitivo* 124   *Raíz del verbo* 124   *Verbos
regulares e irregulares* 124   *El gerundio y el participio* 124   *El
verbo auxiliar haber* 125   *El modo indicativo* 125   *Cambios
ortográficos e irregularidades en el presente* 126   *Otras reglas de la
acentuación* (continuación) 130   Semejanzas y contrastes 132
Ortografía: *Uso de la b y de la v (I)* 134   Miscelánea para leer y
comentar 136

Capítulo 7 / La República Dominicana   137

Datos/Mapa 137   Antes de leer 137   Lectura: Quisqueya 138
Temas para redactar y conversar 143   Gramática: *Verbos con participios
irregular* 143   *Verbos con dos participios, regular e irregular* 144
El futuro: regular e irregular 145   *Otros usos del futuro* 146   Chiste
148   Semejanzas y contrastes: *Algunos usos del singular y el plural en inglés y español* 148   Ortografía: *Uso de la v (II) Práctica de acentos* 149
Dichos y refranes 150   Miscelánea para leer y comentar 152

Capítulo 8 / Guatemala   153

Datos/Mapa 153   Antes de leer 153   Lectura: El Nahual 155
Temas para redactar y conversar 157   Gramática: *El modo subjuntivo*
158   *Formas del presente del subjuntivo* 158   *Cambios ortográficos
para mantener el sonido en el presente del subjuntivo* 159
Irregularidades en el presente del subjuntivo 160   *Otras irregularidades*
160   *Verbos con irregularidades propias en el presente del subjuntivo* 161
El imperfecto del subjuntivo 163   *Uso del imperfecto del subjuntivo* 164
Irregularidades en el imperfecto del subjuntivo 164   *Secuencia de tiem-
pos* 165   Chiste 167   Semejanzas y contrastes: 168
Ortografía: *Homófomos de b y v* 169   Práctica de acentos 170
Miscelánea para leer y comentar 171

Capítulo 9 / El Salvador 172

Datos/Mapa 172 Antes de leer 172 Lectura: El Salvador en camino de la recuperación nacional 173 Temas para redactar y conversar 177 Gramática: *El modo imperativo* 177 *Irregularidades de ciertos verbos en los mandatos directos con* <u>tú</u> 177 *Los mandatos indirectos y los mandatos impersonales* 177 *La forma let's y sus equivalentes en español* 178 *Los tiempos compuestos del subjuntivo* 179 Chiste 181 Semejanzas y contrastes: *Equivalentes en español de" the former" y "the latter"* 181 Ortografía: *Los signos de puntuación* 182 Práctica de acentos 185 Dichos y refranes 185 Miscelánea para leer y comentar 186

Capítulo 10 / Honduras 187

Datos/Mapa 187 Antes de leer 187 Lectura: Copán, ciudad maya de Honduras 188 Temas para redactar y conversar 191 Chiste 192 Gramática: *La oración* 192 *Estructura de la oración* 193 *Oraciones impersonales* 193 *Los núcleos de la oración* 193 *Concordancia de sujeto y verbo* 194 *Oraciones simples y compuestas* 195 *El orden de los elementos de la oración* 195 *La oración principal y la subordinada* 195 Semejanzas y contrastes 197 Ortografía: *Uso de la d* 198 Práctica de acentos 200 Miscelánea para leer y comentar 200

Repaso II 201

Capítulo 11 / Nicaragua 204

Datos/Mapa 204 Antes de leer 204 Lectura: Richter 7 Relato XIV 205 Temas para redactar y conversar 209 Gramática: *El pretérito* 209 *Uso del pretérito* 209 *Formación del pretérito de los verbos regulares* 209 *Verbos que cambian la ortografía en el pretérito* 210 *Verbos irregulares en el pretérito* 210 *Verbos terminados en ear* 211 *El imperfecto* 213 *Uso del imperfecto* 213 *Cambio de significación de algunos verbos* 214 Chiste 216 Semejanzas y contrastes: *El verbo " to raise"* 216 Ortografía: *Uso de la* <u>h</u> 218 Práctica de acento 220 Miscelánea para leer y comentar 220

Capítulo 12 / Costa Rica 221

Datos/Mapa 221 Antes de leer 221 Lectura: Costa Rica 222 Temas para redactar y conversar 225 Gramática: *Los participios pasados (-ado, -ido) usados como adjetivos* 226 *Comparación de los adjetivos* 226 *Comparativos irregulares* 227 *Los superlativos en español* 227 Chiste 229 Semejanzas y contrastes: *Las traducciones de "than"* 230 Ortografía: *Homófonos con* <u>h</u> *y sin* <u>h</u> 234 *Parónimos con* <u>h</u> *y sin* <u>h</u> 236 Práctica de acentos 239 Miscelánea para leer y comentar 239

Capítulo 13 / Panamá 240

Datos/Mapa 240   Antes de leer 240   Lectura: Panamá, la tierra del canal 241   Temas para redactar y conversar 245   Gramática: *El género de los sustantivos* 246   *Los gentilicios* 249   Chiste 250   Semejanzas y contrastes: *Traducciones de because (of)* 250   Ortografía: *Uso de la r y de la rr. Diferenciación entre d y r,l y r* 252   Práctica de acentos 254   Miscelánea para leer y comentar 255

Capítulo 14 / Colombia 256

Datos/Mapa 256   Antes de leer 256   Lectura: La maestra 257   Temas para redactar y conversar 261   Gramática: *El número de los sustantivos* 262   *Los apellidos* 263   *Palabras que sólo se usan en plural* 263   *Palabras que cambian de significado según se usen en singular o en plural* 263   *El plural de los nombres compuestos* 263   *Los nombres colectivos* 265   Chiste 267   Semejanzas y contrastes: *El verbo to become y sus equivalentes en español* 267   Ortografía: *Uso de la g y de la j (I)* 270   Práctica de acentos 272   Miscelánea para leer y comentar 273

Capítulo 15 / Venezuela 274

• Datos/Mapa 274   Antes de leer 274   Lectura: Simón Bolívar-El gran libertador Tres héroes (José Martí) Bolívar (Luis LLorens Torres) 275   Temas para redactar y conversar 279   Gramática: *El adjetivo* 279   *Adjetivos que siguen al nombre* 279   *Adjetivos que preceden al nombre* 279   *Alteración de la posición normal del adjetivo* 280   *Adjetivos que cambian de significación según la posición* 280   *Apócope de algunos adjetivos* 282   *Posición invariable del adjetivo en frases hechas* 283   Chiste 285   Semejanzas y contrastes: *Almost + preterit versus casi+ presente* 285   Ortografía: *Uso de la j* 287   Práctica de acentos 289   Miscelánea para leer y comentar 290

Repaso III 291

Capítulo 16 / Ecuador 294

Datos/Mapa 294   Antes de leer 294   Lectura: Ecuador 295   Modismos 298   Temas para redactar y conversar 302   Gramática: *El condicional* 299   *Las probabilidades en el pasado* 299   *Los tiempos compuestos del indicativo* 303   Semejanzas y contrastes: *Otras traducciones de would* 305   *El verbo tratar y sus equivalentes en inglés* 305   Chiste 307   Ortografía: *Uso de la ll* 307   Práctica de acentos 309   Miscelánea para leer y comentar 310

Capítulo 17 / Perú 311

Datos/Mapa 311   Antes de leer 311   Lectura: El Cristo de los Milagros, Protector de Lima 312   Temas para redactar y conversar 317

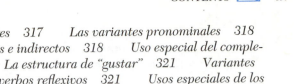

Gramática: *Los pronombres* 317   *Las variantes pronominales* 318
Los complementos directos e indirectos 318   *Uso especial del complemento indirecto* 320   *La estructura de "gustar"* 321   *Variantes
pronominales usadas con verbos reflexivos* 321   *Usos especiales de los
pronombres reflexivos en español* 00   *Los verbos recíprocos* 324
Chiste 324   Semejanzas y contrastes 324   Ortografía: *Uso de la y*
326   Práctica de acentos 327   Miscelánea para leer y comentar 328

Capítulo 18 / Bolivia   329

Datos/Mapa 329   Antes de leer 329   Lectura: Orgullosa tradición
del sombrero boliviano 330   Temas para redactar y conversar 335
Gramática: *Adjetivos y pronombres demostrativos* 335   *Los pronombres
relativos* 336   *El relativo cuyo* 338   Los pronombres indefinidos
339   Chiste 341   Semejanzas y contrastes: *Expresiones com time*
341   Ortografía: *(actitud, altitud, aptitud) (amenizar, amenazar) (absolver,
absorber)* 342   Práctica de acentos 343   Miscelánea para leer comentar 344

Capítulo 19 / Chile   345

Datos/Mapa 345   Antes de leer 345   Lectura: Gabriela Mistral: Una
gloria de Chile 346   Temas para redactar y conversar 348
Gramática: *El adverbio* 349   *Abreviación de los adverbios* 350
Diminutivos de los adverbios 350   *Comparación irregular de algunos
adverbios* 350   *Frases adverbiales* 351   Chiste 352   Semejanzas
y contrastes: *El verbo to fail* 352   Ortografía: *(consumar, consumir) (preceder, presidir, proceder, predecir) (prevenir, provenir, porvenir)* 354
Práctica de acentos 356   Miscelánea para leer y comentar 357

Capítulo 20 / Paraguay   358

Datos/Mapa 358   Antes de leer 358   Lectura: El regalo de la diosa
Luna 359   Modismos 362   Temas para redactar y conversar 362
Gramática: *Las preposiciones* 363   *Usos de para y por* 365   *Verb+
for en inglés y sus equivalencias en español* 367   Chiste 369
Semejanzas y contrastes: *Equivalencias especiales de ciertas preposiciones
Contraste con el inglés* 369   Ortografía: *Homófonos de ll y y* 372
Práctica de acentos 374   Miscelánea para leer y comentar 375

Repaso IV   376

Capítulo 21 / Uruguay   378

Datos/Mapa 378   Antes de leer 378   Lectura: A la deriva 379
Modismos 381   Temas para redactar y conversar 383   Gramática:
Las conjunciones 383   *Usos de pero, sino, sino que* 384   *Las cláusulas con si* 385   *Las abreviaturas* 387   *La correspondencia comercial;
elementos básicos* 388   Chiste 389   Semejanzas y contrastes:

Expresiones que se usan con "turn" 390   Ortografía: *(ligar, legar, legal)*
(espiral, espirar, expirar) (rozar, rociar) (asar, azar, azahar) 392
Práctica de acentos 394   Miscelánea para leer y comentar 395

Capítulo 22 / Argentina   396

Datos/Mapa 396   Antes de leer 396   Lectura: El tango argentino re-
torna por sus laureles 397   Modismos 400   Temas para redactar y
conversar 401   Gramática: *La interjección* 402   Chiste 402
Semejanzas y contrastes: *El verbo to get y sus distintos equivalentes en español*
403   Ortografía: *Palabras que cambian de significado según se usen juntas
o separadas* 406   Práctica de acento 409   Miscelánea para leer y comentar 410

Repaso V   411

Apéndice   413

Sugerencia de lecturas adicionales
Versos sencillos de José Martí
Tango "Cambalache"

Glossary   419

Photo Credits   428

Index   430

EJERCICIOS PREPARATORIOS

LA LECTURA

Los ejercicios que siguen tienen el propósito de prepararlo para que lea con más facilidad, rapidez y comprensión. Al principio de cada sección se explica el objetivo de los ejercicios.

Reconocimiento de palabras de uso frecuente

Las palabras que siguen aparecen con gran frecuencia en la lectura. Son las palabras llamadas "fillers" o "sight words" en inglés. Este ejercicio tiene el propósito de ayudarlo a reconocerlas rápidamente.

Lea en voz alta la palabra y sin detenerse a pensar, marque con rapidez la que no reconozca. Al terminar el ejercicio, estudie las palabras que marcó hasta que las reconozca sin dificultad.

Ejercicio A

1.	y	_____	14.	me	_____
2.	de	_____	15.	del	_____
3.	con	_____	16.	un	_____
4.	por	_____	17.	al	_____
5.	a	_____	18.	son	_____
6.	la	_____	19.	dos	_____
7.	o	_____	20.	se	_____
8.	el	_____	21.	mi	_____
9.	yo	_____	22.	les	_____
10.	no	_____	23.	ni	_____
11.	sus	_____	24.	le	_____
12.	es	_____	25.	ya	_____
13.	que	_____	26.	tu	_____

PALABRAS MARCADAS _____

Ejercicio B

1.	este	_____	26.	pollo	_____
2.	tantos	_____	27.	sombrero	_____
3.	cama	_____	28.	vamos	_____
4.	dinero	_____	29.	peluca	_____
5.	mismo	_____	30.	jamón	_____
6.	pan	_____	31.	techo	_____
7.	mamá	_____	32.	dulce	_____

8.	amigos	_____	33.	pie	_____
9.	cura	_____	34.	después	_____
10.	nada	_____	35.	marido	_____
11.	come	_____	36.	verde	_____
12.	asiento	_____	37.	comedor	_____
13.	modo	_____	38.	zapato	_____
14.	lápiz	_____	39.	domingo	_____
15.	arriba	_____	40.	detrás	_____
16.	botella	_____	41.	ayer	_____
17.	limpio	_____	42.	conmigo	_____
18.	dedo	_____	43.	semana	_____
19.	cuchara	_____	44.	hora	_____
20.	hombre	_____	45.	tuyo	_____
21.	mañana	_____	46.	enfermo	_____
22.	nadie	_____	47.	carne	_____
23.	banco	_____	48.	dentadura	_____
24.	abuelo	_____	49.	cortina	_____
25.	mejor	_____	50.	azúcar	_____

PALABRAS MARCADAS _____

Percepción visual de palabras

Estos ejercicios tienen el propósito de ayudarlo a distinguir palabras que tienen forma parecida. Como la percepción es visual no es necesario que pronuncie las palabras.

Ejercicio A. Marque rápidamente las palabras que sean igual a la palabra clave dada. Al final de los ejercicios, señale el número de veces que la palabra se ha repetido.

Modelo: son sin søn somos søn con así ___2___

1.	de	da	de	di	de	da	de	_____
2.	el	el	le	lo	la	el	él	_____
3.	des	das	des	dos	des	den	des	_____
4.	un	uno	un	aún	un	unos	una	_____
5.	soy	voy	soy	doy	soy	soy	hoy	_____
6.	vez	ven	vez	van	vez	tez	voz	_____
7.	más	amas	más	mes	amos	mas	masa	_____
8.	ve	va	ven	veis	vais	ve	ve	_____
9.	los	los	las	les	los	sol	loa	_____
10.	ser	sed	ser	son	ver	ser	sea	_____
11.	eso	eco	eso	eso	oso	aso	eso	_____
12.	este	esta	estén	esté	este	esta	usted	_____
13.	ahí	allí	así	ahí	allá	aquí	ahí	_____
14.	año	uña	año	eñe	año	caño	año	_____
15.	cien	cine	cien	cien	cieno	sien	cien	_____

Ejercicio B

1. cara   cero   cara   cura   acera   cara   coro   _____

2. hora   ahora   ahorra   hora   hora   horca   héroe   _____

3. nada   nudo   nada   anida   nada   nido   nada   _____

4. tonto   tonto   tonto   atento   tinta   tanto   tanta   _____

5. pasa   pasa   pasa   puso   pasa   pesa   pisa   _____

6. cama   como   cama   comer   cama   coma   cama   _____

7. pera   pera   para   pera   pera   pura   poro   _____

8. baba   beba   bebe   bobo   bebé   baba   bebas   _____

9. prosa   prosa   prisa   prosa   presa   aprisa   _____

10. hombre   hambre   hombre   hembra   hombro   miembro   hombre   _____

11. mucho   mecha   mucho   macho   mucho   mecha   muchas   _____

12. para   por   para   pera   pera   poro   pira   _____

13. casa   casta   causa   acusa   casta   cosa   caspa   _____

14. monte   monte   manta   monte   miente   monte   monta   _____

15. pasto   peste   pasta   pasto   poste   pasto   pista   _____

Ejercicio C

1. caballo   cabello   caballo   cebolla   escollo   caballo   caballo   _____

2. madera   madero   mirada   morado   madera   morada   maduro   _____

3. escribir   escribir   inscribir   descubrir   describir   escribir   escribir   _____

4. recibe   reside   recite   remite   recibe   recibe   recibe   _____

5. tercero   ternero   terceto   tercero   ternera   tercero   terco   _____

6. sombrero   sombrilla   sembrado   sombrero   asombrado   sombrero   obrero   _____

7. espacio   espacio   especie   especia   espeso   especial   espacio   _____

8. mentira   mentira   mentira   montero   mantilla   mérito   amerita   _____

9. hablador   hablante   hablador   hablaba   hablara   hablador   hablar   _____

10.	proceder	preceder	predecir	proceder	
		proceder	presidir	proceder	_____
11.	escritorio	escritorio	escritura	escrito	
		escritorio	criterio	escrutar	_____
12.	perdida	pérdida	perdida	podrida	
		perdida	partida	prendida	_____
13.	cuento	descuento	cuenta	cuento	
		cuanto	cuento	cuento	_____
14.	diversión	diversión	aversión	divertida	
		divorcio	diversión	adverso	_____
15.	cuatro	cuatro	cuadro	cuarto	cuadra
		cuarto	cuadrado		_____

Ejercicio D

1.	informe	deforme	informe	uniforme		
		informe	conforme	informe		_____
2.	compañía	campiña	compañía	compañero		
		acompañó	campaña	campana		_____
3.	muerta	muerta	muerde	muerto		
		muerda	mueca	muerta		_____
4.	primaria	primero	primaria	primeriza		
		primaria	primaria	primordial		_____
5.	posible	posible	posible	apacible		
		imposible	posible	posible		_____
6.	creer	crecer	creer	caer	crear	
		creer	creer			_____
7.	hecho	pecho	techo	hecho	hecho	
		trecho	acecho			_____
8.	peña	peña	puño	leña	seña	paño
		peña				_____
9.	cesta	costo	siesta	cesto	casta	
		cesta	corta			_____
10.	oro	oro	oro	ira	era	aro	ora
11.	falso	faltó	falso	falso	falsa	
		falseó	falso			_____
12.	unidad	unido	unidad	único	unísono	
		unida	unidad			_____
13.	respeto	respeta	respecto	aspecto		
		espero	respeto	respeto		_____
14.	enterado	enterrado	enterado	anterior		
		entero	enterado	entierro		_____
15.	intención	atención	detención	intención		
		intención	intención	afección		_____

Distinción de palabras

Ejercicio A.   Marque rápidamente en la columna correspondiente si las palabras son iguales o diferentes.

Modelo:

		IGUALES	DIFERENTES
marco	marco	✓	
ojo	ajo		✓

1.   aportar   apartar   _____   _____
2.   soy   voy   _____   _____
3.   enojo   enojo   _____   _____
4.   invadir   evadir   _____   _____
5.   suplicio   suplico   _____   _____
6.   espada   espalda   _____   _____
7.   martillo   martillo   _____   _____
8.   substitución   substitución   _____   _____
9.   instrumento   incremento   _____   _____
10.   inmerso   inmenso   _____   _____
11.   programa   programa   _____   _____
12.   importar   imputar   _____   _____
13.   película   peluca   _____   _____
14.   concierto   concierto   _____   _____
15.   pasión   pensión   _____   _____

IGUALES _____   DIFERENTES _____

Ejercicio B

1.   paciente   pariente   _____   _____
2.   acierto   acierto   _____   _____
3.   cartilla   castillo   _____   _____
4.   policía   policía   _____   _____
5.   imposible   impasible   _____   _____
6.   exactitud   exactitud   _____   _____
7.   cualidad   calidad   _____   _____
8.   cartera   carrera   _____   _____
9.   partido   partido   _____   _____
10.   incauto   inculto   _____   _____
11.   obstruido   abstraído   _____   _____
12.   encantado   encantado   _____   _____
13.   pasaje   paisaje   _____   _____
14.   severo   sereno   _____   _____
15.   almíbar   almíbar   _____   _____

IGUALES _____   DIFERENTES _____

Ejercicio C

1.   imperio   imperio   _____   _____
2.   cuarta   carta   _____   _____
3.   distingo   distinto   _____   _____
4.   paralítico   paralítico   _____   _____
5.   saber   sabor   _____   _____
6.   rata   rato   _____   _____
7.   tapada   tupida   _____   _____
8.   amorfo   amorfo   _____   _____
9.   modesto   molesto   _____   _____
10.   inferior   interior   _____   _____

11.	manojo	manojo	_____	_____
12.	astuto	astuto	_____	_____
13.	camino	comino	_____	_____
14.	cartero	carnero	_____	_____
15.	parque	porque	_____	_____

IGUALES _____   DIFERENTES _____

Lectura rápida de frases completas

Los ejercicios que siguen lo ayudarán a aumentar su habilidad de leer en grupos de palabras. Lea cada frase, toda de una vez, tan rápidamente como sea posible y luego haga un círculo alrededor de las frases que sean iguales a la dada.

1. **Frase clave: hasta ese momento.**

    hacía poco rato   después de todo   a cada momento   hasta mañana   con toda seguridad   hasta ese momento   había poca gente   hacía mucho calor   hasta ese momento   hasta muy tarde   en esos momentos   hasta ese momento   ahora mismo   allí mismo   a la misma hora   antes de tiempo

    LA FRASE CLAVE SE REPITE _____ VECES.

2. **Frase clave: con los años.**

    a la larga   con las uñas   con gran cuidado   por si acaso   con los años   por ese tiempo   por lo mismo   a propósito   a lo lejos   al otro lado   con las manos   para llegar antes   con los años   en lo posible   al otro año   todos los años

    LA FRASE CLAVE SE REPITE _____ VECES.

3. **Frase clave: por eso.**

    al momento   para eso   en seguida   por eso   para que   siempre que   por lo tanto   por eso   antes de eso   otra vez   por eso   ni es que   en parte   a su lado   todo eso   por eso

    LA FRASE CLAVE SE REPITE _____ VECES.

4. **Frase clave: no lejos de aquí.**

    por aquí   a lo lejos   cerca de aquí   lejos de aquí   con ellos   también   no lejos de aquí   allí mismo   todavía lleno de   sin saber   como   no lejos de aquí   sin ir más lejos   antes de llegar   entre   ella y yo   no lejos de aquí   empiezan a llegar   no lejos de aquí

    LA FRASE CLAVE SE REPITE _____ VECES.

5. **Frase clave: es innegable que.**

    no es necesario que   no debe ser así   es innegable que   sin dificultad   por llegar tarde   ni una vez vino   a cambio de   es innegable que   es posible   parece que viene   por completo   es innegable que   no es aceptable   por supuesto   a pesar de   tan pronto como

    LA FRASE CLAVE SE REPITE _____ VECES.

6. **Frase clave: sin más ni más.**

    mientras tanto   por si acaso   a poca distancia   sin más ni más   poco a poco   desde arriba   por lo pronto   en lugar de   casi siempre   sin más ni más   por mucho que   allí dentro de   sin

tener en cuenta   sin más ni más   por más que quiera   sin más ni más

LA FRASE CLAVE SE REPITE _____ VECES.

7. **Frase clave: a la derecha.**

así mismo   a su favor   a la derecha   para descansar   con todo derecho   sin pensarlo mucho   a la derecha   en su ausencia   por las noches   a la derecha   a sus espaldas   de derecha a izquierda   por derecho propio   toda derecha   no le parece bien   a la derecha

LA FRASE CLAVE SE REPITE _____ VECES.

8. **Frase clave: en busca de.**

a cambio de   lo de menos   después de todo   en busca de   sin hacerle caso   en busca de   en los días sucesivos   a la entrada de   sin mucha razón   en contra de   en busca de   contra su voluntad   en busca de   al lado de   de parte de   a partir de

LA FRASE CLAVE SE REPITE _____ VECES.

9. **Frase clave: lo cierto es que.**

tan solo   sin razón   para que supiera   tan cierto es   con gran pena   la verdad es que   al descuido   lo cierto es que   buena parte de lo dicho   mientras que   lo cierto es que   no se da cuenta de que   por más que   no tiene que ver que   se siente mejor que   lo cierto es que

LA FRASE CLAVE SE REPITE _____ VECES.

10. **Frase clave: por consiguiente.**

por lo mismo   por lo tanto   por consiguiente   por lo contrario   por debajo de   por lo demás   por consiguiente   por si acaso   por poco   por fin   por todas partes   por fin   por consiguiente   por lo visto   por más que   por consiguiente

LA FRASE CLAVE SE REPITE _____ VECES.

Reconocimiento de palabras sinónimas

Estos ejercicios lo ayudarán a reconocer palabras que tienen la misma significación, aumentando así su comprensión y su vocabulario. Al final de los ejercicios estudie las palabras claves y sus sinónimos hasta que los sepa bien. Marque la palabra que tenga el mismo significado que la palabra clave dada.

Ejercicio A

1. subir   aumentar   moverse   avanzar   ascender
2. pelo   peluca   pomada   cabello   rizo
3. buscar   investigar   inventar   descubrir   acusar
4. medida   tamaño   mitad   distancia   forma
5. calmo   apacible   aclamado   famoso   colmado
6. arreglar   componer   rayar   pegar   romper
7. alegría   retozo   regocijo   pena   algarabía
8. próximo   lejano   cercano   ajeno   encima
9. sello   estampilla   estampa   estampido   marca
10. nunca   raramente   jamás   ahora   siempre

Ejercicio B

1.	lento	animado	preocupado	calmoso	sucio
2.	aula	saludo	sonido	pájaro	clase
3.	nuevo	principiante	caro	deseable	importante
4.	anuncio	aviso	cura	micrófono	denuncia
5.	tienda	venta	almacén	rebaja	compra
6.	sueldo	ganancia	salario	bono	aumento
7.	mandar	enviar	empaquetar	incluir	recibir
8.	guerra	estorbo	contienda	majadería	molestia
9.	número	cuenta	apuesta	lotería	cifra
10.	periódico	libro	revista	folleto	diario

Ejercicio C

1.	encontrar	reunir	chocar	hallar	encubrir
2.	entender	asistir	aceptar	comprender	estirar
3.	benefactor	dirigente	protector	fabricante	director
4.	objetivo	ocupación	mueble	meta	dificultad
5.	idioma	lengua	palabra	frase	oración
6.	divertirse	entretenerse	burlarse	descansar	viajar
7.	opositor	examinador	asistente	contrincante	enemigo
8.	estudioso	trabajador	aplicado	subjetivo	libre
9.	patrocinar	auspiciar	apadrinar	dirigir	pagar
10.	ubicar	abrazar	arrinconar	situar	desalojar

Ejercicio D

1.	bastante	poco	suficiente	escaso	mucho
2.	viejo	anciano	enfermo	vejado	impedido
3.	agradable	agradecido	placentero	agresivo	admirable
4.	multitud	cantidad	gentío	altura	cansancio
5.	pequeño	ligero	tímido	apocado	diminuto
6.	roto	triste	quebrado	frágil	abierto
7.	parientes	familiares	amigos	conocidos	ajenos
8.	diploma	diplomático	título	dulce	empleo
9.	viajero	viajante	pasajero	maletero	cajero
10.	peligroso	seguro	oscuro	riesgoso	solitario

Ejercicio E

1.	asustado	airado	pálido	tembloroso	atemorizado
2.	anterior	antiguo	dentro	primordial	primero
3.	brusco	rápido	violento	pesado	descortés
4.	casualidad	muerte	coincidencia	encuentro	accidente
5.	jovencito	vejete	adolescente	chiquillo	niño
6.	importe	envío	precio	importancia	cantidad
7.	mandato	jefe	orden	sobre	información
8.	calificado	preparado	pintado	castigado	suspendido
9.	leal	cercano	fiel	apegado	callado
10.	adquirir	conseguir	preguntar	aceptar	admirar

Frases sinónimas

El propósito de estos ejercicios es igual al de los anteriores, con la diferencia que éstos se concentran ahora en frases y no en palabras. Marque la frase que tenga la misma significación que la frase dada.

Ejercicio A

		A	B	C
1.	en seguida	ahora mismo	más tarde	en un momento
2.	a veces	de vez en cuando	raras veces	casi nunca
3.	de pronto	con rapidez	inmediatamente	repentinamente
4.	al día siguiente	el día anterior	al otro día	antes de ayer
5.	sin embargo	por si acaso	no obstante	en caso que
6.	en el fondo	básicamente	al cabo de	al final de
7.	a causa de	debido a	por casualidad	casualmente
8.	de ordinario	con ordinariez	con orden	como cosa común
9.	por todas partes	dondequiera	de lado a lado	en ningún lugar
10.	de poco valor	muy caro	sin valor	de poca monta

Ejercicio B

		A	B	C
1.	dar una vuelta	dar vueltas	dar un paseo	darse vueltas
2.	al poco rato	poco a poco	poco o mucho	más tarde
3.	igual que	un aparecido	parecido a	semejante a
4.	con franqueza	con vacilación	sin rodeos	indirectamente
5.	sin darse cuenta	sin notarlo	sin preocupación	por cuenta de
6.	a principios de	en principio	al comenzar	lo principal
7.	por suerte	por lo mismo	por si acaso	por fortuna
8.	por completo	en su totalidad	para completar	casi completo
9.	otra vez	de pronto	a la misma vez	de nuevo
10.	se incorpora	se hace visible	se une	aumenta de peso

Ejercicio C

		A	B	C
1.	por medio de	por la mitad	a través de	por el medio
2.	en cambio	sin cambiar	por otro lado	a cambio de
3.	separado por	partido en dos	aparte	dividido por
4.	por último	a última hora	finalmente	en lo último
5.	dar largas a	en corto plazo	con largueza	dejar para después
6.	el año que viene	el año pasado	el próximo año	al año siguiente
7.	por esa época	ese día	en la antigüedad	por ese tiempo
8.	a grandes rasgos	de rasgos toscos	sin muchos detalles	de nariz grande
9.	todos los días	a diario	un día sí y un día no	en cualquier momento
10.	al mismo tiempo	con gran tiempo	a la vez	con gran rapidez

Ejercicio D

	A	B	C
1. con mucho cuidado	con mucha pena	al descuido	cuidadosamente
2. solamente	en soledad	sin compañía	exclusivamente
3. tener a mano	al alcance	dar una manotada	coger con la mano
4. al revés	en dirección opuesta	con gran dificultad	al lado opuesto
5. sin querer	sin ganas	sin intención	con cariño
6. es preciso	con exactitud	es necesario	muy hermoso
7. ponerse serio	dejar de reír	ponerse molesto	reírse a carcajadas
8. al corriente de	seguir la corriente	al tanto de	funcionar bien
9. es indispensable	es innecesario	no se puede pensar	es necesario
10. de pie a cabeza	al cabo de	de lado	de cabo a rabo

Comprensión de definiciones y palabras

Los ejercicios que siguen lo ayudarán a identificar palabras de igual significación que la definición dada. Lea las definiciones dadas y luego marque la palabra que mejor se ajuste a la definición.

Ejercicio A

1. no tiene padre o madre — ahijado   huérfano   hermano   heredero
2. habla dos lenguas — hablador   traductor   bilingüe   intérprete
3. no le gusta trabajar — perezoso   indiferente   pasivo   indolente
4. dividir palabras en letras — descomponer   deletrear   escribir   reducir
5. decir una falsedad — creer   alardear   asegurar   mentir
6. lugar donde ingresan los enfermos — oficina   hospital   laboratorio   consultorio
7. hacer dos veces — doblar   repetir   duplicar   rehacer
8. gastar el dinero en cosas innecesarias — comprar   desembolsar   despilfarrar   pagar
9. lenguaje castizo — extraño   correcto   castellano   informal
10. volver al mismo lugar — voltear   venir   retornar   devolver

Ejercicio B

1. dejar algo para luego — abandonar   aplazar   interrumpir   concluir

2. preparar con anticipación — pagar   organizar   planear   dirigir

3. condimentos para dar sabor a la comida — especies   verduras   especias   colorantes

4. enfermedad que se extiende — microbio   toxina   epidemia   muerte

5. no tiene sabor — sabroso   saludable   blando   insípido

6. se usa para barrer — trapo   palo   escoba   plumero

7. caja de muerto — tumba   féretro   funeraria   panteón

8. decir que no — negar   dudar   retractarse   cabecear

9. hablar por teléfono — platicar   telefonear   comunicar   charlar

10. no cree en Dios — creyente   crédulo   ateo   religioso

Ejercicio C

1. comida al mediodía — desayuno   cena   almuerzo   merienda

2. hacer lo mismo que los demás — seguir   duplicar   repetir   imitar

3. sin zapatos — zapateado   calzado   descalzo   zapatillas

4. le falta una mano — tuerto   cojo   manco   sordo

5. oficina de abogado — salón   bufete   consultorio   escritorio

6. levantar la voz con ira — vocalizar   cantar   gritar   susurrar

7. pasar una vergüenza — avergonzarse   enfurecerse   enrojecerse   ofenderse

8. pasar las hojas de un libro o revista — examinar   revisar   observar   hojear

9. poner azúcar — adular   revolver   endulzar   mezclar

10. algo molesto — indecente   inoportuno   indeseable   incómodo

Ejercicio D

1. forma de huevo — cilíndrico   ovalado   redondo   bolo

2. incapacidad de dormir — siesta   desvelo   sueño   pesadilla

3. mueble para poner libros — biblioteca   librería   librero   bibliografía

4. perder peso — engordar   adelgazar   espesar   diluir

5. quitar el jabón con agua — enjabonar   limpiar   enjuagar   enjugar

6. mantenerse en la superficie del agua   nadar   hundirse   ahogarse   flotar

7. negarse a aceptar algo   rechazar   regañar   impedir reprochar

8. molestia en alguna parte del cuerpo   pesadumbre   vómito   dolor rotura

9. no tiene cabeza   cabezón   rapado   acéfalo cabecilla

10. llenar completamente   colmar   completar   rellenar vaciar

Comprensión de ideas similares

Estos ejercicios lo ayudarán a reconocer ideas similares expresadas en distintas formas. Lea los párrafos y luego señale la idea principal. Puede haber una, dos, o ninguna oración igual a la idea principal en el párrafo.

1. La tertulia es una reunión de personas que se juntan para conversar o divertirse.

    a. en la tertulia todo el mundo se divierte   _____

    b. una reunión de personas es una tertulia   _____

    c. la gente va a una tertulia a pasar un rato entretenido   _____

    d. nadie está callado en una tertulia   _____

2. La toronja y la naranja son frutas cítricas. Las dos contienen muchos elementos nutritivos.

    a. todas las frutas son cítricas   _____

    b. sólo dos frutas cítricas no son alimenticias   _____

    c. la toronja y la naranja son frutas cítricas alimenticias   _____

    d. la toronja y la naranja son las dos únicas frutas cítricas nutritivas   _____

3. Algunos psiquiatras sostienen que los animales domésticos ayudan a mantener el equilibrio mental a veces con más efectividad que las drogas.

    a. si uno no tiene un animal doméstico se puede perder el equilibrio mental   _____

    b. los animales domésticos son beneficiosos en el mantenimiento de la salud mental   _____

    c. los animales domésticos son siempre más efectivos que las drogas en los tratamientos mentales   _____

    d. los animales domésticos son equilibrados mentalmente   _____

4. Un hombre va a un restaurante a comer y a la hora de pagar no puede porque no tiene dinero en la cartera.

    a. el hombre nunca paga lo que come   _____

    b. el hombre come siempre a la misma hora   _____

    c. el hombre no tenía ningún dinero encima   _____

    d. al hombre le robaron el dinero   _____

5. La vendedora le aconseja que como es muy alta no debe usar vestidos con rayas verticales.

   a. las rayas verticales no afectan en nada la figura de una mujer   _____

   b. la vendedora es muy alta porque usa vestidos con rayas verticales   _____

   c. las rayas verticales alargan la figura según la vendedora   _____

   d. ninguna mujer alta usa vestidos con rayas verticales   _____

6. En los últimos años, los ejercicios físicos forman parte de la vida de casi todos, sin importar la edad.

   a. hoy día, gentes de todas las edades hacen ejercicios físicos   _____

   b. actualmente, sólo los jóvenes hacen ejercicios físicos   _____

   c. el ejercicio físico les importa mucho a los adultos   _____

   d. en los últimos años de la vida es importante hacer ejercicios físicos   _____

7. Un heladero de San Francisco ha ideado un medio para que los niños consuman alimentos nutritivos: helado de verdura.

   a. el heladero se alimenta de helados de verdura   _____

   b. los niños que consumen helado están bien alimentados   _____

   c. el helado de verdura es nutritivo   _____

   d. al heladero sólo le importa que los niños compren helado   _____

8. El niño tenía en los brazos un perro pequeño de orejas muy largas.

   a. el niño tenía las orejas muy largas   _____

   b. el perro no tenía orejas   _____

   c. el niño era muy pequeño   _____

   d. el niño tenía los brazos largos y las orejas pequeñas   _____

9. Las computadoras se están haciendo tan comunes en las oficinas como las máquinas de escribir.

   a. las computadoras son más comunes que las máquinas de escribir   _____

   b. las computadoras se usan cada día más en las oficinas   _____

   c. las computadoras son comunes en todas las oficinas   _____

   d. en algunas oficinas hay tantas computadoras como máquinas de escribir   _____

10. El consejero dice que la historia está llena de
hombres y mujeres que han alcanzado el éxito
por sus propios esfuerzos.

    a. sólo los que tienen éxito aparecen en la historia   _____

    b. el triunfo es posible para los que se esfuerzan   _____

    c. muchos hombres y mujeres logran el triunfo sin
mucho esfuerzo   _____

    d. sólo los que triunfan hacen esfuerzos   _____

LA ESCRITURA

En esta sección usted encontrará algunas sugerencias que le ayudarán a mejorar la escritura en español. Cada vez que escriba una composición debe volver a leer esta parte hasta que se familiarice completamente con las recomendaciones y pueda aplicarlas sin tener que volver a leerlas.

A través del curso también tendrá la oportunidad de escribir numerosas composiciones que lo ayudarán a escribir mejor. Si no ha tenido mucha práctica anteriormente, las primeras composiciones le parecerán difíciles, pero a medida que practique escribir más y más en español, verá que le es cada vez más fácil. Ya lo dice el refrán español: La práctica hace el maestro.

Las tres partes

Muchos de los conocimientos que ya usted tiene al escribir en inglés podrá utilizarlos en la escritura en español. Por ejemplo: la composición debe tener tres partes principales: 1) la introducción general, 2) el desarrollo del tema y 3) la conclusión.

La introducción permite establecer la idea central que se va a presentar. Generalmente es una exposición un poco más amplia que el título y en ella se puede explicar cual es el punto que nos proponemos desarrollar. En el desarrollo del tema se explican las ideas de una forma más detallada, se da información más amplia, se expresan opiniones, se dan ejemplos para aclarar conceptos y todo aquello que contribuya a desarrollar el tema. Generalmente esta parte intermedia está compuesta de varios párrafos, que deben estar relacionados entre sí. Cada párrafo debe contener una idea principal y varias oraciones subordinadas que amplíen la idea central. Dentro del párrafo se debe poner atención al uso de las frases de conexión como: *luego, más adelante, en cambio, por otra parte, igualmente, al mismo tiempo, no obstante, sin embargo*, etc. y otras frases que indican opinión firme como: *creo que, estoy segura, no tengo duda que,* etc. Si queremos no hacer nuestras opiniones demasiado categóricas, algunas frases útiles son: *Me parece que, es posible que, algunos creen que,* etc. La conclusión incluye un resumen breve de lo expuesto en el desarrollo y puede incluir también un comentario personal que reafirme nuestra opinión.

Al principio, trate de expresar sus pensamientos en oraciones simples. Recuerde que se pueden expresar conceptos profundos en un lenguaje sencillo. Más adelante, con la práctica, podrá escribir oraciones más complejas. Pero sobre todo: NUNCA ESCRIBA SUS COMPOSICIONES EN INGLÉS PARA LUEGO TRADUCIRLAS AL ESPAÑOL. Sus oraciones en inglés son seguramente largas y complejas, y tratar de traducirlas al español sencillo que le aconsejamos al principio le causará problemas.

El bosquejo (*outline*)

El bosquejo son los puntos que deseamos tratar en el trabajo escrito. Puede ser útil para pensar en lo que vamos a escribir y para organizar las ideas, pero trate de no escribir un bosquejo que sea demasiado amplio o general. Si el trabajo es corto, de una o dos páginas, no es necesario incluirlo en la versión final.

El borrador (*draft*)

El borrador es la primera versión de lo que escribimos. En este paso se deben escribir todas las ideas que vengan a la mente relacionadas con el tema. Este es el propósito principal. No se preocupe mucho de los errores gramaticales, ya tendrá tiempo de corregirlos durante la revisión. Si es posible, guarde lo que ha escrito un día o dos y luego vuelva a leerlo. Es probable que se le hayan ocurrido nuevas ideas o desee eliminar algunas que ahora cree no tienen relación con el tema.

La revisión.

Es absolutamente necesario revisar lo que se ha escrito. Solamente los escritores con mucha experiencia pueden prescindir de este paso.

La revisión puede ser de dos tipos: temática y de forma.

En la temática se revisan las ideas y como se organizan éstas de una manera lógica y clara dentro de cada párrafo.

¿Es el título apropiado y está relacionado con el contenido de la composición? ¿He dicho realmente lo que quiero decir? ¿He desarrollado plenamente las ideas principales en cada párrafo dando ejemplos suficientes para apoyar mis opiniones? ¿He repetido las mismas ideas en cada párrafo aunque con diferentes palabras?

En la revisión de forma se corrigen los errores ortográficos, se buscan en el diccionario las palabras sobre las que tenemos dudas, se revisan las concordancias entre el sujeto y el verbo, los nombres y los adjetivos, los acentos, la puntuación. ¿He puesto atención a los tiempos verbales mezclando innecesariamente el presente y el pasado? ¿He repetido muy cerca una palabra sin buscar un sinónimo para evitar la monotonía en la composición? ¿He usado cognados falsos que se parecen al inglés pero tienen distinto significado en español? ¿Es la estructura de mis oraciones una estructura española o una mera copia de la estructura inglesa? Todas estas son preguntas que debe hacerse al escribir cada una de sus composiciones.

Tanto la revisión temática como la de forma son esenciales para una buena redacción. Lea las sugerencias con frecuencia, y no se desanime, ya verá que poco a poco se llega lejos. No olvide tampoco que la mejor forma de aprender a escribir es escribiendo y . . . revisando.

ESPAÑA

Nombre oficial: España

Capital: Madrid

Adjetivo de nacionalidad: español(a)

Población (est. 1992): 39.118.000

Millas cuadradas: 194.896

Grupos étnicos predominantes: españoles 73%, catalanes 16%, gallegos 8%, vascos 2%

Lengua oficial: el español; otras lenguas: el catalán, el gallego, el vascuence

Moneda oficial: la peseta

Educación: analfabetismo 3%

Economía: maquinarias, granos, aceituna, uva, vino y turismo

ANTES DE LEER

Esta sección le ayudará a determinar su conocimiento general en cuanto al contenido de la lectura. Se recomienda seguir esta estrategia en todos los capítulos del libro, ya que le ayudará a una mejor comprensión de la lectura.

A. Conteste las siguientes preguntas antes de leer el texto:

1. ¿Sabe lo que quiere decir la frase herencia lingüística?
2. ¿Qué ha heredado de sus padres o abuelos, el color de los ojos, del pelo, de la piel, la estatura, el carácter?
3. ¿Sabe cómo se alimenta una criatura en el vientre de su madre?
4. Piense en algunas de las lenguas que se hablan en el mundo. ¿Cuál es la que se le parece más al español?
5. ¿Cuántos significados cree Ud. que tiene la palabra romance?
6. ¿Qué lenguas hablaban los indígenas americanos a la llegada de los peregrinos ingleses? (Pilgrims).
7. ¿Cree Ud. que los americanos de diferentes regiones en los Estados Unidos hablan exactamente igual aunque todos hablen inglés?

8. ¿Conoce alguna palabra de otro idioma que se haya asimilado al inglés?

9. ¿Sabe cuál es el origen del inglés?

10. ¿Cree Ud. que un americano que no sepa español reconocería las palabras jaguar, tomate, poncho y alcohol?

B. Sobre la lectura

1. Lea el título y trate de adivinar el contenido del texto. Fíjese en el mapa. ¿Dónde está España? ¿Cuáles son sus países vecinos? ¿Qué lenguas se habla en ellos?

2. Eche un vistazo rápido a la lectura. ¿Adivinó de que trata? Después lea con cuidado el texto. Fíjese también en las palabras en letra cursiva. Trate de entender el texto lo más que pueda.

LECTURA

España y su herencia lingüística

laws

would hesitate

Los hispanoamericanos hemos recibido de España toda una forma de vida, hábitos de trabajo y diversión, maneras de enfocar la vida, religión, *leyes*, vicios y virtudes. Pero si se nos preguntara cuál es la característica más fundamental que nos identifica como hispanos, muy pocos *vacilarían* en señalar el español, la hermosa lengua que heredamos de España; cordón umbilical espiritual que nos une eternamente a la Madre Patria. Pero, ¿se ha preguntado usted alguna vez

El acueducto romano de Segovia refleja en su imponente arquitectura la influencia de Roma en España.

source / beings cuál es la *fuente* de esta lengua que hermana a casi 300 millones de *seres* en el mundo, de los cuales 22.4 millones viven en los Estados Unidos"[1]

perhaps *Quizás* no vendría mal un poquito de historia.

go back Los orígenes del español se *remontan* a la Edad Antigua, en el latín *vulgar*
merchants que hablaban los soldados y *mercaderes* romanos que llegaron a la península lbérica a la conquista del Imperio Romano. La mayoría de los pueblos primitivos que habitaban la provincia romana (Hispania) adoptaron la lengua latina, a excepción del pueblo vasco que conservó su propia lengua, el *vascuence*, cuyas raíces son hasta hoy desconocidas.

sprang Del latín *surgieron* también las llamadas lenguas romances o neolatinas, tales como el francés, el italiano, el portugués y el rumano, así como las otras lenguas que aún se hablan en España, entre ellas el catalán, el gallego y el as-
words turiano. No es pues de extrañar que por razones de origen, numerosos *vocablos* del español, casi un 90%, sean palabras latinas evolucionadas: Vita-vida, pater padre, amico-amigo, aqua-agua.

in spite of the fact that Después de los romanos, los germanos invadieron a España y *a pesar de que* pronto olvidaron su propia lengua y asimilaron el latín, algunas palabras de su léxico se incorporaron a las lenguas neolatinas en formación. Las palabras Burgos, arpa, escolta, guardia, Rosendo y Elvira provienen del germano.

A la invasión de los bárbaros siguió la de los árabes (711), en una larga
contributed dominación que duró siete siglos, durante la cual *aportaron* a las lenguas romances numerosos vocablos. Muchos de ellos comienzan con el prefijo *al*, como álgebra, alcalde, algodón, alcohol, alquiler, almanaque, almohada, alberca y almíbar.

De las lenguas romances habladas en Hispania, el español fue poco a poco dominando el panorama lingüístico de la península, ayudado primero por la labor a su favor del rey Alfonso el Sabio (siglo XIII) quien hizo del castellano la lengua oficial de su reino, y más tarde por los Reyes Católicos, Fernando e Isabel, quienes utilizaron la lengua castellana como uno de los elementos de unificación de la península. De ahí viene el nombre de *castellano*, por ser la lengua hablada en Castilla y *español* por ser la lengua oficial de España.

Otro hecho importante que consolidó el español fue la publicación de la primera gramática española de Antonio de Nebrija en 1492.

Con el correr de los siglos, vocablos procedentes de otras lenguas se fueron incorporando al español, entre ellos los llamados italianismos, piano–piloto–alerta–soneto, los galicismos, parque–silueta–jardín–hotel, los anglicismos, frac turista–revólver–tanque. Al descubrimiento de América, el contacto con los indios permitió la incorporación al español de los americanismos, palabras indígenas que se referían a cosas y animales nunca vistos por los
edible rodent españoles como jaguar, cacao, poncho, *jutía* y tomate.

La tecnología moderna también ha creado nuevas palabras, (neologismos) que ya forman parte del idioma español como marcapaso, láser, computadora y estrés.

Probablemente usted habrá oído a alguien referirse al «Castilian Spanish» en oposición al español que se habla en Hispanoamérica y quizás esto le haya dado la falsa impresión de que ambos son diferentes. Nada más lejos de la verdad. El español es sólo uno, no importa donde se hable. Lo que sí existe es una diferencia en la pronunciación de ciertas letras como la *c s z* que se pronuncian como *s* en toda Hispanoamérica salvo algunas pocas regiones. Esta pro-

---

[1] El español es la cuarta lengua por el número de personas que la hablan: la primera es el chino, la segunda el inglés y la tercera el ruso.

bucket

nunciación ha dado lugar a muchos chistes como el del visitante español en Hispanoamérica que acudió con un *cubo* de agua a los gritos de un chiquillo que gritaba que su hermana y el novio se estaban «abrasando», y para su sorpresa encontró que no era otra cosa que un abrazo amoroso.

Otras peculiaridades propias del español que se habla en América son el *voseo* y el *yeísmo*. El uso del *vos* en sustitución del *tú* y *ustedes* está muy difundido en algunas regiones de Centro y Sur América. En la Argentina el voseo tiene una modalidad especial (vos sos). Si usted ha visto alguna película argentina o conoce a algún argentino(a), probablemente haya notado este uso. El *yeísmo*, que consiste en pronunciar la *ll* como *y* (cabayo por caballo) está también generalizado. Es igualmente bastante común el uso de los llamados *arcaísmos*, viejas palabras que usaban los conquistadores y que se han preservado en América, tales como fierro–truje–ansina–nenguno–agüelo y mesmo entre otras. En algunos lugares de Hispanoamérica hay cierta confusión en el uso de la *l* y la *r* especialmente al final de sílaba y palabra. A veces se oye decir calne por carne, comel por comer.

Quizás una de las características más interesantes del español que se habla en América sea la gran variedad que existe en la pronunciación y entonación en los diferentes países hispanoamericanos y a veces en distintas regiones dentro de un mismo país. No hablan igual los mexicanos que los chilenos, ni los serranos de Quito que los costeños de Guayaquil, y a veces se usan diferentes palabras para referirse a la misma cosa (frijoles–Cuba, porotos–Argentina y Chile, habichuelas–Puerto Rico), pero al final nos entendemos *a las mil maravillas* porque todos hablamos la misma lengua. Además, se podría señalar que algunas de las variantes que se han señalado ocurren también en España.

perfectamente

La próxima vez que oiga a alguna persona desconocida hablar español, ¿por qué no trata de adivinar su nacionalidad por su manera de hablar? Luego, si es posible, pregúntele de dónde es a ver si acertó.

Preguntas

A. Preguntas sobre la lectura. Conteste si son verdaderas o falsas las oraciones que se dan. Corrija las falsas.

1. De España hemos heredado sólo la lengua y la religión. _____
2. La lengua es la herencia más visible. _____
3. No se sabe qué lengua dio origen al español. _____
4. El vascuence evolucionó del latín. _____
5. Los árabes influyeron en la arquitectura española pero no en la lengua. _____
6. El español y el castellano son sinónimos. _____
7. España es una nación monolingüe. _____
8. La primera gramática española se publicó en 1492. _____
9. El español que se habla en España y el que se habla en Hispanoamérica son básicamente iguales. _____
10. En Hispanoamérica el léxico es uniforme, todo el mundo usa las mismas palabras para referirse a las mismas cosas. _____

B. Otras preguntas.

1. ¿Sabe si el latín ha influido en el inglés?
2. ¿Puede mencionar algunas palabras del español que se hayan incorporado al inglés?

El Palacio de La Alhambra en Granada es otro soberbio
ejemplo de la arquitectura árabe con sus elaborados arcos que
semejan encajes.

3. ¿Qué ciudades de los Estados Unidos tienen nombres en español?

4. ¿Puede establecer algún paralelo entre el inglés que se habla en los Estados Unidos e Inglaterra y el español que se habla en España e Hispanoamérica?

5. ¿Pudiera explicar qué se quiere decir en la lectura con que el español «es el cordón umbilical que nos une a la Madre Patria»?

6. En las Filipinas se habla también mucho el español. ¿Sabe por qué?

7. De las palabras de origen árabe dadas, ¿cuáles se usan también en inglés?

8. ¿Puede mencionar algunas palabras del inglés que provengan del latín?

Mejore su vocabulario

A. Subraye el sinónimo de la palabra dada.

1. vacilar   irse de fiesta   dudar   estar de acuerdo

2. fuente   parte de la cara   fuera   origen

3. remontarse   ir atrás en el tiempo   enojarse   montarse de nuevo

4. mercaderes   obreros   comerciantes   dibujantes

5. surgieron   operaron   salieron   hirieron

6. vocablos   ruidos   palabras   vivienda de animales

7. aportar   tener mal olor   contribuir   separar

8. difundido   derretido   comparado   popularizado

9. acertar   recibir de buena gana   adivinar   aproximarse

10. seres   tela   cereal   personas

B. Relacione las dos columnas.

1. tomate   _____ arcaísmos

2. lengua hablada por los vascos   _____ galicismos

3. lengua romance   _____ italianismos

4. uso del *vos* _____ yeísmo
5. palabras viejas del español _____ neologismos
6. vocablos originados del francés _____ vascuence
7. palabras tecnológicas nuevas _____ voseo
8. palabras provenientes del italiano _____ anglicismos
9. palabras de origen inglés _____ neolatina
10. uso de la *y* en vez de la *ll* _____ americanismo

C. Vocabulario útil relacionado con el uso de la lengua.

bilingüe   hablador   habladuría   callado   charlatán
deslenguado   elocuencia   locuaz   locutor   mudo
políglota   tartamudo   tutear   reservado

Busque en el diccionario el significado de las palabras que no sepa y luego complete con la palabra que dé sentido a la oración.

1. Una persona que habla con elegancia y facilidad tiene mucha

    _____.
2. El que usa un lenguaje grosero es un _____.
3. Se le llama _____ al que no puede hablar.
4. _____ a una persona es tratarla de *tú*.
5. Al que habla dos idiomas se le llama _____ y _____ si habla varias lenguas.
6. _____, _____ y _____ son palabras sinónimas que se refieren al que habla mucho.
7. Al que habla poco se le dice _____.
8. Un _____ es el que habla por radio o televisión.
9. El que repite sílabas o sonidos al hablar es _____.
10. Una _____ es un rumor, un chisme.

Modismos

quizás   *perhaps*
a pesar de (que)   *in spite of, despite*
a las mil maravillas   *extremely well*

Quizás sea una lavadora de inferior calidad pero a *pesar de* eso trabaja *a las mil maravillas*.

Perhaps it is a washer of inferior quality but in spite of that it works *extremely well*.

Complete los espacios con los modismos estudiados.

1. Ayer dijeron que _____ suspenderían el juego de pelota a causa de la lluvia; ¿por fin jugaron, Andrés?—Sí, y _____ de la lluvia, el gentío y el tráfico lo pasamos _____.
2. Bueno, _____ de todo lo que me dices, es un buen empleado que cumple con su trabajo _____; vamos a darle una nueva oportunidad y _____ no haya necesidad de despedirlo.

Actividades preparatorias para la composición

Los ejercicios que siguen tienen el propósito de practicar la transformación de oraciones sencillas en otras más variadas y complejas. Haga las modificaciones que crea necesarias, añadiendo o cambiando palabras, agregando nexos y eliminando las repeticiones hasta que crea que ha logrado un párrafo correcto y claro. Fíjese en el ejemplo:

el español es una lengua: armoniosa
                            fácil de pronunciar
                            hoy día es hablada por millones de personas
                            se habla en distintas partes del mundo.

El español es una lengua armoniosa y fácil de pronunciar, que hoy día es hablada por millones de personas en distintas partes del mundo.

A.

1. el vascuence: se habla en el norte de España
                  es una lengua muy difícil de aprender
                  se sabe que no viene del latín
                  no se sabe su origen.

2. Alfonso el Sabio: era un rey de la Edad Media
                  era castellano
                  hizo del español la lengua oficial de su reino
                  ayudó a consolidar el español.

3. los americanismos: son palabras indígenas incorporadas al español
                  eran desconocidos por los españoles
                  hoy forman parte del español moderno
                  los más conocidos son quizás tabaco y tomate.

4. los arcaísmos: son palabras muy viejas de la lengua
                  son palabras que han caído en desuso
                  modernamente no son parte de la lengua formal
                  forman parte del lenguaje familiar
                  son usados en muchas partes de Hispanoamérica.

B.

1. el estudiante: se expresó en español
                  usó un lenguaje claro
                  usó palabras elegantes y precisas
                  leyó un trabajo muy interesante
                  fue muy aplaudido por los asistentes.

2. el maestro: saludó a los estudiantes
                  pasó la lista
                  dijo que la lección del día era difícil
                  explicó la lección
                  hizo preguntas a los alumnos.

3. los amigos: terminaron las clases
                  se reunieron en la cafetería
                  discutieron los últimos sucesos de actualidad
                  tomaron algunos refrescos
                  se marcharon a sus casas.

4. esquiar: es un deporte muy popular
                  les gusta a los jóvenes
                  se practica en muchos países
                  exige un equipo costoso
                  puede ser peligroso.

Temas para redactar y conversar

Composición dirigida. Las preguntas que siguen pueden servirle de guía para escribir su composición.

1. Influencia de la cultura hispánica en los Estados Unidos. ¿Cree que hay (mucha / alguna / ninguna) influencia hispánica en la sociedad americana?

   Si hay alguna influencia, ¿dónde se percibe ésta?

   ¿Hay lugares con nombre en español?

   ¿Existen zonas donde hay gran concentración de hispanos?

   ¿Se pueden encontrar comercios hispanos (tiendas, restaurantes, librerías, cines, centros nocturnos, teatros)?

   ¿Hay medios de comunicación que usan el español (radio / televisión)?

   ¿Hay avisos y anuncios en español en los trenes subterráneos o autobuses?

   ¿Existen leyes específicas para el beneficio de los hispanos (educación bilingüe / personal bilingüe en hospitales, cortes y centros de bene- ficencia social / boletas en español para votar)?

2. El español en los Estados Unidos.

   ¿Por qué quiere conservar su español en una sociedad de habla inglesa?

   ¿Cree que el español es una lengua importante que debe mantenerse?

   Se ha dicho que la lengua es el elemento principal de la identidad cultural.

   ¿Está de acuerdo?

   ¿Cuántas personas hablan español en el mundo? ¿Y en los Estados Unidos?

   Hay quien afirma que el que sabe más de una lengua vale por dos.

   ¿Cree que es cierto esto?

   ¿Qué utilidad le puede reportar a una persona saber español en el mundo de los negocios?

   Específicamente, ¿en qué trabajos piensa que puede serle útil el es- pañol?

   ¿Considera que es una gran suerte que puede hablar español?

3. English only.

   ¿Sabe qué es este movimiento?

   ¿Quiénes lo apoyan? ¿Por qué?

   ¿Quiénes se oponen a él ¿Por qué?

   ¿Cuál es su opinión al respecto?

   ¿Cómo afecta este movimiento a la comunidad hispana específicamente y en general a otros grupos minoritarios?

GRAMÁTICA

1. El alfabeto

El alfabeto, también llamado abecedario, consta de 28 letras:

a	(a)	k	(ca)[2]	s	(ese)
b	(be)	l	(ele)	t	(te)
c	(ce)	m	(eme)	u	(u)
d	(de)	n	(ene)	v	(ve) (uve)
e	(e)	ñ	(eñe)	w	(doble v) (doble u)[2]
f	(efe)	o	(o)	x	(equis)
g	(ge)	p	(pe)	y	(ye) (i griega)
h	(hache)	q	(cu)	z	(seta) (zeta)
i	(i latina)	r	(ere)		
j	(jota)	rr	(erre)		

2. Sonidos de las vocales y las consonantes

a   casa   tamal   maleta   cara   amor   camino
e   Elena   memoria   Teresa   dedo   pelota
i   isla   miran   indio   misa   pide   silla
o   oso   alto   toro   pobre   niño   Olga
u   bulto   último   muro   tumba   urna

La *y* se considera vocal y suena como *i* cuando está sola y al final de palabra: Ana y Teresa   Uruguay   maguey   ley.

b   bota   bebe   botella   beso   burro
c   En Hispanoamérica antes de *e*, *i* se pronuncia como s: cera   acera   cereza   cinta   ciego   cita. Antes de *a o u* se pronuncia fuerte como en cama   cosa   costo   cubano.
d   dama   dedo   duda   cómodo   dalia   conde
f   fea   fama   fumar   fenómeno   falta   fiado
g   Antes de *a o u* suena suave como en gata   gorra   gusano. Para obtener el mismo sonido con *e i* se debe añadir la *u*: guerra   guitarra   guineo   Guillermo. Si no se añade la *u* después de la *g* el sonido será similar al de *j* como en general   gira   gitano   agencia gentil y Genaro. Fíjese que en la combinación *gue gui* la *u* es muda, es decir, no suena. Si deseamos hacer sonar la *u* como en las palabras agüero y güiro, debemos usar sobre la *u* el signo de puntuación llamado **diéresis** o **crema** (¨).
h   La *h* en español es muda, no suena, como en la palabra inglesa *honor*. Hombre   hijo   alcohol   hueso   hilo   almohada.
j   Delante de cualquier vocal suena fuerte como en la palabra inglesa *house*.
Jamás   jefe   hoja   jirafa   juguete   jamón.
k   Suena fuerte como en ca   co   cu. Recuerde que es una letra muy poco usada en español: Kismet   Krisna   kilolitro   kerosene.
l   lata   loma   alto   papel   lodo   mole   libro

---

[2] La *k* y la *w* no son realmente letras de origen castellano. Se usan generalmente en palabras de origen extranjero como en: kilómetro–kilogramo–kiosko–kaiser–kimono–kindergarten; Wagner–Washington–whiskey–Walter. La Academia de la lengua española eliminó en abril de 1994 las letras *ch* y *ll* del alfabeto español. La decisión no afecta la pronunciación, ni el uso ni la ortografía de las palabras que usen dichas letras, que aparecerán en el diccionario bajo la *c* y la *l* respectivamente.

m	mono mano imán asoma metal
n	nena niña nada canto nube
ñ	Requiere el uso de la tilde y su pronunciación es parecida a *ny* de la palabra inglesa *canyon*: año moño teñir puño niño España.
p	peso pido pato opción
q	Requiere la u y entonces tiene el sonido fuerte de la *k*: querida quemadura aquel raqueta quiero aquí. Fíjese que en esta combinación la *u* no suena.
r	Al principio de palabra suena fuerte como en rosa risa rubio. La *r* también suena fuerte después de *n s l* como en Enrique Israel alrededor. Si está en medio de palabra suena suave como en careta barato aroma cántaro.
rr	Suena fuerte y siempre se usa entre dos vocales en medio de palabra: morro arrullo arreglar Marrero.
s	asma sola isla casta aislar
t	toro teja tierra tumulto tejado
v	Tiene el mismo sonido de *b*: uva vida viaje vaca.
w	Suena como *u*: Walter Westinghouse Wilmington.
x	Su pronunciación varía en los distintos países y de persona a persona. Generalmente se pronuncia como *gs* entre vocales: éxito exiguo eximio exagonal excelente y como *s* ante consonante como en extraño extranjero extremo. Se exceptúan de esta regla México y mexicano que se pronuncian Méjico y mejicano. La grafía con *x* se remonta a la lengua de los aztecas.
y	Es consonante cuando va seguida de vocal y entonces su sonido se asemeja a la palabra inglesa *employee*: yema apoyo aleluya ayer proyecto.
z	En Hispanoamérica se pronuncia igual que la *s*; en España semejante a la *th* en la palabra inglesa *think*: manzana zapato corazón cereza luz Zulueta Zurbarán.

3. Letras sencillas y dobles

La *rr* se comporta como letra sencilla es decir, no se separa al dividir las palabras en sílabas: .pe-rro mo-rro. Hay, sin embargo, letras sencillas que se doblan en algunas palabras como la *a* en Isaac *y* Saavedra, la *e* en leer   proveer   creencia   reemplazar   reelegir   reembolsar   reedificar, la *o* en coordinación   cooperativa   zoología, la *c* en selección   accidente   diccionario   la *n* en innecesario   innato   connotación   y la *m* en Emma y la letra griega gamma.

Nota: La *ch* se pronuncia como en la palabra inglesa *church*: chico   coche   mucho. La pronunciación de la *ll* varía en los distintos países: llave   calle   allí.

Ejercicios orales

A. Lea en voz alta la lista de palabras que siguen.

cue-cui		*ge-gi*		*ja–je–ji–jo–ju*		
cuello	cuita	gesto	Gil	aguja	jirafa	jugo
cuero	acuidad	generoso	Ginastera	jamás	ají	juego
cuesta	cuidado	agencia	ágil	jefe	ajo	juanete
acueducto		congelado	mágico	tejedor	joya	juez
				jinete	jocoso	jurado

h

hambre	hombre	una	uña	cana	caña
hermoso	honor	cuna	cuña	tina	tiña
héroe	hoja	cano	caño	sueno	sueño
heroico	humo	sana	saña	sonar	soñar
hembra	horno	pena	peña	ano	año
hijo	humor	mono	moño	Puno	puño
hiena	hurto	tono	Toño		

n–ñ

r–rr[3]

amara	amarra
ahora	ahorra
careta	carreta
curo	curro
coro	corro
coral	corral
moro	morro
mira	mirra
para	parra

x

examen	excelente
exagerado	excepto
exuberante	extranjero
extensión	hexágono
exterior	texto
textura	exquisito

y

yeso
yerba
yuca
ayuno
yegua

que–qui

Querétaro	paquidermo
quetzal	quimera
quejido	quíntuples
marquesa	quitasol
esquema	maniquí
peluquería	quinientos
paquete	quince

gue–gui

ceguera	guiso
merengue	águila
veguero	anguila
vaguedad	erguido
reniegue	hormiguita
albergue	aguijón
Miguel	sanguíneo

güe–güi

pedigüeño	pingüino
halagüeño	güin
lengüeta	
cigüeña	lingüista
desagüe	güiro
Argüelles	Agüica
vergüenza	agüita
nicaragüense	

B.   Dictado.

1. El castellano y el gallego son dos lenguas romances.
2. Enriqueta llevaba esta mañana el moño atado con una cinta roja.
3. Cacique es una palabra indígena que quiere decir jefe.
4. Nuestras abuelas echaban albahaca en una botella con alcohol para dar fricciones y era un remedio excelente para los dolores en los huesos.
5. Los campesinos en Hispanoamérica aún utilizan carretas tiradas por bueyes para cultivar la tierra y transportar sus productos.
6. Jamás he visto un animal tan raro como la jirafa, con su largo cuello, y esos ojos enormes que miran tan fijos.
7. El guitarrón es un instrumento musical muy popular en la Argentina.
8. El niño lloraba porque le ardían las quemaduras del brazo izquierdo.
9. A Guillermo le gustan mucho las cerezas y los higos.
10. La antigüedad de los agüeros se comprueba a través de la literatura.
11. Al día siguiente, ya los pájaros, juguetones, saltaban y chillaban de rama en rama.
12. La ambigüedad del lenguaje dificulta entender los requisitos.
13. Las clases en el kindergarten comenzaron ayer.
14. Alrededor de las ventanas cuelgan las enredaderas de jazmín.
15. Hatuey, caney y batey son términos indígenas que se han incorporado a la lengua castellana.

---

[3] Otras palabras semejantes serán estudiadas en la lección 13 en *ortografía*.

La mezquita de Córdoba es una muestra de la influencia islámica en el sur de España. Construida sobre una iglesia visigótica por Abderraman I, después de la expulsión de los árabes se convirtió en una catedral cristiana. Sus numerosas columnas le dan la apariencia de un gran bosque de concreto.

Humor

Explique el chiste oralmente o por escrito.

Letrero escrito en un pupitre de la universidad:

La sabiduría me persigue . . . pero yo soy más rápido . . .

SEMEJANZAS Y CONTRASTES

Cognados

Se llaman cognados a las palabras que en inglés y español se escriben en forma igual o parecida. Si los cognados se escriben igual y tienen la misma significación se les llama exactos. EJ. capital/*capital*, error/*error*. Semi-exactos son los que tienen alguna variación en la escritura, EJ. automóvil/*automobile*, vehículo/ *vehicle*. Si la escritura es igual o parecida pero la significación diferente en el uso más frecuente de ambas lenguas, entonces se les llama cognados falsos. A veces las dos palabras coinciden en una significación pero difieren en otra. Dos ejemplos que encontramos en la lectura son **vulgar** y **cubo**.

- **vulgar** (español) = *common, popular*

- *vulgar* (inglés) = **grosero** (*coarse, plebeian*)

Es una mujer **plebeya** (**poco refinada**).
She is a *vulgar* woman (*not refined*).

Mesa y silla son palabras **vulgares**.
Table and chair are *common* words.

- cubo ⟨ bucket / cube ⟩

El agua del **cubo** estaba sucia.
The water in the *bucket* was dirty.

Geométricamente, un **cubo** tiene 6 caras cuadradas.
Geometrically, a *cube* has 6 square sides.

- ● **Cognados con c**

Algunos cognados llevan *cc* en inglés y *c* en español:

accent	acento	*ecclesiastic*	eclesiástico
accomplice	cómplice	*succession*	sucesión
to accelerate	acelerar	*successive*	sucesivo
to accept	aceptar	*succinct*	sucinto
to accompany	acompañar	*succulent*	suculento
to accuse	acusar	*succumb*	sucumbir
to accredit	acreditar	*tobacco*	tabaco

Otros cognados llevan una *c* en inglés y ninguna e*n español*:[4]

adjective	adjetivo	*object*	objeto
adjunct	adjunto	*objective*	objetivo
contract	contrato	*punctual*	puntual
conjunct	conjunto	*puncture*	puntura
conjecture	conjetura	*punctilious*	puntilloso
district	distrito	*respect*	respeto
distinctive	distintivo	*subject*	sujeto
extinct	extinto	*subjunctive*	subjuntivo
instinct	instinto		

Ejercicios

A.   Ch versus c o q Algunas palabras que se escriben con ch en inglés llevan c o q en español. EJ: Christ   Cristo. Dé el equivalente en español.

chemistry	_____	*mechanic*	_____
machine	_____	*architecture*	_____
character	_____	*arch*	_____
charity	_____	*orchestra*	_____
orchid	_____	*psychology*	_____

B.   Complete con la traducción de las palabras dadas en inglés.

1.   El niño fue castigado por usar _____ en la conversación.
   vulgar expressions

2.   Antes jugar al tenis era sólo para los ricos pero hoy es un deporte muy
   _____.
   popular/common

3.   El latín que hablaban los soldados romanos era conocido como latín
   _____.
   popular/common

[4] Observe la diferencia entre punctuation y *puntuación,* function y *función.*

4. Será bella y rica pero tiene gestos bastante _____.
   vulgar/plebian

5. Los _____ Rubik se hicieron famosos hace unos cuantos
   años. *Rubik's cubes*

6. Anitica tiene que trazar un _____ y un rectángulo para su
   clase de geometría. *cube*

7. Se le cayó el _____ de pintura que tenía en lo alto de la escalera. *bucket*

C. Traduzca la palabra en inglés.

1. Todo el mundo sentía mucho _____ por el viejo alcalde.
   respect

2. Después de la entrevista, los presidentes hicieron una declaración
   _____.
   conjunct (joint)

3. En el mundo comercial es conveniente ser _____.
   punctual

4. El _____ es muy importante en la ortografía española.
   accent

5. A veces el hombre también se deja llevar por sus _____.
   instincts

6. El _____ es una planta originaria de América.
   tobacco

7. Para tener una mejor organización las escuelas se agrupan por
   _____.
   districts

8. Los obreros rehusan regresar al trabajo hasta que se firme el nuevo
   _____.
   contract

9. El pescuezo largo es el elemento _____ de las jirafas.
   distinctive

10. El _____ principal de la conferencia fue aclarar cierto mal
    entendido. *objective*

11. El _____ en español se coloca generalmente después del
    sustantivo. *adjective*

PALACIO REAL DE MADRID

RECINTO Y MUSEOS

Patrimonio Nacional

TARIFA BASICA

A № 780945

Conserve este billete.
Podrá serle exigido hasta la salida del recinto.

ENTRADA

D. Tache la c en la palabra que no la lleve.

adjuncto	infectado	accidente	exacto
accelerar	excelente	succulento	accusado
afectuoso	succesión	accesible	acceso
respectuosamente	punctualidad	satisfacción	actividad
afectivo	acceptar	perfecto	extincto
subjunctivo	accordar	función	accionar
respectivamente	succeso	abstracto	

E. Palabras que llevan doble p en inglés pero no en español. Escriba los equivalentes.

apparent	_____	apparatus	_____
appetite	_____	appellation	_____
appearance	_____	appendix	_____
appendicitis	_____	applaud	_____
applicable	_____	application	_____
appreciation	_____	apprehension	_____
apprentice	_____	to approve	_____
approbation	_____	appropriate	_____
approximation	_____	opposition	_____
opportunity	_____	opposite	_____
oppression	_____	to suppose	_____
supplement	_____	suppressor	_____

F. Escriba algunas oraciones con palabras de la lista anterior.

1. _____
2. _____
3. _____
4. _____
5. _____
6. _____

G. Algunas palabras que en inglés llevan mm y nn en español se escriben con m nm y n. Dé los equivalentes en español.

mm–m	mm–nm	nn-n[5]
commercial	immigration	annual
common	immune	anniversary
commission	imminent	annotation
comma	immense	annex
communicate	immortal	innocent
consummation	immediate	personnel

[5] Fíjese que en innecesario, innumerable, innato e innovar se escribe nn porque el sonido de n se oye dos veces.

commentary   commemorate   tunnel
grammar   immobile   channel
committee   to annul
accommodate

H. La combinación *ph* en inglés corresponde a la *f* en español: Escriba los equivalentes.

cacophony	phenomenon	phosphorus
elephant	philanthropic	photogenic
esophagus	philately	phrase
geography	philharmonic	physics
metaphysical	philosophy	physiognomy
orthography	phlegm	physiology
periphery	phlegmatic	physique
phalanx	phobia	telegraph
pharmacy	phonetics	telephone
phase	phonograph	
pheasant	phosphorescence	

I. Dé la palabra que mejor se ajuste a la definición:

1. Aparato que sirve para oír discos.
2. Constitución del cuerpo de una persona.
3. Persona que emplea su dinero y sus energías en beneficio de la humanidad.
4. Ave cuya carne es muy apreciada por su delicado sabor.
5. Límite de un área circular.
6. Persona que no pierde la calma con facilidad.
7. Se refiere a la colección y conocimiento de los sellos de correos.
8. Persona amante de la música.
9. Características propias del rostro de una persona.
10. Parte del cuerpo que conecta la boca y el estómago.
11. Se dice de lo que es muy favorable a ser fotografiado.
12. Trata de los sonidos del lenguaje.
13. Substancia química muy utilizada en la producción de cerillas.
14. Sonido desagradable.
15. Estudio de los órganos y sus funciones.

J. Las palabras que siguen se parecen mucho en inglés y español, pero recuerde que en español la *f* no se dobla como en inglés. Escriba la palabra correspondiente:

affirmative	_____	effigy	_____
affable	_____	effusive	_____
affect	_____	efficient	_____
affiliated	_____	offense	_____
caffeine	_____	suffer	_____
difficult	_____	traffic	_____
different	_____		

ORTOGRAFÍA

Uso de la *c*

Existen realmente muy pocas reglas que sirvan de guía en el uso de la *c*. La observación cuidadosa de las palabras es una buena forma de familiarizarse con su uso. Algunas reglas sobre el uso de la *c* son:

1. Se usa en el plural de palabras que llevan *z* al final[6]:

    paz-paces   cruz-cruces   voz-voces

2. Los diminutivos[6] terminados en -cito, -ecillo, -cico, -cecito:

    ratón-ratoncito   flor-florecilla   nariz-naricica   pez-pececito

3. En general se escriben con *c* y *cc* la terminación **-ción** que con frecuencia equivale a *-tion*[7] en inglés. Una manera práctica de saber si se usa *c* o *cc* es observar la letra anterior a *-tion* en el cognado inglés: si es *c* entonces se usa *cc*:

    afli*ction*–aflic + ción = afli**cción**

    invita*tion*–invita + ción = invita**ción**

    Excepciones: conjunction–conjun**ción**   distinction–distin**ción**

    sanction-san**ción**   connection, connexion-cone**xión**

    contortion–contor**sión**

Ejercicios

A. Lista de palabras comunes con *c*. Repítalas en voz alta.

aceite	celos	cerámica	cerebro	cielo	cintura
acero	censo	cereal	cerilla	cieno	ciprés
calcetín	ceno	cerdo	cerrojo	ciervo	ciruela
ceja	ceniza	cerveza	césped	cima	cirujano
célebre	cepillo				

B. Escriba el plural de:

nariz	luz
lápiz	capataz
feroz	veloz
tapiz	raíz

---

[6] Los plurales de las palabras terminadas en *z* y los diminutivos son estudiados más adelante.

[7] Algunas palabras en español tienen las terminaciones **-tion**, entre ellas cuestión   digestión   bastión   gestión   sugestión   indigestión   ingestión   combustión.

C. Escriba los diminutivos de:

traje   rey   león
viento   calor   frío

D. Escriba los equivalentes en español de:

abstraction	construction	indignation	reincarnation
alteration	constitution	inclination	reproduction
abolition	direction	indemnization	secretion
absolution	filtration	protection	satisfaction
administration	fermentation	prediction	section
contraction		preposition	preservation
		instruction	reduction
		infraction	

E. De la lista en el ejercicio *D* escoja un sinónimo de:

1. coraje–ira
2. perdón–indulto
3. complacencia–contento
4. acortamiento–achicamiento
5. amparo–favor
6. modificación–cambio
7. conservación–cuidado
8. corte–división
9. transgresión–quebrantamiento
10. tendencia–propensión
11. copia–duplicación
12. enseñanza–educación

F. Dé la palabra que mejor refleje la definición dada.

1. Aislamiento mental, concentración.
2. Paso de un líquido a través de un cuerpo sólido.
3. Proceso por el cual una substancia se hace agria.
4. Pago en compensación por algún daño recibido.
5. Retorno del espíritu a la forma corpórea.
6. Anuncio de algo que ha de suceder.
7. Cuidado y manejo de bienes o instituciones.
8. Parte de la gramática.
9. Substancia que se expulsa por la nariz.
10. Fin de una ley o una costumbre.

REFRANES

La práctica hace el maestro.
Poco a poco se llega lejos.

A. Los dos refranes tienen un significado muy parecido; explique lo que quieren decir, luego diga si tienen equivalentes en inglés.

B. Relacione los refranes con las situaciones dadas que lo permitan.

1. Anita al principio hacía muchos errores al escribir a máquina pero ya ha mejorado mucho.
2. Rosa y Carmen son hermanas pero tienen gustos muy diferentes.
3. La señora Ferrer, aunque está siempre muy ocupada, dedica media hora todos los días a tejer una manta que quiere tener lista para las Navidades.
4. Elena no tiene buena salud y aunque esto le causa algunos problemas siempre está sonriente y de buen humor.

5. A Adelina le gusta mucho el piano y su mayor ambición es llegar a ser concertista, pero también le gusta mucho salir con sus amigas y llevar a cabo otras actividades. Su maestra le aconseja que por lo menos dedique una hora diaria a la práctica.

C. Escriba un párrafo sobre una situación a la que se le pueda aplicar uno de los dos refranes. Puede ser una experiencia personal. Tome de ejemplo el ejercicio B.

Jugador de «jai alai» con la cesta de mimbre y el casco. Originariamente el «jai alai» se jugaba sin la cesta, «a mano limpia». La velocidad y fuerza que adquiere la pelota requiere el uso del casco como protección.

Miscelánea para leer y comentar

Sabía usted que:

El animal que simboliza a España es el toro.

El juego de pelota llamado jai alai quiere decir carnaval en el idioma vascuence.

En Zamarralana, en la provincia española de Segovia, se celebra desde hace 762 años «la fiesta de la alcaldesa» el día de Santa Águeda, patrona de los mujeres casadas. Durante estas festividades, que duran tres días, las mujeres mandan en todo y los hombres hacen los quehaceres de la casa tradicionalmente asignados a las mujeres. La comida más popular de las fiestas es la salchicha cocinada en vino blanco, y la actividad cumbre que cierra las festividades es la quema en la plaza de un pelele que simboliza a los hombres.

En España una tuna (estudiantina en México) no es un pescado sino un grupo musical formado por estudiantes de las distintas facultades de las universidades españolas, vestidos a la usanza de los estudiantes del siglo XVI, capa negra adornado con cintas de diversos colores y una banda cruzada al pecho cuyo color es símbolo de la facultad que representa.

St. Augustine, la ciudad más antigua de los Estados Unidos, fue fundada por el español Pedro Menéndez de Avilés en 1565.

La bandera de la ciudad de San Francisco tiene el lema escrito en español: Oro en paz–fierro en guerra.

En Buñol, un pueblo de la provincia de Valencia, al este de España, se celebra todos los años, desde hace muchos siglos, un festival en que la gente se tira tomates unos a otros. En el último festival casi 20.000 personas se «entomataron» mutuamente usando para ello unas 220.000 libras de tomate.

Tuna estudiantil vestidos con trajes de época cantan en una pequeña plaza de Segovia, España.

2

MÉXICO

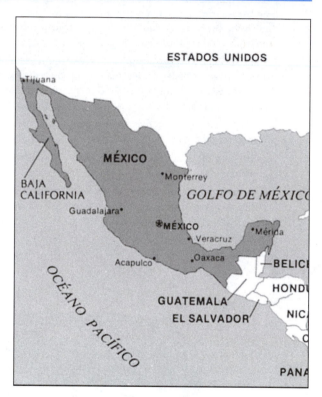

Nombre oficial: Estados Unidos
   Mexicanos

Capital: México

Adjetivo de nacionalidad: mexicano(a)

Población (est. 1992):   92.380.000

Millas cuadradas: 761.604

Grupos étnicos predominantes:
   mestizos 60%, indígenas 29%,
   blancos 9%

Lengua oficial: el español; también se
   hablan otras lenguas indígenas

Moneda oficial: el nuevo peso

Educación: analfabetismo 10%

Economía: petróleo, minerales, agricultura, textiles y turismo

ANTES DE LEER

A.   Conteste las siguientes preguntas antes de leer el texto.

1.   Si el aire está viciado, ¿a qué lugares suele ir la gente para respirar aire puro?

2.   ¿Hay algún bosque en el lugar donde usted vive?

3.   ¿Dónde está y cómo se llama el lugar donde vive el presidente de los Estados Unidos?

4.   ¿Qué animales exóticos puede usted nombrar?

5.   ¿Sabe lo que es un panda? ¿De dónde es originario?

6.   ¿Hay uno o más museos en el lugar donde usted vive? ¿Están juntos o separados unos de otros?

7.   ¿Qué objetos cree usted que se podrían encontrar en un museo de antropología? ¿Y en uno de arte?

8. ¿Puede usted mencionar algún parque famoso en el mundo?

9. ¿Hay algún monumento histórico en el lugar donde usted vive? ¿Sabe lo que conmemora?

10. ¿Sabe usted lo que quiere decir la palabra virrey en español? ¿Cuál es su equivalente en inglés?

B. Sobre la lectura

1. Lea el título de la lectura. ¿Le da alguna idea del contenido? ¿Le parece el nombre del parque una palabra española?

2. Eche un vistazo rápido a la lectura. ¿Adivinó algo del contenido? El paso siguiente debe ser una lectura cuidadosa y reposada del texto para entender de que trata.

LECTURA

El bosque de Chapultepec. Centro de alta cultura de México.

resources
woods
contaminado
thousand-year-old

locusts

En las numerosas ocasiones en que la contaminación del aire dificulta la respiración a los habitantes de la ciudad de México, aquéllos que no tienen *recursos* para escapar a los lagos, a las montañas o a las playas, se van al *bosque* de Chapultepec para respirar un aire menos *viciado* entre los altísimos y *milenarios* árboles que lo pueblan.

El bosque de Chapultepec, como se le llama en México al parque, es el pulmón de la ciudad y en la lengua náhuatl quiere decir «el cerro del chapulín». Chapulín es una palabra azteca que significa *saltamontes*. Ocupa una extensa área de 2000 acres y está plantado de más de 300.000 «ahuehuetes», una especie de ciprés de altura gigantesca que según cuenta la leyenda, fueron

Remar en el lago del Parque de Chapultepec en la ciudad de México es un pasatiempo que muchos disfrutan.

shade

plantados por el rey poeta azteca Netzahualcoyotl (XV) y todavía hoy dan *sombra* y embellecen las avenidas del bosque. Allí también tenía el emperador

hunting grounds

Montezuma su casa de verano y sus *cotos de caza* y más adelante, durante su trágico imperio en México, el emperador[1] austríaco Maximiliano hizo del castillo su residencia oficial. Dentro de este perímetro forestal igualmente se encuentra «Los Pinos», residencia oficial del Presidente de la República.

enjoy

El bosque no es simplemente un parque forestal sino también un centro cultural de primera magnitud, del cual *disfrutan* los mexicanos de todas las clases sociales y los miles de turistas de todas partes del mundo que lo visitan. En el bosque se encuentra un zoológico completísimo, donde se pueden observar numerosas especies comunes de México y otros países de América, así como otras especies más exóticas como osos polares, pavos reales, elefantes, llamas y boas. Allí se logró el primer panda nacido en cautividad fuera de China. En el bosque hay también un parque de diversiones con todos los juegos mecánicos propios de estos lugares, y para aquellos que gustan de las emo-

roller coaster

ciones fuerte, éstas las pueden disfrutar en la *montaña rusa*, una de las más altas del mundo. Para los amantes de los deportes acuáticos, existen piscinas y

seals

cuatro lagos donde se puede remar u observar las *focas* y los delfines que ha-

courts

cen piruetas para el deleite de los espectadores. *Canchas* de tenis, campos de

paths

fútbol, *senderos* para correr, montar a caballo o montar en bicicleta, comple-

range

tan la *gama* de actividades que los visitantes del parque pueden disfrutar. Los que prefieran observar las flores y las plantas, las encontrarán a profusión en el jardín botánico, donde se exhiben tanto las especies nativas como las extran-

picnic

jeras. Las facilidades para los visitantes se completan con áreas de *merienda*, un excelente restaurante y cientos de quioscos permanentes donde se puede

trinkets / balloons

comprar bocadillos, refrescos y todo tipo de *baratijas*, entre ellas los *globos* multicolores que se han convertido en un sello característico del parque.

La parte cultural más intelectual está representada por siete museos, entre ellos el extraordinario Museo Nacional de Antropología, el Museo de Historia y el Museo de Arte Moderno; el Auditorio Nacional, donde se presentan ballets y conciertos de orquestas sinfónicas nacionales y de todas partes

stages

del mundo; así como *escenarios* al aire libre donde se representan obras teatrales y se dan conciertos gratis al pueblo.

El Museo de Antropología es único en su clase y es una de las atracciones principales del bosque. Inaugurado en el 1964, es un modelo de arquitectura moderna y uno de los más funcionales del mundo. Visitando sus salas de exhibición se puede recorrer unas 32 millas en las que se exhibe la vida de los indígenas de México desde los comienzos hasta el presente, incluyendo las culturas pre-clásicas de Teotihuacán y la tolteca. Hay además salas dedicadas a Oaxaca, a los mayas, al Golfo de México y a otras regiones del país. Existe además una sala dedicada a los indígenas de hoy.

sólido

Uno de los objetos más importantes de este museo es el calendario azteca, imponente *macizo* de piedra que domina una de las salas principales.

modelo reducido

Igualmente interesante es la *maqueta* de los templos y palacios de la antigua *Tenochtitlán* así como la colosal figura monolítica de *Tlaloc*, dios de la lluvia en la antigua cultura náhuatl, colocada a la entrada del museo.

Se necesitarían muchos días para ver en su totalidad este museo que está considerado uno de los primeros de su tipo en el mundo y del cual se sienten muy orgullosos los mexicanos.

hill

Sobre una *colina*, a un costado del bosque se encuentra el Castillo, cons-

[1] Vea misceláneas al final del capítulo.

TLALOC, dios de la lluvia en la cultura náhuatl.

viceroys
coach
tapestry

truido durante el período colonial por don Matías de Gálvez. En él han vivido los gobernantes mexicanos desde la época de los *virreyes.* Hoy es el Museo de Historia y en él se puede ver la fastuosa *carroza* de Maximiliano y el lujoso mobiliario con los espejos, alfombras, *tapices* y porcelanas que la emperatriz Carlota hizo traer de Europa.

entregar

El Castillo fue destinado centro del Colegio Militar de Cadetes y en el 1847, durante la guerra mexicoamericana seis jóvenes militares ofrendaron su vida prefiriendo morir arrojándose desde la colina antes de *rendir* la plaza a las tropas de los Estados Unidos; una versión moderna de Masada en Israel y Numancia en España.

El monumento a la entrada del bosque de Chapultepec en honor de los niños héroes les recuerda a los mexicanos y a los extranjeros que lo visitan que el bosque, además de un espléndido lugar de entretenimiento, es un centro cultural de primera categoría sin igual en el mundo.

Preguntas

A. Preguntas sobre la lectura

1. ¿Por qué los habitantes de la ciudad de México le llaman al bosque «el pulmón de la ciudad»?
2. ¿Qué es un «ahuehuete»? ¿Cuál es el origen de la palabra?
3. ¿Qué quiere decir «chapulín» en la lengua azteca?
4. ¿Cuáles son algunos de los entretenimientos que se encuentran en el parque?
5. ¿Qué actividades culturales se pueden disfrutar en el bosque?
6. ¿Qué objeto histórico importante se exhibe en el Museo de Antropología?
7. ¿Qué importancia histórica tiene el Castillo de Chapultepec?
8. ¿Por qué se honra con un monumento a los seis cadetes militares?

B.   Otras preguntas.

1.   ¿Sabe quiénes eran los aztecas?

2.   ¿Conoce algún parque que sea parecido al de Chapultepec?

3.   ¿Cómo cree usted que beneficia al pueblo poder realizar en un mismo lugar actividades recreativas y culturales?

4.   ¿Ha visitado un museo antropológico, un zoológico, un jardín botánico o un museo de pintura y escultura? ¿Cuál prefiere?

5.   Si no ha visitado ninguno, ¿cuál le gustaría visitar? ¿Por qué?

6.   ¿Por qué cree usted que los parques culturales son buenos para el pueblo?

Mejore su vocabulario

A.   Sustituya la palabra subrayada por un sinónimo.

1.   Mucha gente no tiene <u>dinero</u> para ir a las playas.

2.   Si el aire está <u>contaminado</u> esto puede afectar la respiración.

3.   Los «ahuehuetes» del bosque tienen <u>miles de años</u>.

4.   Estos eran los <u>terrenos para cazar</u> del Emperador.

5.   Los niños <u>gozan</u> mucho observando los delfines.

6.   Si tomamos este <u>camino estrecho</u> llegaremos más pronto.

7.   En el bosque hay un <u>número</u> de actividades recreativas muy amplio.

8.   Esta figura es <u>sólida</u> pero aquélla es hueca.

B.   Complete con palabras del vocabulario de la lectura el sentido de la oración.

1.   En el Museo de Antropología se puede ver una _____ de la ciudad de Tenochtitlan.

2.   El emperador Maximiliano se transportaba en una lujosa _____

3.   En el bosque nos sentamos bajo la _____ de un «ahuehuete».

4.   Para celebrar el cumpleaños del niño compraron muchos _____ de colores para adornar la sala.

El calendario azteca

5. Los niños se divierten observando las _____ y los delfines en el agua.

6. Están arreglando el piso de la _____ de tenis.

7. En el _____ había dos actores y tres actrices vestidos con trajes de época.

Más actividades preparatorias para la composición

Los ejercicios que siguen son también transformación de oraciones, pero ahora será en el sentido opuesto. Trate de escribir tantas oraciones sencillas como sean posibles sin cambiar el sentido del párrafo. Fíjese en el ejemplo.

Los aztecas conocían los perros. Criaban unos animalitos pequeños, desprovistos de pelo que traían de un lugar llamado Chihuahua. Algunos los comían, otros los tenían en sus casas como animalitos domésticos (*pets*).

1. Los aztecas conocían los perros.

2. Los aztecas criaban los perros.

3. Los perros eran pequeños.

4. Los perros no tenían pelo.

5. Algunos aztecas comían los perros.

6. Algunos aztecas tenían los perros como animales domésticos.

1. Uno de los objetos más preciosos para los aztecas era el jade, al que consideraban símbolo de buena suerte; su color era también símbolo de fertilidad ya que todo lo que tenía vida era verde.

2. Los aztecas hacían espejos negros de obsidiana, roca fundida arrojada por los volcanes que cortaban en grandes pedazos y luego pulían, utilizando primero arena gruesa y luego arena fina para lograr un reflejo casi perfecto.

3. Los aztecas eran muy amantes del chocolate, el cual hacían de las oscuras semillas del cacao, primero lo tostaban, lo molían hasta reducirlo a polvo, lo mezclaban con agua, lo endulzaban con miel y luego lo batían hasta que quedara espumoso.

4. Después del maíz, el maguey era quizás la planta más importante para los aztecas. De hojas gruesas, verdes y húmedas, sacaban de ellas agujas para coser, fibras para tejidos y cuerdas, papel para escribir, y del tallo, hueco y grueso, obtenían una bebida parecida a la cerveza.

Temas para redactar y conversar

A. Escriba una composición sobre un parque o un parque de aparatos mecánicos que usted haya visitado. Refiérase a:

1. Qué lugar es. Con quién fue.

2. Qué hay en él. Qué hizo en el lugar.

3. Qué personas van a ese lugar. ¿Niños? ¿Adultos?

4. ¿Cómo lo pasó? ¿Volvería?

5. ¿Aprendió algo o solamente se divirtió?

B. Investigue sobre la guerra entre México y los Estados Unidos y luego escriba un informe breve sobre el asunto en el que incluya:

1. Cuándo y por qué comenzó la guerra.

2. Qué consecuencias tuvo para México.

3. Qué participación tuvieron los niños héroes en la guerra.

4. Explique en qué forma el pueblo mexicano rinde honor a los niños héroes.

C. Investigue lo que sucedió en Masada, Israel y en Numancia, España. Luego redacte un breve informe que puede compartir con la clase.

1. ¿Qué pasó? ¿Cuándo? ¿Por qué ? ¿Quiénes participaron en estos acontecimientos?

2. ¿Aprueba la decisión tomada? ¿Por qué sí o por qué no?

3. ¿Cree qué esto pudiera suceder hoy día?

GRAMÁTICA

1. Diptongos y triptongos

Las vocales se clasifican en fuertes (abiertas) y débiles (cerradas). Son fuertes *a e o* y débiles *i u*. De la combinación de las vocales resultan los diptongos y los triptongos, de manera que se llama **diptongo** a la unión de una vocal fuerte con una débil o dos débiles:[2] *ai ia au ua ei ie eu ue oi io ou uo iu ui*.

Los diptongos se pronuncian en un solo golpe de voz, se consideran como una sola vocal y por lo tanto no se separan. Si la palabra se acentúa y el acento recae sobre la vocal débil de un diptongo, ésta se convierte en fuerte y el diptongo se destruye, como sucede en Da–rí–o, san–dí–a y rí–o. Si el acento recae sobre la vocal fuerte del diptongo, éste no se altera y es inseparable como en pe–rió–di–co y cié–na–ga.

Dos vocales fuertes nunca forman diptongo y son por lo tanto, separables: a-é-re-o, fe–o, co–e–tá–ne–o. Es el llamado hiato.

Como vimos anteriormente, la *y* al final de palabra se considera como vocal, así forma diptongo como en: Jujuy   caney   yarey.

La *h* no interrumpe el diptongo: ahumar   rehusar   rehilete.

Nota: Recuerde que en las combinaciones **que qui** la *u* no suena y por lo tanto no forma diptongo.

2. Triptongos

Triptongo es la combinación de tres vocales, pronunciadas, como el diptongo, en un solo golpe de voz. En el triptongo la vocal fuerte está entre dos débiles: Camagüey Paraguay buey. En las palabras **alcahueta** y **ahuecado** no hay triptongo porque la vocal débil está entre dos fuertes.

A. Marque rápidamente con un círculo los diptongos que sean iguales.

1. ia   au   ia   ai   oi   ue   ia
2. eu   uo   ue   eu   ui   ei   ue
3. oi   oi   io   ou   ui   oi   ia
4. ie   ei   ue   ai   iu   ai   ie
5. ui   ui   ua   ai   uo   au   ui

B. Marque la palabra que tenga los diptongos dados.

1. ue: bueno   mueble   huevo   reuma   sueño   neutro
2. ia: piano   viaje   diario   paisano   patria   traidor

---

[2] Dos vocales iguales no forman diptongo como en *tiíta* y *piísimo*.

3. ie   serie   cubierto   tierra   nieve   reino   podéis
4. ua: lengua   suave   autor   igual   auténtico   audaz
5. ui: circuito   ciudad   viuda   juicio   huida   Piura
6. io: oiga   vicio   Zoila   boina   tibio   violín
7. uo   residuo   cuota   Bouza   acuoso   mutuo   antiguo

C. Marque rápidamente la palabra en la que el diptongo dado esté invertido.

1. ei: peine   piene   peine   piene   peine   peine   piene
2. io: idioma   idioma   idoima   idioma   idioma   idoima idoima
3. eu: deuda   dueda   deuda   deuda   dueda   dueda deuda
4. ui: buitre   buitre   biutre   biutre   buitre   biutre buitre
5. ai: baile   baile   biale   baile   biale   baile   biale
6. au: pausa   puasa   puasa   pausa   pausa   pausa pausa

D. Subraye los diptongos y los hiatos en las siguientes palabras.
Márquelos con *d* o *h*.

boina	púa	siembra	área
tranvía	poeta	patriótico	teatro
cuáquero	agüita	miércoles	cuota
héroe	cuadro	ciudad	ahínco
policía	huérfano	fiesta	acordeón
león	buitre	oeste	reúno
poesía	maíz	diámetro	rehacer
Saúl	barahúnda	chimenea	hoy
tío			

E. Subraye los diptongos, los triptongos y los hiatos. Márquelos con *d*, *t* o *h*.

reintegro	buey	sonreía	joyero	soya
apreciéis	vía	cereal	rehuir	Paraguay
paraíso	virrey	cohete	Guaira	Balboa
relampagueo	Guánica	uruguayo	oasis	huésped
cacahuete	creíamos	Eloy	país	búho
oían	ahuyentar	raíz	vivíais	cohibido
Guáimaro	maguey	raído	boato	amnistía
beodo	ahora	aviséis	baúl	diálogo
Camagüey				

F. Complete las palabras con diptongos.

Cecil __   __ mento   ac __ te   c __ dad   p __ za   id __ ta
consec __ nte   ig __ lar   dif __ re   c __ dado   p __ ne   __ la

G. Escriba la misma palabra con el acento sobre la vocal débil. Explique la diferencia del significado:

pió _____ graduó _____ situó _____

rió _____ desvió _____ confió _____

resfrió _____ ansió _____

H. Dictado.

1. A Ada le duele un diente pero el dentista no puede verla hasta el viernes que viene.

2. El inventario viejo incluía: siete peines eléctricos, seis boinas de piel artificial, dieciséis creyones de labio y veinte cepillos de dientes.

3. Un aura y un buitre observaban con curiosidad desde una piedra un águila que airosa hacía piruetas, subiendo y descendiendo en el aire.

3. Sílaba

Se llama sílaba a la letra o grupo de letras que se pronuncian de una vez: e luz dos   tres. Si la sílaba consta de una sola letra se llama **monolítera**, si de dos, **bilítera**, si de tres, **trilítera**, si de cuatro, **cuatrilítera:**

a   ma   tri   bais
1   2   3   4

Para que haya sílaba es necesario que ésta tenga una vocal. Una consonante por sí sola no constituye una sílaba, a excepción de la *y* que es entonces considerada vocal.

Atendiendo al número de sílaba, las palabras en español se clasifican en **monosílabas, bisílabas** y **trisílabas**. En general, si tienen más de dos o tres sílabas se llaman **polisílabas.**

monosílabas: Dios   pan   sol   mes
bisílabas: E/va   can/to   ro/jo
trisílabas: Al/ber/to   ma/de/ra   ca/rác/ter
polisílabas: ca/ma/ra/de/rí/a   tras/at/lán/ti /co

4. División de palabras en sílabas

En el silabeo de las palabras se debe atender a las siguientes reglas:

1° Una consonante entre dos vocales se une a la segunda vocal:

ca/sa   o/so   ni/ño   a/ro   zo/rro

2° Dos consonantes entre dos vocales se reparten:

or/den   res/to   car/ta   al/to   man/to

Se exceptúan de esta regla los grupos consonánticos *bl, cl, fl, gl, pl*: ha/ bla/du/rí/a, a/cla/rar, a/flo/rar, a/glu/ti/na/do, a/pla/nar, así como las combinaciones *br, cr. dr, fr, gr, pr, tr*: a/bru/mar, a/cre/e/dor, ma/dri/na, A/fri/ca, A/gra/mon/te, a/pro/pia/do, a/tra/ve/sar. Sí se separan a pesar de tener *l* y *r* como segunda consonante en las palabras: Is/ra/el, At/lán/ti/co, at/las, hon/ra, en/ra/ma/da, al/re/de/dor.

3° Tres consonantes entre dos vocales se agrupan de la manera siguiente: dos consonantes se unen a la primera vocal y una a la segunda vocal: ins/ti/tu/to, ins/pi/ra /ción, trans/pi/rar, trans/for/mar. Se exceptúan de esta regla los grupos consonánticos en palabras como des/truir, dis/tri/buir.

4° Cuatro consonantes entre dos vocales se separan dos a dos: obs/tru/so, abs/trac/to, cons/truir.

5. Recomendaciones generales en cuanto al silabeo

El guión es el signo de puntuación que se usa para el silabeo. Se debe evitar dejar suelta cualquier letra al principio o al final de línea aunque sea correcto separarla.

Debe evitarse igualmente dividir por la *x* la palabra que le lleve: exis/ten/cia, a/nexo, exé/ge/ta.

Las palabras compuestas se separan en sus elementos completos y luego se procede a la división apropiada: des/componer, re/pasar, nos/otros, sub/suelo, re/presentar, trans/oceánico.

No olvide que la letra *rr* es inseparable lo mismo que los diptongos y los triptongos.

Ejercicios

A. Escriba cinco palabras:

1. monosílabas
2. bisílabas
3. trisílabas
4. polisílabas

B. Divida en sílabas las siguientes palabras:

leer	_____	israelita	_____
exhonerar	_____	corbata	_____
desarreglado	_____	inhumano	_____
construcción	_____	abollado	_____
caída	_____	descompuesto	_____
almanaque	_____	acecho	_____
maestro	_____	aunque	_____
también	_____	caballería	_____
manchar	_____	incoloro	_____
revolución	_____	inscripción	_____
adyacente	_____	abrigo	_____
perrera	_____	pieza	_____
destruir	_____	empleo	_____
librería	_____	callejuela	_____
cultura	_____	arado	_____
influencia	_____	subterráneo	_____
nuestro	_____	absorto	_____
abrazar	_____	abstraído	_____
absoluto	_____	enroscado	_____

C. Divida las palabras en sílabas y clasifíquelas de acuerdo a su número. Si hay algún diptongo, triptongo o hiato, diga en qué sílaba se encuentran.

EJ. transfiguración   trans-fi-gu-ra-ción. Es polisílaba, con un diptongo en la última sílaba.

biblioteca	naufragio
construir	insoportable
peregrino	ley
héroe	desordenado
friolento	llamarada
follaje	abstenerse

Humor

Comente el chiste oralmente o por escrito.

Todo tiene su límite.

En el consultorio del médico, el paciente cansado de esperar le dice a la enfermera:

—Dígale al doctor que si no me atiende en cinco minutos me curo.

Mural de la biblioteca en la Universidad Nacional Autónoma de México.

SEMEJANZAS Y CONTRASTES

Los préstamos de la lengua

En los países donde dos lenguas se hablan a la par como sucede aquí en los Estados Unidos (inglés y español) y en otros países como Canadá (inglés y francés), Paraguay (español y guaraní), es muy común y casi inevitable que existan los llamados préstamos de la lengua. Ya vimos en el primer capítulo que hay muchos préstamos de otras lenguas que han sido aceptados y han pasado a formar parte de la lengua castellana.

Aquí nos ocuparemos de los préstamos que ocurren en el español hablado en los Estados Unidos y que otros hispanohablantes no familiarizados con ellos tendrían dificultad en comprender. Los préstamos pueden ser de distintos tipos. A veces se españoliza la palabra inglesa: *hold up* pasa a ser **jolopo,** en otras ocasiones se usa una palabra que existe en español con un sentido diferente: *cavity* pasa a ser **cavidad** en vez de **caries,** que es la palabra formal; en otros casos se usa el equivalente más conocido de la palabra en inglés: *to run for office* se convierte en **correr para representante;** o se sigue la estructura del inglés, como ocurre con la expresión *to call back*, comúnmente traducida como **llamar para atrás,** en vez de **volver a llamar**. Aquí hemos agrupados los préstamos para facilitar su estudio. Las palabras marcadas con asterisco son palabras que existen en español con sentido diferente. Asegúrese que sabe lo que significan.

Sustantivos

Inglés	Préstamos	Español
application form	aplicación*'	planilla, formulario, solicitud
argument	argumento	discusión, pelea
brakes	breca	frenos
bunch	bonche	manojo, montón
card	carta*	tarjeta
cavity	cavidad*	caries
Christmas	Crismas	Navidades
container (quart of milk)	contén*	envase (cuarto)
dime	daime	real, moneda de diez centavos
elevator	elevador*	ascensor
faculty	facultad	profesorado
furniture	fornitura	muebles
gang	ganga*	banda
grade (school mark)	grado*	nota
grocery	grocería*3	tienda, bodega (colmado en P.R.)
hobby	joby	entretenimiento, pasatiempo
holdup	jolopo	asalto, atraco
injured	injuriado*	herido
junk	yonque	desperdicio, desecho
laundry	londri	lavandería
lecture	lectura*	conferencia
library	librería*	biblioteca
magazine	magasín	revista
market	marqueta	mercado

3 Grosería (con *s*) significa *rudeness*.

nickel	níquel	moneda de cinco centavos
notice	noticia°	aviso
nurse	norsa	enfermera
paragraph	paragrafo	párrafo
penny	peni	centavo
policy	policía°	política
resort	resorte°	lugar de vacaciones
roof	rufo	azotea
union (association of workers)	unión°	gremio (de trabajadores)
question	cuestión°	pregunta
ruler	rula	regla, gobernante
speaker	spiker	locutor, animador, conferencista
subject (course)	sujeto°	asignatura, curso
tenant	*teniente°*	*inquilino*
truck	troca	*camión*[4]
yard	yarda°	*patio*

Frases

Inglés	Préstamos	Español
all the way	todo el camino	hasta el final
all the time	todo el tiempo	siempre
to gain weight	ganar peso	engordar, aumentar de peso
to have a good time	tener buen tiempo	divertirse
to have good manners	tener buenas maneras	tener buenos modales
to have good memories	tener buenas memorias	tener buenos recuerdos de
to have a heart condition	tener una condición en el corazón	estar enfermo del corazón
looking for	mirando por	buscando
to put to sleep	poner a dormir	anestesiar (para una operación), matar
to run (as a candidate)	correr para	postularse para, ser candidato a
to spend time	gastar tiempo	pasar tiempo
to have another chance	tener otro chance	tener otra oportunidad
to be involved	estar envuelto	participar, estar metido en
What's the use!	¡Cuál es el uso!	¡Qué sentido (propósito) tiene!
it doesn't make any difference	no hace ninguna diferencia	es lo mismo
to take steps	tomar pasos	tomar medidas

Verbos

Inglés	Préstamos	Español
to appoint	apuntar°	nombrar, nominar
to attend	atender°	asistir

[4] En México significa *bus*.

to bluff	blofear	alardear, fanfarronear
to call back	llamar para atrás	volver a llamar
to check	chequear	revisar, examinar
to correct	correctar	corregir, enmendar
to drop (a course)	dropear	salirse de, irse de, dejar
to figure	figurar°	imaginarse, calcular
to fix	fixear	arreglar, componer
to flunk (a course)	flonquear	salir mal, ser suspendido
to give back	dar para atrás	devolver
to introduce (a person to another)	introducir°	presentar
to lunch	lonchar	almorzar
to match	machear	combinar, armonizar
to mop	mapear	limpiar el piso
to order	ordenar°	pedir (en el restaurante) hacer un pedido (*to order merchandise*)
to pick up (someone)	levantar°	recoger, ir por
to push	puchear	empujar
to rent	rentar°	alquilar
to return (to come back)	venir para atrás	regresar, retornar, volver
to support (to provide for)	soportar°	mantener
to trust	trostear	confiar en, tener confianza en
to try on (shoes, clothes)	tratarse°	probarse
to type	taipiar	escribir en máquina
to watch	guachar	mirar, ver, vigilar, observar

Ejercicios

A. Traduzca las palabras en inglés con los equivalentes formales.
Agregue o modifique palabras si es necesario.

1. Si quieres (*to lunch*) conmigo pasaré (*to pick you up*) a las 11:30 de la mañana.

2. (*I tried on*) más de diez abrigos y ninguno me quedaba bien; al fin compré uno, pero lo tengo que (*to fix*).

3. El maestro me dijo que si no le entrego el trabajo (*typed*) él (*will flunk me*) en el curso.

4. El mecánico prometió (*to call back*) para decirme cuánto costaría reparar el (*truck*) pero yo no (*trust*) en él.

5. El (*speaker*) le explicó a los (*tenants*) que los niños no debían jugar en la entrada del edificio, que debían hacerlo en (*the yard*).

6. Al pobre hombre una (*gang*) de ladrones le dio un (*holdup*) y ahora está (*injured*) en el hospital al cuidado de una (*nurse*).

7. En el (*elevator*) de la (*library*) alguien dejó caer un (*bunch*) de llaves.

8. Yo bebo un (*container*) de leche (*all the time*) porque no quiero tener (*cavities*).

9. Le dejé al profesor una (*card*) para que me envíe (*the grades*) a mi casa.

10. Del (*laundry*) fui a (*the grocery*) a buscar vegetales pero no tenían y tuve que ir al (*market*).

11. Me sorprendió leer que el ex presidente Jimmy Carter hace (*furniture*) como (*hobby*).

12. Ayer mandé una (*application form*) a uno de los (*resorts*) más famosos del país.

13. Me recuerdo que antes los sellos postales valían 3 (*pennies*), luego los subieron a un (*nickel*) y hoy se necesitan 3 (*dimes*) y 2 centavos para comprar uno.

14. El (*paragraph*) más importante de la (*reading*) trata de los abusos en el arreglo de los (*brakes*) en los coches y la reparación de los (*roofs*) de las casas.

15. Desde septiembre ya empiezan las (*magazines*) a anunciar los artículos de las (*Christmas*).

B. En las oraciones que siguen, algunas de las palabras en cursiva están usadas con su significado apropiado, en otras no. Marque los préstamos y sustitúyalos por los equivalentes exactos en su uso estándar.

1. Mucha gente está interesada en *apuntarla* para delegada de la conferencia internacional de la mujer.

2. Tiene tan mala memoria que necesita *apuntar* las cosas para que no se le olviden.

3. Su apellido le permite *figurar* en el registro social más exclusivo del país.

4. Se me olvidó la calculadora y ahora tengo que *figurar* todas estas cifras mentalmente.

5. Para poder abrir la puerta tienes que *introducir* la llave un poco inclinada.

6. El viento *levantaba* en remolino las hojas en el parque.

7. —Lo siento, Pepe, no puedo ir ahora porque tengo que ir a *levantar* a mi hermano al aeropuerto.

8. —Anselmo, ven, que te quiero *introducir* a mi prima Consuelo.

9. —Lo siento, señora, pero sólo puede *tratarse* tres piezas de vestir al mismo tiempo.

10. ¿Crees qué pueda *tratarse* de un asesinato como dicen?

11. ¿Sabes cuál es el *sujeto* gramatical de esta oración?

12. Los *tenientes* en mi edificio amenazaron con hacer una huelga del alquiler si no limpian mejor el edificio.

13. El Sr. González está muy orgulloso de tener un hijo *teniente* en el ejército americano.

14. ¿Cuál es el *sujeto* en que sacas mejor nota en la escuela?

15. No creo que puedan *rentar* algo más barato que esto en ninguna parte.

16. ¿Cómo hay que *ordenar* las cantidades, de mayor a menor o al revés?

17. ¿Qué vas a *ordenar*, pescado o carne?

18. Queremos sembrar algunos árboles frutales en la *yarda*.

19. Estas tierras no les van a rentar mucho dinero.

20. ¿Cuántas *yardas* crees que necesitaré para una cortina de esta ventana?

C. Traduzca al español.

1. She eats all the time; that is why she gains weight.

2. What's the use of being involved in so many things at the same time?

3. For a person with a heart condition, that type of exercise doesn't make any difference.

4. We had such a good time there that we have only good memories of the months we spent with them.

5. Adela, dear, you never gave back to me the ruler I lent you.

6. In order to move it, push the handle all the way.

7. If she had good manners, she would have called back.

8. The man said he was returning to get all this junk out.

9. Give him another chance to correct his errors.

10. She said she was dropping the course but I know she was bluffing.

11. Please check if the maid mopped the kitchen floor well.

12. Watch this girl; she matches her clothes, shoes and handbag every day. Amazing!

13. He needed a push to run for the presidency of the student council.

14. They are looking for the best way to minimize the risk of putting her to sleep for the operation.

15. The union is taking steps to reinstate the worker in his job.

16. His parents support him.

17. Did you attend classes yesterday?

18. Read this notice about the policy on drugs.

19. The faculty had many questions about the subject.

20. It seems two students had an argument.

ORTOGRAFÍA

Uso de la s, las terminaciones -sión y -xión

En la primera lección se dijo que en Hispanoamérica, salvo en algunas regiones, la *c* delante de *e* o *i* (ce–ci) y la *z* se pronuncian como *s*. A esta forma aceptada de pronunciación se le llama **seseo**. Tratar de diferenciar la pronunciación de estas consonantes resulta poco natural y se le recomienda al alumno que no lo haga a menos que sea la pronunciación normal de la región de donde provenga. La diferencia en la escritura, sin embargo sí debe observarse.

Por otra parte, en algunas regiones de Hispanoamérica, especialmente en el Caribe, existe la tendencia de aspirar, hasta casi dejarla caer, el sonido de la *s* al final de sílaba o de palabra. Esta pronunciación, aunque bastante generalizada, no es la estándar. Se le recomienda al alumno que se esfuerce por pronunciar la *s*, especialmente en una situación formal. En la escritura es esencial su uso.

En general el uso de la *s* presenta poca dificultad. Su conocimiento del inglés podrá servirle de guía. Por ejemplo, las terminaciones -*sion* y -*ssion* en inglés equivalen a -*sión* en español.

infusion	infusión	*commission*	comisión
expulsion	expulsión	*suspension*	suspensión
pension	pensión	*incision*	incisión
vision	visión	*fusion*	fusión

Igualmente muchas terminadas en -*xion* en inglés tienen la misma ortografía en español.

complexion	complexión	*flexion*	flexión
crucifixion	crucifixión	*fluxion*	fluxión

Ejercicios

A. Escriba los equivalentes en español de:

1. occasion
2. illusion
3. confession
4. aversion
5. session
6. mission
7. obsession
8. diffusion
9. succession
10. precision

B. Dé el sustantivo derivado de los verbos:

1. agredir
2. decidir
3. conceder
4. oprimir
5. someter
6. emitir
7. omitir
8. confundir
9. suprimir
10. expandir

De paseo por las amplias calzadas del parque Chapultepec en la ciudad de México.

C. De las palabras estudiadas anteriormente, dé la palabra que defina:

1. acción de echar afuera _____
2. unión íntima de dos o más cosas _____
3. mensualidad que reciben las personas jubiladas _____
4. el paro de una acción, de un trabajo _____
5. cambio de poder en una monarquía o gobierno _____
6. acto de ver _____
7. sentimiento de repugnancia o desagrado _____
8. corte o herida _____

Miscelánea para leer y comentar

Sabía usted que:

La marimba, instrumento musical que muchos consideran propio de México y Centro América es de origen africano.

El escudo mexicano recoge una leyenda que cuenta que los aztecas, en su peregrinar en busca de buenas tierras siguieron el consejo de sus dioses que les señalaron se establecieran en el lugar donde vieran un águila devorando una serpiente.

En 1862 las tropas francesas de Napoleón III invadieron México. En 1864 Maximiliano de Austria fue instalado en el trono como emperador. Para 1867 las tropas de Benito Juárez habían derrotado el ejército royalista y Maximiliano fue fusilado.

Juan Garrido, un negro esclavo de Cuba fue el primero en sembrar y recoger trigo en la Nueva España (México).

CAPÍTULO

3

LOS MEXICO-AMERICANOS

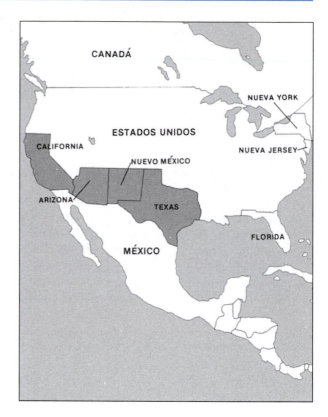

ANTES DE LEER

A. Conteste las siguientes preguntas.

1. Cuando se menciona la palabra minoría, ¿qué ideas le vienen a la cabeza?

2. ¿Cuál es la minoría mayor de este país?

3. ¿Ha pensado usted por qué hay tantos lugares con nombres en español en los Estados Unidos?

4. Antes de independizarse, ¿a qué imperio pertenecían las colonias americanas?

5. ¿Cree usted que es posible para una persona de origen humilde llegar a una posición importante en este país?
¿Puede dar algún ejemplo concreto?

6. ¿Cuáles son, según su opinión, los elementos necesarios para triunfar en la vida?

7. Usted le dice a su consejero que está interesado en estudiar medicina y éste le aconseja que mejor estudie mecánica de automóviles. ¿Cómo reaccionaría usted ante este consejo? ¿Qué decisión tomaría?

8. ¿Cómo puede una persona pobre ahorrar dinero para pagar sus estudios?

9. ¿Qué ventajas tiene para una persona pobre que desea estudiar contar con el apoyo de los padres? ¿Y qué puede hacer una que no tenga este tipo de ayuda?

10. ¿Qué cree usted que es más importante para lograr metas en la vida, la inteligencia o la persistencia?

B. Sobre la lectura

1. Lea el título. ¿Qué ideas le sugiere éste? ¿A quiénes se refiere? ¿Dónde se encuentran en general estas personas? ¿Qué sabe usted de ellas?

2. Dé una lectura rápida al escrito tratando de obtener una idea general del contenido. Luego haga una lectura más reposada. Fíjese en las palabras en cursiva. Trate de entender lo más que pueda del artículo.

LECTURA

Los mexico-americanos

given
goes over

De acuerdo con los datos *aportados* por el último censo, la población hispana en los Estados Unidos *sobrepasa* los 22 millones de habitantes, sin incluir los inmigrantes indocumentados, que se estima sean unos 6 millones. Se calcula que para el año 2000, los hispanos residentes en el país llegarán a 30 millones, convirtiéndose así en la segunda minoría del país. De esta población de origen hispánico, más de la mitad, o sea el 60 por ciento es de ascendencia mexicana.

La presencia hispánica en el suroeste de los Estados Unidos data casi desde la llegada a América de los españoles.

Durante los primeros años del descubrimiento,[1] los conquistadores iniciaron las exploraciones por territorios que comprenden hoy los estados de Texas, New Mexico, Arizona, parte de Colorado y Kansas, California y Nevada.

Estos territorios estuvieron bajo el dominio del imperio español hasta 1822, fecha en que México se independizó de España, y en poder del gobierno mexicano hasta 1848, cuando tuvo lugar la guerra Mexico-americana. Por el tratado de Guadalupe–Hidalgo que dio fin a la *contienda*, Estados Unidos adquirió gran parte del territorio mexicano desde California hasta New Mexico, por un pago de aproximadamente 15 millones de dólares. No es de extrañar, pues, que los mexico-americanos y los mexicanos que viven en estos territorios consideren estar habitando en la ancestral Aztlán, la tierra que ocuparon sus antepasados mucho antes que los anglosajones se establecieran en el oeste del país.

fight

La pérdida de esos territorios alteró de modo bastante dramático la vida de los mexico-americanos. De la clase dominante a la que pertenecieron por

---

[1] Ya en 1519 Alonso de Pineda exploró el sur de Texas y Francisco Marcos de Niza exploró New Mexico y Arizona; en 1541 García López de Cárdenas, lugarteniente de Francisco de Coronado, descubrió el Gran Cañón del Colorado.

Jaime Oaxaca,
un mexico-americano notable

más de 300 años, pasaron a ocupar una posición subordinada, convirtiéndose en lo que muchos han llamado «los ciudadanos olvidados» o los «inmigrantes en su propia tierra».

A lo largo del siglo XX nuevas olas de inmigrantes mexicanos han venido a los Estados Unidos en busca de mejores oportunidades económicas, aumentando considerablemente el número de personas de origen mexicano en esa zona del país.[2]

Los «chicanos», como orgullosamente muchos se llaman a sí mismos, se han enfrentado a graves injusticias, tales como la discriminación racial, la pobreza, la falta de oportunidades para obtener una buena educación y el desempleo. Dificultades difíciles de *superar* y que han sido un factor decisivo para mantenerlos *postergados*. Pero a pesar de todas esas barreras, los mexico-americanos han comenzado a integrarse a la corriente general del país, y aunque todavía queda mucho por hacer, un buen síntoma del avance del grupo es que algunos ya han logrado posiciones de gran relieve.

overcome
held back

Un mexico-americano triunfador

grew up

Jaime Oaxaca *se crió* en la sección pobre de El Paso, Texas. Estuvo lo suficientemente cerca para ver de cerca la pobreza. Pero el joven mexico-americano, que sólo hablaba español cuando comenzó en la escuela, llegó a ser vicepresidente y *gerente* general de Northrop Corporation, la misma compañía que *fabrica* algunos de los aviones que vuelan pilotos comerciales y militares por todo el mundo.

manager
makes

Nadie colgó el abrigo del *éxito* sobre sus hombros. Sus *logros* llegaron con el *sudor* de su frente. El trabajo, dice Oaxaca, es lo único que determina quien gana y quien pierde. Todos tenemos la habilidad, la única diferencia es el trabajo duro.

success / accomplish-
ments / sweat

Los padres de Oaxaca fueron la *clave* en *moldear* la dirección que tomó su vida y en *inculcar* los valores que lo ayudarían a pasar por los tiempos difíciles.

key / to shape
to instill

"Nunca me sentí inferior en la escuela. Mis padres me enseñaron que sentirme inferior o discriminado era un estado mental. Si no te estimas a ti mismo, no importa lo que seas, blanco, verde o indiferente, la gente te va a

[2] Hay también un numero considerable de hispanos de origen mexicano en Chicago.

support

molestar, si los dejas. Los consejos, el estímulo, el *apoyo,* la disciplina y el amor fueron los ingredientes que usaron los padres de Oaxaca para motivarlo y ampliar sus conocimientos y su mente.

Un consejero en la escuela secundaria una vez le dijo que debía tomar cursos de construcción, de carpintería y de mecánica de autos. Su padre le dio este consejo. "Puedes tomar todos esos cursos para ayudarte a ganar dinero mientras estés en la escuela, pero tienes que tomar matemáticas, inglés, historia y todos los otros cursos obligatorios para ganar buen dinero". Cada centavo que ganó en su ruta de periódicos se lo daba a sus padres. El estaba seguro que ellos gastaban todo el dinero que él ganaba con tanto sudor y trabajo. Cuando llegó el tiempo de ir a la universidad, descubrió que sus padres lo

saving
He attended

habían estado *ahorrando.*

Asistió a la universidad de Texas donde obtuvo un diploma de ingeniería. "Yo quería ser doctor, pero no teníamos suficiente dinero. Y en Texas, si eras hispano, nunca entrarías. Un ingeniero tiene una mayor probabilidad de entrar

seleccione

en cualquier universidad que se *escoja*".

appreciates

La Northrop le ofreció un trabajo después de terminar sus estudios. Ha estado ahí por 32 años y *agradece* las oportunidades que la empresa le ha dado. "Pero obtener una educación—dice Oaxaca—es el primer paso para subir en el mundo de los negocios. Para el futuro necesitaremos muchas personas en las ciencias y en la tecnología, y los hispanos van a ser una gran parte de la acción". Como dice Oaxaca, "todos tienen la habilidad, la única diferencia es el trabajo fuerte".

Jaime Oaxaca, de nombre netamente mejicano, es un triunfador.

Preguntas

A. Preguntas sobre la lectura.

1. ¿Cuál es la población hispana de los Estados Unidos?
2. ¿Qué lugar ocupan los hispanos dentro de la población general?
3. Dentro del total de los hispanos, ¿qué grupo forma la mayoría?
4. ¿Desde cuándo están los hispanos en el suroeste del país?
5. ¿Qué territorios actuales ocupaban los hispanos durante los tres primeros siglos de la conquista?
6. ¿Qué sucedió en el 1822? ¿Y en el 1848?
7. ¿Qué consecuencias ha tenido para los mexico-americanos el tratado de 1848?
8. ¿Por qué se considera a Jaime Oaxaca un triunfador?
9. ¿Cuáles son algunas de las ideas de Oaxaca?
10. Según Oaxaca, ¿cuál es el factor que más ha contribuido a su éxito?
11. ¿Qué clase de padres tuvo Oaxaca?
12. ¿Cuál es, según Oaxaca, la diferencia entre uno que triunfa y otro que no?

B. Otras preguntas.

1. Si usted fuera un mexico-americano o un mexicano inmigrante, ¿vería los antiguos territorios mexicanos todavía como tierra nativa o pensaría que todo eso pertenece al pasado?
2. Si usted es de origen mexicano, ¿ha sufrido alguna discriminación por ello? Si es de otro grupo hispano, ¿tiene aplicación en su caso la misma pregunta?

3. ¿Cree que ha habido cambios en las relaciones entre los mexico-americanos y los anglos? ¿En qué basa su afirmación?

4. ¿Está de acuerdo con Oaxaca cuando dice que la discriminación es un estado mental?

5. Oaxaca tuvo el estímulo y el apoyo de sus padres. En caso que estos factores no existieran, ¿cree que aún así es posible triunfar en la vida?

6. ¿Cómo interpretaría lo que le dijo a Oaxaca el consejero?

7. ¿Cree usted que sólo los que tienen un título universitario pueden considerarse triunfadores o existen otras maneras de triunfar?

8. ¿Qué significa para usted triunfar en la vida?

9. ¿Conoce a algún mexico-americano que según usted se ha destacado? ¿Por qué lo considera sobresaliente?

Mejore su vocabulario

A. Sustituya la palabra en cursiva por un sinónimo de la lectura. Haga otros cambios si es necesario.

1. El conferencista mencionó algunos elementos culturales positivos con que *han contribuido* los mexico-americanos a la sociedad en general.

2. Todos están de acuerdo en que su aporte *va más allá* de una mera contribución monetaria.

3. La Organización de Estados Americanos trató de evitar una *lucha* entre los dos países en desacuerdo pero fue en vano.

4. Al serle negado el ascenso, pensó que lo *habían dejado atrás* y renunció a su puesto.

5. La compañía donde trabaja *construye* ventanas de aluminio.

6. El buen ejemplo de sus padres contribuyó a *formar* su carácter.

7. La familia le *enseñó poco a poco* la importancia de los valores morales.

8. Si quieres comprar un auto pronto debes *economizar* más dinero.

9. Oaxaca dice que es uno quien puede *elegir* si se trabaja duro o poco.

Modismos

de acuerdo con   *according to*
mucho queda por hacer   *much remains to be done*

De acuerdo con lo que dices, entonces yo estoy equivocado.
According to what you are saying, I am mistaken.

Ya terminé la parte más difícil pero todavía me **queda mucho por hacer.**
I finished the most difficult part, but *much* still *remains to be done.*

Práctica

Relacione los modismos con las palabras de igual significación y luego escriba una oración con cada una.

Quedar mucho por hacer   según
De acuerdo con   faltar todavía

Temas para redactar y conversar

A. Importancia del apellido entre los hispanos.

El apellido es muy importante para los hispanos. Por ejemplo las mujeres conservan el suyo aún después de casadas; entre los hispanos se oye con frecuencia, «no se debe manchar el nombre de la familia» o «es un apellido muy antiguo»; mucha gente quiere tener un hijo varón «para que no se pierda el apellido». Por otra parte, Vikki Carr y Anthony Quinn han declarado que para poder triunfar en sus respectivas carreras tuvieron que abandonar sus nombres hispanos.

¿Le parece que hicieron bien o que debieron haber insistido en conservar sus nombres?

¿Cree usted que hoy día se puede triunfar plenamente aunque se tenga un nombre español?

¿En qué circunstancias cambiaría usted su nombre?

B. El problema de la inmigración ilegal en los Estados Unidos.

El problema de la inmigración ilegal de mexicanos a los Estados Unidos es un tema muy discutido. Existen muchas opiniones al respecto. Algunos creen que por las circunstancias especiales existentes entre México y los Estados Unidos (proximidad, cierta obligación moral por la pérdida de los territorios mexicanos), se debía permitir la entrada en Estados Unidos a todos los mexicanos que lo quisieran. Otros arguyen que dada las circunstancias económicas por las que atraviesa México hoy, vendría más gente de las que Estados Unidos pudiera absorber. También algunos dicen que los inmigrantes ilegales realizan trabajos que nadie quiere hacer. Otros afirman que les quitan trabajos a los inmigrantes que ya están aquí.

C. Sus ambiciones y sueños para el futuro, y como persona de origen hispano, las ventajas que cree tiene y los obstáculos que pueda encontrar para realizar sus metas.

GRAMÁTICA

1. Palabras simples, derivadas, compuestas y parasintéticas

La etimología se ocupa de la formación de las palabras. Atendiendo a ésta, las palabras pueden ser simples, derivadas, compuestas o parasintéticas. Las palabras simples son aquellas cuyos componentes por sí solos carecen de significación. Si se dividen las palabras **dulce** y **cama** dul/ce, ca/ma, cada sílaba por separado no representa nada, por lo tanto son palabras simples.

Las palabras derivadas son las que provienen de otras del idioma agregando los llamados **sufijos**.[3] Las palabras camilla/camera se derivan, entre otras, de cama; dulzor/endulzar/dulcísimo/dulzura se derivan de *dulce*.

Se llaman compuestas las voces que constan de dos o más palabras que tienen significación independiente:

girasol   sobrehumano   siempreviva   coche comedor   Buenos Aires
rascacielo   anglosajón   sureste   supermercado   cortauñas   subsuelo

Las parasintéticas son las palabras compuestas y derivadas a la vez :

puertorriqueño   precolombino   suramericano   encarcelada   neolatinas
quinceañera   quehaceres   increíble   sobreviviente subdesarrollado

---

[3] Los sufijos, los diminutivos, aumentativos y despectivos serán estudiados más adelante.

2. Familia de palabras o palabras afines

Familia de palabras o palabras afines son las que tienen el mismo origen o parentezco etimológico. Por ejemplo, las palabras

madrina   madrastra   matrona   maternidad   maternal   comadre
matrimonio   madrecita   matricidio   comadrona y matriarcado

entre otras, son afines de *madre,* que viene del latín *mater.*

3. Cambios de ie → e y ue → o

Algunas palabras derivadas cambian de ie → e. Busque el significado en el diccionario si no lo sabe:

caliente	calentura		pie	pedestal	pedicuro
ciego	ceguera		piedra	pedruzco	pedrada
cielo	celeste	celestial		pedregal	petrificado
cien	centenario		piel	peletero	
cieno	cenagoso		sierra	serrano	
cierra	cerrojo	cerrajero	siete	setecientos	setenta
diente	dental	dentadura	tiempo	temporal	temporada
	dentista		tierno	ternura	enternecido
fiera	feroz	ferocidad	tierra	terrenal	terrestre
fiesta	festín	festival		terráqueo	
miedo	medroso	amedrentar	travieso	travesura	
miel	meloso		viejo	vejez	avejentado
nieve	nevada		viento	ventoso	ventarrón

Otras palabras derivadas cambian de ue → o:

bueno	bondad			nuevo	novedad	novedoso
cuerno	cornada				innovación	
cuerpo	corpóreo	corpulento		pueblo	población	poblano
fuego	fogata	fogosidad	fogosa	puerco	porquería	
fuerza	fortaleza	fornido		puerta	portero	portal
hueco	oquedad				pórtico	
huerta	hortelano			rueda	rodillo	rodadera
hueso	osamenta	óseo	osario	suelto	soltura	
muela	molar			sueño	soñoliento	
					sonámbulo	
mueble	mobiliario			vuelta	voltereta	
muerte	mortífero	mortandad				
	mortal					

A. Clasifique etimológicamente las palabras dadas marcando las casillas correspondientes. Siga el ejemplo:

	Simple	Derivada	Compuesta	Derivadas y compuestas (Parasintéticas)
sordomudo			✔	
arboleda				
izquierdista				
sabelotodo				
telegrafista				
arcoiris				
negruzco				
altura				
lavaplatos				
hazmerreír				
bonaerense				
arena				
pelirroja				
elefante				
ultramarino				
increíble				

B. En la lista de palabras que sigue hay muchas palabras simples y sus derivadas. Agrúpelas dando primero la palabra simple. Fíjese en el ejemplo. Su conocimiento del inglés puede ayudarlo.

bueno: bondad   benevolente   beneficio   benefactor   benigno
        bonanza

herrero	carnívoro	carne	contemporáneo
piedra	herrería	sabio	herramienta
huevo	carnal	nacer	dentífrico
noche	natalicio	agua	dentadura
tempestad	vital	regir	reglamento
dentista	pedrada	sueño	sapiencia
vitalicio	natalidad	ovalado	regulación
ciego	sabiduría	ovíparo	acuoso
óvulo	temprano	tiempo	hierro
dental	régimen	ceguera	nacimiento
oval	acuario	diente	intemperie
vida	petrificado	temporada	nocturno
acuático	incorregible	herradura	somnoliento

C. Haga un círculo alrededor de la palabra que no sea de la misma familia de las demás.

1. mortífero   amortizar   moribundo   mortaja
2. padrastro   parricidio   partera   patronímico
3. crucero   crucifijo   crucial   crujido

4. inmoral   morado   moraleja   amoral
5. novedoso   novena   novato   innovación
6. verídico   verdadero   verosímil   vernáculo
7. legislar   legal   alegoría   ley
8. lumbago   lumbrera   luminoso   luminaria

D. Complete con una palabra derivada de la que se da entre paréntesis.

1. El niño no fue ayer a la escuela porque tenía un poco de
   _____. (caliente)

2. El torero recibió una _____ en la pierna izquierda. (cuerno)

3. Los guardaespaldas son generalmente hombres muy _____.
   (cuerpo)

4. Si tienes una uña enterrada, ¿por qué no vas al _____ ? (pie)

5. Un buen _____ es lo único que le dará seguridad a la
   puerta. (cierre)

6. Fue muy fácil mover el refrigerador porque estaba montado en
   _____. (rueda)

7. Aunque es una persona _____ esta vez no se dejó
   atemorizar. (miedo)

8. Es un área _____ en la que abundan los cocodrilos.
   (ciénaga)

9. Cuando quiere conseguir algo de los demás se pone muy
   _____ . (miel)

10. La estatua descansa en un enorme _____ . (pie)

11. Es una excelente actriz, en el escenario se mueve con mucha
    _____ . (suelta)

12. El _____ del palacio es magnífico, tienen unas butacas estilo
    Luis XVI que son un primor. (mueble)

Joven mexico-americana vestida con traje típico ranchero participa en el desfile durante una fiesta en Tejas.

4. Sufijos y prefijos

La **raíz** o **radical** es la parte invariable y común a un grupo de palabras.

Sufijos son las letras (o letra) que se agregan a la raíz para formar nuevas palabras derivadas. En las palabras mont-e, mont-aña, mont-uno, mont-araz, mont-es y mont-ero, las letras mont- constituyen la raíz y las letras *-e – -aña – uno – -araz – -es* y *-ero* son los sufijos. Los sufijos que se refieren a nombres se denominan nominales y los que se refieren a verbos se denominan verbales. Las desinencias para formar el plural son también sufijos.

Los **prefijos** son las letras, sílabas o palabras que se anteponen a otras ya formadas para formar las palabras compuestas. Si a la palabra **honra** se le agrega el prefijo *des-*, se forma la palabra compuesta **deshonra**. Lo mismo sucede con **razón**, si se le agrega el prefijo *sin-* se forma la palabra compuesta **sinrazón**.

Los sufijos y prefijos de origen latino y griego son muy usados en español. Sería útil aprender los más comunes:

Sufijos

Sufijo	Significación				
-cida	que mata	fratricida	infanticida	homicida	parricida
-forme	forma	deforme	multiforme	uniforme	
-voro	que come	carnívoro	herbívoro	omnívoro	
-filo	amante de	bibliófilo	francófilo		
-itis	inflamación	apendicitis artritis	bronquitis	laringitis	otitis
-fobia	miedo a	claustrofobia	hidrofobia	agorafobia	

Prefijos

Prefijo	Significación			
ad-	junto	adjunto	adverbio	adyacente
ante-	delante	antemano anterior	antepenúltimo	
bi-	dos	bicicleta	bilateral	bípedo
circum-	alrededor	circundar	circunloquio	
des-, dis-, de-	no, sin	desagradable discordante	deforme despreciable	disparejo
ex-	fuera de, que fue	expresidente	exportar	expulsión
in-	sin, no	injusto intratable	inseparable	inseguro
inter-	entre, dentro	internacional intercontinental	interno	
post-	pasado, detrás, después	posponer posterior	postergar	postdata
omni-	todo	omnipotente omnisciente	ómnibus omnívoro	
pre-	anterioridad	precolombino preparatorio	prenatal predecir	prejuzgar
re-	repetición	releer restablecer reorganizar	recrear revender	rehacer reasumir

prefijo	significado	ejemplos
semi-	no completamente	semidios semioscuro semibreve semicromático
sub-	debajo, inferior	subalterno subterráneo submarino suboficial
super-	sobre, exceso	superpoblado superabundante
trans-, tras-	al otro lado	transcontinental transporte trasatlántico trasandino
tri-	tres	tripartito triángulo tricolor tridimensional
uni-	uno	unicornio unilateral uniforme universo
vice-, vi-	en lugar de	vicepresidente vicecónsul virrey
a-	sin	acéfalo átono afónico
anti-	contra	antihumano anticristo
auto-	por sí mismo	automotriz autobiografía automático
deca-	diez	década decasílabo decalitro
foto-	luz	fotografía fotograbado
hecto-	cien	hectolitro hectárea hectómetro
kilo-	mil	kilogramo kilómetro kilolitro
mono-	uno	monólogo monopolio monocultivo monóculo monogamia monosílaba
homo-	igual	homogéneo homófono homógrafo
neo-	nuevo	neologismo neófito neolatino
poli-	mucho	políglota polifacético poligamia polisílaba
proto-	primero	prototipo protoplasma protomártir
pseudo-	falso	pseudónimo pseudopoeta

Ejercicios

A. Sustituya lo que se indica por una palabra con prefijo o sufijo que tenga el mismo significado.

1. Poner algo entre dos cosas.
2. Volver sobre algo estudiado anteriormente para recordarlo bien.
3. Poner algo delante de otra cosa.
4. Persona que está en contra del comunismo.
5. Lo que no es agradable.
6. Lo que se mueve por sí mismo.
7. Condición que tiene la persona que ha perdido temporalmente la voz.
8. La vida de una persona escrita por ella misma.
9. Algo que no es propio de humanos, que es cruel.
10. Volver a poner algo que se ha usado o tomado.
11. Se aplica generalmente a un motor o aparato que no funciona.
12. Una persona con muchas facetas o talentos distintos.
13. Nombre falso que usan algunos escritores y artistas.
14. Temor a los lugares cerrados.
15. Se aplica al que come carne.
16. Se aplica a un acuerdo entre dos partes.

17. Dejar algo para hacerlo más adelante.

18. Se dice de los animales que comen hierba.

19. Algo que no se puede separar.

20. Estado en que se encuentra una persona o animal que ha perdido la conciencia de sí mismo.

B. Relacione las palabras que siguen con las dadas en la columna a la izquierda. Busque en el diccionario las palabras que no sepa y anote su significación en su cuaderno.

universo / subalterno / neolatina / subterráneo /prenatal / omnívoro / homófono / neófito / bípedo / unilateral / prejuzgar / múltiple / monólogo / polifacético / otitis / preparatorio / adjunto / homogéneo / laringitis / hidrofobia / década / políglota / uniforme / protoplasma / bilateral / vice-ministro / adverbio / poligamia.

Fíjese en el ejemplo: agua: acuoso/acueducto/acuático.

al lado:
antes:
debajo:
diez:
dos:
en lugar de:
igual:
inflamación:
miedo:
mucho:
nuevo:
primero:
todo:
uno:

Humor

Comente el chiste oralmente o por escrito.

Diagnóstico equivocado.

—El dolor que usted tiene en la pierna izquierda no es nada serio, son achaques propios de la edad, le dijo el médico al anciano.
—No creo eso, doctor, porque la otra pierna tiene la misma edad y no me duele.

SEMEJANZAS Y CONTRASTES

- El verbo inglés *to take* tiene muchas equivalencias en español. Aquí damos sólo algunas de las más comunes.

1. Cuando *take* significa to *seize* sus equivalentes son **tomar** o **coger**.

Para escapar, los ladrones **cogieron** un taxi que pasaba.
To escape, the robbers *seized* a taxi that was passing by.

2. *To carry something* o *to take a person somewhere* equivale a **llevar.**

El portero **llevó** las maletas al auto.
The doorman *carried* the luggage to the car.

La guía nos **llevó** al zoológico y al circo.
Thc guide *took* us to the zoo and the circus.

3.   *To take away* o to *carry away* equivale a **llevarse**. A veces llevarse tiene el sentido de robar.

Llévate esas cajas de aquí.
Take those boxes away from here.

Alguien se **llevó** mi abrigo.
Somebody *took away* my coat.

4.   Algunas expresiones en inglés con *to take* usan **tomar** y **dar** en español.

a)   *to take* – tomar

to take a medicine	tomar una medicina
to take a nap	tomar una siesta
to take an exam	tomar un examen
to take a course	tomar un curso
to take a stand	tomar una posición, dar una opinión

b)   *to take* – dar

to take a walk	dar un paseo
to take a trip	dar un viaje (hacer un viaje)
to take a bath	darse un baño
to take a step	dar un paso

c)   *to take* – otros verbos

to take after	parecerse a
to take apart	desarmar
to take back	recoger, retirar
to take care	cuidar, tener cuidado
to take charge	hacerse cargo, adquirir
to take for	tomar por, confundir con
to take for granted	dar por sentado
to take from	sustraer de, quitar a
to take in	aceptar, recibir, admitir
to take a liking	aficionarse
to take an oath	jurar, tomar un juramento
to take off (plane)	despegar
(train or bus)	irse
to take offense	ofenderse
to take pain	esmerarse
to take pity	apiadarse, coger lástima
to take refuge	refugiarse
to take shelter	guarecerse
to take time	demorarse, durar
to take upon oneself	tomar sobre sí mismo (una responsabilidad u obligación)

Otras expresiones idiomáticas con *take*:

take my word for it	créame
take heart	anímese
take it easy	cálmese
to be taken	ser engañado

Ejercicios

A. Traduzca al español las oraciones siguientes.

1. The rebels seized the town without meeting any resistance.
2. Each passenger is allowed to carry onto the plane only one small bag.
3. In order to calm himself down he took a long walk.
4. An ambulance carried away the body of the dead man.
5. The aggressor had a gun and the police took it away from him.
6. It was clear nobody was willing to take a step of that nature.
7. She took pain in preparing the dinner and nobody thanked her.
8. The bus driver took pity on the woman and said to her: "Take it easy, lady, don't run, take your time, I will wait for you."

B. Dé el equivalente en español de las palabras en inglés.

1. El mecánico cobró tanto porque tuvo que *to take apart* el motor.
2. Muchos me aseguran que mi hijo *takes after me*.
3. Según la constitución, si al presidente le sucede algo, el vicepresidente debe *to take charge* de la presidencia.
4. Oh, perdone que lo haya tocado, es que lo *took you for* con mi hermano.
5. Lo siento, señora, el avión *took off* ya.
6. Llovía a cántaros y no había un lugar donde *to take shelter*.
7. La primera vez que probó el tequila no le gustó pero después él *took a liking to* él.
8. Cuando los vio sentados en la misma mesa ella *took for granted* que estaban juntos.
9. Esta fotografía es del día que *took the oath* para la alcaldía.
10. Con gran cinismo declaró que lo único que hacía era *to take from* un rico para darle a un pobre.
11. Cuando le dije que el color que tenía en el pelo la envejecía ella *took offense* de mis palabras.
12. Después que los padres murieron, ella *took upon herself* la responsabilidad de criar a los hermanos más pequeños.
13. Si el aparato no trabaja bien, ¿por qué no llamas a la compañía para que lo *take back*?
14. Durante las inundaciones muchos vecinos se vieron obligados a *to take refuge* en los techos de sus casas.
15. *You have been taken*, la cadena que te vendió no es de oro puro, *take my word for it*!

- key
  - **clave** = signo musical en el pentagrama, lo que explica algo
  - **tecla** = las partes blancas y negras del teclado de un piano
  - **llave** = objeto para abrir cerraduras

¿En que **clave** se toca esta canción?
In what *key* is this song played?

¡Con qué ésta es la **clave** del enigma!
So this is the *key* to the enigma!

Las **teclas** del piano son de marfil.
The piano's *keys* are made of ivory.

¿Dónde están las **llaves** del auto?
Where are the car *keys*?

Falsos cognados

- éxito — *success*
  exit — salida
  suceso — *happening*

El **éxito** de la novela fue extraordinario.
The *success* of the novel was extraordinary.

¿Dónde está la **salida**?
Where is the *exit*?

El descubrimiento de América fue un gran **suceso**.
The discovery of America was a great *happening*.

- asistir
  - *to help, to take care of*
  - *to attend (a conference, a school)*

to assist – *to help, to take care of*
atender – *to pay attention, to care for*

La policía **asistió** a los heridos.
The police *assisted* the wounded.

El es el médico que **asiste** al niño.
He is the doctor that *assists* the child.

Muchos estudiantes **asistieron** a la conferencia.
Many students *attended* the conference.

El dueño no **atiende** su negocio.
The owner does not *pay attention to* his business.

¿Quién es el médico que lo **atiende**?
Who is the doctor who *takes care of* him?

Ejercicios

A. Escoja la palabra que crea es más apropiada para completar el sentido de la oración.

1. La (clave/llave) al principio del pentagrama indica las notas musicales.
2. Aquí puedes duplicar las (claves/llaves) de la puerta de tu apartamento.
3. Se recomienda limpiar las (teclas/claves) del piano con un paño ligeramente húmedo.
4. Después de mucho cavilar, al fin dimos con la (llave/clave) del misterio.
5. Algunos no (asisten a/atienden a) las explicaciones del maestro.
6. Los niños (atienden/asisten) a clase vestidos de uniforme.

B. Traduzca al español.

1. The exit was blocked by heavy boxes.
2. Her success surprised many of her friends.
3. What school of medicine does he attend?
4. There wasn't any doctor to assist the sick.
5. The family was affected by many sad happenings.
6. She didn't pay attention to the teacher's instructions.

- ## Los prefijos **super** y **sobre**

El prefijo **super,** lo mismo en inglés que en español, indica por encima de lo normal.

supermarket	*supermercado*	*superindustrialized*	*superindustrializado*
supersonic	*supersónico*	*supermundane*	*supermundano*
superpatriotic	*superpatriótico*	*superfine*	*superfino*

Pero el equivalente de *superhuman* es **sobre**humano y el de *supernatural* es **sobre**natural.

El prefijo en inglés *over*, que indica cantidad excesiva, se traduce en español como **sobre**.

overproduction	*sobreproducción*	*overtime*	*sobretiempo*
overload	*sobrecargo*	*surplus*	*sobrante*
overestimate	*sobrestimar*	*overcome*	*sobreponer(se)*
overweight	*sobrepeso*		

Pero se dice **super**población – *overpopulation* y
superabundancia – *overabundance*

Ejercicio

Traduzca la palabra dada en inglés.

1. El médico le dijo que tenía _____ y que eso le afectaba el corazón.
   overweight

2. Los países _____ no fueron tan afectados como los
   superindustrialized
   subdesarrollados por la crisis del petróleo.

3. La construcción de la represa fue un esfuerzo _____.
   superhuman

4. El gobierno repartió entre los pobres el _____ de
   surplus
   queso que tenía.

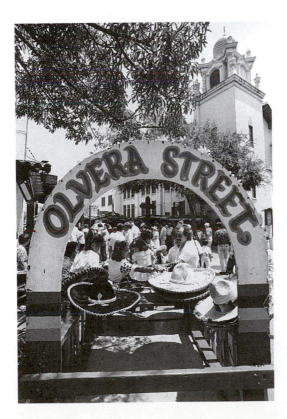

La calle Olvera, centro comercial en Los Angeles, es muy frecuentada por los hispanos del área.

5. Después del accidente le llevó mucho tiempo _____al
   to overcome
   temor de manejar.

6. China e India son los dos países más _____ .
   overpopulated

7. Los trabajadores se quejan de que ya no pueden trabajar
   _____ .
   overtime

8. Es una paradoja que en el país de la _____ algunos
   superabundance
   vayan a la cama sin comer.

9. En los _____ los precios son generalmente más bajos.
   supermarkets

10. El camión no se podía mover porque estaba _____
    overloaded

ORTOGRAFÍA

Homófonos de *c* y *s*

Homófonos (homo = igual, fono = sonido) son las palabras que suenan igual pero tienen distinta significación y ortografía. Algunos homófonos comunes de *c* y *s* son:

1. cau<u>c</u>e – lecho del río

   cau<u>s</u>e – del verbo causar

2. <u>c</u>ebo – del verbo cebar (engordar) Dar <u>c</u>ebo para atraer animales en una trampa.
   <u>s</u>ebo – sustancia grasosa

3. <u>c</u>ede – del verbo ceder

   <u>s</u>ede – capital de una diócesis, de una conferencia o negocio

4. <u>c</u>eso – del verbo cesar

   <u>s</u>eso – masa del cerebro

5. <u>c</u>epa – parte del tronco debajo de la tierra (En sentido figurado significa *raza/origen*.)
   <u>s</u>epa – del verbo saber

6. <u>c</u>ien – número cardinal
   <u>s</u>ien – parte lateral de la cabeza

7. <u>c</u>ierra – del verbo cerrar
   <u>s</u>ierra – herramienta de filo dentado, grupo de montañas

8. <u>c</u>iervo – venado

   <u>s</u>iervo – el que sirve, esclavo

Van a dragar (limpiar) el cau<u>c</u>e del río.

Espero que esto no le cau<u>s</u>e inconvenientes.

<u>C</u>ebo animales para vender. El animal no comió el <u>c</u>ebo de la trampa.
El <u>s</u>ebo se usa para hacer jabón.

El niño le <u>c</u>ede el asiento a la señora .

La <u>s</u>ede del catolicismo está en Roma.

Mañana <u>c</u>eso en mis funciones como director.

Me gustan las frituras de <u>s</u>eso.
Se venden <u>c</u>epas de olivos.

No creo que <u>s</u>epa lo que ha pasado.
Vendo <u>c</u>ien caballos.
Tengo un latido muy fuerte en la <u>s</u>ien.
El banco <u>c</u>ierra a las tres.
Es necesario cortar la madera con una <u>s</u>ierra.
La ciudad está en un valle entre <u>s</u>ierras.
Aún no se ha abierto la cacería de <u>c</u>iervos.
Antiguamente ese trabajo lo hacían los <u>s</u>iervos.

9. cima – parte alta de algo   La casa está en la cima de la montaña.

    sima – abismo, parte profunda   Se ven muchos árboles en la sima de la montaña.

10. cirio – vela   El altar estaba alumbrado con cirios blancos.

    sirio – nativo de Siria   Es de nacionalidad siria.

11. cocer – cocinar   Hay que cocer bien la papa antes de mezclarla con el huevo.

    coser – unir con hilo y aguja   Es muy útil aprender a coser en máquina.

12. face – faceta, rostro, cara   Ese problema tiene muchas faces.
    fase – etapa de un proceso evolutivo   Su desarrollo está en la primera fase.

13. reciente – cercano en el tiempo   Es un hecho reciente.
    resiente – del verbo resentir   Se resiente si le llamas la atención

Ojo—Cuidado, no confunda *a hacer* con *a ser* que tienen distinta significación. ¿Qué vas *a hacer* mañana? La fiesta va *a ser* afuera.

Algunas palabras que se escriben con *s* y *x* también pueden confundirse.en la grafía:

1. contesto – del verbo contestar   Yo contesto lo que se me pregunta .
    contexto – dentro del párrafo   La explicación ya va incluida en el contexto.

2. espiar – observar   La policía decidió espiar los movimientos en la casa.

    expiar – pagar culpas   La cárcel no es suficiente para expiar semejante culpa.

3. estirpe – abolengo   Su título de princesa indica su estirpe real.

    extirpe – del verbo extirpar, cortar   —Doctor, quiero que me extirpe esta verruga

4. espirar – echar el aire fuera   Espire con lentitud dos veces.
    expirar – morir   El enfermo expiró a las cinco de la mañana.

Complete con la palabra apropiada el sentido de la oración.

1. Cocinar es sinónimo de _____ . (cocer/coser)

2. Le prometió a la Virgen encenderle un _____ si todo salía bien. (sirio/cirio)

3. La familia de la víctima declaró que _____ el delito en la cárcel no era suficiente castigo. (espiar/expiar)

4. La oración hace referencia a los _____ de Dios. (ciervos/siervos)

5. La medicina moderna ya no recomienda que se _____ las amígdalas a los niños a no ser en casos extremos. (estirpen/extirpen)

6. El artículo sólo se refería al caso de robo más _____ . (reciente/resiente)

7. ¿Y qué le digo al profesor cuando me pregunte si entendí la idea principal del _____ ? (contesto/contexto)

8. Los vecinos se quejan del mal olor que viene de la fábrica de _____. (cebo/sebo)

9. La _____ del congreso de escritores este año será en México. (cede/sede)

10. La policía declaró que la muerte fue a causa de un golpe en la _____ . (cien/sien)

11. Ya a punto de _____ hizo llamar al cura. (espirar/expirar)

12. No creo que este hombre _____ donde venden la _____ de la vid. (cepa/sepa)

13. Le va _____ muy difícil volver a empezar de nuevo. (a hacer/a ser)

14. La _____ de la montaña estaba cubierta de nieve. (sima/cima)

15. Cada _____ del cubo geométrico estaba pintada de un color distinto. (fase/face)

16. No _____ de repetir que me gusta mucho el _____ . (seso/ceso)

17. Hay tanta sequía en la región que se puede ver el _____ de los ríos. (cauce/cause)

18. El carpintero compró una _____ eléctrica. (cierra/sierra)

Una bella pose de la famosa actriz mexicoamericana Raquel Welch.

Miscelánea para leer y comentar

Sabía usted que:

Muchos mexico-americanos ocupan posiciones de gran importancia nacional y otros han logrado fama en sus respectivas actividades profesionales. Entre ellos están:

Anthony Quinn	—actor (México)
Ricardo Montalbán	—actor (México)
Vikki Carr	—cantante
Trini López	—cantante
Joan Báez	—cantante
Nancy López	—golfista
Lee Treviño	—golfista
Toney Anaya	—primer gobernador hispano de New Mexico
Manuel Luján	—exministro del interior
Federico Peña	—primer alcalde hispano de Denver/ministro de transporte
Raquel Welch	—actriz
Fernando Valenzuela	—béisbol (México)
César Chávez	—líder obrero
Henry B. González	—primer representante de origen mexicano
Linda Ronstadt	—cantante
Henry G. Cisneros	—primer alcalde hispano de San Antonio, Texas/ministro de vivienda
Lauro F. Cavazos	—exministro de educación
Catherine Ortega-Davalos	—extesorera de los Estados Unidos

El padre Antonio José Martínez introdujo la primera imprenta y publicó el primer periódico en New Mexico en el siglo XIX. La hacienda Martínez en Ranchos de Taos era una especie de monasterio que se convirtió en un importante centro de aprendizaje. El Padre Martínez fue excomulgado por sus actividades revolucionarias. La novelista Willa Cather se refiere a este controvertible personaje en su novela *Death Comes for the Archbishop*.

4

OTROS GRUPOS HISPÁNICOS EN LOS ESTADOS UNIDOS

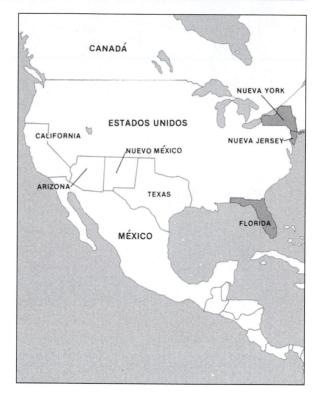

ANTES DE LEER

A. Conteste las preguntas que siguen:

1. El sushi es un conocido plato japonés y la enchilada uno mexicano. ¿Qué platos típicos de otros países usted conoce?

2. El tango y la tarantela son bailes nacionales de Argentina e Italia. ¿Puede mencionar algunos bailes de otros países?

3. ¿Sabe usted cuáles son los tres grupos mayores de hispanos en los Estados Unidos?

4. ¿Dónde se concentran?

5. ¿Qué entiende usted en general por la palabra *barrio*?

6. ¿Cómo describiría usted un barrio hispano o el barrio chino?

7. A veces a ciertos grupos nacionales se les conoce por un nombre especial, por ejemplo, a los costarricenses se les llama «ticos» y a los estadounidenses se les llama «gringos». ¿Puede mencionar otros nombres que se refieran a los ciudadanos de algunos países? Por favor, no use nombres ofensivos.

8. ¿Puede usted explicar la diferencia entre un inmigrante y un refugiado político?

9. ¿Hay muchos inmigrantes donde usted vive?

10. Según su opinión ¿qué impacto han tenido los inmigrantes sobre el lugar?

B. Sobre la lectura

1. Lea el título de la lectura. ¿Le da una idea del contenido? También fíjese en el mapa. ¿Qué le sugieren los estados oscurecidos en relación al título?

2. Eche una ojeada rápida a la lectura tratando solamente de obtener una idea general. Luego vuelva a leerla lentamente poniendo atención a las palabras en cursiva; trate de entender lo que lee.

LECTURA

Otros grupos hispánicos en los Estados Unidos

to enjoy eating

¿Desea *saborear* un sabroso asado o una parrillada, un suculento sandwich cubano, mofongo, sancocho, ceviche o caldo gallego? ¿Quisiera bailar al ritmo de una auténtica cumbia, de un merengue o de una buena *salsa*? Para ello no necesita viajar a ningún país hispánico porque en la ciudad de Nueva York y sus alrededores encontrará cualquiera de estas cosas sin ninguna dificultad.

a dance

Mucha gente está sorprendida ante el fenómeno hispánico en los Estados Unidos, no sólo en lo concerniente al número sino también por la heterogénea composición de esta masa hispánica, dentro de la cual se puede observar *toda suerte de matices*.

all kinds of shades

Los puertorriqueños, el segundo grupo de hispanohablantes en número y antigüedad, están *dispersos* por todo el país, pero se concentran principalmente en Nueva York y los estados vecinos. Como son ciudadanos americanos, esto les concede una categoría especial entre los demás inmigrantes hispanos. Pero fue a los boricuas —por ser los primeros en llegar en grandes *oleadas*— a quienes les tocó sufrir la peor discriminación racial y pobreza, que los obligó a refugiarse en la zona del este de Harlem conocida por «el barrio». Al convertirse en el «*rompeolas*» de los inmigrantes hispanos, ellos abrieron el camino para los que vinieron después. A su tenacidad y esfuerzo en conservar su lengua y su cultura se debe también que el español se haya mantenido firme en el este del país.

scattered

waves

breakwater

La ciudad de Miami en la Florida es el *bastión* de los cubanos, la mayoría de los cuales se han establecido allí. «La pequeña Habana» es el corazón de la *hormigueante* colonia cubana, que con su ímpetu y *brío*, ha transformado la antes *soñolienta* y tranquila ciudad floridana en la vibrante meca industrial, comercial y turística que es hoy.

antlike/vigor
sleepy

El núcleo original de cubanos se ha ido ampliando últimamente con hispanos de otras procedencias. En los 80 grandes grupos de refugiados políticos de Nicaragua y El Salvador han *arribado* a la ciudad, aumentando así el número de hispanohablantes. Sin embargo, es curioso observar que aunque Miami está considerada «territorio cubano», su primer *alcalde* de origen hispano no fue un cubano sino un puertorriqueño.

mayor

Restaurante peruano en Jackson Heights, Queens, Nueva York.

west bank

   Al norte, a sólo 10 minutos de Nueva York, en la *ribera oeste* del río Hudson, en el estado de Nueva Jersey, se encuentra Union City, donde se halla la segunda concentración de cubanos en los Estados Unidos. Allí los cubanos han repetido el «milagro» de Miami, revitalizando económicamente la

opening   ciudad con la *apertura* de comercios de todo tipo. Si diera un paseo por la
full   avenida Bergenline, la arteria principal de la ciudad, vería las calles *atestadas* de un público numeroso compuesto principalmente de hispanohablantes parados en las esquinas conversando, otros entrando y saliendo de tiendas de ropa, carnicerías, mueblerías, farmacias y restaurantes, con nombres como *La habanera*, *El Camagüey*, *El Mambí*, que reflejan la nostalgia de la tierra que quedó atrás. Aun en el pequeño cementerio de la ciudad se nota la influencia cubana, con sus tumbas perennemente adornadas con flores y banderas cubanas.

   En Nueva York, en la parte alta del oeste de la ciudad, nombres como *El Cibao y Quisqueya*, así como las notas rítmicas y pegajosas del merengue, que
speakers   invade las calles a través de los *altoparlantes* de las tiendas de discos, le señalarán que ha llegado a un barrio netamente dominicano. Y si tomara el tren subterráneo que conduce al condado de Queens y se bajara en la estación de Jackson Heights, vería nombres como *El Inca* y *La bonaerense* que indican influencia suramericana, y oirá hablar español con un acento y pronunciación distintos al caribeño. Allí, argentinos, colombianos, ecuatorianos y otros
display / dedication   suramericanos *despliegan* sus actividades, contribuyendo con su *laboriosidad* y energías a hacer más patente aún la extraordinaria riqueza y variedad de la cultura hispánica y a hacer de los Estados Unidos el quinto país de habla hispánica en el mundo.

Preguntas

A.   Preguntas sobre la lectura.

1.   ¿Sabe a qué países pertenecen los platos que se han mencionado? ¿Y la música?

2.   ¿Qué sorprende a la gente en cuanto a la población hispana en los Estados Unidos?

3.   ¿Qué grupo hispánico inició en el este de los Estados Unidos la inmigración en grandes masas?

Participantes vestidos con trajes típicos durante la parada hispana en Nueva York.

4. ¿Qué distingue legalmente a los puertorriqueños de los demás inmigrantes en los Estados Unidos?

5. ¿Cuál ha sido la contribución general de los puertorriqueños a los otros inmigrantes hispanos?

6. ¿Dónde se concentran los cubanos?

7. ¿Qué influencia ha tenido la inmigración cubana en ciertas áreas del país?

8. ¿Qué otros grupos de inmigrantes hispanos se encuentran en el este del país?

9. ¿Dónde se concentran principalmente?

10. ¿Cómo es en general la cultura hispánica, homogénea o heterogénea? ¿Por qué?

11. ¿Qué lugar ocupan los Estados Unidos en cuanto al uso del español en su territorio?

B. Otras preguntas.

1. ¿Cuál es su plato favorito?

2. ¿Y a la hora de bailar, qué prefiere, un ritmo norteamericano o uno hispanoamericano?

3. ¿Ha visitado algún barrio o ciudad donde se concentre un grupo hispánico pero no compatriotas suyos?

4. Se habla mucho de los distintos acentos hispanoamericanos. ¿Puede usted distinguir las distintas nacionalidades por la manera de hablar?

5. ¿Sabe usted lo que era un *Inca*? ¿Y un *mambí*?

Mejore su vocabulario

A. Substituya la palabra subrayada por su sinónimo en la lectura.

1. Este cocido está tan sabroso que lo quiero paladear despacio.

2. En la oficina se veían papeles desparramados por todas partes.

3. Los inmigrantes españoles llegaron al país en grandes números.

4. Un pequeño grupo hizo de <u>cabeza de resistencia</u> para facilitar la entrada de los demás.

5. Una casa desocupada sirvió de <u>fuerte</u> a los rebeldes.

6. En el mercado había un <u>movimiento constante</u> de gente que iba de un lado a otro.

7. Los trabajadores iniciaron la obra con gran <u>energía</u>.

8. Un perro que parecía <u>tener sueño</u> descansaba a la entrada del café.

9. La mercancía <u>ha llegado</u> a tiempo.

10. Los estudiantes <u>ejercitaron</u> gran actividad durante la campaña para donar sangre.

11. La <u>diligencia</u> que demuestran los obreros tiene muy contenta a la empresa.

12. El restaurante estaba <u>lleno</u> de gente.

B. En la lectura se mencionan algunos platos típicos y ritmos hispanos: Aquí se le dan otros. Vea si puede relacionarlos con los lugares de origen. Los países posibles son: Argentina Chile Colombia Cuba España Ecuador México Perú Puerto Rico República Dominicana Venezuela.

Platos	Bailes	Platos	Bailes
bacalao a la vizcaína	el tango	mofongo	la cueca
mole	el merengue	hayaca (hallaca)[1]	el tamborito
alcapurria	la rumba	caldo gallego	el bolero
paella a la valenciana	la cumbia	sancocho	el bambuco
arroz con frijoles	la marinera	churrasco	el son
negros	la jota	gazpacho	el huapango
yuca con mojo	el corrido	humita[1]	la plena
huevos rancheros	el joropo	tamal[1]	
asado			

C. Imagine que alguien le ha pedido la receta de su plato favorito. Haga una lista de los ingredientes y explique los pasos a seguir. Si no sabe, pregúntele a alguien de la familia o amigo que sepa. Haga copias para repartir en la clase.

Temas para redactar y conversar

A. La inmigración de mi familia a los Estados Unidos.

Algunas sugerencias son: ¿Quiénes fueron los primeros que se establecieron aquí? ¿Cuándo? ¿Por qué? ¿Dónde? ¿Por qué escogieron esa zona? Contacto con el país de origen (visitas, planes de regreso o permanencia, etc.).

B. Algunos problemas de adaptación de los hispanos a los Estados Unidos.

Lenguas diferentes. Influencia de la lengua sobre la obtención de empleo, relaciones sociales, etc. Adaptación al clima en algunas zonas. Diferencias de costumbres.

Una de las actividades favoritas de los hispanos, especialmente entre los hombres, en cualquier ciudad o pueblo, es salir a dar un paseo con el único propósito de hablar con los amigos. Con frecuencia estas pláticas ocurren en las entradas de los edificios donde viven y en las esquinas y aceras de las calles del barrio.

---

[1] La hallaca, la humita y el tamal son variaciones de la masa de maíz rellena con carne u otro ingrediente cocido en la hoja del maíz.

En los Estados Unidos la gente no tiene esa costumbre, e inclusive la desaprueban como sugieren los carteles «no loitering» que se ven por donde quiera. Tome una de las dos posiciones y defiéndala.

Las preguntas que siguen pueden guiarlo en la composición.

¿Hay alguna influencia cultural detrás de estas actividades, por ejemplo la ética del trabajo vista por americanos e hispanos?

¿Hay alguna ventaja o desventaja en este tipo de reunión callejera?

¿Cree que el clima de donde proceden la mayoría de los hispanos tiene alguna influencia en esta costumbre?

¿Puede esta costumbre ocasionar alguna molestia o inconveniencia a los demás ciudadanos?

¿Cree que los inmigrantes deben adaptarse a la costumbre general del país, o los anglos aceptar las costumbres hispanas?

C. Diferencias de costumbres entre los norteamericanos y los hispanos. Use sus propias observaciones. Algunas sugerencias son:

Forma de saludarse (estrecharse las manos, besos y abrazos entre padres e hijos, hombres y mujeres, besos en las dos mejillas, etc.). Contacto físico entre los hablantes (palmadas en las manos y hombros), distancia al hablar.

La familia y la vivienda. Varias generaciones pueden vivir juntas, los hijos solteros permanecen con los padres, no importa la edad. Maneras de celebrar fiestas, comidas y reuniones.

GRAMÁTICA

I. El artículo

El artículo precede al sustantivo. Sirve para señalar su género y su número así como el conocimiento exacto o no que tenemos del nombre.

Por ejemplo, cuando decimos **el** perro, somos más específicos que cuando decimos **un** perro. En el primer caso **el** perro es conocido, en el segundo ejemplo no. De ahí que los artículos se clasifiquen en definidos e indefinidos. En inglés hay un sólo artículo definido (*the*) y dos indefinidos (*a, an*) pero en español hay más formas:

	Singular	*Plural*
Definidos	**el, la, lo** (neutro)	**los, las** (**lo** carece de plural)
	el gato, la casa,	los gatos, las casas
	lo bueno	
Indefinidos	**un, una**	**unos, unas**
	(no existe el artículo	
	indefinido neutro)	

2. Uso del artículo definido

Las reglas para el uso del artículo definido son numerosas. En este texto sólo se dan aquellas que puedan causar cierta confusión en el estudiante por la influencia del inglés.

Se usa el artículo definido:

a) Con nombres abstractos, nombres que se refieren a cosas generales:

Los niños son la esperanza del mundo.
El pan es el alimento principal de muchos pueblos.

Sin embargo, no se usa el artículo cuando hay idea de cantidad:

Sólo como pan en el desayuno.
No había niños en la fiesta.

b) Para sustituir al adjetivo posesivo al referirse a las partes del cuerpo y a artículos usados sobre el mismo.

Ana se toca **la** cabeza.[2]   Me quito **la** ropa.

c) Delante de títulos para referirse indirectamente a alguna persona.

la señora Díaz   **el** ingeniero Delgado   **la** doctora Lobo
Excepciones: Don, Doña, Santa, Santo.

El artículo definido no se usa si se habla directamente a la persona:
Profesor Amaro, pase usted.   Señora Figueroa, la llaman por teléfono.

d) Con los días de la semana:

Pablo llega **el** domingo.   Trabajamos **los** sábados.

Después del verbo **ser**, a veces se usa y otras veces no:

La fiesta será **el** lunes.   Ayer fue viernes.

Observe que en español se usa el artículo definido **el** para expresar la idea de *on* en inglés.

La fiesta será **el** domingo.   The party will be *on* Sunday.

e) Con los nombres de calles, avenidas, puntos cardinales, ríos, montañas y comidas:

la calle Florida, **la** Reforma, **el** norte, **el** Amazonas, **los** Andes y **el** desayuno.

Comúnmente se le añade el artículo al nombre de algunos países, ciudades y regiones. Si el nombre está modificado por un adjetivo se le añade siempre:

La China, **El** Perú, **La** Argentina, **La** Lima colonial, **el** inmenso Brasil.

f) Con los nombres de lenguas, excepto después de **en, de** y de los verbos **hablar, leer** y **escribir,** aunque se observa cierta vacilación con los verbos:

El italiano que hablo no es muy bueno.   El libro está escrito en español.
Haga los ejercicios de francés.   Habla ruso, lee portugués, escribe alemán.

3. Omisión del artículo definido

Además de las excepciones dadas anteriormente, no se usa el artículo definido para hacer referencia a reyes y papas:

Carlos V (Quinto)   *Charles the Fifth*
Juan Pablo Segundo   *John Paul the Second*

4. Concordancia del artículo con el sustantivo

El artículo concuerda con el sustantivo en el género y el número como se ve en los ejemplos anteriores. Existen, sin embargo, numerosas palabras femeninas que usan el artículo masculino en el singular. La razón es que estas palabras empiezan con **a** o **ha** y llevan la fuerza de la pronunciación en la primera sílaba, y al pronunciarse el artículo femenino se produce una repetición de le-

---

[2] Si se desea indicar enfáticamente la idea de posesión, entonces sí se puede usar el adjetivo posesivo igual que en inglés:

Se perdió *mi* gorro, no el tuyo.   Le duele *su* cabeza, no la tuya.

Bodega cubana y restaurante ecuatoriano en Queens, Nueva York.

tras que produce un sonido poco agradable. En el plural no hay repetición de sonido, por lo que no se verifica ningún cambio.[3] Se exceptúan de esta regla los nombres de mujeres usados con artículos como **la** Ana, **la** Angela y «la *a* » y «la *h*». Estudie con cuidado las formas que siguen:

el arma, las armas (un, unas)	al ama, las amas (un, unas)
el ala, las alas (un, unas)	el aspa, las aspas (un, unas)
el agua, las aguas (un, unas)	el ancla, las anclas (un, unas)
el alba (un)	el anca, las ancas (un, unas)
el asma (un)	el águila, las águilas (un, unas)
el ave, las aves (un, unas)	el hacha, las hachas (un, unas)
el habla (un)	el ansia, las ansias (un, unas)
el arca, las arcas (un, unas)	el acta, las actas (un, unas)
el asta, las astas (un, unas)	el aula, las aulas (un, unas)
el hambre, las hambres (un, unas)	

5. Contracción del artículo definido *el*

Las preposiciones *a* y *de* se fusionan con el artículo definido *el* para formar **al** y **del**.

a + el = al	Vio *al* hombre.	Asiste *al* colegio.
de + el = del	la cola *del* perro	la hija *del* dueño

No se realiza esta fusión cuando *el* es pronombre personal[4] o cuando el artículo forma parte del nombre:

<u>El</u> niño se lo dio a <u>él</u>   <u>El</u> restaurante cerca de <u>El Prado</u>
art.   pronombre   art.   nombre

La contracción **al** frecuentemente se une al infinitivo de un verbo en sustitución de una frase adverbial para indicar dos acciones simultáneas.

al entrar = cuando entraba	*upon entering*
al estudiar = mientras estudiaba	*while studying*

---

[3] En el caso de *un*, se puede decir *una* águila, *una* hacha, *una* alma, pero el uso ha consagrado el artículo masculino, *un* águila, *un* hacha, *un* alma.
[4] No olvide que el pronombre personal requiere el acento.

6. El artículo neutro *lo*

El artículo neutro **lo** se combina con el adjetivo, el adverbio, frases y algunas cláusulas con **que** para expresar distintas ideas en inglés.

No sabes **lo rico** que es.   You don't know *how rich* he is.

Lo mejor del programa fue el baile.
The *best part* of the program was the dance.

Lo que me desagrada del viaje es la distancia.
What displeases me about the trip is the distance.

Me sorprende **lo bien** que canta.   I am surprised by *how well* he sings.

Ejercicios

A. Complete con el artículo apropiado. Haga las contracciones que estime oportunas.

1. _____ anochecer, _____ soldados, cansados y con _____ hambre retratada en _____ rostro, llegaron a _____ aldea conocida por _____ Ancla.
2. A_____ frente de cada grupo representando _____ países que jugaban, iba _____ abanderada portando orgullosa _____ bandera que ondeaba en _____ asta.
3. En _____ museo de _____ Prado de Madrid vimos _____ arca romana con _____ águila esculpida en _____ tapa.
4. En _____ aguas azules de _____ bahía muchos de _____ barcos no habían echado aún _____ ancla en _____ agua.
5. _____ acta de _____ policía confirmó que _____ arma que _____ asesino usó fue _____ hacha.
6. A_____ piloto le volvió _____ alma al cuerpo cuando vio que _____ ave no chocaría contra _____ aspa del helicóptero.
7. _____ entrar a_____ aula se dio cuenta de que _____ álgebra no era _____ asignatura que debía explicar ese día.
8. Sobre _____ anca de_____ caballo venía sentado _____ niño.

B. Exprese en español.

1. You should wash your hands before dinner.
2. There aren't any Hondurans in our neighborhood.
3. Charles the Third was the first to order the excavations in Copán.
4. Architecture is an interesting career.
5. Professor Diago is not here on Wednesdays.
6. Pope John Paul the Second is the Pope who has traveled the most.
7. Florida Street is a famous avenue in Argentina.
8. The population rate in Honduras is low.
9. Faith, Hope and Charity are virtues.
10. Mexicans are usually Catholic, but José is a Mexican and he is not a Catholic.

11. Patagonia! Do you know how far it is?

12. What impressed me more was how clean the streets were.

13. You can't imagine how fast the Concorde is until you travel on it.

14. The saddest part of the book is the end.

C. Complete las oraciones usando *el* o *lo*.

1. De los tres abrigos el negro es _____ que más me gusta.
2. _____ que más me gusta de la ciudad es la cantidad de parques que tiene.
3. _____ que dices me parece muy acertado.
4. _____ que necesite papel que lo pida.
5. Este es _____ mejor postre que he comido en mi vida.
6. _____ mejor del vino es su precio.
7. Me maravilla _____ mucho que hacen con tan poco dinero.
8. _____ mucho desear puede ser malo a veces.
9. No aspiro a más, con _____ que tengo me siento contenta.
10. No necesito otro auto, con _____ que tengo me remediaré.

D. Escriba un párrafo en el que explique qué fue lo mejor y lo peor de: la escuela secundaria o su primer año en la universidad.

7. Los indefinidos *unos* y *unas*

Además de indicar cantidades aproximadas, las formas plurales del artículo indefinido **unos – unas** se usan también para hacer referencia a partes dobles del cuerpo:

Tengo **unos** libros de ejercicios.   I have a *few* books of exercises.
Tiene **unas** piernas fuertes.   She has a strong *pair* of legs.

8. Omisión del artículo indefinido

a) El artículo indefinido se omite al hacer referencia a profesiones, nacionalidades, afiliaciones políticas o religiosas a menos que los sustantivos estén modificados por un adjetivo:

Ella es arqueóloga.   She is *an* archeologist.
Juan es abogado.   Juan is *a* lawyer.

pero se dice:

Ella es **una buena** arqueóloga.   She is *a good* archeologist.
Juan es **un excelente** abogado.   Juan is *an excellent* lawyer.

Nota. A veces sin embargo, se usa el artículo indefinido con un nombre que no está modificado cuando se quiere expresar admiración o desprecio:

¡Es un animal!   ¡Es una heroína!   ¡Es una belleza!

b) Igualmente se omite el artículo indefinido para traducir las frases en inglés:

a hundred	cien	*another*	otro	*a certain*	cierto[5]
a thousand	mil	*What a . . . !*	¡qué!	*such*	tal[6]

[5]*Certain* seguido del nombre se traduce como **un tal**.
A *certain* Pérez called.   Un tal Pérez llamó.
[6]Existe la tendencia a decir *esa persona o ese tipo de persona* en vez de *tal persona*.

Ejercicios

A. Traduzca al español.

1. He is an idiot and I won't have anything to do with such a person.
2. She is a doctor, a very good doctor, I must say.
3. What a fur coat I saw yesterday!
4. The man had a certain expression on his face that we didn't like.
5. She said she has a few records that she is willing to sell.
6. What luck! He lost a thousand dollars not long ago and now he lost one hundred.
7. She is a Colombian but she is not a Catholic.
8. She is a martyr but that doesn't mean she is a good mother.
9. A certain Mr. Borrero called and asked for another appointment.

B. Escriba oraciones en las que exprese las ideas que siguen.

1. Admiración por unas piernas hermosas.
2, Fastidio en una fiesta aburrida.
3. Sorpresa ante un aguacero fuerte.
4. Los años que hay en un milenio.
5. Un viaje de ida y vuelta entre dos ciudades que distan entre sí 50 kms.
6. Dígale a su jefe que un desconocido de apellido Pérez ha llamado.
7. La religión y la profesión de algunos de sus familiares o amigos.

C. Diga qué es:

1. La persona que lo cura cuando está enfermo.
2. La persona que le arregla los zapatos.
3. La persona que le empasta las caries.
4. La persona que le vende las medicinas.
5. La persona que le vende la carne.

DICHOS Y REFRANES

Los refranes en español omiten frecuentemente el artículo.

Agua pasada no mueve molino.
Perro que ladra no muerde.
Genio y figura hasta la sepultura.
A río revuelto ganancia de pescadores.
Dádivas quebrantan peñas.
A rey muerto, rey puesto.

Ejercicios

A. Señale cuál de los refranes tiene aplicación en cada situación dada.

1. Ella se creía imprescindible, pero la sustituyeron fácilmente cuando dejó el empleo.
2. Muchos ganaron dinero en el mercado negro durante la guerra.
3. El consigue la mejor mesa dándoles buenas propinas a los camareros.
4. Aunque promete siempre corregir sus defectos, no cambia.
5. Genaro está siempre amenazando a todo el mundo.

B. Escriba un párrafo sobre una situación imaginaria a la que se le pueda aplicar uno de los refranes.

9. Pronunciación de palabras

En toda palabra, a excepción de los monosílabos hay una sílaba que se pronuncia con más fuerza (*stress*) que las demás. Son las llamadas sílabas tónicas: **ma**no, cor**del**, **lám**para.

El acento puede ser ortográfico o escrito (la tilde) o prosódico, es decir, que se pronuncia. El acento ortográfico siempre cae en la misma sílaba que el prosódico.

médico,   **már**tir,   bas**tón**

10. Clasificación de las palabras por su acento

Todas las palabras en castellano se agrupan en tres categorías: **agudas, llanas** o **breves** y **esdrújulas.**

Se llaman **agudas** las que llevan la fuerza de la pronunciación en la última sílaba. Pueden llevar acento ortográfico o no:

re**loj**   ana**nás**   sa**lud**   bo**tón**

Se llaman **breves** o **llanas** aquéllas que llevan la fuerza de la pronunciación en la penúltima sílaba. Al igual que las agudas, pueden llevar acento ortográfico o no:

cárcel   re**mesa**   **co**men   **ás**pid   ca**misa**

Llamamos **esdrújulas** a las palabras que llevan la fuerza de la pronunciación en la antepenúltima sílaba. Siempre llevan acento ortográfico:

sábana   re**pú**blica   **pá**jaro   A**mé**rica

Fíjese como la variación de la fuerza de la pronunciación de la sílaba varía la clasificación. La sílaba en negrita indica la fuerza de la pronunciación:

aguda	llana o breve	esdrújula
termi**nó**	ter**mi**no	**tér**mino
prospe**ró**	pros**pe**ro	**prós**pero
publi**có**	pu**bli**co	**pú**blico

Bailarines con máscaras y trajes típicos de la región andina durante la parada del «Día de la raza» en Nueva York.

11. Reglas básicas de la acentuación

1. Las palabras que terminan en *n*, *s* o vocal normalmente llevan la fuerza de la pronunciación (*stress*) en la penúltima sílaba.

va**li**ente   **sa**len   co**lo**res   ma**de**ra   **ca**sa

2. Las palabras que terminan en cualquier consonante excepto *n* o *s* llevan la fuerza de la pronunciación en la última sílaba.

sa**lud**   re**loj**   ca**paz**   pa**pel**   a**mor**

3. Las palabras que no se ajustan a las reglas 1 y 2 se acentúan donde está la fuerza de la pronunciación.

máquina   ja**más**   ta**bú**   ca**jón**   **lá**pices

12. Palabras en las que el acento destruye el diptongo

Recuerde que si la fuerza de la pronunciación recae sobre la vocal débil de un diptongo, se requiere el acento. La lista que sigue incluye las palabras más comunes de este tipo. El propósito es que se familiarice con ellas poco a poco y las use como referencia.

Las palabras que pertenecen a este grupo tienen una categoría propia por lo que no se clasifican como agudas, llanas o esdrújulas.

<table>
<tr><td colspan="6" align="center">*ía*</td></tr>
<tr><td>María</td><td>energía</td><td>gritería</td><td>teoría</td><td>ardentía</td><td>mercancía</td></tr>
<tr><td>Sofía</td><td>bahía</td><td>ironía</td><td>manía</td><td>dulcería</td><td>sinfonía</td></tr>
<tr><td>tía</td><td>ansía</td><td>jauría</td><td>grosería</td><td>amnistía</td><td>compañía</td></tr>
<tr><td>día</td><td>minoría</td><td>poesía</td><td></td><td>espía</td><td>ciudadanía</td></tr>
<tr><td>mía</td><td>vía</td><td>simpatía</td><td></td><td>librería</td><td></td></tr>
</table>

<table>
<tr><td colspan="2" align="center">*aí*</td><td align="center">*aú*</td><td align="center">*úa*</td><td align="center">*eí*</td><td align="center">*íe*</td></tr>
<tr><td>ahí</td><td>paraíso</td><td>ataúd</td><td>acentúa</td><td>leí</td><td>fíe</td></tr>
<tr><td>bilbaíno</td><td>raíl</td><td>aúlla</td><td>extenúa</td><td>ateísmo</td><td>píe</td></tr>
<tr><td>caí</td><td>raíz</td><td>baúl</td><td>continúa</td><td>feísimo</td><td>ríe</td></tr>
<tr><td>caída</td><td>ultraísmo</td><td>maúlla</td><td>grúa</td><td>increíble</td><td>rubíes</td></tr>
<tr><td>cocaína</td><td>vahído</td><td>Raúl</td><td>insinúa</td><td>reí</td><td></td></tr>
</table>

úo	úe	eú	oí	ío	uí[7]
acentúo	acentúe	reúno	oído	tío	argüí
atenúo	atenúe	rehúso	egoísmo	desvarío	
actúo	actúe		bohío	fío	
búho	gradúe			judío	
continúo	insinúe			lío	
dúo					

Nombres de asignaturas

geografía	antropología	geometría	astronomía	biología
geología	psicología	zoología	fisiología	filosofía

Ejercicios

A. Ponga los acentos sobre las palabras que lo requieran.

dedo	pluma	raton	detras	pesadez	aereo
baston	miras	ademas	ultimo	tribu	teoria
metodo	exito	asi	agilidad	adios	despues
pared	lapiz	reloj	matiz	ingles	limite
camion	fragil	periodico	insipido	antologia	prestamo
tipico	feliz	gallina	nariz	quizas	espia
rio	cafe	aji	reves	gracil	basico
papel	acido	republica	intimo	autonomo	dia
tio	tabu	Peru	calido	ceramica	
pajaro					

B. Ponga los acentos sobre las palabras que lo lleven. La sílaba subrayada indica donde está la fuerza de la pronunciación.

1. A Juan lo llaman «el <u>Nau</u>frago» porque cuando era marinero su barco naufra<u>go</u>.
2. Al cirujano le gusta oír <u>o</u>pera mientras o<u>pe</u>ra.
3. Lo operaron del <u>co</u>lon en el hospital Co<u>lon</u>.
4. La policía no permite que los niños <u>an</u>den por el an<u>den</u> del tren.
5. Cuando los campesinos acampan en la sa<u>ba</u>na no usan <u>sa</u>bana.
6. La persona que nume<u>ro</u> estas sillas se equivocó en un <u>nu</u>mero.
7. Entonces perdí el <u>a</u>nimo pero ella me ani<u>mo</u>.

[7] *Jesuita* no se acentúa a pesar de recaer el acento en la vocal débil.

8. En la ciudad donde ha<u>bi</u>to la gente tiene el <u>ha</u>bito de leer en el metro.

9. En esa <u>fa</u>brica se fa<u>bri</u>ca cemento.

10. En esa calle hay mucho <u>tran</u>sito, por eso no tran<u>si</u>to por allí.

C. Coloque los acentos donde se requieran. El profesor puerde perdirle que lea en voz alta las palabras. Luego clasifique las palabras.

caracter	caracteres	frances	franceses	facil	faciles
razon	razones	regimen	regimenes	cajon	cajones
carcel	carceles	orden	ordenes	lapiz	lapices
accion	acciones	joven	jovenes	lider	lideres
util	utiles	dificil	dificiles		

Humor

Comente el chiste oralmente o por escrito.

En el aula.
El maestro interroga al alumno.
—Vamos, la pregunta no es tan difícil, ¿no?
—La pregunta no, pero la respuesta sí, responde el alumno.

SEMEJANZAS Y CONTRASTES

- Existen algunas expresiones idiomáticas que requieren el artículo indefinido en inglés pero no en español:

at *a* fixed price	a precio fijo
to be *a* lie	ser mentira
to live *a* comfortable life	darse buena vida
to have *a* fiancé -e	tener novio -a
to have *a* cold, *a* fever, *an* allergy	tener catarro, fiebre, alergia
to have *a* good voice	tener buena voz
at *an* unreasonable hour	a deshora
to be in *a* hurry	tener prisa
to have *a* bad temper	tener mal genio

- *mayor*–**alcalde**
  mayor–*older, bigger*

El **alcalde** es electo cada cuatro años.
The *mayor* is elected every four years.

Ana es **mayor** que su hermano.
Ana is *older* than her brother.

La sábana blanca es **mayor** que la azul.
The white sheet is *bigger* than the blue one.

- **ropa**—*clothes*
  rope—**soga**

Los hispanos han abierto muchas tiendas de **ropa**.
Hispanics have opened many *clothing* stores.

Esta **soga** es corta para esta caja.
This *rope* is short for this box.

- **suerte** — *luck* / *type, kind*

Te deseo mucha **suerte**.
I wish you *luck*.

Sacó de la bolsa toda **suerte** de herramientas.
He took all *kinds* of tools from the bag.

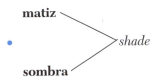

matiz / **sombra** — *shade*

Me gustan todos los **matices** del azul.
I like all *shades* of blue.

Después del paseo nos sentamos a la **sombra** de un árbol.
After the walk we sat down in the *shade* of a tree.

- **Apertura, abertura, obertura**—*opening, beginning*

Estas palabras tienen escritura y significación diferentes pero pueden confundirse por el parecido en la pronunciación. A este tipo de palabras se les llama parónimas.

Apertura: Acto de dar comienzo a una asamblea, función, año escolar, testamento

La **apertura** de la asamblea será mañana.

The *opening* of the assembly will be tomorrow.
La palabra opuesta a **apertura** es **clausura**—*closing*.

Los representantes de los países participantes hicieron una declaración conjunta a la **clausura** de las negociaciones.
The representatives of the participating countries made a joint declaration at the *closing* of the negotiations.

Abertura: hueco, agujero—*opening, hole*

Los perros se escaparon por una **abertura** que había en la cerca.
The dogs escaped through an *opening* in the fence.

Obertura: preludio—introducción musical que da principio a una ópera

La parte que más me gusta de la ópera es la **obertura**.
The part of the opera I like best is the *overture (beginning, opening)*.

Ejercicios.

A. Busque la frase que tenga la misma significación que la subrayada.

1. Ya no sale tanto con los amigos porque ahora <u>está comprometido</u>.
2. Teresita no va a la piscina hoy porque <u>está resfriada</u>.
3. El cantante de la orquesta <u>canta muy bien</u>.
4. No puedo hablar contigo ahora porque <u>estoy retrasada</u>.
5. Tienen una casa magnífica, comen y visten bien, viajan, en fin, <u>disfrutan de lo mejor</u>.
6. El acusado declaró que la acusación que le habían hecho <u>no era verdad</u>.
7. Ni te molestes en preguntar, porque allí la mercancía <u>no tiene rebaja</u>.

8. Tiene la mala costumbre de llamar por teléfono <u>muy tarde</u> para hablar tonterías.

9. Sus compañeros se quejan de él porque <u>se enfurece por nada</u>.

B. Traduzca al español.

1. The mayor promised to provide more funds to fix the streets.

2. We need a rug bigger than this one.

3. Who is older, you or your sister?

4. The boat was tied to the pier by a rope.

5. At the drugstore we saw all kinds of cold remedies.

6. You will need a lot of luck to win the lottery.

7. The shade of the palm trees protects the bathers from the sun.

8. She painted the living room in two shades of green.

C. Complete las oraciones con la palabra adecuada.

1. Los ladrones hicieron una _____ en la pared del fondo para llegar a la caja de seguridad.

2. A la _____ del curso los estudiantes dijeron adiós a los profesores.

3. El abogado citó a los familiares para la _____ del testamento.

4. Cuando llegamos a la ópera no nos dejaron entrar porque ya habían empezado a tocar la _____ .

ORTOGRAFÍA

Uso de la z

Tres reglas básicas se deben recordar en cuanto al uso de la *z*: Se pronuncia como *s* excepto en algunas contadas regiones.

En general, no se escribe delante de *e–i* con unas pocas excepciones:

zigzag, Zeus, zepelín, zejel, zeta, Zenaida y Zenón.

Su relación es siempre con *c*, nunca con *s*:

z→c pez/peces   cruz/cruces

Otras reglas útiles que deben recordarse son:

1. Se escriben con *z* los sufijos:

-aza/-azo	(idea de aumento) gatazo	perrazo	manaza	hombrazo
	mujeraza			
-anza	crianza	labranza	bonanza	confianza	esperanza
	venganza	balanza	mescolanza	enseñanza	semejanza
	matanza			
-azo	(idea de golpe) pelotazo	zapatazo	puñetazo	codazo
	flechazo			
-uzco	(consistencia, colores) verduzco	negruzco	blancuzco
	blanduzco	pero se escribe **pardusco**		
-izo	(tendencia, cualidades) enfermizo	llovedizo	movedizo
-eza	(cualidades) delicadeza	flaqueza	dureza	belleza
	pureza	riqueza	fortaleza	franqueza	rudeza
	tristeza	pereza	fiereza	vileza	llaneza	fineza
	bajeza	nobleza			
-zuela/zuelo	(idea despectiva) mujerzuela	bestezuela	reyezuelo

-azgo	(indica relación) padrinazgo	compadrazgo	noviazgo		
	hermanazgo				
-izar	colonizar	paralizar	economizar	armonizar	amortizar
	valorizar	matizar	rizar	modernizar	deslizar
	autorizar				
	Excepciones: guisar	alisar	improvisar	avisar	revisar
	divisar				

2. Muchos apellidos terminan en *-z:*

Alvarez   Díaz   Fernández   González   Hernández   López
Márquez   Martínez   Muñiz   Muñoz   Ortiz   Paz   Pérez
Rodríguez   Sánchez   Suárez   Vázquez   Velázquez

3. Igual algunos verbos en el presente del indicativo y subjuntivo.

conducir: conduzco – conduzcamos, etc.
seducir: – seduzco – seduzcamos, etc.

Otros verbos del mismo grupo son:

inducir   producir   reducir   aparecer   conocer   reconocer
complacer   desaparecer   comparecer   permanecer   enternecer
pertenecer

4. Algunos sustantivos derivados de adjetivos se escriben con *-z:*

árido	aridez	maduro	madurez	redondo	redondez
ávido	avidez	nítido	nitidez	rígido	rigidez
desnudo	desnudez	pálido	palidez	tímido	timidez
esbelto	esbeltez	plácido	placidez	viejo	vejez
fétido	fetidez	rápido	rapidez	viudo	viudez
honrado	honradez	sensato	sensatez	robusto	robustez

5. Como no existen reglas que indiquen el uso de la *z* en muchas palabras, el estudiante debe familiarizarse con las palabras que siguen para asegurarse de su uso correcto.

z al principio	**z** en medio	**z** al final
zanahoria – zumbido	almuerzo – amenaza – azotea	andaluz – audaz – feroz
zángano – zumo	azote – azul – azucena	capataz – cariz – cruz
zapato – zancadilla	azúcar – cabeza – cazar	capaz – faz – lápiz
zalamero – zócalo	ceniza – cereza – cerveza	locuaz – lombriz – juez
zorro – zozobra	corazón – coraza – trozo	maíz – matriz – veloz
zonzo – zurdo	danza – dulzura – pozo	nariz – nuez – veraz
	hazaña – horizonte – retazo	paz – pez – rapaz
	izquierdo – manzana – plaza	soez – tapiz – tez
	pedazo – pescuezo – regazo	vez – luz – raíz

Ejercicios

A.   **¿s o z?**

Suáre_   Marqué_   Márque_   Corté_   Sala_   Muño_

Burgo_   Día_   Sánche_   Reye_   Orti_   Vásque_   Estéve_

Gonzále_   Arma_

B.   Complete con la forma apropiada en el presente del verbo indicado.

1. Yo _____ mi auto a velocidad moderada. (conducir)
2. Aunque lo _____ no debes hablarle así. (conocer)
3. No creo que la fábrica _____ la cantidad que dicen. (producir)
4. Seguramente el juez le ordenará que _____ ante él en dos semanas. (comparecer)
5. Yo siempre la _____ en todo lo que puedo. (complacer)
6. Avíseme en cuanto _____ los papeles. (aparecer)
7. El médico quiere que él _____ el consumo de sal. (reducir)
8. No creo que se _____ ni (aun) con la escena más triste. (enternecer)

C.   Forme el sustantivo relacionado con los siguientes adjetivos.

1. árido
2. delgado
3. cándido
4. fláccido
5. fétido
6. plácido
7. pesado
8. tirante
9. sensato
10. tímido
11. nítido
12. robusto

D.   Dé la palabra que se ajuste a la definición.

1. Etapa temprana de la vida: _____
2. Falta de color en el rostro: _____
3. Estado que produce la muerte de uno de los esposos: _____
4. Carencia de ropas sobre el cuerpo: _____
5. Etapa final de la vida: _____
6. Condición propia de los desiertos: _____
7. Se refiere a la forma circular del planeta tierra: _____
8. Estado que produce la muerte en un ser humano o animal: _____
9. Etapa anterior al matrimonio: _____

E. Sustituya la palabra subrayada por un sinónimo. Haga cambios si es necesario.

1. Todos lo alaban por su gran <u>honestidad</u>.
2. A pesar de sus años se comporta aún de forma <u>poco madura</u>.
3. De noche nos admiraba la claridad del cielo y el <u>fulgor</u> de las estrellas.
4. Era increíble el <u>mal olor</u> que tenía esa planta.
5. La novela le pareció tan interesante que la comenzó a leer <u>con gran</u> interés.
6. Una niñita de <u>cutis</u> sonrosado y pelo claro.

F. Dé el opuesto de:

derecha	manso	amargura	gordura	mentiroso
guerra	callado	incapaz	lento	tímido
obscuridad	relajamiento			

G. Escriba una lista con todas las palabras que recuerde con z en cualquier posición. Consulte la lista dada como último recurso.

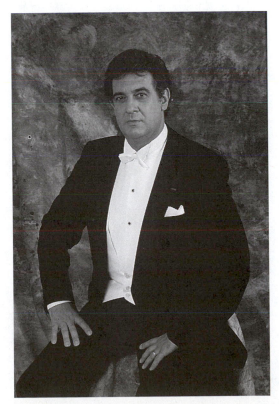

El famoso cantante de ópera Plácido Domingo nació en España y se crió en México.

Miscelánea para leer y comentar

Sabía usted que:

Muchísimas personas de origen hispano ocupan posiciones de gran responsabilidad y otras se han hecho famosas en sus respectivas actvidades profesionales. Entre ellas están:

Adolfo	diseñador	Cuba
María Conchita Alonso	actriz y cantante	Cuba y Venezuela
Fernando Bujones	ballet	Cuba
Barbara Carrera	actriz	Nicaragua
Charo	actriz y cantante	España
Dr. Antonia Coello-Novello	ex Cirujano General de los Estados Unidos	Puerto Rico
Justino Díaz	ópera	Puerto Rico
Plácido Domingo	ópera	España y México
Gloria Estefan	cantante	Cuba
José Feliciano	cantante	Puerto Rico
Mauricio Ferré	ex alcalde de Miami	Puerto Rico
José Ferrer	actor	Puerto Rico
Andy García	actor	Cuba
Roberto Goizueta	Presidente, Coca-Cola	Cuba
Carolina Herrera	diseñadora	Venezuela
Julio Iglesias	cantante	España
Bianca Jagger	actriz	Nicaragua
Marisol	escultora	Venezuela
Rita Moreno	actriz	Puerto Rico
Oscar de la Renta	diseñador	República Dominicana
Cristina Saralegui	animadora de televisión	Cuba
Xavier Suárez	ex alcalde de Miami	Cuba
Guillermo Vilas	tenis	Argentina

PUERTO RICO

Nombre oficial: Estado Libre Asociado de Puerto Rico

Capital: San Juan

Adjetivo de nacionalidad: puerto- rriqueño(a)

Población (est. 1992): 3.580.332

Millas cuadradas: 3,435

Grupos étnicos predominantes: blancos y mestizos

Lengua oficial: el español

Moneda oficial: el dólar

Economía: manufactura, especialmente de productos farma- céuticos y turismo

ANTES DE LEER

A. Conteste las preguntas que siguen:

1. ¿ Puede explicar qué es una leyenda?
2. La palabra *folklore*. ¿sabe lo que quiere decir?
3. ¿Quiénes son compadres? ¿Puede explicar esta relación?
4. Después de la llegada de los españoles a Hispanoamérica, ¿que tipo de trabajo hacían los indígenas?
5. ¿Qué sabe usted acerca de los primeros contactos entre los conquis- tadores y los indígenas?
6. ¿Cree usted que este contacto facilitó en algunos casos las relaciones amorosas entre ambos grupos? ¿Es esto común o sucede raramente? ¿Puede dar algún ejemplo concreto moderno?
7. ¿Qué tipo de armas traían los conquistadors a su llegada a América? ¿Sabe cuáles usaban los indígenas para defenderse?
8. ¿Qué reacción cree usted tendrían los indígenas al ver las armas de los conquistadors?

95

9. ¿Qué usaban los conquistadores en la cabeza para protejérsela? ¿Y los indígenas?

10. ¿Cómo cree usted que se entendían los conquistadores y los indígenas en los primeros momentos en que no hablaban la misma lengua?

B. Sobre la lectura

1. Lea el título de la lectura. ¿Le sugiere algo? Observe el mapa. ¿Qué país está en sombra? Haga una lectura rápida para obtener una idea general del contenido.

2. Luego vuelva a leer con más detenimiento tratando de entender lo mejor que pueda.

LECTURA

Guanina

originated

El folklore puertorriqueño cuenta con numerosas leyendas *surgidas* del encuentro de dos culturas: la taína y la española durante la época de la conquista. Una de las más hermosas de estas leyendas, recogida por el Dr. Gayetano Coll y Toste, cuenta los amores trágicos de la india Guanina y el conquistador Cristóbal de Sotomayor.

disturbed / sails
souls

search
planting grounds

Por los llanos del Sur, entre Guánica y Yauco, hay una ceiba[1] gigantesca cuyas raíces viven en la tierra borincana desde mucho antes que las naves de Colón *alborotasen* el azul de nuestro horizonte con sus *velas* blancas. Y cuenta la gente que junto a ella lloran todavía las *almas* de la india Guanina y del español Sotomayor. Corría el año de 1500. Los españoles, dueños y señores de toda la isla, se dedicaban a la colonización y a la *búsqueda* de oro. Habían organizado a los indios para trabajar en los *plantíos* y en las minas de oro, dividiéndolos en encomiendas[2] para su organización. Los indios les pertenecían en cuerpo y alma, o por lo menos, así lo pensaban los amos.

chief

torch / arrogant

diminished / revenge

royal / it transformed into / flame / Alumbrandol
house

Mas he aquí que a la muerte de Agueybana, el *cacique* supremo que hiciérase *guaitiao* o compadre de Ponce de León, su hermano Guaybana encendió la *antorcha* de guerra, jurando que jamás sería esclavo del *altivo* español. Don Cristóbal de Sotomayor, segundo en mando, había recibido en encomienda a Guaybana, y el hecho de que su hermana Guanina fuese la enamorada del español, no *aminoraba* el odio y la sed de *venganza* que el bravo cacique sentía por él. Cuando el viejo Cacique Urayoán probó que los españoles no eran dioses inmortales, ahogando en el río Añasco a Diego Salcedo, lo que hasta entonces fuera sólo un canto de pitirre desde la alta palma *real*, se *trocó* en *llamarada fulgurando* monte a monte, y en sonido ronco y rebelde de caracol por valles y llanos.

Descansaba Don Cristóbal en el *caney* del jefe indio, mientras su encomendado trabajaba en los plantíos. Gruesas lágrimas corrían por las mejillas de la india Guanina a su lado, mientras le suplicaba que huyese antes que fuera tarde, pues los tambores pregonaban a cada momento la guazábara o guerra contra los españoles. El altivo español se burlaba de los temores de

[1] Arbol de enormes proporciones que en las religiones maya y afrocubana se considera sagrado.
[2] Sistema por el cual los conquistadores recibían un grupo de indios para trabajar en los campos y en las minas con la obligación de cuidarlos y convertirlos a la religión católica.

flag/turned their backs / entraba	Guanina, recordándole que el *pendón* de España jamás daba *espaldas* al enemigo. Más tarde, *irrumpía* en el aposento el intérprete Juan González que, conociendo la lengua taína, escuchara un *areyto* donde se hablaba y se comentaba la muerte de Sotomayor. Pero ni el aviso de aquél ni las *súplicas* de su enamorada hicieron desistir al español. Saldría a la madrugada siguiente llevando un grupo de indios para cargar los *víveres* y su equipo, sin importarle la *emboscada* que les esperaba al internarse en la *espesura*. Tan pronto *alboreó*, el español salió a la cabeza del pequeño grupo de soldados y de la *comitiva* india. El último adiós fue a Guanina,que aún suplicaba a su enamorado que desistiese. Las últimas palabras fueron a Guaybana revelándole la ruta que pensaba seguir, para así demostrarle que no temía el ataque que cantos, caracoles y tambores no cesaban de *pregonar*.

baile y canto / peticiones

food

ambush / woods / amaneció / group

Ido ya el español, partió tras él Guaybana, esta vez como cacique supremo de Borinquen[3], frente a 300 indios: el *penacho* de plumas multicolores en la cabeza, al cuello el guanín o lámina de oro que sólo podían lucir los caciques, y en la mano la terrible *hacha* de piedra.

to announce

crest of feathers

ax

El combate fue largo y sangriento. El último en caer fue Sotomayor, *abollado el casco* y con su espada rota. Guaybana ordenó que se preparase un ritual para enterrarlo celebrando su valor. Cuando los indios fueron a recoger el cadáver, encontraron a la bella Guanina que limpiaba dulcemente el rostro amado y que no les permitió que se llegasen a él. Sabedor Guaybana de ello, ordenó entonces que Guanina fuese sacrificada por el *behique* o sacerdote y enterrada junto al español, como ordenaban los dioses se hiciese con toda mujer cuyo esposo muriera.

the helmet dented

priest

Al día siguiente, mientras el poblado se preparaba para la gran ceremonia, corrió por todos lados la noticia de que la india, que pasara toda la noche junto al cadáver, había muerto de dolor sobre el pecho del español.

Al pie de la ceiba mayor se enterró a Guanina y a Sotomayor. Y cuentan los que saben de estas cosas nuestras, que muy pronto se cubrió la tierra alrededor del árbol de rojas *amapolas* y de blancos *lirios*. Eran las lágrimas que las almas de los amantes derramaban en las noches de luna, llorando su desgraciado amor.

poppies / azucenas

Preguntas

A. Preguntas sobre la lectura.

1. ¿Quiénes son los protagonistas de esta leyenda?
2. ¿En qué época suceden los hechos narrados?
3. ¿Qué era una encomienda?
4. ¿Quién era Guaybana? ¿Qué sentía hacia el conquistador Sotomayor?
5. ¿Cómo probó el cacique Uroyoán que los españoles no eran inmortales?
6. ¿Qué consecuencias tuvo este hecho para los españoles?
7. ¿Qué planearon los indios en relación a Sotomayor?
8. ¿Cómo honraron los indios a Sotomayor después de muerto?
9. ¿Qué costumbres tenían los indios en cuanto a las viudas?
10 ¿(:Cómo murió Guanina? ¿Dónde enterraron a los enamorados?
11. ¿Qué dice la leyenda sobre este lugar?

[3] Borinquen o Borinquén es el nombre indígena de Puerto Rico, de ahí que se llame borincano al nativo de Puerto Rico.

B. Otras preguntas.

1. ¿Cree usted en las historias de muertos y apariciones extraordinarias?

2. ¿Conoce alguna otra leyenda?

3. ¿Qué otros «amores trágicos» conoce?

4. ¿Sabe de alguna otra cultura o religión en la que se debía sacrificar a la esposa si el marido moría? ¿Qué le parece esta costumbre?

5. ¿Cree que se pueda morir de dolor por la pérdida de un ser querido?

6. Hay una expresión popular que dice «la vida manda», la cual significa que hay que seguir viviendo después de la muerte de un ser querido. ¿Puede comentar sobre esta afirmación según su opinión?

Mejore su vocabulario

A. En la lectura se encuentran algunas palabras indígenas. Dé los equivalentes en español.

areyto   behique   cacique   caney   guaitiao   guanín

B. Subraye la palabra que crea tiene el mismo significado que la primera dada.

1. plantío   fábrica   sembrados   planta del pie
2. antorcha   adorno   cruz   tea
3. aminorar   disminuir   ingerir   escapar
4. trocar   mover   inclinar   transformar
5. llamarada   nombre   fuego   gritería
6. pendón   soldado   barco   bandera
7. irrumpir   entrar   empezar   quebrar
8. altivo   orgulloso   alto   rubio

Vista de la hermosa playa Luquillo en Puerto Rico.

9. súplica	arma	ruego	provisiones
10. víveres	comida	cama	herramienta
11. alborear	descansar	amanecer	rodear
12. comitiva	asamblea	grupo	banquete
13. abollado	escachado	partido	doblado
14. espesura	bosque	altura	peso
15. aposento	albergue	dormitorio	oficina

C. Escriba la palabra que corresponda a la definición.

1. Alterar la paz o el orden normal de algo.
2. Lona o tela fuerte que sirve para mover una embarcación.
3. Acto encaminado a encontrar o investigar algo.
4. Acción motivada por el odio o el rencor.
5. Quiere decir lo mismo que brillar o resplandecer.
6. Concha de molusco usada por los indios para enviar mensajes.
7. Parte carnosa de la cara entre los ojos y la boca.
8. Ocultarse para sorprender o atacar a alguien.
9. Adorno de plumas en lo alto de la cabeza (también en los pájaros).
10. Sombrero generalmente de metal para proteger la cabeza.
11. Instrumento pesado y afilado que se usa para cortar madera o como arma de ataque.
12. Cuerpo de una persona muerta.
13. Flor silvestre de color rojo vivo.
14 Flor que en algunas culturas simboliza la pureza.
15. Anunciar en voz alta para que todo el mundo lo sepa.

D. En la lectura se hace referencia a la relación que tienen entre sí algunos de los protagonistas de la leyenda. En español existen muchas palabras para indicar la relación familiar por matrimonio o consanguinidad. Explique brevemente oral o por escrito lo que significan las siguientes palabras:

compadrazgo   parentesco   cónyuges   vástagos   primogénito
antepasados

Si no sabe, busque en el diccionario.

E. Complete las oraciones con las palabras que indican relación familiar. Algunas posibles son:

suegro   nuera   yerno   madrina   padrino   comadre
compadre   ahijado   cuñado   concuño   abuelo   nieto
bisabuelo   bisnieto   padres   tío   sobrino   primo   pariente
madrastra   padrastro   hijastro.

1. El padre de la madre es _____.
2. La madrina del hijo es _____.
3. El marido de la hija es _____.
4. El bautizado en relación a su padrino es _____.
5. La madre del abuelo es _____.
6. Los familiares menos allegados son _____.
7. Los progenitores son _____.
8. El hijo del hijo es _____.

Edificio en el Viejo San Juan con sus balcones típicos,
Puerto Rico.

9. Los hijos de dos hermanos son _____.
10. El marido de la hermana es _____.
11. Las mujeres de dos hermanos son _____.
12. La mujer del hijo es _____.
13. La hija del tío es _____.
14. La nueva esposa del padre es _____.
15. La hija del nuevo marido es _____.

F. Redacte una pequeña historia en la que cuente algo sobre su familia. Utilice la mayor cantidad posible de las palabras estudiadas.

Temas para redactar y conversar

A.

Se ha señalado que los españoles, en sus viajes de exploración, y luego de conquista y colonización, no trajeron sus mujeres al Nuevo Mundo; como consecuencia, muchos de ellos se unieron primero a las indias y más adelante a las africanas, iniciándose así el mestizaje racial característico de Hispanoamérica. Basándose en sus conocimientos sobre la colonización americana, establezca un paralelo entre los colonizadores peregrinos y los conquistadores españoles. Busque información adicional si no sabe mucho sobre el tema.

B.

Basándose en los amores de Sotomayor y Guanina, modifique el terminar de la historia de modo que tenga un «final feliz».

C.

Sotomayor y Guanina pertenecían a dos culturas diferentes. En su opinión, ¿cree qué es posible para dos personas hoy, casarse y ser felices aunque haya entre ellas diferencias raciales y culturales? Comente usando ejemplos específicos si conoce alguno. Mencione algunas posibles ventajas y desventajas de un matrimonio interracial.

Humor

Comente el chiste oralmente o por escrito.

¿Estado civil?

En la oficina de desempleo el oficinista le toma a un hombre sus datos personales.
—¿Nombre ?
—Pedro Romero
—¿Casado?
—Sí
—¿Con prole?
—No, con Manuela Ruiz.

GRAMÁTICA

I. Acentuación de los monosílabos

Como regla general los monosílabos no se acentúan.

Dios   sol   paz   dio   vio   fe

Sin embargo el acento es necesario en los monosílabos que tienen diferente función en la oración.

de	preposición	una corbata **de** seda
dé	del verbo dar	Quiero que me **dé** alguna información.
te	variante pronominal	Luego **te** llamaré.
té	sustantivo (bebida)	Me gusta mucho el **té**.
si	conjunción (*if*)	**Si** aceptan la oferta, firmaremos el contrato hoy.
sí	afirmación; variante preposicional	**Sí**, claro. Lo hace para **sí**.
el	artículo definido (*the*)	**el** libro
él	pronombre personal	Dáselo a **él**.
tu	pronombre posesivo	**tu** mamá
tú	pronombre personal	Ve **tú**.
se	variante pronominal	**Se** le perdió el dinero.
Sé	del verbo saber	No **sé** cómo se llama.
mi	adjetivo posesivo	**Mi** tía se llama Nieves.
mí	variante preposicional	Esta cartera la compré para **mí**.
aun	conjunción (*even*)	**Aun** los más preparados tuvieron dificultad.

aún	adverbio (*still*)	**Aún** están comiendo. (*todavía*)
mas	conjunción que equivale a pero (*but*)	Es caro, **mas** no me parece de buena calidad.
más	adverbio (*more*)	Es **más** grande. Hable **más**.
que	pronombre relativo	El hombre **que** vino ayer.
qué	interrogación	¿**Qué** dijo cuando llamó?

Ejercicio

Ponga el acento sobre los monosílabos que lo requieran.

1. ¿Te gusta el te? Si te gusta te doy un poco, se que te va a calmar la sed mas que un refresco.

2. Lo hago sólo para mi porque mi familia prefiere el helado.

3. ¿Conoces tu a la que te pidió tus notas de clase?—Si, la conozco de vista pero no se como se llama y ojalá que me las de de vuelta.

4. Aunque sólo hace una semana que está aquí dice que ya se siente solo.

5. Por tu expresión en la cara se que se te olvidó mi encargo, mas no importa.

6. Exige que se le de parte de las ganancias de la empresa.

7. ¿No ha llegado aun el paquete que espero? ¿Por que demorará tanto?

8. ¿Te dijeron ya que sólo tu podrás sustituirlo a el?

9. Si no cede parte del dinero va a demostrar que lo quiere todo para si.

10. Aunque somos casi viejos mi madre aun se preocupa de mi y de mi hermano.

2. Letras mayúsculas y minúsculas

El uso de las letras mayúsculas varía algo del español al inglés. Se escribe con letra **mayúscula**:

1. La palabra inicial de todo escrito.
2. Después de un punto.
3. La palabra inicial de un párrafo después de los dos puntos.
4. Los nombres propios, iniciales, apellidos y apodos de personas, los nombres propios de animales, cosas e instituciones: Federico L. Goiricelaya, Pepe, Pluto, el Hudson, la Cruz Roja.
5. Las abreviaturas que reflejan títulos: Sr., Dr., Hon. Así como los tratamientos honoríficos que sustituyen al nombre: el Papa, el Presidente, el Obispo.
6. Los nombres que se refieren a una divinidad: Dios, Ser Supremo, el Creador, la Virgen.
7. Las festividades religiosas y patrióticas: Semana Santa, Navidad, la Independencia, el Diez de Octubre.

Se escribe con **minúscula**:

1. Los días de la semana: el lunes, el sábado, el jueves.
2. Los meses del año: enero, marzo, octubre.
3. Los nombres de lenguas y asignaturas: el español, el inglés, la biología.
4. Los gentilicios: sueco, egipcio, boliviano, chileno.
5. Los adjetivos de religión: católico, judío, musulmán.
6. Los partidos políticos y sus afiliados: republicano, liberal.
7. Las estaciones del año: la primavera, el verano.
8. Los puntos cardinales: norte, sur, este, oeste.

Observe que del 1 al 6 las reglas son opuestas al inglés.

Igualmente se escribe con minúscula el tratamiento respetuoso don - doña, a menos que éste forme parte intrínseca del nombre: doña Dolores González, don Pedro Ramírez; pero se escribe Don Juan (famoso personaje literario) y Doña *Rosita la soltera* (obra teatral de García Lorca).

Los títulos completos cuando acompañan al nombre: el doctor Hernández, el ingeniero Ojinaga, la abogada Ugalde.

El uso de la mayúscula o minúscula en los títulos de libros es opcional. algunos usan la letra mayúscula en todo el título, otros solamente la primera palabra: *Los intereses creados* o *Los Intereses Creados*.

Ejercicios

A. Corrija los errores.

el Lunes 29 de Abril el dr. Sandalio h. Martínez dará una conferencia en Español (traducción simultánea en Inglés) sobre el don Juan de Tirso de molina en el círculo panamericano situado en la ave. segunda de la ciudad de Nueva york. El Doctor martinez es Francés de origen Español y se ha espe- cializado en la literatura Española e Hispanoamericana. Su conferencia será auspiciada por el periódico excelsior de méxico, que la publicará en su sección de literatura esta Primavera. Don Sandalio dirige la revista novedades de la capital Mexicana. Está casado con una Húngara llamada ingrid, que colabora también en la revista, en la sección llamada salud. tienen dos hijo, renato y an- drea, los cuales estudian Arquitectura y Psicologia respectivamente. El Señor martínez ha publicado numerosos libros entre ellos: *las alusiones a dios en la poesia española*.

B. Complete la palabra con la letra mayúscula o minúscula según convenga.

1. _os partidos _epublicano y _emócrata dominan el escenario político _mericano.
2. La religión _usulmana está muy extendida por todo el mundo.
3. En la _rgentina celebran las _avidades en el _erano.
4. Las fiestas de la _ndependencia en México se celebran el 16 de _eptiem- bre.
5. El _ngeniero Valdés dirigió la represa sobre el río Cañas.
6. La _emana _anta en Sevilla se celebra con gran solemnidad.
7. Los _unes las barberías están cerradas.
8. _u _lustrísima el _eñor_bispo celebrará una misa cantada.
9. El _on Juan de _irso de_olina será llevado a la pantalla.
10. La princesa _spañola _oña Juana la _oca estaba realmente loca.
11. El cuento de _lanca _ieve y los _iete _nanitos es encantador.
12. La _iga _ontra el _áncer comenzó su campaña hace poco.
13. Las _aciones _nidas tienen su sede en la ciudad de _ueva _ork.
14. La _irgen de la _ltagracia es la patrona de la _epública _ominicana.
15. El _spañol es hablado por millones de personas lo mismo que el _hino.

El monumento «La rogativa» en el Viejo San Juan en Puerto Rico, conmemora un ataque inglés a San Juan en el siglo XVI.

3.   Aumentativos

Los aumentativos son las palabras que añaden una idea de aumento a las palabras de origen. Los sufijos usados son muy variados; tampoco existen reglas para su uso. Aquí sólo daremos los más comunes.

-ón/-ona	gordiflón	simplón	mujerona
-azo/-aza	perrazo	bocaza	manazas
-ote/-ota	hombrote	carota	

Algunos aumentativos tienen el género opuesto a la palabra de origen:

la pared	- el paredón	la botella– el botellón
la cuchara	- el cucharón	la peña – el peñón
la medalla	- el medallón	la tabla – el tablón

Otros aumentativos lo son sólo en apariencia pues indican pequeñez o uso determinado:

islote	– isla pequeña	mesón	– taberna
plumón	– pluma pequeña	sillón	– mecedora
callejón	– calle corta y estrecha	camarote	– cámara pequeña (generalmente en el barco)

4.   Diminutivos

Los diminutivos indican disminución. Algunos muy comunes son:

-ito[4]	carita	monito	abejita	lorito	
-illo	pajarillo	cosilla	chiquillo	varilla	
-ico[4]	zapatico	patico	gatico		
-uelo	polluelo	chicuelo			
-ín	pequeñín	monín	chiquitín		
-ecito	cuerpecito	florecita	vocecita	lucecita	crucecita

---

[4] Algunas regiones prefieren el uso de *-ico* como Cuba y Costa Rica: paletica, patico. Algunas otras prefieren *-ito* como Puerto Rico: botita, patito.

Algunos diminutivos indican afecto y no pequeñez:

hijito   mamacita   abuelita   mujercita   hermanito

Hay muchos diminutivos terminados en *-illo* que no indican pequeñez sino son simplemente nombres:

cabecilla   cajetilla   camilla   carretilla   casilla   cigarrillo
colilla   mejilla   pasillo   palillo   ventanilla   zapatilla

5. Despectivos

Los despectivos indican desprecio. Las terminaciones más comunes son:

-ucha-o	paliducha casucha fonducho flacucho cafetucho medicucho
-aco	libraco pajarraco
-uza	gentuza
-ajo	trapajo colgajo espantajo espumarajo
-zuela-o	mujerzuela doctorzuelo reyezuelo ladronzuelo
-aza	manazas

Ejercicios

A. En la lista hay algunos aumentativos, diminutivos y despectivos. Márquelos. Busque en el diccionario las palabras que no sepa.

anzuelo	escarabajo	ladronzuelo	pajarillo	tornillo
barcucho	espantajo	lechuza	palillo	vajilla
camarón	farolillo	mejillón	piecito	varilla
carota	frijolito	mirilla	ramillete	ventanilla
capilla	gentuza	orejón	salón	villorrio
cepillo	jabón	ojazos	teclilla	zapatilla
comilón	jamón			

B. Dé los diminutivos de:

barca   cabeza   cereza   ciega   lago   loca   luz   nariz
raíz   rosca   saco   pozo

C. Cambie en las oraciones dadas las palabras subrayadas para indicar aumento (a), pequeñez (p), cariño (c) o desprecio (d). Escriba de nuevo las oraciones.

1. Un perro flaco, echando espumas por la boca, deambulaba por la villa. (d)
2. Es un médico que sólo se dedica a curar la gente del barrio. (d)
3. El pobre pájaro tenía una pata rota y el niño le daba la comida en el pico. (c)
4. El hombre tenía las manos por encima de la cabeza. (a)
5. El perro corrió desde su casa hasta el árbol para coger la pelota que había tirado la niña. (p)
6. La abuela lo llamó y le dijo, —Hijo, no pelees con tu hermano, recuerda que ya tú eres casi un hombre. (c)
7. Junto a la pared había una mujer que vendía vino, el cual sacaba de una botella que descansaba en una tabla. (a)
8. El barco que nos llevó a la isla tenía sólo una cámara y para encontrar la taberna tuvimos que atravesar una calle oscura y maloliente. (p)

D. Dé la palabra que se ajuste a la definición dada.

1. Lugar donde se venden bebidas y otros alimentos.
2. Cama portátil que se usa para transportar enfermos y heridos.

Vista del Castillo del Morro en San Juan, Puerto Rico.

3. Cuchara generalmente usada para servir sopa.
4. La parte del cigarrillo que no se fuma.
5. Lugar donde se venden boletos, sellos, etc. o se da alguna información.
6. Mueble que se mece.

SEMEJANZAS Y CONTRASTES

- *back y to back*

Back y *to back* tienen muchos equivalentes en español. Aquí se dan los más comunes.

1. *Back.*

    a) **La parte de atrás,** indica lugar.[5]

    La ventana está en **la parte de atrás** del cuarto.
    The window is at the *back* of the room.

    b) El **revés** (**reverso de algo**). Indica la parte opuesta al lado principal.

    El **revés** (**el reverso**) de la alfombra.
    The *back* of the rug.

    c) **Espalda.** *Back of a person or clothing.*

    Camina con la **espalda** derecha.
    Walk with your *back* straight.

    La espalda del abrigo está manchada.
    The *back* of the coat is stained.

    d) **Lomo.** *Back of an animal or book.*

    No tengas miedo, tócale el **lomo** al gato.
    Don't be afraid, touch the *back* of the cat.

[5] **Al fondo** tiene el mismo significado que **la parte de atrás**. También quiere decir *at the bottom.*

El nombre está en el **lomo** del libro.
The name is on the *back* of the book.

e) El **dorso**. Lado opuesto a la palma de la mano o de un documento.

Firme al **dorso.**
Sign on the *back* of the paper.

f) El **respaldo** (de la silla o sofá).

El **respaldo** de la silla está roto.
The *back* of the chair is broken.

2. To back.

a) *To back up-* **retroceder, ir hacia atrás, apoyar.**

El camión **retrocedió** y atropelló a un hombre que estaba en la calle.
The truck *backed up* and hit a man who was in the street.

La mayoría de los votantes **apoyó** la proposición #5.
Most of the voters *backed* proposition #5.

b) *To back down -* **darse por vencido.**

Ante tantas dificultades **se dieron por vencidos.**
Facing so many difficulties they *backed down*.

c) *To back out -* **arrepentirse, retirarse, echarse atrás.**
Andrés **se arrepintió** al último momento.
Andrés *backed out* at the last minute.

d) *To call back -* **devolver la llamada, volver a llamar**.

Dile que la **volveré a llamar** en dos minutos.
Tell her I will *call* her back in two minutes.

e) *To come back -* **retornar, regresar.**

El hombre **regresó** con un policía.
The man *came back* with a policeman.

f) *To give back, to pay back -* **devolver**

Ella me **devolvió** el dinero que yo le había prestado.
She *paid (gave) me back* the money I had lent her.

g) *to talk back -* **replicar.**

No me **repliques**.
Don't *talk back* to me.

3. *Back* como adjetivo y en palabras compuestas también tiene distintos equivalentes.

back issues of a magazine	**números atrasados**
backbone	**columna vertebral** o **parte principal de algo,**
background	**fondo, escenario, condiciones anteriores de algo, experiencia**

Necesito dos **números atrasados** de National Geographic.
I need two *back issues* of National Geographic.

Se rompió la **columna vertebral.**
He broke his *back bone*.

Esa industria es **la parte más importante** de la economía.
That industry is the *backbone* of the economy.

El vestido tiene bolitas azules en un **fondo** blanco.
The dress has blue dots on a white *background*.

¿Cuál es el **escenario** del problema ahora?
What is the *background* of the problem now?

Dime **las condiciones anteriores** de la situatión.
Tell mc about thc *background* of the situation.

¿Cuál es su **experiencia** en este tipo de trabajo?
What is your *background* in this typc of work?

4. Préstamos del inglés.
   Se califican como préstamos las palabras inglesas castellanizadas que se usan en sustitución de la palabra en español. Los préstamos fueron estudiados en el capítulo 2. Aquí sólo se dan los relacionados con *back*.

Inglés	Préstamos	Español
to call back	llamar para atrás	**devolver la llamada**
to go back	ir para atrás	**regresar, retornar**
to back up	baquear	**retroceder** o **ir hacia atrás.** También **apoyar.**

Ejercicios

A. Traduzca al español.

1. His signature was on the back of the check.
2. When I touched the cat he arched his back.
3. I have to go back to see the doctor, my back is still hurting me.
4. After many meetings he backed out of the deal.
5. She is just giving back what she received.
6. The dance has four steps, two forwards and two backwards.
7. In summer the clock is turned back one hour.
8. The back of the chair is too high for the size of the seat.
9. Do you keep the back issues of the magazines you buy?
10. She promised to call back but she didn't.
11. Some soldiers never came back.
12. She has a strong background in math.
13. You don't know the background of the situation, that is why you don't understand it.
14. Her teachcr says she talks back to her in a nasty way.

B. Complete la oración con la forma adecuada.

1. La voy a (llamar para atrás/volver a llamar) en cinco minutos.
2. Vine a verla solamente por un momento porque tengo que (regresar/ir para atrás).
3. ¿No has decidido aún a qué candidato vas a (baquear/apoyar)?
4. Si el auto está atascado en la nieve, la única forma de sacarlo es (baqueándolo/dándole marcha atrás).
5. No te preocupes, la semana que viene te voy a (devolver/dar para atrás) tu dinero.

Falsos cognados

- *Alms* = **limosna**

El viejo vivía de las **limosnas** que le daban los que iban a la iglesia.
The old man lived off of the *alms* the churchgoers gave him.

- **almas** = *souls*

Ofrecieron una misa por las **almas** de los soldados muertos.
They offered a mass for the *souls* of the dead soldiers.

- **real** — real (not imagined)
  — real *regal, royal*
  — dime (moneda de diez centavos)

La figura de cera del hombre parecía **real.**
The wax figure of the man looked *real*.

El Palacio **Real** de Madrid no se puede recorrer en un día.
It is impossible to see the *Royal* Palace of Madrid in one day.

El **real** es una moneda de diez centavos en Hispanoamérica.
The *dime* is a coin of ten cents in Spanish America.

- **planta** — del pie (*sole*)
  — planta baja (*ground floor*)
  — (industrial *plant* (fábrica)
  — plant (vegetal)

El niño tiene una cortadura en la **planta del pie.**
The boy has a cut on the *sole of his foot*.

El apartamento está en la **planta baja**.
The apartment is on the *ground floor*.

No quieren tener una **fábrica** cerca de la zona residencial.
They don't want to have a *plant* near the residential zone.

En la sala tenían una **planta** alta cerca de la ventana.
In the living room they had a tall *plant* near the window.

Estudiantes en el recinto universitario de la Universidad de San Juan, Puerto Rico.

Ejercicio

Sustituya la palabra en inglés con el equivalente en español.

1. Tiene un _____ muy compasiva, le da _____ a todos
   los pordioseros. soul   alms

2. El rey tenía en la cabeza una magnífica corona _____
                                                       royal

3. Los árboles del escenario estaban tan bien pintados que parecían
   _____ .
       real

4. El _____ es una moneda de diez centavos muy usada en
   América. dime

5. Hay una farmacia y una florería en la _____ del edificio.
                                            ground floor

6. Mi hermana abrió una pequeña tienda para vender _____ y
   flores.   plants

7. Caminar sobre la arena suaviza la piel de _____ .
                                               sole (of the feet)

8. Los obreros de la _____ han amenazado con ir a la huelga.
                        plant

ORTOGRAFÍA

Homófonos de s y z

Recuerde que la *s* y la *z* se pronuncian de la misma manera en
Hispanoamérica, pero en la escritura es necesario mantener la diferencia.
Algunos homófonos de *s* y *z* son:

1. abrasar – quemar

   abrazar– dar un abrazo

   El edificio fue **abrasado** en llamas en
   pocos segundos.

   Los hemanos se van a **abrazar** muy
   pronto.

2. asar – cocinar
   azar – casualidad

   Debes **asar** más el pernil para dorarlo.
   La lotería es un juego que depende
   del **azar.**

3. casar – unir en matrimonio
   cazar – matar o perseguir
   animales

   El cura los va a **casar** en la casa.
   Le gusta **cazar** conejos y perdices.

4. encausar – someter a causa, a
   juicio
   encauzar – guiar, dirigir

   Van a **encausar** al jefe de la compañía
   por malversar los fondos de la misma.
   El interés mayor del padre es **encauzar**
   al hijo en otro tipo de negocio.

5. **has** – del verbo haber

   haz – del verbo hacer

   Has de decir (debes decir) únicamente
   la verdad.

   Haz el trabajo de la mejor manera
   posible.

6. masa – mezcla de ingredientes; multitud

   maza – palo grueso que sirve
   de arma

   Hay que darle más consistencia a la
   masa del pan. Ortega y Gasset es el
   famoso autor de *La rebelión de las
   masas.*

   La **maza** es un arma muy antigua.

7. risa – carcajada
   riza – del verbo rizar

El chiste les causó a todos mucha **risa.**
Este champú me **riza** demasiado el pelo.

8. rosa – flor

Cuando supo que estaba encinta, el marido le envió una docena de **rosas** rojas.

   roza – del verbo rozar

La camisa le **roza** una verruga que tiene en el cuello.

9. sumo – supremo, máximo; forma del verbo sumar

La sede del **Sumo** Pontífice está en Roma. Si añades estas tres cantidades obtendrás la **suma** total.

   zumo – jugo

Este **zumo** de naranjas está exquisito.

10. vos – pronombre
    voz – sonido de las cuerdas vocales

Hay un mensaje para **vos**[6] (vosotros).
La **voz** temblorosa delataba su emoción.

Ejercicio

En las oraciones que siguen use la palabra que sea apropiada:

1. (abrasa/abraza) El obrero se descuidó y por poco se _____ con el líquido hirviendo.

2. (asar/azar) Por puro _____ se encontraron en un lugar tan inesperado.

3. (casar/cazar) Casi acabado de _____ los amigos lo invitaron a _____ venados.

4. (encausar/encauzar) El juez ordenó _____ a todos los culpables, importantes o no.

5. (has/haz) No estoy de acuerdo, pero _____ lo que quieras con el dinero.

6. (masa/maza) Durante las vacaciones de primavera, no hay suficientes hoteles para alojar la _____ de estudiantes que llegan.

7. (risa/riza) Migdalia se _____ el pelo con papelillos como hacían nuestras abuelas y dice que le resulta muy bien.

8. (rosa/roza) El túnel es tan estrecho que algunas veces el coche _____ las paredes.

9. (sumo/zumo) El _____ sacrificio de la madre fue renunciar a su propia felicidad por ellos.

10. (vos/voz) Tan pronto habló lo reconocí por la _____

---

[6] En la Argentina. En España se usaría *vosotros.*

Miscelánea para leer y comentar

Sabía usted que:

En Puerto Rico existe una diminuta ranita llamada «Coquí», de color verde brillante, cuyo croar parece más bien el canto de un pájaro que el sonido de una rana y es muy querida de los puertorriqueños.

La bandera puertorriqueña y la cubana son iguales, la única diferencia es que tienen los colores invertidos. La puertorriqueña tiene el triángulo azul y las franjas rojas.

A los campesinos de Puerto Rico se les llama jíbaros.

Las primeras campanas del Fort Amsterdam, la primera colonia holandesa establecida en Nueva York in 1626, eran campanas puertorriqueñas capturadas en 1625 durante el saqueo de San Juan por el holandés Hendricksz, quién las transportó a Holanda y desde allí las envío a Norteamérica. En 1776 esas campanas puertorriqueñas y otras más fueron derretidas para hacer cañones durante la Guerra de Independencia.

El mito sobre la fuente de la juventud fue muy popular en la Europa del siglo XVI. El gobernador de Puerto Rico, Juan Ponce de León, se empeñó en encontrarla; nunca lo hizo, en cambio descubrió lo que es hoy la Florida.

A. Explique por qué las palabras en español pueden ser agudas, llanas o esdrújulas y cuándo se acentúa cada grupo.

B. Acentúe las palabras que lo requieran, luego divídalas en sílabas y clasifíquelas por el número de sílabas que tengan.

insipido	aereo	oceanico	homogeneo	archipielago
altruista	paraiso	jauria	bibliografia	parrafo
caballeria	inscripcion	miercoles	heroina	instruccion
increible	florecimiento	reuno		

C. Escriba 10 palabras con diptongos diferentes y otras 10 en las que el diptongo no exista por el acento.

D. Ponga los acentos a los monosílabos que lo requieran. Explique por qué unos llevan acento y otros no.

— Teresa, mi querida amiga, ¿que te pasa? Te he preguntado dos veces si este te es para mi o para tu mamá; a mi me parece que tu estás distraída hoy. El hijo le pidió el coche al padre pero la madre no quiere que el se lo de si ya es de noche.

—Se que tienes razón, mas ¿no crees que si aun los mas aburridos están aun bailando y se están divirtiendo de lo lindo, la fiesta ha sido un éxito? Si quieres que te de un consejo, no te preocupes de lo mas mínimo.—Si, es cierto.

E. Dé dos o tres palabras derivadas de:

muerte   diente   cuerpo   piedra   bueno   nuevo

F. Explique lo que significan los prefijos y sufijos que siguen. Dé dos palabras que los usen.

prefijo:	mono	proto-	neo-	poli-	homo	post
sufijo:	-itis	-cida	-voro	-fobia	-forme	-filo

G. Dé 5 palabras que tengan z al principio, en medio y al final de palabra.

H. Añada, tache o deje los artículos que se han usado según crea correcto.

1. Avenida 9 de julio de Buenos Aires es de anchura extraordinaria.
2. Ella no habla el español bien, sin embargo habla el portugués maravillosamente .
3. Exámenes en este curso no son muy difíciles.
4. Papa Juan Pablo el Segundo es un polaco.
5. Señor Izquierdo es famoso arquitecto de su país.
6. Cultivo de el café es muy importante en Colombia.
7. El próximo examen será martes.

I. Explique lo que son los diminutivos, los aumentativos y los despectivos. Dé 3 ejemplos de cada uno. Luego diga por qué mesón, callejón, camarote, mirilla, cigarrillo, zapatilla y cajetilla no son diminutivos o aumentativos.

J. Corrija los errores que encuentre.

saul gonzalez es Colombiano. trabaja para la compania testilera nacional, s.a. situada al Este de bogota. gonzalez trabaja de Lunes a Viernes pero en Invierno a veces trabaja tambien los Sabados especialmente alrededor de la navidades. el sr. gonzalez es Catolico, y esta afiliado al partido democrata. es ademas trabajador voluntario de la cruz roja. es un trabajador muy capas y como habla Inglés lo mandaron a los estados unidos. alli pudo presenciar las fiestas de la indepcndencia del 4 de Julio.

K. Dé la palabra que en inglés corresponde a la palabra subrayada.

1. El <u>alcalde</u> le dio la <u>llave</u> de la ciudad. Una <u>clave</u> del piano no suena.
2. Un <u>cubo</u> es una figura geométrica. Un <u>cubo</u> de pintura verde.
3. Fíjate cuantos <u>matices</u> de azul tiene el mar. Hace fresco en <u>la sombra</u>.
4. Hizo toda <u>suerte</u> de pantomimas. Tiene una <u>suerte</u> tremenda.
5. Te espero en la puerta de <u>salida</u>. Ojalá tenga <u>éxito</u> en el viaje.
6. Ha sido el <u>suceso</u> más extraordinario del año.
7. La doctora que lo <u>asiste</u> es muy buena. Los Rivera <u>asisten</u> a muchas conferencias.
8. Si no <u>atiendes</u> las explicaciones no vas a aprender mucho.

L. Escoja la palabra que se ajuste mejor al sentido de la oración.

1. El dentista me dijo que no tenía ninguna (cavidad/caries).
2. El hombre llevaba colgado al cinto un (manojo/bonche) de llaves.
3. La cuadra ha sido invadida por una (banda/ganga) de delincuentes.
4. Es un(a) (magasín/revista) excelente sobre la decoración del hogar.
5. Antes de ver al médico tienes que ver a la (enfermera/norsa).
6. Afortunadamente no hubo (injuriados/heridos) en el accidente.
7. Acapulco es uno de los (lugares de vacaciones/resortes) más famosos de México.
8. Unas palomas han anidado en el (la) (rufo/azotea).
9. Necesitan una secretaria que (taipee/escriba a máquina) muy bien.
10. Ven, te voy a (introducir/presentar) a una amiga.

CAPÍTULO

6

CUBA

Nombre oficial: República de Cuba

Capital: La Habana

Adjetivo de nacionalidad: cubano(a)

Población (est. 1992): 10,846,000

Millas Cuadradas: 44,218

Grupo étnicos principales: blancos, mulatos y negros.

Lengua oficial: el español

Moneda oficial: el peso

Educación: analfabetismo 4%

Economía: azúcar y tabaco

ANTES DE LEER

A. Conteste las preguntas que siguen:

1. ¿Sabe usted que es políticamente el comunismo?
2. ¿Puede usted explicar algunas diferencias básicas entre un sistema comunista y una democracia?
3. ¿Qué país en las Américas tiene aún este sistema político?
4. ¿Sabe usted dónde está Cuba? ¿y Rusia?
5. ¿A qué distancia está Cuba de los Estados Unidos?
6. Hablar libremente y viajar a otros países son algunas de las prerrogativas de una democracia. ¿Tienen estos derechos la gente que vive bajo un sistema comunista?
7. ¿Puede usted explicar el significado de la palabra desertor?
8. ¿Sabe usted qué documento además del pasaporte necesita una persona para visitar un país extranjero?
9. ¿Qué sucede si una persona no tiene ese documento?
10. ¿ Qué medios usan algunas personas para abandonar un régimen político que consideran opresivo?

B. Sobre la lectura

1. Lea el título de la lectura. ¿Le sugiere alguna idea del contenido? Mire el mapa y observe la posición de Cuba en relación a los Estados Unidos.
2. Eche una ojeada al texto para tener una idea general del contenido.
3. Busque en el texto en qué viajó Orestes Lorenzo a Cuba.
4. Busque en el texto por qué.
5. Busque por qué se consideró a Orestes Lorenzo un traidor.

6. Busque en la lectura cómo Orestes Lorenzo trató de presionar al dictador Fidel Castro en Madrid.
7. Busque en la lectura el significado en clave de la palabra «zanahoria».
8. Busque en la lectura el significado en clave de «zapatos de talla 5 1/2 y 6 1/2».
9. Busque en la lectura cuál es el nombre en clave que usan Orestes Lorenzo y Kristina Arriaga para comunicarse por radio.
10. Después haga una segunda lectura más reposada. Fíjese en las palabras en cursiva que no conozca, tratando de entender lo que lee.

LECTURA

Audaz rescate en Cuba (Drama de la vida real por Peter Michelmore)

A la luz del crepúsculo, Orestes Lorenzo, de 36 años, encendió los motores de la avioneta verde y blanco, y habló por el micrófono de su trasmisor de radio:—Cesna 5819 X, listo para *despegar* con rumbo sur.

to take off

Orestes no necesitaba autorización para despegar del pequeño aeropuerto de Marathon, Florida, pero quería avisar a otros pilotos. Aquel sábado 19 de diciembre de1992 no podía permitirse ningún error.

Aceleró el bimotor de seis plazas, despegó y ascendió hasta una altura de 1000 pies. Llevaba sobre las piernas un mapa de la costa norte de Cuba.

Estoy demasiado feliz para sentirme nervioso, reflexionó. Habían pasado 21 meses desde la última vez que había visto a su esposa Vicky y a sus hijos Reynel, de 11 años y a Alejandro, de seis. Muy pronto, si su plan daba resultado, terminarían los *largos* meses de soledad.

long

«Es una misión suicida» le había advertido un amigo. Si los cubanos lo detectaban con sus radares, lo derribarían con *cohetes* o con aviones de combate MIG. Algún informante podía haberse enterado de su plan. En ese caso,

rockets

Orestes Lorenzo, el protagonista de la lectura, visiblemente emocionado al reunirse con su esposa e hijos.

Orestes volaría hacia una trampa, y no había duda de lo que le esperaba. *Si me atrapan me matan*, pensó.

Sin embargo, su temor más grande era que Vicky y los niños no estuvieran en el lugar señalado para el encuentro. Orestes tocó el rosario que llevaba al cuello y *suplicó*: "Por favor, Señor, haz que estén allí".

begged
lights

Cuando entró en el espacio aéreo cubano, apagó las *luces* de posición de la nave y descendió hacia el mar. Restableció la trayectoria horizontal a tres metros de las olas para que no lo detectaran los radares cubanos. A los 30 minutos de vuelo vio el *contorno* de la ciudad de Matanzas en el horizonte. Pronto distinguió la carretera que partía de la ciudad hacia el este, y el puente sobre el río Canímar. *Ahí es*, se dijo.

silueta

Right there

Entonces ascendió a 100 pies y ladeó el avión para alinearlo con la carretera. Frente a él vio su pista de aterrizaje: una carretera nueva de dos *carriles* que se desviaba del camino viejo. Vicky y los chicos, vestidos con camisas y gorros de color naranja muy vivos, debían estar esperando a la orilla de esa autopista, a unos 800 metros del camino viejo. De acuerdo con el plan, debía transcurrir sólo un minuto entre el *aterrizaje* y el despegue. Un cerro alto y rocoso se perfilaba *a la derecha* del avión y le impedía ver. De inmediato *comprendió* que, si no ascendía a una altura muy superior a la del cerro antes de aterrizar en la autopista no podría ver si su familia estaba allí. *No hay tiempo que perder*, pensó. Pidiéndole de nuevo a Dios que llegara su familia, hizo bajar el *tren de aterrizaje. Sólo tengo una oportunidad. Es todo o nada*. Rodeó el cerro a 180 kilómetros por hora; las llantas se desplazaban a menos de cuatro menos de la carretera. Lo que Orestes vio entonces hizo que le diera un vuelco el corazón.

lanes

landing
to the right
realized

landing gear

La última vez que Orestes había tenido en sus brazos a su esposa fue una *cálida* mañana de 1991, frente al edificio de apartamentos donde vivían, en la base Santa Clara de la fuerza aérea cubana.

warm

—Espera noticias mías.—le *susurró* al oído—. Si no consigues salir, regresaré por ti. Vendré en globo, en avión, en lancha o nadando, pero regresaré.

murmuró

Entonces Orestes Lorenzo, vicecomandante de la base, partió en lo que se suponía era un vuelo ordinario en un bombardero MIG 23, de fabricación soviética.

En esa ocasión, *enfiló* al Norte. Dieciocho minutos después dio tres vueltas alrededor de la base aérea naval del Cayo Boca Chica, en Cayo Hueso, Florida, haciendo oscilar el avión hacia los lados. En cuanto aterrizó salió de la cabina y dijo en español a unos aviadores que se acercaron perplejos:

went

—Pido protección y asilo político. Oyó que alguien traducía su *solicitud* a un oficial, y temió que lo llevaran a prisión. Pero una sonrisa se dibujó en el rostro del oficial que le respondió así:

petición

—Bienvenido a Estados Unidos.

No hizo falta traducir eso.

En la base Santa Clara unos *oficiales* de seguridad *irrumpieron* en el apartamento de Vicky, diciendo que Orestes era un traidor. Ella, sin inmutarse, negó haber tenido conocimiento alguno de que su marido planeaba desertar. Al día siguiente se presentó una psicóloga mandada por el gobierno.

officers / burst in

—Su esposo ha traicionado a la revolución—dijo la mujer *acaloradamente*. —. Y la ha traicionado a usted. Ahora tendrá otras mujeres. Volverá a casarse. Vicky replicó:

angrily

—Usted no entiende lo que es el amor.

Vicky tenía 18 años y estaba profundamente enamorada de Orestes cuando se casó con él, en 1976. Pero después, los deberes de su esposo como piloto de combate en Angola lo obligaron a ausentarse durante largos períodos. En 1986 lo enviaron a un lugar cercano a Moscú, para que tomara un curso de cuatro años. Vicky, Reyniel y el pequeño Alejandro fueron a reunirse con él, y por fin pudieron disfrutar de bastante tiempo juntos.

Orestes se encariñó más y más con su familia, y al mismo tiempo comenzaron a asaltarlo dudas respecto a algo que le habían inculcado desde niño: la lealtad a la revolución.

government official

Cuando tenía siete años, su padre, un *funcionario* del Ministerio de Educación, le hizo una pregunta para ponerlo a prueba. — ¿Qué pensarías si tu madre y yo decidiéramos   irnos a vivir a Estados Unidos?

the right thing

Creyendo que era *lo correcto* el pequeño Orestes había respondido entonces: —Prefiero que mueran y no que traicionen a la patria.

Cuando su hijo Reyniel tenía siete años, Orestes temblaba ante la posibilidad de oírlo pronunciar esas palabras.

Durante la estancia de los Lorenzo en Moscú, las reformas del líder soviético Mijail Gorbachow pusieron al descubierto el fracaso del régimen comunista. Cuando la familia volvió a Cuba, en julio de 1990, Orestes esperaba que hubiera un cambio en el comunismo represivo de Fidel Castro. Sin embargo, Cuba se volvió más rígida que nunca.

bitterly

—¿Cómo puedo tolerar que a mis hijos no se les permita pensar lo que mejor les parezca? —se quejó *amargamente* con Vicky—. No puedo quedarme callado más tiempo.

— Entonces debes irte, replicó ella.

Orestes planeó su escape con la esperanza de que, si conseguía llegar a Estados Unidos, Castro dejaría que su familia se reuniera con él. ¿No habían asegurado las autoridades cubanas en repetidas ocasiones que todos los que desearan irse podrían hacerlo si tenían visas de algún otro país? Pero era una mentira más de Castro.

Menos de tres meses después de la defección de Orestes, Vicky recibió por correo unos documentos oficiales de Estados Unidos, según los cuales se había aprobado la expedición de una visa en su favor. Los presentó en el Departamento de migración de Cuba, en La Habana.

guts

—No se le permite abandonar el país,—le informó fríamente un funcionario—. Su esposo tuvo las *agallas* de irse a Estados Unidos en un MIG. Veamos si las tiene para volver por usted.

Vicky estaba viviendo con sus padres en las afueras de La Habana. La policía la vigilaba constantemente, interceptaba las llamadas de Orestes y a veces las interrumpía.

to put pressure on
hostages

En octubre de 1991, siete meses después de su deserción, Orestes intentó *poner en aprietos a* Castro para que dejara ir a su familia. En unas trasmisiones de radio de onda corta lo acusó de tenerlos como *rehenes*.

rights

—¡Es una venganza contra dos niños!—afirmó. Obtuvo el apoyo de la Fundación Valladares, una organización de defensa de los *derechos* humanos presidida por Armando Valladares, que fue prisionero político en las terribles cárceles de Castro durante 22 años. La co-presidenta, Elena Díaz Versón Amos, y la directora, Kristina Arriaga, hicieron suya la causa de Orestes.

Se ató

Cuando Castro visitó Madrid, en julio de 1992, Orestes también fue a la capital española. *Se encadenó* a una de las principales rejas de la ciudad y estuvo en huelga de hambre siete días. Pero este dramático recurso no tuvo efecto alguno en el ánimo de Castro. Tampoco lo tuvo un llamado directo a Gorvachov.

Orestes comenzó entonces a tomar lecciones de vuelo en aviones de hélice.

—Tengo que volar a Cuba para rescatar a mi familia. —le dijo a la señora Arriaga.

trapped

En Cuba, Vicky se sentía cada vez más *acorralada*. Un hombre se presentó en su apartamento cierto día y le dijo muy quedo:

—Puedo conseguir un bote para sacarla de aquí.

Ella sabía que la pena por intentar escapar de la isla era tres años en prisión. Si la atrapaban, el estado le quitaría a sus hijos. Eso era precisamente

to revenge

lo que Castro quería: *vengarse* de la defección de Orestes. —No me voy a marchar ilegalmente, respondió.

El visitante se retiró enfurecido, y Vicky sintió que le temblaban las manos. Acababa de escapar de una trampa.

Otra persona le llevó un mensaje que aceleró los latidos de su corazón. Virginia González, miembro de un grupo mexicano de apoyo a los enfermos mentales, había viajado antes a Cuba en compañía de unos amigos y le llevó a

food staples

Vicky *víveres* y medicinas enviados por Orestes. Pero esta vez le entregó algo más: un mapa, dibujado a mano, del lugar donde Orestes pensaba aterrizar y

code

una *clave* para conversaciones telefónicas.

Al día siguiente, Vicky, la señora González y los chicos fueron al punto señalado para el encuentro. Vicky *comprendió* que su esposo había elegido la

realized

pista porque tenía poco tráfico.

—Quizás no suceda antes de dos o tres meses—aclaró la señora González—. Si le hablo por teléfono sobre fiestas mexicanas, ello significará que el plan sigue en pie. Si no, querrá decir que lo cambiamos.

En la playa de Varadero, la señora González compró camisetas de color naranja muy vivo para Vicky y los niños También le dio a Vicky una crucecita de madera.

—Conserve esto—le dijo—. La protejerá.

second hand

Orestes probó la avioneta Cessna de *segunda mano* que la Fundación Valladares compró con un donativo de la señora Amos, y comprobó que estaba en buenas condiciones.

—Ya tengo mi licencia y mi avión. —dijo—. Estoy listo para el viaje.

A las seis de la tarde del viernes 18 de diciembre de 1992, telefoneó a la señora González en México.

—Todo está listo para la fiesta de mañana. —le avisó.

heavy breathing

Oyó el *resuello* de la mujer y le preguntó por su familia.

—Todos están muy bien. Parecen zanahorias.

Con esto, Orestes supo que su esposa y sus hijos estarían vestido con ropa de color naranja *vivo*. La señora González llamó a Vicky a La Habana por otro

bright

teléfono y estableció una conferencia triple.

—Tu padre está muy delgado pero se encuentra bien—dijo Vicky. En clave eso significaba que estaba de acuerdo con el plan.

—Te enviaré dinero para que compres un televisor y una videograbadora —dijo Orestes, indicando así que el rescate se llevaría a cabo al día siguiente.

—Tan pronto. —exclamó Vicky. Y luego añadió:

—Por favor mándale a los niños zapatos de talla 5 1/2 y 6 1/2.

Cuando cortó la comunicación, el corazón le latía a Vicky a toda prisa. Orestes llegaría a rescatarlos entre las 5:30 y las 6:30 de la tarde, al ponerse el sol.

En el aerodromo, Orestes y la señora Arriaga repasaron las señales de radio que él usaría. Antes de partir, el hombre le dejó una nota: «Los que es-

failure

sleepless

backpack bag

in sips

matter

loud noise

to the right
moving

to avoid

choke lever

brakes
right wing
fear

astonished

airplane
push

peran que las cosas sucedan por sí solas están condenados al *fracaso*. Y los que toman las riendas de su vida conquistan el éxito».

Tras pasar la noche *en vela*, Vicky salió del apartamento con los niños a las 8 de la mañana. Iban vestidos con pantalones vaqueros y camisetas, su único equipaje era una *mochila* que contenía trajes de baño, camisetas, gorros de color naranja y una Biblia. Los niños iban felices pues pensaban que pasarían el día en la playa. Vicky no podía arriesgarse a decirles la verdad.

Por fortuna la playa Mamey, a unos 1500 metros del punto de encuentro, estaba casi desierta. El reloj marcaba las 12:30. Había sol, pero el aire estaba fresco, no era buen día para nadar.

A media tarde los niños empezaron a mostrarse inquietos, y Vicky decidió llevarlos a un pequeño restaurante que estaba cerca de la playa. Al entrar sintió que le temblaban las rodillas. Tres policías la miraban fijamente. —Sólo un poco de agua, por favor. —le pidió al camarero.

Mientras bebía nerviosamente a *sorbitos*, sintió que los policías seguían mirándola. ¿Lo sabrán? Se preguntó. Dominando el pánico, llevó a los niños a la playa. Sabía que tenían que comportarse como una familia que disfruta de la tarde.

—Vayan a nadar—los apremió. Alejandro se puso el traje de baño y caminó hacia el agua, pero Reyniel protestó.

—Reyniel, es *cuestión* de vida o muerte! —le dijo Vicky—. Por favor, ve a nadar.

El chico la obedeció. Sentada en la arena seca, la mujer abrió su Biblia pero apenas pudo leer. *Señor, no me abandones*, suplicó.

A las 5 de la tarde, los tres se pusieron las camisetas y los gorros color naranja, y se fueron caminando por la vieja carretera costera hacia el punto de encuentro. Cuando llegaron, Vicky oyó el *estruendo* de un camión que se aproximaba y vio que un autobús salía de atrás de éste para adelantarlo.

Al rodear el cerro, Orestes captó la escena en un aterrador instante. A unos 30 metros una enorme roca había rodado hasta la mitad de la autopista, y *a la derecha* había una alta señal de tránsito. A menos de 500 metros, y *desplazándose* hacia él, un autobús estaba adelantado a un camión. Pero lo que más le llamó la atención fueron tres personas vestidas de anaranjado que corrían junto a carretera.

No podía pensar más que en una cosa: ¡*Aterriza*! Pero no había espacio. ¿*Cómo*? Su instinto de piloto de combate entró en acción.

Con apenas unos centímetros de margen, inclinó la nave para *esquivar* la roca y la señal. Vio que el autobús y el camión seguían avanzando hacia él, y que ambos conductores trataban de hacerse a un lado.

A 60 centímetros del suelo, tiró violentamente la *palanca* de estrangulación, hizo subir la nariz del aparato y sintió que el tren de aterrizaje tocaba la carretera. Entonces aplicó los *frenos* e hizo virar el avión 180 grados. El *ala derecha* pasó a unos cuantos metros del camión; tan cerca que Orestes vio la expresión de *susto* del conductor.

Vicky y los niños, que habían estado mirando en dirección contraria, vieron el avión cuando tocó tierra. Por un segundo, Vicky se quedó *pasmada*. Luego empezó a gritar:

—¡Corran! ¡Corran! ¡Es papá!

Reyniel, el primero en echar a correr, dejó caer la mochila.

—¡Papá!—gritó, y subió por la escalerilla hasta la puerta abierta de la *nave*.

—Siéntate atrás. —le ordenó su padre y le dio un *empujón*.

Luego subió Alejandro y por último, Vicky. Entonces Orestes alineó el

screech of the tires

did it

sprinkling
reach

avión con la carretera. Con un *chirrido de llantas*, despegó en cuestión de segundos. Después viró hacia el Norte, y gritó triunfalmente:

— ¡Lo *logré*! Ahí está mi respuesta, Castro. ¡Sí tuve las agallas!

Vicky y los niños no dejaban de llorar, pero Orestes conservaba la calma.

—No miren hacia abajo—les dijo.

Iban volando a dos metros de las oscuras aguas: el *rocío* de las olas salpicaba las ventanillas de la avioneta. Una vez fuera del *alcance* de los cohetes cubanos Orestes ganó altura. Controlando el aparato con una sola mano, se dejó abrazar y besar por su esposa e hijos. A las 6:30 de la tarde se oyó por la radio la voz de Kristina Arriaga entre el ruido de la estática.

—Bicicleta Uno a Bicicleta Dos.

Respondió Orestes.—Allá va un avión lleno de amor.

Preguntas

A. **Preguntas sobre la lectura.**

1. ¿Por qué se siente infeliz Orestes Lorenzo?
2. ¿Por qué hace tanto tiempo que no ve a su familia?
3. ¿Cómo llegó Orestes a los Estados Unidos?
4. ¿Cómo se venga el gobierno cubano de él?
5. ¿Qué hizo Orestes para resolver ese problema?
6. ¿Qué decisión importante tomó cuando sus esfuerzos políticos no tuvieron éxito?
7. ¿Por qué le dijeron que su intención era una «misión suicida»?
8. ¿Quiénes ayudaron a Orestes a llevar a cabo sus planes? ¿Cómo?
9. ¿Qué dos momentos de gran tensión sufrió Vicky Lorenzo cuando todavía se encontraba en Cuba?

Cubanos escapados del régimen comunista en Cuba demuestran su alegría y alivio al llegar a las costas de La Florida en una precaria e improvisada balsa.

B. Otras preguntas.

1. ¿Qué sabe usted. de los cubanos en general?

2. ¿Conoce a alguno personalmente? ¿Sabe por qué, cuándo y cómo llegó a los Estados Unidos?

3. ¿Conoce algunos otros grupos de refugiados políticos en los Estados Unidos?

4. ¿Qué piensa usted del audaz rescate que hizo Orestes, cree que fue "«un loco» o alguien que amaba mucho a su familia?

5. ¿Haría usted. algo semejante si estuviera en una circunstancia parecida?

6. No todo el mundo tiene la oportunidad de demostrar amor a su familia por medio de actos heroicos. ¿Cree usted. que ese amor se puede demostrar también con actos pequeños?

7. ¿Qué acciones pequeñas hace usted con frecuencia para demostrarle amor a los suyos? Explique.

Mejore su vocabulalrio

A. Busque en la lectura una palabra o palabras que tengan el mismo significado que:

1. El avión levantó el vuelo =

2. Pidió algo con mucha insistencia =

3. Se refiere a la figura o forma de alguien o algo =

4. Se dio cuenta de que pasó =

5. Calurosa, como una noche =

6. El piloto se encaminó, se dirigió a =

7. Unos oficiales entraron en el apartamento sin permiso =

8. No había alimentos en la casa =

9. La mujer oyó un ruido muy fuerte =

B. Busque en la lectura la palabra que corresponda a la definición dada:

1. Tener el valor de hacer algo muy riesgoso =

2. Hablar en una forma que indica ira =

3. Persona que trabaja para el gobierno =

4. Palabras que sirven para comunicarse por medio de un código previamente establecido =

5. Algo que ya está usado, que no es nuevo =

6. respiración fuerte o dificultosa =

7. Se dice de los colores que son muy brillantes =

8. Estar toda la noche despierto sin dormir =

9. Petición que se hace de algo =

10. Bebe con lentitud en pequeñas cantidades =

11. Aparato que se usa para mover o hacer funcionar algo =

12. Se refiere al acto de un avión tocar tierra =

Temas para redactar y conversar

A. Identifigue a algún estudiante de origen cubano y hágale una entrevista para determinar algunos detalles, como por ejemplo:

a) Cuándo él o sus padres llegaron a los Estados Unidos.

b) Por qué vinieron.

Comercio cubano en Miami, Florida

   c)   Cómo entraron en el país y dónde se establecieron.

   d)   Si todavía tiene familiares en Cuba y cualquier otra información relacionada con el tema.

B. Explique brevemente el plan de escape de Cuba de su familia que ideó Orestes Lorenzo y cómo lo llevó a cabo.

   a)   En qué consistió el plan.

   b)   Quiénes lo ayudaron y en qué forma.

   c)   Cómo se pusieron de acuerdo para realizar el plan.

   d)   Qué tuvo que hacer la familia en Cuba y cualquier otro detalle relacionado con el tema.

C. Basándose en la lectura, haga un análisis del carácter de Orestes Lorenzo. Apoye sus opiniones con datos concretos.

GRAMÁTICA

I. El verbo

El verbo en español tiene muchas más formas que en inglés, ya que éstas incluyen los llamados accidentes del verbo: modo, tiempo, número y persona.

    El **modo** se refiere a las distintas maneras en que se presenta el verbo en la oración. No es lo mismo decir **yo fui**, que **ve tú**, que y**o hubiera ido**.

    El **tiempo** indica cuando se realiza la acción:

presente	*pasado*	*futuro*
ella trabaja	él salió	nosotros llegaremos

    El **número** indica si el verbo representa una o más personas:

singula   él viene, ella estudia, tú dices

plural   ellos vienen, ellas estudian, ustedes dicen

La **persona** es la que realiza la acción del verbo. Las personas gramaticales son tres: primera, segunda y tercera.

persona	singular	plural
primera (quien habla)	yo	nosotros (-as)
segunda (a quien se habla)	tú, usted	ustedes, vosotros (-as)[2]
tercera (de quien se habla)	él, ella	ellos, ellas

2. El infinitivo

Simplemente se refiere a la acción sin indicar el tiempo, número o persona. A los verbos infinitivos se les llama también verbos no personales.[3] Los infinitivos pueden ser simples o compuestos. Los simples son los verbos terminados en *-ar, -er, -ir*.

primera conjugación **-ar**	trabaj**ar**, empez**ar**, realiz**ar**
segunda conjugación **-er**	beb**er**, reten**er**, entend**er**
tercera conjugación **-ir**	viv**ir**, reduc**ir**, invert**ir**

Los infinitivos compuestos están formados del infinitivo **haber** y el participio del verbo que se conjuga: haber comido, haber trabajado, haber bebido.

3. Raíz del verbo

La radical o raíz del verbo son las letras que se anteponen a las desinencias o terminaciones. En **cant**ar, **escog**er y **decid**ir las letras en negrita constituyen la raíz del verbo.

4. Verbos regulares e irregulares

Verbos regulares son los que nunca cambian la raíz y aceptan las terminaciones de los verbos modelos regulares.

Los verbos irregulares son los que sufren cambios en sus radicales o terminaciones y no se conforman a los verbos modelos regulares:

dar   doy, di   **ir**   voy, fue   **oír**   oigo, oyó   **saber**   sé, supo

Los cambios en la raíz (diptongación, cambio de una letra por otra, pérdida o adición de letras) no ocurren en todos los tiempos y personas sino sólo en algunos de ellos: vencer-venza, pagar-paguemos, coger-coja.

5. El gerundio y el participio

El gerundio y el participio son también verbos no personales. El gerundio puede ser simple o compuesto. El gerundio simple se forma agregando **-ando** a los verbos de la primera conjugación y **-iendo** a los verbos de la segunda y tercera.[4]

amar-am**ando**   tener-ten**iendo**   vivir-viv**iendo**

---

[2] La forma vosotros no se usa en general en Hispanoamérica donde se usa *ustedes*, pero se incluye para que sea capaz de reconocerla como equivalente a *ustedes*.

[3] No confunda los verbos no personales con los impersonales, que son los que se refieren a acciones realizadas por la naturaleza: llover, nevar, granizar.

[4] Algunos verbos forman el gerundio de modo irregular al experimentar cambios en sus radicales pero siempre agregan *-iendo*: hervir-hirv*iendo*, servir-sirv*iendo*, podrir-pudr*iendo*. Si la raíz termina en vocal la *i* de *-iendo* se convierte en y, pero esto no se considera irregularidad pues no se altera el sonido: caer-ca*y*endo, leer-le*y*endo, creer-cre*y*endo, oír-o*y*endo, construir-constru*y*endo, ir *y*endo.

El gerundio compuesto se forma uniendo el gerundio del verbo haber, **habiendo**, al participio pasado del verbo que se conjuga:

habiendo llamado   habiendo comido   habiendo salido

El participio se forma añadiendo **-ado** a los verbos de la primera conjugación e **-ido** a los verbos de la segunda y tercera.

cantar-cant**ado**   retener-reten**ido**   insistir-insist**ido**

El participio se une al verbo auxiliar **haber** para formar los tiempos compuestos; en este caso es invariable porque se considera parte del verbo:

he vendido   hemos organizado   había terminado

6. El verbo auxiliar haber

Los verbos auxiliares se unen a otros verbos para completar su conjugación. E1 verbo auxiliar **haber** se usa en sus tiempos simples para formar los tiempos compuestos de otros verbos.

hemos pagado   habría comido   hubiera sabido

Además de su función como verbo auxiliar, **haber** se usa de modo impersonal para indicar existencia o suceso. En esta función se usa siempre en singular. La forma especial **hay** equivale a *there is, there are*. **Hubo** y **había** equivalen a *there was, there were*.

Hay una torre en la plaza.	*There is* a tower in the square.
Hay numerosas iglesias en la ciudad.	*There are* many churches in thc city.
Hubo una procesión el primer día.	*There was* a procession the first day.
Cuando llegamos, **había** fiestas en el pueblo	When we arrived, *there were* festivities in town.

7. El modo indicativo

El modo indicativo se refiere a la realidad de una acción. Los tiempos del modo indicativo pueden ser simples o compuestos.

Tiempos simples	*Tiempos compuestos*
presente: canto	pretérito perfecto: he cantado
futuro: cantaré	pretérito anterior: hube cantado[5]
pretérito: canté	pluscuamperfecto: había cantado
imperfecto: cantaba	futuro perfecto: habré cantado
condicional: cantaría	condicional perfecto: habría cantado

[5] El pretérito anterior apenas se usa hoy. La forma comúnmente usada es el pretérito simple.

Presente del indicativo

El presente del indicativo es igual al inglés, se usa para referirse a una acción que ocurre en el momento en que se habla. Sus terminaciones regulares son:

primera conjugación **-ar** *o-as-a-amos-áis-an*. am*o*, am*as*, am*a*, am*amos*, am*áis*, am*an*

segunda conjugación **-er** *o-es-e-emos-éis-en*. beb*o*, beb*es*, beb*e*, beb*emos*, beb*éis*, beb*en*

tercera conjugación **-ir** *o-es-e-imos-ís-en*. viv*o*, viv*es*, viv*e*, viv*imos*, viv*ís*, viv*en*

8. Cambios ortográficos e irregularidades en el presente

a) Ciertos verbos sufren cambios ortográficos para mantener el sonido en la primera persona del singular.[6]

-cer, -cir

c→z (delante de a, o) vencer→venzo (convencer); zurcir→zurzo (con consonantes antes de la terminación -cer, -cir)

-ger, -gir

g→j (delante de a, o) coger→cojo (escoger, recoger, proteger); regir→rijo (corregir)

gu→g (delante de a, o) distinguir→*distingo*; extinguir→extingo

b) Los verbos terminados en *-cer, -cir* precedidos de vocal cambian c→zc en la primera persona del singular.

c→zc parece: parez*c*o, pareces, parece, parecemos, parecéis, parecen
reducir: reduz*c*o, reduces, reduce, reducimos, reducís, reducen

Pertenecen al mismo grupo: aborrecer, aparecer, conocer, crecer, favorecer, merecer, obedecer, ofrecer, padecer, reconocer. **Excepción:** mecer→mezo.

conducir, introducir, producir, reducir, seducir, traducir

c) Los verbos terminados en *-uir*, agregan y en algunas personas (yo-tú-usted-ellos-ellas).

concluir: concluyo, concluyes, concluye, concluimos, concluisteis, concluyen

Otros verbos: argüir, atribuir, construir, destruir, disminuir, diluir, huir, instruir, intuir, obstruir, restituir

d) Otro grupo de verbos diptongan la vocal en el radical en las personas donde la raíz recibe la fuerza de la pronunciación.

e→ie atender: at*ie*ndo, at*ie*ndes, at*ie*nde, atendemos, atendéis, at*ie*nde
Otros verbos: descender, hervir, mentir, tropezar

o→ue contar: c*ue*nto, c*ue*ntas, c*ue*nta, contamos, contáis, c*ue*ntan
Otros verbos: morder, oler, rogar, tostar, torcer

e→i vestir: v*i*sto, v*i*stes, v*i*ste, vestimos, vestís, visten
Otros verbos: competir, despedir, medir, repetir, servir, seguir

[6]Estos verbos también sufren modificación ortográfica en el presente del subjuntivo y el imperativo con *usted*.

e) Otros verbos irregulares son:

caber	haber	poder	salir	estar
caer	hacer	poner	ser	valer
dar	ir	querer	tener	venir
decir	oír	saber	traer	ver

f) Algunos verbos se acentúan en la vocal débil en el presente del indicativo cuando la fuerza de la pronunciación recae sobre esa vocal. Fíjese que no es lo mismo decir **envío** que **envió**.

confiar: confío, confías, confía, confiamos, confiáis, confían

Otros verbos: acentuar, ampliar, ansiar, continuar, desviar, efectuar, enfriar, evaluar, extenuar, guiar, graduar, insinuar, situar, sonreír, variar, vaciar

Ejercicios

A. En esta lista de palabras hay infinitivos simples y compuestos, participios, gerundios simples y compuestos. Agrúpelos en categorías. En los infinitivos simples separe con una línea la raíz de la desinencia.

amasar	amarrando	bañado	arrancar	bebiendo	contraído
contener	contando	desaparecer	digerir	habiendo	exigir
basado	extremecer	habiendo acabado	haber salido	insistir	
humillado	partido	riendo	persiguiendo	solicitado	
reprimido	haber sabido	habiendo pagado			

El Capitolio Nacional, La Habana, Cuba.

B. Traduzca las palabras en inglés.

1. There were treinta estudiantes en el aula.
2. There is un árbol enfrente de la casa.
3. There was un gran alboroto anoche en la residencia (dormitory) donde vivo.
4. There are dos hombres sospechosos parados en la esquina.
5. ¿Cuánta gente were there?

C. Escoja el verbo en singular o plural según crea correcto.

1. Cuando llegamos a la recepción (habían/había) problemas en el bar porque no todos los camareros (había/habían) llegado.
2. Durante nuestra estancia en la ciudad (hubieron/hubo) dos explosiones .
3. Muchos fanáticos que (habían/había) venido a ver el juego no pudieron entrar.
4. Durante la última semana de clases (habrán/habrá) distintas actividades.
5. El accidente fue grave pero afortunadamente no (hubo/hubieron) muertos.
6. En la fiesta (habían/había) algunas mujeres vestidas con trajes largos.
7. ¿(Habrían/habría) llegado los niños cuando llamamos?
8. (Habían/había) algunos que querían que les devolvieran el dinero si ella no cantaba.
9. (Hubieron/hubo) regalos para todos los que pagaron más de cien dólares.
10. El mismo día que llegaron (hubieron/hubo) tres apagones en una noche.

D. Conjugue los verbos en las personas que se dan.

1. (despedir)   tú, ella, nosotros, ustedes
2. (escribir)   yo, usted, él, nosotros
3. (meter)   tú, ella, nosotros, ustedes
4. (oler)   yo, tú, ustedes, nosotros
5. (repetir)   yo, tú, nosotros, ellas
6. (retratar)   él, yo, ellos, nosotros
7. (revestir)   usted, yo, ella, ellos
8. (servir)   tú, ella, nosotros, ellas
9. (torcer)   yo, él, ellas, nosotros
10. (tropezar)   ella, nosotros, usted, ustedes

E. Haga a otro estudiante las preguntas siguientes. (La respuesta debe incluir los verbos subrayados.)

1. ¿Conoce usted personalmente al cantante español Julio Iglesias?
2. ¿Obedece usted siempre las leyes del tránsito?
3. ¿Qué les ofrece usted de beber a sus amigos cuando le hacen la visita?
4. ¿A quién se parece usted más, a su papá o a su mamá?
5. Mencione algo que aborrece. Algo que crea que usted se merece.
6. Si cuando va manejando, una policía le hace señas para que se detenga, ¿la obedece?
7. ¿Conduce usted a mucha o a poca velocidad?
8. ¿Padece usted de dolores de cabeza?

9. ¿Qué <u>introduce</u> en la cerradura de la puerta de su casa para abrirla?

10. ¿<u>Sigue</u> usted al pie de la letra las instrucciones que le da el médico?

11. ¿Qué <u>traduce</u> usted mejor, del inglés al español, o viceversa?

12. Algunas personas no ven los colores. ¿Los <u>distingue</u> usted bien?

13. ¿<u>Vence</u> usted sus impulsos agresivos con facilidad?

14. Cuando tiene que <u>escoger</u> entre torta o helado, ¿cuál escoge?

15. Cuando tiene que subir a un tercer piso, ¿<u>coge</u> las escaleras o el ascensor?

16. Si ve a alguna persona que vende carne, ¿qué oficio le <u>atribuye</u>?

17. Si está en un lugar oscuro y solitario e <u>intuye</u> algún peligro, ¿qué hace, <u>huye</u> o se queda en el lugar para demostrarse a sí mismo que es valiente?

18. Si usted encuentra un dinero y sabe a quien le pertenece, ¿se lo <u>restituye</u> a su dueño sin vacilar?

F. Conjugue los infinitivos en la primera persona del singular.

1. <u>Haber</u> engordado tanto que si aumento dos libras más no <u>caber</u> en mi traje de baño.

2. Si le <u>decir</u> que <u>estar</u> ocupada y no <u>poder</u> verlo hoy, ¿crees que se enojaría?

3. No <u>ir</u> al gimnasio hoy porque <u>tener</u> que estudiar para un examen en el que <u>querer</u> obtener una buena nota.

4. Siempre que <u>poner</u> el radio y <u>oír</u> mi canción preferida, <u>ir</u> y <u>venir</u> por la casa y <u>dar</u> vueltas bailando hasta que <u>caer</u> desmayada.

5. Creo que <u>ser</u> un poco débil pues si <u>hacer</u> algún trabajo pesado, al otro día no <u>valer</u> para nada.

6. Si <u>salir</u> de compras y <u>ver</u> algo que me gusta lo compro si no es muy caro.

G. Sustituya las palabras subrayadas por la forma verbal apropiada de los verbos dados en el infinitivo que tenga el mismo significado: vaciar-graduarse-guiar-insinuar-evaluar-acentuar-efectuar-extenuar-ansiar-desviarse-enfriar-continuar.

1. Siempre <u>pongo los acentos</u> a las palabras que lo requieren.

2. Aurelio es el único que siempre <u>lleva a cabo</u> los cambios que ordena el jefe.

3. Los autos <u>se salen</u> del camino principal debido a las construcciones.

4. En el invierno el cuerpo <u>pierde el calor</u> si uno no se abriga bien.

5. Un trabajo tan pesado <u>agota</u> a cualquier persona.

6. Aurora <u>termina sus estudios</u> en mayo.

7. No me gusta viajar con Esteban porque <u>conduce</u> el coche a mucha velocidad.

8. —Vamos a hacer un trato, tú empiezas el trabajo y yo lo <u>sigo</u>.

9. Durante el verano las botellas de refrescos <u>se acaban</u> en un santiamén.

10. A su regreso, el soldado declaró que <u>deseaba con vehemencia</u> ver a su familia.

11. Un juez imparcial <u>examina cuidadosamente</u> la situación antes de dar su veredicto.

12. ¿No crees que con esas palabras <u>deja entrever</u> que necesita dinero?

CUBA

H. A veces se agregan a los verbos palabras que son innecesarias para completar su significación: meter para adentro, sacar para afuera. En las oraciones que siguen tache las palabras que estén demás. Haga los cambios que crea necesarios.

1. Vamos a salir para afuera que aquí hay mucho calor.

2. Marta, dile a Pepito que entre para adentro que ya vamos a comer.

3. —No, no, ese tornillo no cabe ahí, sácalo para afuera y mete para adentro este otro.

4. El juez le advirtió que si reincidía otra vez le quitaría la licencia por un año.

5. Ana ya llegó, la vi cuando subía para arriba en el ascensor.

6. Este ejercicio no está bien, deben hacerlo otra vez de nuevo.

7. El inspector informó que el edificio se había derrumbado para abajo porque estaba muy viejo.

8. Ya te entiendo, no tienes que repetirme dos veces la misma cosa.

9. El director salió a almorzar pero dijo que regresaría para atrás a la una.

10. El ejercicio requiere avanzar hacia adelante y retroceder hacia atrás dos veces.

3. Otras reglas de la acentuación (continuación)

Se acentúan:

a) Los pronombres demostrativos para distinguirlos de los adjetivos demostrativos.

adjetivos demostrativos	{ esos libros esto lápices estas plumas	pronombres demostrativos	{ ésos éstos éstas

¿Quiere estas revistas? No, quiero ésas.

b) Los adjetivos que añaden **-mente** para formar adverbios si originariamente llevan acento.

ágilmente   cálidamente   útilmente

No se acentúan **sabiamente, fijamente**.

c) Las palabras que tienen función interrogativa o admirativa en la oración. Las principales son: **qué, quién, quiénes, cómo, cuándo, dónde, por qué, cuánto, cuál**. Cuando tienen esta función admirativa o interrogativa van siempre acompañadas de los signos de interrogación o de admiración. Sin embargo, hay casos en que esas mismas palabras se usan en una frase en forma de pregunta pero no piden información, sino que la ofrecen. En este caso no se acentúan aunque la palabra se use en una frase interrogativa. En los ejemplos que siguen se podrá comprender claramente la diferencia.

Palabras interrogativas que piden información:

¿Quién te pagó? *Who paid you?* ¿Dónde paraste en Lima? *Where did you stay in Lima?*

Palabras interrogativas que indican conocimiento:

¿Te pagó quien te paga siempre, no? *Who paid you, the one who always does?*

¿Dónde paraste, donde siempre, verdad? *Where did you stay, where you always do?*

d) Las palabras llamadas sobresdrújulas o esdrujulísimas son formas verbales a las que se les ha añadido dos complementos del verbo. Se acentúan en la sílaba anterior a la antepenúltima.

cómetelo   tráigamelo   páguesela   pintándosela

Ejercicios

A. Coloque los acentos sobre las palabras que lo requieran.

1. ¿Que tarjetas quiere, estas o aquellas?
2. Las ventas estan un poco flojas ultimamente pero solo en este departamento.
3. En Madrid, ¿donde te hospedaste, donde te hospedas siempre?
4. Señor, ¿puede decirme donde puedo tomar el autobus numero dos y cuanto cuesta el pasaje para el jardin botanico?
5. Para dar curso a la queja es necesario que diga cual de estos empleados no le quiso decir cuando y de donde salia el tren.
6. ¿Como quieres los huevos, como los hago siempre, no?

B. Algunas de las palabras en el párrafo que sigue están acentuadas incorrectamente o no tienen el acento que necesitan. Corríjalas.

Sentado pensatívamente en una roca del mirador que daba al valle, el hombre dejo que el pensamiento corriera. ¿Que mueven estas nubes que como figuras de algodon viajan tan agilmente por el cielo teñido de añil; estas, aquellas, ¿adonde van en su eterno flotar? ¿Que fuente lleno el rio y adonde van a vacíar sus aguas? ¿Que sabio pintor mancho de verde y violeta el valle qué se extiende ante mi? Sorprendido de sus meláncolicos pensamientos, dió un suspiro y sé levanto de la roca dónde estaba sentado y se alejo rapidamente.

Humor

Comente el chiste oralmente o por escrito.

Entre vecinos.

—Su perro ha estado aullando toda la noche. Eso es señal de muerte próxima
—¡ Dios mío, quién irá a morir!
—Su perro si vuelve a ladrar esta noche.

SEMEJANZAS Y CONTRASTES

- *Right* tiene distintos significados en español. Algunos comunes son:

a) **apropiado, correcto**　*appropriate, correct*

Compró el traje **apropiado** para la ocasión.
He bought the *appropriate* suit for the occasion.

b) **oportuno**　*timely*

Llegamos en el momento **oportuno**.
We arrived at the *right* time.

c) **justo** *fair*

Eso no es **justo**; ella llegó primero.
That is not *right*; she arrived first.

d) **tener razón**　*not to be mistaken*

Ellas **tienen razón** They *are right*

e) **ser correcto**　*It is right* (accepted behavior)

No **es correcto** escupir en el piso.
It is not right (accepted) to spit on the floor.

f) **el derecho**　*the righ*t (what a person is entitled to)

En una democracia la gente tiene el **derecho** de viajar libremente.
In a democracy people have the *right* to travel freely.

g) **conservador** (en la política)　*right* (conservative in politics)

Esa región es **conservadora.**
That region is more to the *right*.

h) **el bien, lo bueno** (noun)　*What is good, goodness*

Algunos no distinguen **el bien, lo bueno**, del mal, lo malo.
Some don't differentiate between *goodness* and evil.

i) **bien** (adverb)　*right* (in a right way)

El cree que lo hace todo **bien**.
He believes he does everything *right*.

- Frases equivalentes a *right*:

a la derecha　*on, at, to the right*
aquí, allí　*right here, right there*
ahora mismo, en seguida　*right away, right now*
derecho　*right-handed*
angulo recto　*right angle*
derecho de vía　*right of way*

- Light

luz (*illumination*)
ligero (*not heavy*)
claro (*color; illuminated*)
fósforo, cerilla (*match for cigarrette*)
encender (*to light e.g. a room, a cigarrette*)
trivial (*light-trivial*)

En el apartamento no había **luz**.
In the apartment there wasn't any *light*.

Puedo cargar la caja, es **ligera**.
I can carry the box, it is *light* (not heavy).

Me gustan colores **claros** en las paredes.
I like *light* colors on the walls.

¿Tienes un **fósforo** (una cerilla)?
Do you have a *match* (light)?

La esposa hizo un comentario **trivial, poco serio**.
His wife made a *light* remark.

- To realize
  - (*to be aware*) **comprender, darse cuenta**
  - (*to come true*) **realizarse** (*un sueño*)
  - (*to achieve*) **realizar** (una tarea, una meta, un trabajo)

El piloto **comprendió, se dio cuenta** que no tenía espacio para aterrizar.
The pilot *realized* he had not enough space to land.

Espero que tus sueños se **realicen**.
I hope your *dreams* come true.

Pudimos **realizar** nuestras metas.
We were able to *realize* (to achieve) our goals.

- **largo**————long
  large————**grande**

El camino no es **largo**. The road is not *long*.
El paquete era **grande**. The package was *large*.

Ejercicios

A. Traduzca al español.

1. They gave her the *right of way*, that was the right thing to do.
2. They left *at the right* time because shortly after the earthquake occurred.
3. It is not *right* to treat people that way.
4. OK, you are *right*, I took the wrong exit.
5. It is not *right* to talk with your mouth full.
6. In a democracy we have the *right* to go anywhere we want.
7. In politics, one brother is to the *right* and the other is to the left.
8. I believe that basically, people try to do *right* (good).
9. Nobody does everything *right* (well).
10. In your exam only 30 answers were *right*.
11. The employees *realized* the situation was bad.
12. If you are persistant, you will *realize* your projects.
13. Emilia *realized* (carried out) her work without any help.
14. After leaving the restaurant I *realized* the bill was not right.
15. The task was *realized* (done) ahead of time.

B. Traduzca las palabras dadas en inglés.

1. En esta calle los peatones tienen *the right of way*.
2. Muy bien, lo haré *right away*.
3. El nieto es *right-handed*.

4. Un *right angle* tiene 90 grados.

5. Hace unos minutos el paquete estaba *right here*.

6. La tienda está *to the right* de la iglesia.

7. La habitación principal es muy *large*.

8. El cuento era muy *long* para leerlo en una hora.

C. Traduzca.

1. This room needs more *light*, it is too dark.

2. Keep the *light* boxes right here and the heavy ones right there.

3. They say that *light* colors relax the mind.

4. Sometimes muggers ask for *light* to distract their victims.

5. Her *light* remarks helped to break the tension.

ORTOGRAFÍA

Uso de la <u>b</u> y de la <u>v</u>.

Aunque en español no hay diferencia en la pronunciación de la *b* (labial) y de la *v* (labiodental), la diferencia en la grafía sí debe observarse. Aunque hay excepciones, algunas reglas nos ayudan a usar estas letras correctamente.

Muchas palabras en inglés tienen una ortografía semejante a la palabra española, y esto puede servir de guía al alumno: *baptism* - **bautismo**, *to move* - **mover**, *nervous* - **nervioso**, *rebel* - **rebelde**, *rivalry* - **rivalidad**, *savage* - **salvaje**, *to serve* - **servir**, *veracity* - **verdad**.

En otras palabras, sin embargo, la ortografía es opuesta: *to approve* - **aprobar**, *to arrive* - **arribar**, *to conceive* - **concebir**, *to cover* - **cubrir**, *fever* - **fiebre**, *governor* - **gobernador**, *Havana* - **Habana**, *mobile* - **móvil**, *maneuver* - **maniobra**, *to perceive* - **percibir**, *to prove* - **probar**, *to receive* - **recibir**, *tavern* - **taberna**, *Basque* - **vasco**, *pavilion* - **pabellón**, *poverty* - **pobreza**.

Reglas para el uso de la <u>b</u>

Se escribe <u>b</u>:

1. Después de <u>m</u>: a<u>mb</u>os, ma<u>mb</u>o, tu<u>mb</u>a, za<u>mb</u>o, cara<u>mb</u>a, a<u>mb</u>iente, e<u>mb</u>ajador.

2. En las combinaciones <u>bl</u> y <u>br</u>: <u>bl</u>anco, om<u>bl</u>igo, ca<u>bl</u>e, nu<u>bl</u>ado, <u>br</u>once, a<u>br</u>igo, <u>br</u>avo, <u>br</u>illante.

3. En las formas derivadas del verbo **haber**: ha<u>b</u>ía, hu<u>b</u>o, ha<u>b</u>ré, ha<u>br</u>íamos, hu<u>b</u>ieran, ha<u>b</u>ido, ha<u>b</u>iendo, etc.

4. En las formas del imperfecto de indicativo de los verbos de la primera conjugación (-**ar**): canta<u>b</u>a, mirá<u>b</u>amos, llora<u>b</u>an, deja<u>b</u>as, lava<u>b</u>a, nega<u>b</u>an, etc.

5. En las formas del imperfecto del indicativo del verbo **ir**: i<u>b</u>a, i<u>b</u>as, etc.

6. En las palabras derivadas y compuestas de otras que llevan <u>b</u>: **nebuloso** de niebla, **bonanza** de bueno, **caballería** de caballo, **bocanada** de boca.

7. En los prefiios: <u>ab</u>-, <u>abs</u>-, <u>bi</u>-, <u>sub</u>- <u>ob</u>-, <u>biblio</u>- y en los sufijos -<u>able</u>, -<u>ible</u>.[4] <u>ab</u>dicar, <u>abs</u>oluto, <u>bi</u>lateral, <u>sub</u>marino, <u>ob</u>sesión, <u>bibli</u>ografía, prob<u>able</u>, terri<u>ble</u>.

---

[4]Fíjese que esta regla es igual en inglés.

Ejercicios

A. Escriba la palabra en español parecida en la ortografía. Busque en el diccionario si no sabe el equivalente.

celebrated   botany   embassy   abhor   abortion   umbilical   fable   syllable

B. Traduzca la palabra en inglés.

1. El nuevo (*govemment*) será más liberal que el anterior.
2. Han comprado un (*automobile*) muy elegante.
3. Esperamos (*to receive*) la mercancía el jueves por la mañana.
4. El abogado (*will prove*) que él no es culpable.
5. Apenas entré, (*I perceived*) algo raro en la casa.
6. El hombre pasaba las noches bebiendo en la (*tavern*).

C. Complete las palabras con la letra o letras que faltan.

ha___íamos	septiem___e	cele___ación	o___curidad	em___ellecer
a___azo	tem___ando	í___amos	___centenario (dos)	o___stinado
ha___ador	su___ime	___tracto	am___iente	formida___e

D. Escriba tres palabras derivadas de cada una de las siguientes:

1. bueno   3. abundar   5. banco   7. barba   9. cubrir   11. batir
2. bárbaro   4. buscar   6. boca   8. cabeza   10. bañar   12. botella

JOSÉ MARTI, THE WASHINGTON OF THE CUBAN REVOLUTION.

El héroe de la independencia de Cuba.

Miscelánea para leer y comentar

Sabía usted que:

El Capitolio de La Habana se construyó a semejanza del Capitolio de Washington, D.C. en el año 1929, a un costo de $20.000.000, una cifra desmesurada para aquellos tiempos. Su salón principal, enorme y muy hermoso, se llama «el salón de los pasos perdidos». Un brillante incrustado en el suelo marca el kilómetro cero de la Carretera Central, construida también en esa época, y que atraviesa la isla de Oriente a Occidente.

A pesar de que Cuba es hoy famosa por la calidad de su tabaco, la planta no crece silvestre en la isla y se cree que fue traída por los indios taínos, invasores que dominaron a los ciboneyes, los primitivos habitantes de Cuba.

Los tabaqueros cubanos emigrados a Tampa y Cayo Hueso prestaron su apoyo económico y moral a José Martí para la independencia de su patria. Se dice que la orden para comenzar la revolución en 1895 llegó a la Habana desde Cayo Hueso escondida en un tabaco.

Lo imaginación popular ha querido ver cierta semejanza entre «la estrella solitaria» de la bandera nacional y la flor del tabaco, que forma una estrella de cinco puntas, de corola blanca y bordes rojizos.

CAPÍTULO

7

LA REPÚBLICA DOMINICANA

Nombre oficial: República Dominicana

Capital: Santo Domingo

Adjetivo de nacionalidad: dominicano(a)

Población (est. 1992):   7,515,000

Millas cuadradas: 18.816

Grupos étnicos predominanctes: mestizos 77%, negros 11%, blancos 16%

Lengua oficial: el español

Moneda oficial: el peso

Educación: analfabetismo 38%

Economía: azúcar, café, tabaco y cemento

ANTES DE LEER

A.   Conteste las preguntas que siguen:

1.   ¿Puede usted mencionar algunos países que sean islas?

2   ¿Qué dos países comparten la isla La española.? ¿Dónde se encuentra esta isla? ¿Por qué es importante históricamente?

3.   ¿Sabe cuál fue el primer asiento (*settlement*) europeo en los Estados Unidos?

4.   ¿Cuál fue la primera ciudad que se fundó en los Estados Unidos?

5   ¿Sabe usted dónde se estableció la primera universidad en las Américas?

6.   ¿Cuáles son los países vecinos de los Estados Unidos?

7.   ¿Qué tipo de relaciones existe entre los Estados Unidos y éstos?

8.   ¿ A cuál de estos países vecinos se asemejan más culturalmente los Estados Unidos? ¿Y a cuál menos? ¿Por qué?

9.   ¿Puede usted explicar la diferencia política que existe entre un presidente y un dictador?

10.   ¿Puede usted nombrar a algún dictador famoso de la época moderna?

B.   Sobre la lectura.

1.   Lea el título.¿Qué le sugiere? ¿Cree usted que es una palabra española? Observe el mapa. ¿Qué países comparten la misma isla? ¿Sabe

usted qué lenguas se hablan en las islas nombradas en el mapa? Ahora dé una ojeada rápida a la lectura para obtener una idea general del contenido.

2.   Después lea una segunda vez con más detenimiento tratando de entender lo que lee.

LECTURA

Quisqueya

Aunque se hayan visitado otras viejas ciudades de Hispanoamérica, es en Santo Domingo, la capital de la República Dominicana, donde la conciencia de que «aquí comenzó Hispanoamérica» se hace más viva.

tierra

En el *suelo* de Quisqueya—nombre indígena que los dominicanos dan a su país—que significa «madre de todas las tierras», tuvieron lugar muchos primeros acontecimientos. Cristóbal Colón construyó allí el *fuerte* La Navidad, *fortress* primer *asiento* europeo de América, en los alrededores de Puerto Plata, al *settlement* norte, y más adelante la primera ciudad del Nuevo Mundo, la Nueva Isabela, hoy Santo Domingo. [1]

A la República Dominicana correspondió también el honor de tener la primera *audiencia*, así como la primera *sede* episcopal, por lo que se llama a *court / seat* Santo Domingo «la Ciudad Primada de América». Allí se construyó el primer hospital, San Nicolás de Bari (1503), y el primer edificio conocido hoy por la Casa del Cordón, llamada así por el cordón del hábito franciscano tallado en piedra sobre la puerta. Se dice que allí el pirata inglés Francis Drake recibió el rescate que exigió para no continuar incendiando la ciudad en 1586.

Su catedral, Santa María la Menor, es también la más antigua del conti-nente. Los dominicanos afirman que en ella descansan los *restos* de Colón, *remains* *magnífico* guardados en un *soberbio* sarcófago de mármol. Ese mismo honor reclaman para sí los españoles, quienes aseguran que los restos del Almirante se hallan en el *panteón* que le han erigido en la catedral de Sevilla.

Igualmente corresponde a la República Dominicana el privilegio de haber tenido la primera universidad establecida en el Nuevo Mundo, la de Santo Tomás de Aquino, que se inició como un colegio[2] *regido* por los dominicos y *ruled* luego adquirió categoría de universidad en 1538.

El desarrollo histórico de la República Dominicana ha estado tan plagado de contratiempos y dificultades, que uno se pregunta maravillado cómo la nación ha logrado sobrevivir tantas crisis.

La República Dominicana comparte actualmente con Haití la isla que Colón denominó La Española. Las relaciones entre los dos países no han sido muy cordiales. En 1822, al año siguiente de haber proclamado los domini-canos la independencia de España, los haitianos invadieron la república y la anexaron a su territorio por 22 años, iniciándose así una larga lucha, que ter-*se quitó / bandera* minó cuando la nación *sacudió* el yugo haitiano e *izó* de nuevo el *pabellón* do-minicano bajo la guía del héroe nacional Juan Pablo Duarte. Para los domini-

---

[1] Mucha gente, inclusive los mismos dominicanos, usan Santo Domingo para referirse al país. Santo Domingo era el antiguo nombre que los franceses daban a la Isla. El nombre oficial hoy es la República Dominicana.

[2] El equivalente de *college* es universidad; colegio se refiere a escuela elemental, institución o grupo especializado: Colegio Mayor, colegio electoral.

Estatua de Cristóbal Colón. Al fondo una sección de la Catedral de
Santo Domingo, República Dominicana.

canos el Día de la Patria no conmemora la independencia de España sino de
Haití.

At present

Actualmente, las relaciones entre los dos países sino hostiles, son frías y
distantes, acentuadas por la diferencia de lengua y cultura entre ambos países.

Las primeras décadas del siglo XX no fueron menos caóticas. La infantería
de marina de los Estados Unidos[3] ocupó la nación por ocho años y luego el
tristemente célebre Rafael Trujillo asumió el poder, en una dictadura que
duró treinta años. En 1965 el país sufrió de nuevo una intervención norteamericana esta vez por dos años. Afortunadamente el país parece haber entrado en

period

una *etapa* de estabilidad política que promete la consolidación del sistema
democrático en la nación.

Aunque hubo algunos disturbios en la capital debido al desempleo y al aumento en el costo de vida, en general se percibe un aire de progreso. La capital, especialmente, ha sufrido un cambio espectacular en los últimos años. Los
gobiernos que siguieron al régimen dictatorial de Trujillo se han preocupado
de restaurar los monumentos de la sección colonial. Es digno de admirarse el
Alcázar, residencia de los virreyes, restaurado al esplendor que tenía en el
siglo XVI. Las estatuas, las pinturas, los tapices, las alfombras y los muebles
son todos de la época, algunos donados por diferentes museos españoles y
otros por la Universidad de Madrid.

La sección moderna de la ciudad también ha modificado su perfil. A lo

[3] Durante el siglo XIX hubo numerosos intentos de anexar el país a los Estados Unidos.

El anfiteatro de Altos de Chavón en La República Dominicana.

largo del *Malecón*, la hermosa avenida de palmas que bordea el litoral, se alzan modernos edificios. En la Plaza de la Cultura, en el centro de la ciudad merece especial mención el Teatro Nacional, considerado como uno de los más modernos y eficientes del mundo, con capacidad para 1.700 personas y salones donde se exhiben las obras artísticas de dominicanos y extranjeros.

La orografía de la República Dominicana es bastante accidentada. Allí se encuentra el pico más alto de las Antillas, el Pico Duarte de 3.175 metros.

plains

La mayoría de la población se concentra en las *llanuras*, principalmente en Santo Domingo y Santiago de los Caballeros, la segunda ciudad del país.

landscape

El país no ha perdido la exuberante vegetación y la belleza del *paisaje* que cautivó a Colón. La tierra es fertilísima, donde se produce desde el plátano hasta maderas finas. Existen en el país más de 300 variedades de orquídeas.

Al norte se encuentra el famoso Puerto Plata, en la llamada Costa del Ambar, en cuyos alrededores fundó Colón un segundo fuerte, La Isabela.

alrededor

Colón lo nombró Puerto Plata por la neblina plateada que envuelve las montañas *circundantes* al amanecer. Al sur, los balnearios de Casa de Campo en La Romana están adquiriendo una merecida reputación. Al suroeste del

saladas

país se encuentra el lago de aguas *salobres*, *Enriquillo*, cuyo nombre honra al cacique indio que se rebeló contra los españoles.[4]

No lejos del complejo turístico Casa de Campo se ha levantado una villa de estilo medieval llamada «Altos de Chavón», en la que viven, estudian y trabajan artistas dominicanos y extranjeros. Altos de Chavón es un activo centro cultural. En su museo se halla una valiosa colección de objetos taínos. En los talleres de su centro artesanal, los estudiantes aprenden las técnicas de tejido y cerámica. Hay también conciertos al aire libre, de música clásica y folklórica.

---

[4] Fray Bartolomé de las Casas dejó una admirable crónica basada en la historia de este bravo cacique, y 300 años después, el escritor dominicano Manuel de Jesús Galván, lo convirtió en héroe de su novela romántica *Enriquillo* (1882).

paredones
cobblestone

Los rojizos tejados, las rejas de hierro, los *muros* de piedra, las calles de *adoquines* y las persianas de madera, así como la fuente de coral que adorna la plaza, contribuyen a darle al centro cultural de Chavón una atmósfera del siglo XVI muy original que atrae numerosos visitantes.

Preguntas

A. Preguntas sobre la lectura.

1. ¿Qué importancia histórica tiene la República Dominicana?
2. ¿Cuál es el origen y el significado del nombre *Quisqueya*?
3. Explique qué quiere decir la palabra primada y por qué se le aplica a Santo Domingo.
4. ¿Qué celebran los dominicanos cuando conmemoran el Día de la Independencia?
5. ¿Cuáles son algunos de los acontecimientos políticos importantes que han tenido lugar en la República Dominicana a través de su historia?
6. ¿En qué se nota que los regímenes posteriores a Trujillo se preocupan por la cultura del país?
7. ¿Por qué se dice que la orografía del país es accidentada?
8. ¿Qué importancia histórica tiene Puerto Plata? ¿Por qué Colón lo nombró así?
9. ¿A qué se llama Altos de Chavón y que importancia cultural tiene?

B. Otras preguntas.

1. ¿Hay algún edificio o monumento histórico en el lugar dónde usted vive?
2. ¿Sabe qué lengua hablan en Haití?
3. En la primera lección se dijo que muchas palabras que empiezan con al son de origen árabe. ¿Sabe el equivalente en español de la palabra árabe alcázar?
4. Santo Domingo tiene un precioso malecón y también es muy famoso el malecón de La Habana, Cuba. ¿Puede explicar lo que es?
5. Detrás de cada nombre o ciudad hay una historia. ¿Sabe por qué se llama así el lugar donde vive? ¿Y en el año que se fundó?
6. ¿Ha visitado, ha visto en fotografía o ha oído hablar dc las «misiones» de California? ¿Puede explicar lo que son?

Mejore su vocabulario

A. Señale el sinónimo de cada palabra en la columna de la izquierda.

1.	panteón	edificio	monumento	panteísmo
2.	sede	capital de una diócesis	secta	tela
3.	erigir	elegir	costear	construir
4.	fuerte	bastión	oscuro	golpe
5.	acontecimiento	acción de contar	fundación	suceso
6.	suelo	parte del zapato	territorio	pájaro
7.	restos	comida	descanso	cadáver
8.	rígido	dirigido	sin movimiento	cscrito
9.	sacudir	saltar	librarse	empolvarse
10.	izar	empezar	entretener	levantar

11. etapa   cubierta   período   llanura

12. paisaje   boleto   compatriota   panorama

13. balneario   baños públicos   arenal   bálsamo

14. salobre   saludable   salado   escaso

15. adoquín   clase de cemento   piedra rectangular adorno

16. muro   estatua   pared   escultura

17. llanura   población   altura   terreno extenso sin elevaciones

18. circundante   círculo   ambulante   que rodea

B. Traduzca las palabras en inglés.

1. La ciudad tiene un aspecto español debido a los _____.

                                           reddish tile roofs

2. El edificio estaba rodeado de hermosa _____.

                                  iron grating

3. La ciudad de Cuzco, en el Perú, es famosa por sus _____.

                                  stone walls

4. _____ le dan al lugar un aire renacentista.

     The cobblestone streets

5. En vez de cortinas tienen _____ en las ventanas.

                   wooden shutters

6. _____ envuelve las montañas.

     A silvery mist

Tumba de Cristóbal Colón en la catedral Santa María la Menor en Santo Domingo.

Temas para redactar y conversar

A. Redacte un informe sobre la República Dominicana.

1. Dónde está (región geográfica, isla, con que país comparte su territorio).
2. Orografía (montañas, tierras llanas).
3. Importancia histórica de la capital, por qué se le llama «primada».
4. Lugares históricos o interesantes en la capital.
5. Qué es Altos de Chavón.

B. Busque en alguna historia de la literatura hispanoamericana información sobre Fray Bartolomé de las Casas y redacte un informe sobre el mismo. Prepárese para leerlo en la clase si la profesora se lo pide. Busque datos sobre:

1. la época en que vivió
2. por qué es tan conocido
3. qué papel se le atribuye en la llegada de los esclavos africanos a América
4. título de su obra más importante

C. Busque en alguna historia de la literatura hispanoamericana datos sobre la obra del escritor dominicano Manuel de Jesús Galván, Enriquillo (1882), y redacte un informe para presentarlo a la clase si el profesor se lo pide. Diga algo sobre el autor, de qué trata la novela, su importancia literaria y cualquier otra información que estime pertinente.

GRAMÁTICA

I. Verbos con participios irregulares

Algunos verbos forman el participio pasado de modo irregular, es decir, no terminan en **-ado, -ido**.

abrir	abierto	imprimir	impreso
absolver	absuelto	morir	muerto
cubrir	cubierto	poner	puesto
decir	dicho	resolver	resuelto
disolver	disuelto	ver	visto
escribir	escrito	volver	vuelto
hacer	hecho		

Otros verbos con participios irregulares: predecir, contradecir, deshacer, rehacer, satisfacer, disponer, imponer, reponer, deponer, prever, volver, devolver, envolver.

2.   Verbos con dos participios, regular e irregular

Algullos verbos tienen dos participios, uno regular, generalmente usado como verbo, y otro irregular, usado en función nominal o adjetival:[5]

han **prendido** al asesino   el asesino está **preso**   el **preso** escapó
     verbo   adjetivo   sustantivo

atender	atendido, atento	hartar	hartado, harto
bendecir	bendecido, bendito	juntar	juntado, junto
confundir	confundido, confuso	maldecir	maldecido, maldito
corromper	corrompido, corrupto	prender	prendido, preso
despertar	despertado, despierto	romper	rompido, roto[7]
elegir	elegido, electo	sepultar	sepultado, sepulto
eximir	eximido, exento	soltar	soltado, suelto
extinguir	extinguido, extinto	sujetar	sujetado, sujeto
fijar	fijado, fijo	suspender	suspendido, suspenso
freír	freído, frito[6]		

Ejercicios

A.   Complete las oraciones usando el participio regular o irregular de los verbos dados en infinitivo en los ejercicios A y B.

1.   Tito, has _____ las ventanas muy temprano y hay frío aquí. (abrir)

2.   La revista es buena pero la han _____ en un papel muy malo. (imprimir)

3.   Llevan tres días reunidos y aún no han _____ el problema. (resolver)

4.   La compañía no ha _____ las demandas de los obreros. (satisfacer)

5.   El juez le ha _____ una condena muy severa. (imponer)

6.   Los meteorólogos han _____ un terremoto fuerte en California. (predecir)

7.   Las lluvias han _____ las matas de tomate. (deshacer)

8.   La policía no ha _____ aún quién realizó el robo. (descubrir)

9.   Alguien ha _____ la ventana del frente de la casa. (romper)

10.   El pescado no sabe bien porque lo han _____ con aceite rancio. (freír)

B.

1.   El candidato fue _____ por un pequeño número de votos. (elegir)

2.   Estoy _____ desde la seis porque el camión de la basura me ha _____ (despertar)

3.   El maestro ha _____ a muchos estudiantes, seguramente yo también estoy _____. (suspender)

4.   Lo han _____ por estafador y seguramente lo mantendrán _____ por algún tiempo. (prender)

---

[5] Vea también los participios pasados usados como adjetivos en el capítulo 12.

[6] Frito es más comúnmente usado en los tiempos compuestos.

[7] Roto es más usado.

5. Ningún estudiante ha sido _____ de la clase de natación, la única _____ es Teresa por tener fiebre. (eximir)

6. ¿Quién ha _____ al perro que ahora anda _____ por toda la casa? (soltar)

7. Desgraciadamente la cacería indiscriminada casi ha _____ esa especie de águila igual que otras que ya están _____. (extinguir)

8. El agua _____ que se usó en la misa fue _____ por el Obispo. (bendecir)

9. Su explicación fue muy _____, ahora estoy más _____que antes. (confundir)

10. Los precios _____ de la mercancía que se vende allí se han _____ por el gobierno. (fijar)

3. El futuro: regular e irregular

Se usa—lo mismo que en inglés—para indicar una acción que está por suceder.

iremos *we will go*   hablará *he will speak*

El futuro regular. Se forma agregando al infinitivo las terminaciones -*é*, *ás*, -*á*, -*emos*, -*éis*, -*án*.

amar: amar*é*, amar*ás*, amar*á*, amar*emos*, amar*éis*, amar*án*

beber: beber*é*, beber*ás*, beber*á*, beber*emos*, beber*éis*, beber*án*

vivir: vivir*é*, vivir*ás*, vivir*á*, vivir*emos*, vivir*éis*, vivir*án*

Algunos verbos forman el futuro de un modo *irregular*, pero una vez establecida la irregularidad, el futuro se forma agregando las mismas terminaciones que a los verbos regulares.[8]

poner: pondr*é*, pondr*ás*, pondr*á*, pondr*emos*, pondr*éis*, pondr*án*

caber: cabr*é*, cabr*ás*, cabr*á*, cabr*emos*, cabr*éis*, cabr*án*

---

[8] Caber, haber, querer y saber alteran la posición de la *e*: cab(e)r-cabré. Poner, tener, valer, salir y venir alteran la posición de la vocal en las terminaciones y agregan *d*: poner-pondré. Otros verbos como decir y hacer alteran y pierden letras: de(c)ir-diré.

poder: podré, podrás, podrá, podremos, podréis, podrán

tener: tendré, tendrás, tendrá, tendremos, tendréis, tendrán

querer: querré, querrás, querrá, querremos, querréis, querrán

salir: saldré, saldrás, saldrá, saldremos, saldréis, saldrán

venir: vendré, vendrás, vendrá, vendremos, vendréis, vendrán

hacer: haré, harás, hará, haremos, haréis, harán

valer: valdré, valdrás, valdrá, valdremos, valdréis, valdrán

decir: diré, dirás, dirá, diremos, diréis, dirán

saber: sabré, sabrás, sabrá, sabremos, sabréis, sabrán

haber: habré, habrás, habrá, habremos, habréis, habrán

4. Otros usos del futuro

a)   La probabilidad en el presente se expresa en español por medio del futuro. Equivale a la expresión inglesa *to wonder o probably*.

¿Dónde **estará** ahora?   *I wonder where she is now.*
Serán las seis.   *It's probably six o'clock.*

Nota: Fíjese que *will* en una petición cortés o cuando indica aceptación o negación se expresa por medio del verbo **querer**.

¿**Quiere** cerrar la puerta?   *Will you close the door?*
Ella **quiere** hacerlo.   *She'll do it.*
El no **quiere** participar.   *He will not (doesn't want to) participate.*

b)   En muchos países se expresa el futuro usando el verbo **ir** + el infinitivo:

Vamos a salir (saldremos) temprano.
Van a mudarse (se mudarán) el verano que viene.

c)   Con frecuencia se usa el presente para referirse al futuro; por ejemplo, **vengo mañana** en lugar de **vendré mañana**; **te lo digo luego** en lugar de **te lo diré luego**.

d)   El futuro se usa también para expresar órdenes:
No verás la televisión hoy. Te acostarás ahora mismo si tienes fiebre.

Ejercicios

A.   Complete las oraciones usando los verbos en el futuro.

1.   Yo _____ mis libros aquí y ustedes _____ los suyos allá. (poner)
2.   ¿Crees que los muebles _____ más el año que viene? (valer)
3.   No te preocupes, nosotros _____ la verdad cuando lleguemos. (saber)
4.   Ana _____ ir con nosotros cuando sepa a donde vamos. (querer)
5.   Estoy segura que ella no _____ a saludarlo después de lo ocurrido. (salir)
6.   Me pregunto qué reacción _____ cuando sepa lo sucedido. (tener)
7.   ¿Crees que _____ todos en un coche tan pequeño? (caber)
8.   La policía _____ si no se arreglan entre ellos. (intervenir)
9.   Los estudiantes _____ su actitud si no se les incluye. (mantener)

Estudiantes universitarios en animada charla en el recinto de la Universidad de
Santo Domingo, República Dominicana.

10. Estoy segura que la compañía _____ algunas reglas. (imponer)
11. Si me aburro me _____ leyendo. (entretener)
12. Les _____ salir temprano para evitar el tráfico. (convenir)
13. Seguramente Oria _____ la plaza si no hay otros aspirantes. (obtener)
14. La universidad les _____ el diploma hasta que paguen lo que deben en la biblioteca. (retener)

B. Basándose en lo que ve en la fotografía imagine lo que probablemente estén haciendo las personas. Escriba un párrafo indicando estas probabilidades por medio del futuro.

C. Traduzca al español.

1. Will you approach the microphone?
2. She will know the truth sooner or later.
3. If he stays one more year he will fulfill (use **satisfacer**) his obligation.
4. Most likely, things will remain the way they are now.
5. I will remake the dress until it fits her perfectly.
6. I will not impose my opinion unless they oblige me to.
7. She says she will face (use **atenerse**) the consequences of her actions.
8. We wonder where this message came from (use **provenir**).
9. Now I am busy, but I'll tell you later.
10. I wonder what they are doing now.

Humor

Comente el chiste y luego interprételo en inglés.

Cualquier tiempo pasado fue mejor.

Una señora se queja al frutero del precio excesivo de las guayabas.
—En mis tiempos—le dice—comprábamos un saco por muy poco dinero.
—Tiene razón, señora—le contesta el frutero,— pero recuerde que en sus tiempos las guayabas producían apendicitis y hoy en cambio dan vitamina C.

SEMEJANZAS Y CONTRASTES

- Algunos casos del uso del singular y el plural en español e inglés.

1. Cuando se hace referencia a partes del cuerpo que son singulares y a prendas de vestir de las que se usa normalmente una sola, en español se usa el nombre en singular, aun cuando se mencionen varias personas en la oración, mientras que en inglés se usa el plural.

   Los niños se lavaron **la cara** con agua fría.
   The children washed *their faces* with cold water.

   Los dos policías llevaban **uniforme** blanco.
   Both policemen were wearing white *uniforms*.

   Cuando se trata de partes dobles como *las manos,*[9] *los pies, los guantes, los zapatos*, etc., el plural se usa.

   A los chicos les dolían **los pies** porque habían caminado mucho sin **zapatos**.
   The kids' *feet* hurt because they had walked a lot without *shoes*.

2. El español y el inglés tienen diferencias en cuanto a los plurales en algunos casos.

   a) Algunos sustantivos tienen singular y plural en español, pero se usan comúnmente en inglés en singular EJS:

ciervo, ciervos	*deer*	japonés, japoneses	*Japanese*
pescado, pescados	*fish*	oveja, ovejas	*sheep*
trucha, truchas	*trout*	cebra, cebras	*zebra*

   b) Otros casos de diferencias son: la noticia, *a piece of news*, las noticias, *news*; el mueble, *a piece of furniture*, los muebles, *furniture*; una lechuga, *a head of lettuce*, lechugas, *lettuce*; una joya, *a piece of jewelry*, las joyas, *jewelry*.

Ejercicio

Traduzca.

1. Even in summertime women there wear black dresses.
2. At the wedding the maids wore blue dresses and lilac hats.

---

[9] Pero se dice: los alumnos levantaron la mano. (Se sobrentiende que fue una mano cada uno).

3. The store replaced the piece of furniture that was damaged.
4. People were shocked when hearing that piece of news.
5. She bought two heads of lettuce and two fish at the supermarket.
6. The two men decided to shave their moustaches.

ORTOGRAFÍA

Uso de la v[10] (continuación)

Existen pocas reglas sobre el uso de la *v*. La observación y la práctica son la mejor manera de llegar a escribirlas correctamente. Se escribe *v*:

1. Después de **lla-, lle-, llo-, llu-**: **llavín, llevo, llover, lluvia**.
2. En las terminaciones **-ava, -ave, -avo**: **esclava, cóncava, doceava, clave, nave, suave, llave, clavo, octavo, centavo**.
   Excepciones: las formas del imperfecto del indicativo (**andaba, miraba,** etc.); **árabe, jarabe, casabe; cabo, nabo, rabo.**
3. Algunas formas del verbo **ir: voy, vete, vayamos,** pero se escribe **iba, íbamos.**
4. En el pretérito del indicativo y el imperfecto del subjuntivo de los verbos estar, andar y tener: **estuve, anduviste, tuvimos.**

Muchas palabras se escriben con *v* sin caer dentro de ninguna regla específica. Familiarícese con ellas. Algunas comunes son:

atavismo	calvo	ovalado	uva	veleidosa	vertiente
avalancha	gavilán	polvo	vaca	verídico	víbora
bóveda	liviano	primavera	vago	verano	vicisitudes
cadáver	malva	savia (*sap*)	vaina	verdugo	víspera
ceviche	nieve	silvestre	vecino	vergüenza	vizcaíno
ciervo	novio	siervo	vega	verruga	viuda
clavel	nueve	tranvía	vela		

5. Algunos verbos que se escriben con *v*:

averiguar	equivocarse	olvidar	revolver	verter	vociferar
atravesar	lavar	prevalecer	vaciar	vestir	volar
cavar	levantar	privar	vejar	virar	volver
desviar	llevar	relevar	velar	vivir	vulnerar
devengar	nevar				

Su conocimiento del inglés puede guiarlo en la escritura de muchas palabras pero no olvide que en la lección anterior vimos algunas que usan *v* en inglés y *b* en español o viceversa.

aliviar - *alleviate*   movimiento - *movement*   observar - *observe*

Ejercicios

A. Busque una palabra relacionada con:

calvo	novio	lluvia	vivir
nieve	esclavo	vidrio	viaje
vejar	avispa	venganza	enviciar

---

[10] No olvide que la *b* y la *v* se *pronuncian* de la misma manera.

B. Escriba oraciones con cinco de las palabras que encontró en el ejercicio anterior.

C. Sustituya las palabras en inglés por sus equivalentes en español.

1. El *government* protege a los *savages* de la zona para *preserve* sus culturas .
2. Un barco de tripulación *Basque arrived* a *Havana* para hacer *maneuvers*.
3. No puedo *conceive* que todavía haya *viper* en esos lugares.
4. Para colmo de tantas *adversities* ahora se le rompió la *clavicle*.
5. La *poverty* y la *depravity* del lugar se podían *perceive* en la *tavern*.
6. Durante los *carnivals* a la gente le entra la *fever* de *diversión*.
7. Es *obvious* que éste es el *mobile pavilion* del hospital.

D. Dé la palabra que defina.

1. Una parte de algo que se ha dividido en ocho.
2. Etapa que antecede al matrimonio.
3. Insecto parecido a la abeja pero de mayor tamaño.
4. La estación del año que sigue al invierno.
5. De forma de huevo.
6. Despredimiento de fango o de nieve de una montaña.
7. Quiere decir «dar voces».
8. Hacer un hoyo en la tierra.
9. Serpiente venenosa.
10. El día antes de una fecha determinada.

Práctica de acentos

Póngale los acentos a las palabras que lo requieran.

1. La zoologia establece que los animales oviparos nacen de huevos y que los cuadrupedos son viviparos porque nacen vivos.
2. El guia advirtio al publico que no se permitia tocar las vistosas vasijas tainas en exhibicion.
3. Diferentes especimenes de insectos y artropodos se encuentran a veces en trozos de ambar.
4. La inclusion de un aracnido en uno de los fosiles vegetales causo verdadera admiracion entre los veterinarios.
5. Si los herbivoros comen hierba y los carnivoros comen carne, ¿como llamamos a los animales que se alimentan de granos?
6. La victima del vapuleo estaba inmovil porque la lesion de un nervio le privaba de vigor, de sensibilidad y de movimiento.

DICHOS Y REFRANES

Frases idiomáticas

Algunas frases idiomáticas que se usan generalmente en plural en español y en singular en inglés son:

a expensas de   *at the expense of*
a fines de   *at the end of*

El Palacio de Colón en la sección colonial de Santo Domingo.

a instancias de	*at the request of*
a mediados de (mes, año, etc.)	*around the middle of the month by midyear, etc.*
a principios de (semana, mes, etc.)	*early in the week, the month, etc.*

Refranes

Con las glorias se olvidan las memorias.
A palabras necias, oídos sordos.
El que siembra vientos, recoge tempestades.

Ejercicios

A. Escriba oraciones con tres de las frases idiomáticas.

B. Invente una situación o cuento breve para ilustrar la aplicación de uno de los refranes.

Miscelánea para leer y comentar

Sabía usted que:

El baile nacional de la República Dominicana es el merengue y que dos de los merengues más famosos son «El negrito del batey» y «Compadre Juan».

El ámbar es una resina vegetal fosilizada de millones de años. La fuente principal de ámbar—después de los países bálticos— se encuentra en la República Dominicana. El ámbar dominicano ya aparece mencionado en las cartas de Cristóbal Colón, pero no empezó a explotarse comercialmente hasta 1949.

Se cree que el ámbar se formó en la República Dominicana hace veinte o treinta millones de años.

Las principales minas de esta gema vegetal se encuentran en la zona norte del país, entre las ciudades de Puerto Plata y Santiago. De ahí el nombre de «Costa de Ambar» que se le da al litoral norteño.

En la República Dominicana existe un raro ámbar azul, llamado así por los reflejos azules que produce a la luz del sol. La imaginación popular le atribuye poderes sobrenaturales, y en la república se conoce esta gema como «la piedra de la suerte».

El peso es la unidad monetaria de la República Dominicana y que tiene cien centavos, conocidos popularmente con el nombre de «cheles».

CAPÍTULO

8

GUATEMALA

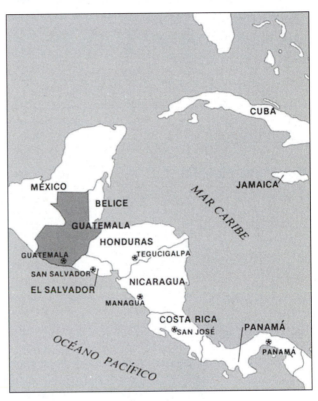

Nombre oficial: República de
   Guatemala

Capital: Guatemala

Adjetivo de nacionalidad: guatemal-
   teco(a)

Población: (est. 1992) 9.784. 000

Area en millas cuadradas: 42.042

Grupos étnicos predominantes:
   mayas 55%, mestizos 44%

Lengua oficial: el español (se hablan
   también lenguas indígenas)

Moneda oficial: el quetzal

Educación: analfabetismo 45%

Economía: banana, café y algodón

ANTES DE LEER

A.   Conteste las siguientes preguntas.

1.   ¿Puede mencionar algunas de las tribus indígenas en los Estados
   Unidos?

2.   ¿Sabe cuál es la lengua que hablan algunas de las tribus?

3.   ¿Cree usted que los indígenas norteamericanos se han integrado a la
   sociedad general?

4.   ¿Qué actitud cree usted que existe en la cultura norteamericana hacia
   los animales?

5.   ¿Es esta actitud igual hacia todos los animales?

6.   ¿Cree usted que los seres humanos y los animales tienen algunas
   características en común?

7.   ¿Cree usted en el horóscopo? ¿Cree usted que los fenómenos naturales
   y el día del nacimiento pueden influir en el carácter de una persona?

8. ¿Puede usted mencionar alguna tradición o creencia especial que se siga en su familia?

9. ¿Cuáles son los regalos que en la sociedad norteamericana se les hace a los recién nacidos?

10. ¿Tiene usted algún animal como mascota? ¿Lo quiere mucho?

B. Sobre la lectura.

1. Lea el título. ¿Sabe lo que quiere decir náhuatl?

2. Haga una lectura rápida poniendo atención a las glosas. Busque en la lectura la explicación de la palabra náhuatl

3. Después haga una segunda lectura lenta tratando de entender lo que lee.

LECTURA

Rigoberta Menchú

populate Rigoberta Menchú pertenece a una de las 22 etnias indígenas que *pueblan* Guatemala. En su libro *Me llamo Rigoberta Menchú y así me nació la conciencia*, Rigoberta cuenta los sufrimientos y la discriminación que aún sufren los indígenas en su país. Rigoberta creció hablando sólo la lengua quiché, y ya mayor de edad, aprendió a hablar español, según sus propias palabras, para *rights* defender los *derechos* de los suyos a ser reconocidos como parte integrante de la nacionalidad guatemalteca. Rigoberta recibió en 1992 el premio Nobel de la Paz por su lucha en favor de las comunidades indígenas de su patria. En el fragmento que sigue Rigoberta relata una tradición cultural entre los quichés.

La guatemalteca Rigoberta Menchú, premio Nobel de la Paz en 1992.

El nahual

shadow	Todo niño nace con su nahual. Su nahual es como su *sombra*. Van a vivir para-
forma	lelamente y casi siempre el nahual tiene *figura* animal. El niño tiene que dia-
	logar con la naturaleza. Para nosotros el nahual es un representante de los ani-

shadow
forma

Todo niño nace con su nahual. Su nahual es como su *sombra*. Van a vivir para-lelamente y casi siempre el nahual tiene *figura* animal. El niño tiene que dia-logar con la naturaleza. Para nosotros el nahual es un representante de los ani-males y un representante del agua y del sol. Y todo eso hace que nosotros nos formemos una imagen de ese representante. Es como una persona paralela al hombre. Es algo importante. Se le enseña al niño que si mata un animal, el

to get angry
harm

dueño de ese animal se va a *enojar* con la persona, porque le está matando al nahual. Todo animal tiene un correspondiente hombre y al hacerle *daño*, se le hace daño al animal.

bulls

Nosotros tenemos divididos los días en perros, en gatos, en *toros*, en pá-jaros. Cada día tiene un nahual. Si el niño nació un miércoles, por ejemplo, su

small sheep

nahual será una *ovejita*. El nahual está determinado por el día del nacimiento. Entonces para ese niño, todos los miércoles son su día especial. Si nació el martes es la peor situación porque el niño entonces será muy enojado. Los pa-pás saben la actitud del niño de acuerdo con el día que nació. Porque si le *tocó*

recibió

como nahualito un toro, los papás dicen que el torito siempre se enoja. Al gato le gustará siempre pelear mucho con sus hermanitos.

ancestros

Para nosotros o para nuestros *antepasados* existen diez días sagrados. Esos diez días representan una sombra. Esa sombra es de algún animal.

wild

Hay perros, toros, caballos, pájaros. Hay animales *salvajes* como, por ejemplo, un león. Hay también árboles.Un árbol que se ha escogido hace mu-chos siglos y que tiene una sombra. Cada uno de los diez días está represen-tado por uno de los animales mencionados. Estos animales no siempre tienen que ser uno. Por ejemplo, un perro, no sólo uno va a representar un nahual sino que nueve perros lo representan. En el caso de los caballos, tres caballos representan un nahual. O sea, tiene muchas variedades. No se sabe el *número*.

cifra

O se sabe, pero sólo nuestros papás saben el número de animales que repre-sentan cada uno de los nahuales de los diez días.

tranquilos

Pero para nosotros, los días más *humildes* son el miércoles, el lunes, el sábado y el domingo. O sea, tendrían que representar una oveja, por ejemplo.

dañen

O pájaros. Animales que no *estropeen* a otros animales. De hecho,a los jóvenes antes de casarse se les da una explicación de todo esto. Entonces ellos saben como padres, cuando nacen sus hijos, que animal representa cada uno de los días. Pero hay una cosa muy importante. Nuestros padres no nos dicen cuál es nuestro nahual cuando somos menores de edad o cuándo todavía tenemos ac-titudes de niño. Sólo vamos a saber nuestro nahual cuando ya tenemos una ac-titud fija, que no varía, sino cuando ya se sabe cuál es nuestra actitud. Porque muchas veces se puede uno aprovechar del mismo nahual. Si mi nahual es un toro, por ejemplo, tendré . . . ganas de pelear con los hermanos. Entonces para que no suceda esto, no se le dice a los niños.

Aunque a veces se compara a los niños con un animal, pero no es para identificarlo con su nahual. Los niños menores no saben el nahual de los ma-

mayores
become stubborn
soportar

yores. Se les dice sólo cuando ya son *grandes*. Puede ser a los nueve o a los diecinueve o veinte años. Eso es para que el niño no se *encapriche* y que no vaya a decir, yo soy tal animal, y entonces me tienen que *aguantar* los otros. Pero cuando se le regalan sus animales, a los diez o doce años, tiene que recibir uno de los animales que representa su nahual. Pero si no se le puede

cambia

dar, por ejemplo, un león, se le *suple* por otro animal parecido. Sólo nuestros papás saben que día nacimos. O quizás la comunidad porque estuvo presente en ese momento. Pero los vecinos de otros pueblos no sabrán nada. *En reali-*

actually / close

dad, sólo lo saben cuando llegamos a ser *íntimos* amigos.

get attached

stands out

kingdoms

apply

en general

Esto es más que nada para el nacimiento de un niño. Cuando es martes y no nace un niño, nadie se da cuenta o nadie se interesa. O sea, no es un día que se guarda o se hace fiesta. Muchas veces uno se *encariña* con el animal que corresponde a nuestro nahual antes de saberlo. Hay ciertos gustos entre nosotros los indígenas, amamos mucho a la naturaleza y tenemos gran cariño a todo lo que existe. Sin embargo, *sobresale* algun animal que nos gusta más. Lo amamos mucho. Y llega un momento que nos dicen que es nuestro nahual, y entonces le damos más cariño al animal.

Todos los *reinos* que existen para nosotros en la tierra tiene que ver con el hombre y contribuyen al hombre. El hombre no es parte aislada, que hombre por allí, que animal por allá, sino que es una constante relación, es algo paralelo. Esto lo *aplicamos* en los apellidos indígenas tambiém. Hay muchos apellidos que son animales. Por ejemplo, *Quej*, caballo.

Nosotros los indígenas hemos ocultado nuestra identidad, hemos guardado muchos secretos, por eso somos discriminados. Para nosotros es bastante difícil muchas veces decir algo que se relacione con uno mismo porque uno sabe que tiene que ocultar esto hasta que se garantice que vamos a seguir como una cultura indígena que nadie nos puede quitar. Por eso no puedo explicar el nahual pero hay ciertas cosas que puedo decir a *grandes rasgos*. Yo no puedo decir cuál es mi nahual porque es uno de nuestros secretos.

Preguntas

A. Preguntas sobre la lectura

1. ¿Dónde está Guatemala?
2. ¿Cuántos grupos indígenas existen en ese país?
3. ¿Qué premio importante recibió Rigoberta Menchú?
4. ¿Por qué le otorgaron ese premio?
5. ¿Qué es el nahual en la cultura quiché?

Mujeres indígenas vendiendo vegetales y granos en un mercado al aire libre de Guatemala.

6. ¿Qué animales pueden representar un nahual?

7. ¿Qué relación hay entre los días de la semana y el nahual de un niño?

8. ¿Qué les enseñan los padres quichés a sus hijos en cuanto a los animales?

B. Otras preguntas.

1. ¿Cuál es su actitud hacia los animales?

2. ¿Considera usted que la vida de un perro tiene tanto valor como la vida de un caballo?

3. Mucha gente está en contra de matar animales para utilizar su piel. ¿Compraría usted un abrigo de piel o un cinturón de cocodrilo?

4. ¿Qué otra cultura conoce usted que considere sagrados a algunos animales?

5. Si le resulta atractiva la tradición cultural de los quichés, ¿Qué animal le gustaría tener como nahual? ¿Por qué?

Mejore su vocabulario

A. Empareje las palabras con sus sinónimos.

1.	pueblan	_____	a.	herir	
2.	derechos	_____	b.	sentir afecto	
3.	sombra	_____	c.	antecesores	
4.	enojar	_____	d.	buenos	
5.	hacerle daño	_____	e.	cambiar por	
6.	encariñarse	_____	f.	insistir en algo	
7.	oveja	_____	g.	reflejo oscuro de un cuerpo	
8.	antepasados	_____	h.	hembra del carnero	
9.	salvaje	_____	i.	lo que les pertenece	
10.	humilde	_____	j.	encolerizar	
11.	estropear	_____	k.	apacible	
12	encapricharse	_____	l.	aceptar con paciencia	
13.	aguantar	_____	m.	maltratar	
14.	suplir por	_____	n.	selvático	
15.	íntimos	_____	n.	viven	

Temas para redactar y conversar

A. Basándose en la información sobre el nahual que se encuentra en la lectura, redacte un informe sobre esta tradición quiché.

B. Algunas especies de animales están en peligro de desaparecer. Aves como el águila «calva» americana y algunas especies de aves exóticas de las selvas de Centro y Sur América son apresadas para venderlas a precios elevadísimos. Otras especies como las focas, los zorros y los cocodrilos son exterminados para obtener su piel y fabricar abrigos, carteras, etc. Exprese su opinión sobre estos problemas y lo que pudiera hacerse para evitar la extinción de estas especies.

C. Algunos grupos protectores de animales han protestado de la práctica de usar animales en los laboratorios para comprobar la seguridad en el uso de sustancias químicas en cosméticos para los ojos. Además han señalado el uso excesivo de animales en pruebas de laboratorio para encontrar cura al cáncer y otras enfermedades. Exprese su punto de vista sobre estas dos críticas.

GRAMÁTICA

1. El modo subjuntivo

El modo subjuntivo tiene poco uso en inglés[1] pero en español es absolutamente necesario para poder expresarse con claridad y corrección.

El modo indicativo expresa hechos. El subjuntivo, por contrario, se refiere a lo que en la percepción del que habla no es una realidad.

Los verbos en el modo subjuntivo en general dependen de otro, por lo que casi siempre se usan en oraciones dependientes de la oración principal a la que se unen por una conjunción.

Oración principal	Conjunción	Oración subordinada (verbo subjuntivo)
necesitamos	que	vengan
le avisaré	cuando	ella llegue
vendrá	aunque	esté enfermo

El modo subjuntivo se usa para indicar deseo[2], emoción, negación, duda o búsqueda de algo o alguien de cuya existencia no hay seguridad.

deseo	Me *aconseja* que *vaya*.
	ind. sub.
emoción	Se *alegra* que *estén* bien.
	ind. sub.
negación	*No creo* que *sean* de origen hispano.
	ind. sub.
duda	*Dudamos* que *acepten* la proposición.
	ind sub.
búsqueda	*Busco* un mecánico que *sea* bueno.
	ind sub.

E1 subjuntivo tiene sólo cuatro tiempos: dos simples y dos compuestos.
tiempos simples: presente e imperfecto
tiempos compuestos: pretérito perfecto y pluscuamperfecto

2. Formas del presente del subjuntivo

Se forma añadiendo **-e, -es, -e, -emos, -éis, -en** para la primera conjugación y **-a, -as, -a, -amos, -áis, -an** para la segunda y tercera.

cantar:	cant**e**, cant**es**, cant**e**, cant**emos**, cant**éis**, cant**en**
beber:	beb**a**, beb**as**, beb**a**, beb**amos**, beb**áis**, beb**an**
vivir:	viv**a**, viv**as**, viv**a**, viv**amos**, viv**áis**, viv**an**

---

[1] El subjuntivo en inglés se usa generalmente en oraciones con *if* o por medio de los verbos auxiliares *may, might, should, ought*, etc.

[2] Algunos verbos que expresan deseo son: querer, aconsejar, insinuar, mandar, rogar, ordenar, exigir, permitir, prohibir. Con estos dos últimos se puede usar el infinitivo: me prohíbe que fume = me prohíbe fumar.

3. Cambios ortográficos para mantener el sonido en el presente del subjuntivo

La mayoría de los verbos que sufren cambios ortográficos para mantener el sonido en el presente del indicativo sufren estos mismos cambios en el presente del subjuntivo.

Cambio	Verbo	Indicativo	Subjuntivo
c→z	vencer	venzo	venza, venzas, venza, venzamos, venzáis, venzan
g→j	coger	cojo	coja, cojas, coja, cojamos, cojáis, cojan
gu→g	distinguir	distingo	distinga, distingas, distinga, distingamos, distingáis, distingan

Otro grupo de verbos no sufren cambios ortográficos en el presente del indicativo pero sí en el presente del subjuntivo. Observe que las formas del subjuntivo son iguales a la primera persona del pretérito del modo indicativo pero sin acento.

Verbos terminados en	Cambio	Pretérito	Subjuntivo
-car - tocar	c→qu	toqué	toque, toques, toquemos, etc.
			Otros verbos: atacar, colocar, aplicar, dislocar, explicar, verificar, clasificar
-gar - pagar	g→gu	pagué	pague, paguemos, paguéis, paguen, etc.
			Igual: agregar, cargar, entregar, pegar, negar, rogar, tragar, razgar
-guar - averiguar	gu→gü	averigüé	averigüe, averigües, averigüemos, etc.
			Otros verbos: atestiguar, aguar, menguar, santiguar, apaciguar, desaguar
-zar - trazar	z→c	tracé	traces, tracemos, tracen, etc.
			Otros verbos: calzar, alcanzar, cruzar, empezar, tropezar, abrazar, garantizar, amenazar, forzar, destrozar, analizar, organizar, legalizar, sensibilizar

4. Irregularidades en el presente del subjuntivo

Los verbos irregulares que estudiamos en el presente del indicativo presentan la misma irregularidad en el presente del subjuntivo, pero en este caso la irregularidad ocurre en todas las personas.

Nota: A veces a la primera persona del plural del presente del subjuntivo se le da la fuerza de la pronunciación donde no se debe o se forman diptongos innecesarios.[3] Debe ponerse especial atención a estas formas y poner la fuerza de la pronunciación en la sílaba que se indica en negrita.

Verbo	Indicativo	Subjuntivo					
caber	quep*o*	quep*a*	quep*as*	quep*a*	que**pa**mos	quep**áis**	quep*an*
caer	caig*o*	caig*a*	caig*as*	caig*a*	cai**ga**mos	caig**áis**	caig*an*
decir	dig*o*	dig*a*	dig*as*	dig*a*	di**ga**mos	dig**áis**	dig*an*
hacer	hag*o*	hag*a*	hag*as*	hag*a*	ha**ga**mos	hag**áis**	hag*an*
oír	oig*o*	oig*a*	oig*as*	oig*a*	oi**ga**mos	oig**áis**	oig*an*
poner	pong*o*	pong*a*	pong*as*	pong*a*	pon**ga**mos	pong**áis**	pong*an*
querer	quier*o*	quier*a*	quier*as*	quier*a*	que**ra**mos	quer**áis**	quier*an*
salir	salg*o*	salg*a*	salg*as*	salg*a*	sal**ga**mos	salg**áis**	salg*an*
tener	teng*o*	teng*a*	teng*as*	teng*a*	ten**ga**mos	teng**áis**	teng*an*
traer	traig*o*	traig*a*	traig*as*	traig*a*	trai**ga**mos	traig**áis**	traig*an*
valer	valg*o*	valg*a*	valg*as*	valg*a*	val**ga**mos	valg**áis**	valg*an*
venir	veng*o*	veng*a*	veng*as*	veng*a*	ven**ga**mos	veng**áis**	veng*an*

5. Otras irregularidades

Vaya al capítulo 6 donde se estudiaron estas irregularidades que se vuelven a incluir para reforzar su aprendizaje.

Verbos terminados en	Cambio	Indicativo	Subjuntivo
-*cer* - cercer	c→zc	crezc*o*	crezc*a*, crezc*as*, crezc*a*, crez**ca**mos, crezc**áis**, crezc*an*
-*cir* - traducir	c→zc	traduzc*o*	traduzc*a*, traduzc*as*, traduzc*a*, traduz**ca**mos, traduzc**áis**, traduzc*an*
-*uir* - construir	+ y	construy*o*	construy*a*, construy*as*, construy*a*, constru**ya**mos, construy**áis**, construy*an*
Verbos con cambios en la raíz			
perder	e→ie	pierd*o*	pierd*a*, pierd*as*, pierd*a*, per**da**mos, perd**áis**, pierd*an*
soñar	o→ue	sueñ*o*	sueñ*e*, sueñ*es*, sueñ*e*, so**ñe**mos, so**ñéis**, sueñ*en*
decir	e→i	dig*o*	dig*a*, digas, diga, di**ga**mos, di**gáis**, digan

---

[3] Fíjese que en el español formal se dice queramos, no quieramos y haya, no haiga.

Nota: Algunos verbos terminados en *-ir* sufren también cambios, e → *i* y o → *u* en nosotros y vosotros.

Verbo	Cambio	Indicativo	Subjuntivo
morir	o→ue, o→u	muer*o*	muer*a*, muer*as*, muer*a*, mu**ra**mos, mu**ráis**, **muer***an*
dormir		duerm*o*	duerm*a*, duerm*as*, duerm*a*, du**rma**mos, du**rmáis**,
			duerm*an*
hervir	e→ie, e→i	hierv*o*	hierv*a*, hierv*as*, hierv*a*, hi**rva**mos, hi**rváis**, hierv*an*
sentir		sient*o*	sient*a*, sient*as*, sient*a*, si**nta**mos, si**ntáis**, sient*an*
mentir		mient*o*	mient*a*, mient*as*, mient*a*, mi**nta**mos, mi**ntáis**, mient*an*

6. Verbos con irregularidades propias en el presente del subjuntivo

dar	dé, des, dé, demos, deis, den
estar	esté, estés, esté, estemos, estéis, estén
haber	haya, hayas, haya, hayamos, hayáis, hayan
ir	vaya, vayas, vaya, vayamos, vayáis, vayan
saber	sepa, sepas, sepa, sepamos, sepáis, sepan
ser	sea, seas, sea, seamos, seáis, sean

Nota: Recuerde que los verbos que reciben la fuerza de la pronunciación en la vocal débil y se acentúan en el presente del indicativo lo hacen también en el presente del subjuntivo. Confiar-confíe, variar-varíe. Fíjese que no es lo mismo *amplíe* que *amplié*.[4]

Ejercicios

A. Subraye y marque con una i o una s según sea el caso, los verbos en el presente del indicativo o del subjuntivo. Fíjese en el modelo.

Olga quiere que Albertico se gradúe cuanto antes.
    i   s

1. No creo que Teté quiera asistir a la fiesta cuando sepa que Luis viene también.

2. Ojalá que duerman bien en esa cama que es tan estrecha y tiene un colchón tan duro.

3. —Adela, te agradezco lo que haces, pero no es necesario que traigas un regalo cada vez que vengas; no exageres la cortesía, recuerda que somos familia.

4. Tengo que irme porque el profesor quiere que algunos alumnos traduzcamos la poesía y si no lo hago ahora no creo que pueda terminarla a tiempo.

5. Leí que para que una planta crezca sana y no se muera por exceso de agua se debe esperar a que la tierra pierda toda su humedad.

6. —No te quejes, ya sabes que siempre hago lo posible por ayudarte, pero esta vez no puedo, que te averigüe Eneida lo que buscas.

[4] Vea otros verbos de este grupo en el capítulo 6, epígrafe 8f.

7. —Si quieres yo analizo los datos pero tú te encargas de buscar a alguien que sepa de esto para que los clasifique según tú digas.

8. Cuando llegue el jefe no olvides decirle que hoy comienzan las obras que se construyen en el puerto y que es necesario que él esté presente.

B. Las oraciones que siguen expresan duda, deseo, emoción, búsqueda, etc. Complételas usando la forma apropiada del subjuntivo del verbo dado en paréntesis.

1. No creo que _____ a tiempo. (llegar)

2. Nos alegra que _____ éxito en el negocio. (tener)

3. Ojalá que a los invitados les _____ la comida. (gustar)

4. Espero que después del entrenamiento el perro lo _____ (obedecer)

5. No estoy seguro que el cuadro _____ tanto como dicen. (valer)

6. Los amigos le insinúan que _____ de beber. (dejar)

7. El jefe nos pide que _____ temprano a la oficina. (llegar)

8. Los tíos de Ada buscan un apartamiento que no _____ lejos. (estar)

9. Es una pena que Oscar _____ el tiempo en esas tonterías. (perder)

10. El consejero les aconseja a los estudiantes que _____ a las clases. (asistir)

11. La compañía prefiere una secretaria que _____ bilingüe. (ser)

12. La ley les exige que _____ vacaciones a los obreros. (dar)

El Lago Atitlán, circundado de volcanes, Guatemala.

C. Traduzca al español.

1. His parents want him to go to a closer college.
2. He is pleased that women have more rights now.
3. She asks them to bring their books to class every day.
4. I hope they will be successful in their new store.
5. I am surprised he is the boss now.
6. We hope they are living in a safe place there.

D. Conteste la pregunta ¿Qué quiere ella? y luego combine en la oración sub-ordinada los sujetos que se dan en la columna <u>A</u> con la frases de la columna <u>B</u>. Fíjese en el modelo.

¿Que quiere ella? Quiere que *él* estudie más. Quiere que *usted* oiga el disco.

A	B
yo	hacer más tareas
ustedes	averiguar lo que pasó allí
tú	reconocer nuestros errores
mi amiga	no dormir hasta el mediodía
nosotros	sacar buenas notas
Teodoro	construir una casita para su perro
ella	venir más temprano los sábados
usted	salir sólo los fines de semana
los hijos	pagar nuestras entradas del teatro
los niños	poner los juguetes en su lugar

E. Complete las oraciones usando el subjuntivo.

1. Es posible que mi equipo...
2. Mis padres quieren que mi hermano...
3. Necesito un par de zapatos que...
4. Ojalá que Armando...
5. Siento mucho que Lola...
6. No creo que hoy...

7. El imperfecto del subjuntivo

El imperfecto del subjuntivo tiene dos terminaciones para cada conjugación, las cuales pueden usarse indistintamente,[5] **-ara, -ase** para los verbos termina-dos en *-ar* y **-iera, -iese** para los verbos terminados en *-er*, *ir*.

amar:
yo am**ara** o am**ase**
tú am**aras** o am**ases**
él, ella, usted am**ara** o am**ase**

nosotros am**áramos** o am**ásemos**
vosotros am**arais** o am**aseis**
ellos, ellas, ustedes am**aran** o am**asen**

beber:
yo beb**iera** o beb**iese**
tú beb**ieras** o beb**ieses**
él, ella, usted beb**iera** o beb**iese**

nosotros beb**iéramos** o beb**iésemos**
vosotros beb**ierais** o beb**ieseis**
ellos, ellas, ustedes bebieran o beb**iesen**

vivir:
yo viv**iera** o viv**iese**
tú viv**ieras** o viv**ieses**
él, ella, usted viv**iera** o viv**iese**

nosotros viv**iéramos** o viv**iésemos**
vosotros viv**ierais** o viv**ieseis**
ellos, ellas, ustedes viv**ieran** o viv**iesen**

---

[5] La terminación *-ara* es la comúnmente usada en Hispanoamérica. Cuidado: no confunda el imperfecto del subjuntivo con la tercera persona singular del futuro del modo indicativo que lleva acento. Imperfecto del subjuntivo: él cantara; futuro del indicativo: él cantará.

8. Uso del imperfecto del subjuntivo

En general, salvo algunas excepciones, el uso del imperfecto es igual al del presente con la diferencia que el imperfecto indica que la acción en la oración principal se realizó en el pasado.[6]

presente: necesitamos que venga   pasado: necesitábamos que viniera

Nota: La frase **como si** (*as if*) siempre va seguida del imperfecto o del pluscuamperfecto del subjuntivo.

Habla como si estuviera borracho.   *He speaks as if he were drunk.*

9. Irregularidades en el imperfecto del subjuntivo

E1 imperfecto del subjuntivo presenta las mismas irregularidades que sufren los verbos en el pretérito del indicativo. Observe que la tercera persona plural del pretérito del indicativo es parecida a todas las personas del imperfecto del subjuntivo .

---

[6] El uso del subjuntivo en las cláusulas con *si* se estudia en el capítulo 21 (Uruguay).

Verbo	Pretérito	Imperfecto del subjuntivo
andar	anduvieron	anduviera o anduviese, anduviéramos o anduviésemos
caber	cupieron	cupiera o cupiese, cupiéramos o cupiésemos
caer	cayeron	cayera o cayese, cayéramos o cayésemos
dar	dieron	diera o diese, diéramos o diésemos
decir	dijeron	dijera o dijese, dijéramos o dijésemos[7]
dormir	durmieron	durmiera o durmiese, durmiéramos o durmiésemos
estar	estuvieron	estuvieran o estuviesen, estuviérarmos o estuviésemos
hacer	hicieron	hiciera o hiciese, hiciéramos o hiciesemos
ir	fueron	fuera o fuese, fuéramos o fuésemos
leer	leyeron	leyera o leyese, leyéramos o leyésemos
oír	oyeron	oyera u oyese, oyéramos u oyésemos
poder	pudieron	pudiera o pudiese, pudiéramos o pudiésemos
poner	pusieron	pusiera o pusiese, pusiéramos o pusiésemos
querer	quisieron	quisiera o quisiese, quisiéramos o quisiésemos
saber	supieron	supiera o supiese, supiéramos o supiésemos
ser	fueron	fuera o fuese, fuéramos o fuésemos
traducir	tradujeron	tradujera[7] o tradujese, tradujéramos o tradujesemos
traer	trajeron	trajera[7], trajese, trajéramos o trajésemos[7]

10. Secuencia de tiempos

En general, el tiempo del subjuntivo, presente o pasado, con algunas excepciones,[8] está determinlado por el tiempo usado en la oración principal.

cláusula principal   **oración subordinada (subjuntivo)**

$\left\{ \begin{array}{l} \text{presente} \\ \text{futuro} \\ \text{imperativo} \end{array} \right.$ $\left\{ \begin{array}{l} \text{presente} \\ \text{pretérito perfecto} \\ \text{imperfecto} \end{array} \right.$

$\left\{ \begin{array}{l} \text{pretérito} \\ \text{imperfecto} \\ \text{condicional} \end{array} \right.$ $\left\{ \begin{array}{l} \text{imperfecto} \\ \text{o} \\ \text{pluscuamperfecto} \end{array} \right.$

No me *parece* que *llueva* hoy.
    presente   presente

Dudo que *hayan llegado*.
presente   pretérito perfecto

No *pensé* que *viniera* tan temprano.
   pretérito   imperfecto

La *habría llamado* si *hubiera tenido* tiempo
condicional compuesto   pluscuamperfecto

Pasará el examen aunque no *estudie*.
futuro   presente

No creo que *fueran* tan ricos como dicen.
presente   imperfecto

Me *gustaría* que *viniera* a la reunión.
   potencial   imperfecto

[7] Con frecuencia se dice dijiera, tradujiera, trajiera, añadiendo una *i* que la forma estándar no lleva. Fíjese bien en la diferencia.

[8] Una excepción es el uso del imperfecto o del pluscuamperfecto después de *como si*, aunque la oración principal use el verbo en el presente.

Mujeres preparando tortillas en un improvisado restaurante
en las calles de Guatemala.

Ejercicios

A. Cambie las oraciones al pasado.

1. El maestro me recomienda que haga los ejercicios diariamente.
2. El médico le dice que beba ocho vasos de agua al día.
3. Un compañero me pide que traiga un disco de Vikki Carr en español.
4. La profesora espera que lea los cuentos de Ricardo Palma.
5. El abogado le aconseja que diga la verdad.
6. El locutor lee en voz alta para que todos lo oigan.
7. Mi mamá insiste en que yo vaya de compras con ella.
8. El investigador exige que expongan todo lo que saben.
9. Arturo quiere que su papá le dé el auto el sábado.
10. Vendrá el domingo para que yo le ponga mis discos de Plácido Domingo.

B. Complete con las formas apropiadas del subjuntivo.

1. En el invierno la madre le aconseja que _____ bien. (abrigarse)
2. El padre le pidió que _____ temprano. (volver)
3. Le diré que _____ mañana. (regresar)
4. ¿No te importó que _____ con otras? (bailar)
5. No le gusta que le _____ que está gordo. (decir)
6. Quisiera que ellos _____ para decirles todo lo que se merecen. (venir)
7. Creeré lo que dicen cuando los _____ aquí. (ver)
8. Y eso no es todo, quería que yo _____ todo el trabajo en un día. (hacer)
9. Si buscan al profesor Diago no estoy segura que se _____ en su oficina; puede ser que _____ en clase o en la biblioteca. (encontrar/estar)
10. Qué lástima que no _____ un hotel más cerca del aeropuerto. (construir)

11. ¿A quién crees que se _____ el bebé cuando
    _____ ? (parecer/nacer)

12. Espero que _____ el trabajo aunque te _____
    un sueldo bajo. (aceptar/ ofrecer)

13. No quiero que me _____ más explicaciones por sus
    excesivas ausencias. (dar)

14. Los obreros esperan que no se _____ el trabajo cuando
    _____ la producción. (reducir/disminuir)

15. Le molesta que le _____ razones egoístas a sus acciones y
    que no le _____ sus sacrificios anteriores. (atribuir/recono-
    cer)

16. No me parece justo que _____ a unos estudiantes más que a
    otros. (favorecer)

C. Conteste en oraciones completas las preguntas, en el presente o el
pasado, según se indique.

1. Cuándo era pequeño, ¿qué le advertían sus padres o sus familiarcs, qué
   le prohibían, qué le aconsejaban?

2. ¿Qué le preocupa en relación a sus padres o familiares, a sus amigos, a
   sus profesores?

3. ¿Cuáles son las cosas posibles que le pueden ocurrir en cuanto a sus estudios, su trabajo, su vida sentimental?

Humor

Comente el chiste y luego interprételo para un compañero o para toda la clase.

Satisfacción profesional.

Dos amigos, uno abogado y el otro médico hablan sobre sus respectivos
clientes.

—Yo, a la verdad, dice el médico, prefiero a mis clientes, los tuyos no
tienen muchas probabilidades de ir al cielo.—Es verdad, concede el abogado, tú eres más afortunado, los tuyos en cambio tienen mayores
probabilidades de alcanzarlo.

SEMEJANZAS Y CONTRASTES

- *figure* — figura, forma, persona
  - número, cifra

Me agrada observar las **figuras** caprichosas que forman las nubes.
I like to watch the clouds' capricious *shapes*.

Dime un **número** (una **cifra**) entre el uno y el diez.
Tell me a *figure* between one and ten.

- *to apply* — solicitar, pedir un trabajo
  - aplicar (poner una cosa sobre otra), poner en uso
  - *application* (*form*) solicitud, planilla

Tuve mucha suerte, **solicité** el trabajo y lo obtuve.
I was lucky, I *applied* for the job and got it.

El pintor siempre **aplica** dos capas de pintura a las paredes.
The painter always *applies* two coats of paint to the walls.

Firme la **planilla**.
Sign the *application form*.

- *long*—largo

  large—grande

  adult, grown up—grande (adulto, mayor)

El quetzal es un ave de cola muy **larga.**
The quetzal is a bird with a very *long* tail.

La pajarera de Moctezuma era muy **grande.**
Montezuma's aviary was very *large*.

El hijo es ya **grande.**
The son is an *adult*.

- *actually*   verdaderamcnte, en realidad, realmente
  at the present time   actualmente

En realidad, Guatemala tiene muchas cosas en común con México.
Actually, Guatemala has many things in common with Mexico.

Actualmente no hay corridas de toros en esa ciudad.
At the present time there are no bullfights in the city.

Ejercicio

Complete con la palabra apropiada.

1. Quetzalcoatl tenía _____ de serpiente.

2. En la resta o sustracción, la _____ mayor se escribe arriba.

3. ¿Quién es _____ el presidente de Guatemala?

4. Llene esta _____ antes de hablar con el jefe de personal.

5. Vamos a _____ su teoría a la solución del problema.

6. En el Japón hay una clase de gallo que tiene una cola muy _____.

7. Rafael Arévalo Martínez es una _____ literaria importante de Guatemala.

8. Para lograr ese color, primero _____ el rojo y luego el azul.

9. La niña es muy delgada, este vestido le queda demasiado _____ .

10. _____ ,el lago Izabal es más grande que el Atitlán.

11. Después de aprender las reglas, debemos practicar su _____ en la vida diaria.

12. Llegó a este país ya _____ .

ORTOGRAFÍA

Homófonos de <u>b</u> y <u>v</u>

Como la *b* y la *v* se pronuncian de la misma manera, puede haber confusión entre palabras que tienen el mismo sonido, pero distinta ortografía y significado. Algunos ejemplos son:

1.	**balido,** sonido de las ovejas	**valido,** del verbo **valer**
2.	**barón,** título nobiliario	**varón,** hombre
3.	**basta,** del verbo **bastar;** cosa burda	**vasta,** extensa amplia
4.	**bate,** del verbo **batir;** palo en el juego de pelota	**vate,** poeta
5.	**bello,** hermoso	**vello,** pelo corto y suave
6.	**bienes,** capital y propiedades	**vienes,** del verbo **venir**
7.	**cabo,** rango militar; extremo de una cosa; punta de tierra que penetra en el mar	**cavo,** del verbo **cavar**
8.	**grabar,** marcar o labrar; copiar los sonidos en un disco o cinta	**gravar,** poner un impuesto
9.	**rebelar,** acto de rebeldía	**revelar,** decir un secreto; hacer visible la imagen de un negativo
10.	**sabia,** persona que tiene mucho conocimiento	**savia,** líquido que circula por el tronco y las ramas de los árboles
11.	**tubo,** conducto para agua, gas, etc.	**tuvo,** pretérito del verbo **tener**
12.	**bota,** tipo de calzado; forma del verbo **botar**	**vota,** forma del verbo **votar**

Ejercicio

Escoja la palabra que complete correctamente cada oración.

1. La familia era muy rica y poseía cuantiosos (bienes/vienes).
2. (Basta/vasta) ya de tonterías, no hables más.
3. Ella se rasuró el (bello/vello) de las piernas con una afeitadora eléctrica.
4. El cordero dio un (balido/valido) llamando a su madre.
5. (Bate/vate) bien los huevos antes de añadir los otros ingredientes.
6. Le dio un golpe en la cabeza con el (cabo/cavo) del revólver.
7. Los productos de importación van a ser (grabados/gravados) con tarifas altas.
8. Tardarán tres días en (rebelar/revelar) ese rollo.
9. Con la (sabia/savia) del arce se hace un almíbar delicioso.
10. El no (bota/vota) nunca en las elecciones.

Ruinas mayas de Tikal, Guatemala.

11.   El libro tenía muchos (grabados/gravados) antiguos.

12.   Yo (cabo/cavo) mi jardín para sembrar flores.

13.   Hay un salidero en el (tubo/tuvo) del gas.

14.   La decisión que tomaron es (sabia/savia) y producirá buenos resultados.

15.   Miguel Ángel Asturias no es un (bate/vate), sino un novelista.

Práctica de acentos

Ponga a las palabras los acentos necesarios.

1.   La sospecha de que ese movimiento sismico tenia origen volcanico, no basto a los cientificos, avidos de encontrar una hipotesis valida para la explicacion total del fenomeno.

2.   La galeria artistica mas importante de la region meridional ha presentado una sensacional exhibicion de imagenes de marmol del periodo gotico.

3.   Hemos llegado a la conclusion de que Asuncion Chavez es la guia mas util de la oficina turistica, por su caracter integro y su simpatia.

4.   Como un desafio, surgio en la lejania, ante nuestros ojos atonitos, el perfil aspero y puntiagudo de la serrania.

5.   La expedicion, que penetro en la selva virgen en su busqueda de arboles exoticos, logro ademas completar una coleccion de tuberculos subterraneos y raices medicinales.

Miscelánea para leer y comentar

Sabia usted que:

El patriota cubano José Joaquín Palma escribó el himno nacional de Guatemala.

En el siglo XVI Guatemala tuvo la primera mujer gobernadora del Nuevo Mundo. Beatriz de la Cueva, esposa del conquistador Pedro de Alvarado, asumió el poder en 1541 a la muerte de éste y después ordenó que se pintaran de negro todos los muebles, así como las paredes por dentro y por fuera del palacio en señal de luto.

El distinguido escritor guatemalteco Miguel Angel Asturias es el autor de la novela *El Señor Presidente*, expresión simbólica de las dictaduras latinoamericanas, por la cual se le concedió el Premio Nobel de Literatura en 1967. Otras obras suyas importantes son: *Leyendas de Guatemala*, visión nostálgica del mundo maya a través de sus mitos, creencias y tradiciones, y *Hombres de maíz*, cuyo tema es la creencia maya de que el hombre se origina del maíz y el conflicto entre el indio, que cree que el maíz se debe sembrar sólo como alimento y el blanco, que lo explota como negocio.

En la parte norte de Guatemala se encuentran las ruinas de Tikal, una importante ciudad maya. Las estelas (piedras con inscripciones) encontradas en las ciudades mayas indican las fechas en que fueron construidas y por qué. La última fecha esculpida en las estelas de Tikal es el 869 D.C. En Tikal se halla la pirámide más alta encontrada en un templo maya, con una altura de 63 metros.

EL SALVADOR

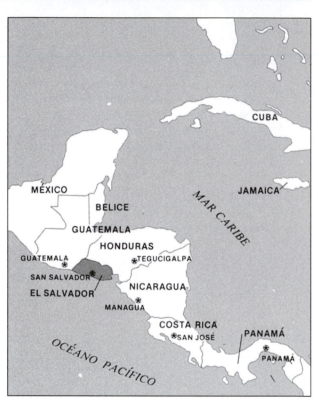

Nombre oficial: República de El Salvador

Capital: San Salvador

Adjetivo de nacionalidad: salvadoreño(a)

Población (est. 1992): 5.574.000

Area en millas cuadradas: 8.260

Grupos étnicos predominantes: mestizos 89%, indígenas 10%

Lengua: el español (oficial); algunos indígenas hablan nahuatl

Moneda oficial: el colón

Educación: analfabetismo 25%

Economy: café, algodón y madera

ANTES DE LEER

A. Conteste las siguientes preguntas.

1. La economía americana, ¿es agrícola o industrial?

2. ¿Sabe cuál es la población de los Estados Unidos?

3. ¿Cree usted que el número de habitantes es apropiado al tamaño del país?

4. Dado el tamaño del país, ¿podría éste absorber un número mayor de habitantes?

5. ¿Qué cree usted que sucede cuando en un país pequeño hay exceso de población?

6. ¿Cuáles son algunas de las razones por las que la gente abandona su país de origen y se va a vivir a otro?

7. ¿Ha visitado algún estadio deportivo? ¿Qué comportamiento ha observado en los espectadores?

8. ¿Sabe usted qué se considera una guerra civil?

9. En los Estados Unidos hubo una guerra civil. ¿Sabe cuándo sucedió y por qué?

10. ¿Cuál usted cree que es peor, una guerra entre dos países o una guerra civil?

B. Sobre la lectura.

1. Lea el título de la lectura. ¿Le da alguna idea del contenido de la misma? ¿Sabe algo de El Salvador?

2. Observe el mapa y la información que se da sobre el país al comienzo del capítulo.

3. Después haga una lectura rápida para tener una idea general del contenido.

4. A continuación haga una segunda lectura más reposada, fijándose en los detalles tratando de entender de que trata.

LECTURA

El Salvador en camino de la recuperación nacional

La frase sobre El Salvador, «tierra pequeña, sufrimiemto grande» tiene mucha significacion, si se piensa en todas las dificultades por las que ha pasado el país, *overcoming* pero parece que afortunadamente, éste va poco a poco *superando* las numerosas crisis que ha sufrido durante las dos últimas décadas.

E1 Salvador es una de las más pequeñas y densamente poblada de las *básicamente* repúblicas centroamericanas, y su economía, *netamente* agrícola, está basada en el cultivo del café. La composición volcánica de su suelo hace que se cultive allí un café de excelente calidad. Pero la escasez de tierra y el exceso de *forced* población han *forzado* a los campesinos salvadoreños a emigrar a las naciones *fértil* vecinas, sobre todo a Honduras, país de abundante tierra *laborable* y escasa población, con el cual comparte muchas características étnicas.

Un conflicto entre estas dos naciones se originó por la decisión de *to enforce* Honduras de *poner en vigor* una ley de reforma agraria, por la cual las tierras repartidas entre los campesinos podrían estar solamente en manos de ciudadanos hondureños. E1 gobierno de Honduras ordenó a unas 54 familias sal- *included* vadoreñas abandonar las tierras *comprendidas* en la reforma agraria. Esto provocó la protesta de los inmigrantes salvadoreños que alegaban haber trabajado la tierra por un período entre cinco y veinte años. Los dos países vecinos se hicieron acusaciones mutuas de violaciones del territorio nacional, *harassment* *hostigamientos*, ataques personales y daños a la propiedad.

Uno de los deportes más populares de Hispanoamérica es el fútbol o balompié. Los fanáticos de esos países son muy apasionados y es muy común *la gente / show* observar que el *público* en los estadios hace un *despliegue* de emociones en las que se entremezclan el fervor deportivo, las simpatías personales por un *team* *equipo* determinado y un marcado nacionalismo. Ese exaltado entusiasmo por *a extremos* el fútbol llegó *al colmo* en el caso de El Salvador y Honduras.

En junio de 1969 se desencadenó entre estos dos países la llamada *desacuerdo* «Guerra del Fútbol». El *disgusto* entre las dos repúblicas aparentemente iniciado por la rivalidad entre los equipos respectivos por obtener un lugar en el

Jugadores de un equipo de fútbol (soccer) durante un reñido juego.

campeonato de la Copa Mundial tenía, sin embargo, raíces más profundas. Tres juegos consecutivos celebrados en Tegucigalpa, San Salvador y México sirvieron como *válvula de escape* a viejos resentimientos acumulados por los dos países debido a *rozamientos* económicos y territoriales.

safety valve
frictions

El juego de fútbol celebrado en México, en el cual resultó triunfador El Salvador, fue la *chispa* que hizo estallar la explosión. El público en estos juegos puede reaccionar violentamente si el resultado del *partido* no es de su agrado y éste fue el caso entre los fanáticos de Honduras y El Salvador. Se rompieron las relaciones diplomáticas entre ambos países, y a esto siguió la *ruptura* de hostilidades, con ataques aéreos y planes de invasión. La guerra no declarada entre las dos naciones fue breve, solamente quince días, pero lo suficientemente larga para ocasionar, no sólo irreparables pérdidas de vidas, (unas 2000 personas murieron en el conflicto) sino también cuantiosas pérdidas materiales.

spark
game

rompimiento

Desafortunadamente, El Salvador vio ensangrentado su *suelo* nuevamente por la guerra civil que se desató en 1980. La guerra civil se originó por el descontento de los guerrilleros salvadoreños con la junta civico-militar que gobernaba, a la que acusaron de no cumplir con las reformas que se esperaban.

ground

La delicada situación política se complicó aún más con las actividades de los «escuadrones de la muerte» llamados así por eliminar a todos los sospechosos de tendencias izquierdistas. El número de víctimas fue numeroso. Entre los asesinados se encontraban el Arzobizpo de San Salvador Oscar Romero, cuatro monjas, dos consejeros norteamericanos y miles de salvadoreños. En 1989, un grupo de seis curas jesuitas y dos mujeres empleadas fueron igualmente asesinados. No se ha aclarado completamente quienes fueron los responsables de esas muertes.

La guerra civil que dejó un *saldo* de más de 75.000 muertes, duró 12 años, de 1980 a 1992. Durante este período, hubo dos presidentes elegidos por el voto popular, José Napoleón Duarte, electo en 1980 y Alfredo Cristiani en

balance

fights

party

realice

1988, pero las *contiendas* entre las facciones de izquierda y de derecha no terminaron. Finalmente un tratado de paz se negoció en 1992 con la ayuda de las Naciones Unidas y se convocó a elecciones en las que los guerrilleros tomaron parte como *partido* político. Durante el gobierno de Cristiani se hizo un esfuerzo por diversificar la economía del país, apartándose de los productos tradicionales como el café y el algodón. La industria del vestido aumentó en un 54% y la industria del camarón está creciendo de modo extraordinario, en los últimos años se han exportado casi 2000 toneladas de camarones congelados a los Estados Unidos.

En marzo del 1994 Armando Calderón Sol, candidato derechista, fue elegido Presidente de la República por el voto popular. Esperemos que el nuevo gobierno consolide la paz, *lleve a cabo* las reformas económicas y sociales anheladas por el pueblo salvadoreño y mantenga al país en el camino de una franca recuperación nacional.

Preguntas

A. Preguntas sobre la lectura.

1. ¿Cómo es El Salvador en extensión y demografía?
2. ¿Como afectan éstas a los campesinos salvadoreños?
3. ¿Cuál es el producto principal de El Salvador?
4. ¿Cómo afectó a los salvadoreños en Honduras la reforma agraria de ese país?
5. ¿Qué razones influyen en el comportamiento del público en los estadios de deportes?
6. ¿Qué dio origen a la «Guerra del Fútbol»?
7. ¿Cuáles fueron los verdaderos motivos de la guerra?
8. ¿Cuánto duró la guerra y qué consecuencias tuvo para ambos países?
9. ¿Cuando y por qué comenzó la guerra civil en El Salvador?
10. ¿Cuantas personas perdieron la vida en ella?
11. ¿Cual es la situación actual en El Salvador?

Mujeres, hombres y niños escogiendo café en El Salvador.

B.   Otras preguntas.

1.   ¿Con qué otro nombre se conoce el fútbol en Hispanoamérica?
2.   ¿Qué otros deportes son muy populares también?
3.   ¿Sabe cuál es el deporte más popular del mundo? ¿Cuál es su favorito?
4.   ¿Cuál es el deporte favorito de la gente del Caribe? ¿y de los norteamericanos?
5.   ¿Cree usted que se deben eliminar los deportes violentos donde haya sangre y muertes como en el boxeo, los toros y las peleas de gallos? Explique.
6.   Se ha criticado los sueldos fabulosos que ganan los atletas. ¿Qué cree de eso?
7.   ¿Cree que el deporte es importante para todos los estudiantes? ¿Por qué?
8.   Antes las mujeres no practicaban deportes. ¿Qué consecuencias ha tenido esto para ellas? ¿Cuál es la actitud hoy?
9.   Un lema muy conocido de los antiguos griegos era: *mente sana en cuerpo sano*. ¿Puede explicar lo que quiere decir eso? ¿Le parece un buen lema?

Mejore su vocabulario

A.   Reemplace las palabras en cursiva por otras equivalentes.

1.   *El grupo de jugadores* con el cual simpatizo lleva uniforme verde.
2.   La tormenta *estalló* a media noche.
3.   No se puede soportar más esto, las cosas han llegado *al límite*.
4.   El país va *mejorando* día por día la difícil situación que ha sufrido.
5.   Los gritos sirvieron como *desahogo* de las emociones de los fanáticos.
6.   La necesidad nos *obliga* a hacer cosas que no queremos hacer.
7.   Este barrio es *totalmente* uno de clase media.
8.   Al frotar rápidamente los dos pedazos de metal saltaron *partículas de fuego*.
9.   Algunas personas no *muestran* sus emociones fácilmente.
10.   La *desavenencia* entre los dos amigos causó la ruptura de una vieja amistad.
11.   El *rompimiento* de las relaciones diplomáticas fue inmediato.
12.   El último número indica una *cantidad total* de 1000 dólares.
13.   Las tierras muy áridas no son *buenas para el cultivo*.
14.   Esa ley estará *en efecto* el próximo mes.

B.   Las palabras <u>contienda</u>, <u>desavenencia</u>, <u>escaramuza</u>, <u>hostigamiento</u>, <u>rozamiento</u> y <u>ruptura</u> son todas opuestas a los conceptos de paz y armonía. Busque el significado exacto en el diccionario y luego escriba un ejemplo de cada una.

C.   Las palabras <u>estadio</u>, <u>estadía</u>, <u>estadista</u>, <u>estadística</u>. son muy parecidas en la escritura. Busque en el diccionario el significado si no sabe alguna y luego escriba una oración usando cada una.

Temas para redactar y conversar

A. La prensa ha comentado sobre la educación de los atletas en las universidades; la crítica principal es que sólo juegan y realmente no estudian, por lo que al finalizar su carrera deportiva no tienen ninguna preparación. ¿Qué opina sobre esto y qué puede hacerse para remediar este problema?

B. Redacte un tema sobre su deporte favorito. Si no tiene inclinación hacia los deportes refiérase a un familiar o amigo. Algunas sugerencias: ¿Lo practica o lo observa? ¿Es exitante o es más bien del tipo pasivo? ¿Es un deporte peligroso o no? ¿Puede practicarse individualmente o se necesita un equipo? ¿Por qué le agrada?

C. Todas las guerras son terribles, pero se ha dicho que las guerras civiles lo son aún más porque son guerras entre hermanos. ¿Está de acuerdo con esta afirmación? Comente sobre esto y los problemas que puede causar una guerra civil en cuanto a divisiones entre los familiares que pueden pertenecer a distintos bandos, muertes, destrucción material, abandono de la agricultura, pérdida de turismo y alteración en general de la vida ciudadana.

GRAMÁTICA

1. El modo imperativo

El modo imperativo se usa para indicar mandatos directos o indirectos en relación a una o más personas. Se usa solamente en el presente.

El modo imperativo usa sus propias formas con **tú** y **vosotros** en las formas afirmativas; todas las demás formas de mandato usan el subjuntivo.

mandato directo con **tú**	afirmativo	ama, bebe, vive
	negativo	no ames, no bebas, no vivas
mandato directo con **vosotros**	afirmativo	amad, bebed, vivid
	negativo	no améis, no bebáis, no viváis
mandato directo con **usted**	afirmativo	ame, beba, viva
	negativo	no ame, no beba, no viva
mandato directo con ustedes	afirmativo	amen, beban, vivan
	negativo	no amen, no beban, no vivan

2. Irregularidades de ciertos verbos en los mandatos directos con tú

decir-**di**	ir-**ve**	salir-**sal**	tener-**ten**
hacer-**haz**	poner-**pon**	ser-**sé**	venir-**ven**

3. Los mandatos indirectos y los mandatos impersonales

a) Los mandatos indirectos usan el subjuntivo singular o plural de tercera persona.

que coma   que salgan   que paguen

b) Los mandatos impersonales con frecuencia usan el infinitivo.

no fumar   no entrar   no tirar basura

A veces se usa también el futuro de segunda persona singular.

no matarás   no juzgarás a los demás   harás el bien

4. La forma <u>let's</u> y sus equivalentes en español

a) *Let's* se expresa en español usando la primera persona del plural del presente del modo subjuntivo. La sílaba en negrita indica la fuerza de la pronunciación.

let's talk = ha**ble**mos   *let's drink* = be**ba**mos   *let's play* = ju**gue**mos

En muchos países de Hispanoamérica esta forma se sustituye con el verbo **ir** + **a**, especialmente en la forma afirmativa:

let's go = va**ya**mos = vamos a ir = vamos
let's eat = co**ma**mos = vamos a comer
let's close = ce**rre**mos = vamos a cerrar

b) En las formas exhortativas equivalentes a *let's*, cuando se añaden los complementos **se** o **nos** se omite la *s*. Con los otros complementos la *s* no se pierde.

va**ya**mos + nos = vayámos = vámonos   Vayámonos (vámonos) de aquí.
sen**te**mos + nos = sentémonos   Sentémonos en este lado.
pon**ga**mos + selo = pongámoselo   Pongámoselo sobre la mesa.

Conservación de la s.

acep**te**mos + le = aceptémosle   Aceptémosle la invitación.
pon**ga**mos + la = pongámosla   Pongámosla donde nos
dijeron.

Ojo. A veces en la conversación informal se alteran los complementos y se dice pégue*len* en vez de pégue*nle*; váyase*n* en vez de váya*n*se.

Ejercicios

A. Cambie las expresiones dadas a la primera persona plural del subjuntivo y luego use cada una en una oración original.

vamos a bañarnos   vamos a contribuir
vamos a arriesgarnos   vamos a distinguir
vamos a colgar   vamos a huir

B. Cambie los infinitivos a los mandatos directos (<u>tú</u> y <u>usted</u>) e indirectos en la forma afirmativa.

almorzar   atacar
averiguar   destrozar
destruir   huir
entregar   producir
favorecer   proteger

C. Traduzca las oraciones al español. Use <u>tú</u> y <u>usted</u> cuando sea posible.

1. Come early tomorrow.
2. Always tell the truth.

9. Obey the traffic rules.
10. Let's buy mother a gift.

3. Let's go to the movies tonight.

4. Have the dinner ready by six o'clock.

5. Let's not eat here.

6. Put this on the kitchen table.

7. You two get out of here.

8. Don't imitate anybody; be yourself.

11. Don't pay now, pay later.

12. No smoking and no drinking.

13. Let's give them a party.

14. Do your homework right now.

15. Let's translate this paragraph first.

5. Los tiempos compuestos del subjuntivo

Los tiempos compuestos del subjuntivo son dos: el pretérito perfecto y el plus-cuamperfecto. Ambos se forman usando el verbo auxiliar **haber** y el participio pasado del verbo que se conjuga.

Pretérito perfecto:

yo **haya**
tú **hayas**
él, ella, usted **haya**

nosotros(as) **hayamos**
vosotros(as) **hayáis**
ellos(as), ustedes **hayan**

amado,
bebido,
vivido

Pluscuamperfecto:

yo **hubiera**
  o **hubiese**
tú **hubieras**
  o **hubieses**
él, ella, usted **hubiera**
  o **hubiese**

nosotros(as) **hubiéramos**
  o **hubiésemos**
vosotros(as) **hubierais**
  o **hubieseis**
ellos(as), ustedes **hubieran**
  o **hubiesen**

amado,
bebido,
vivido

Una pequeña vendedora de pescado en El Salvador. ¿Quién podrá resistirse a esa sonrisa?

Ambos tiempos se refieren a acciones ocurridas en el pasado. La diferencia entre uno y otro es que en el pretérito perfecto el hablante, situado en el presente, se refiere a una acción posible en el pasado. El pluscuamperfecto se refiere también a una acción pasada pero hipotética, contraria a lo que indican los hechos. En inglés son las oraciones llamadas *contrary-to-fact*.

Ojalá (espero) que **haya pasado** el examen.
(existe la posibilidad de que lo haya pasado)

Julio **hubiera pasado** el examen si lo **hubiera tomado.**
(pero el hecho es que no tomó el examen, por lo tanto la acción es irreal, imposible de realizar)

Ejercicios

A. Cambie las oraciones dadas al pasada usando los tiempos compuestos del subjuntivo según pida el sentido de la oración.

1. Ojalá que no llueva.
2. Iría a Bolivia si pudiera.
3. Me sorprende que baje tanto de peso en unos días.
4. Compraría un condominio si pudiera.
5. No creo que lleguen a tiempo.
6. Espero que el verano sea agradable.

B. Escriba oraciones que reflejen las situaciones que se dan. Use los tiempos compuestos del subjuntivo.

1. Su amigo tomó un examen sin haber estudiado mucho, pero como tiene buena memoria es posible que lo pase. ¿Qué diría para expresar que le desea lo mejor?
2. Usted le encargó a su hermana que le llevara su capa de agua a la tintorería para que se la limpiaran, pero como ella es olvidadiza, usted teme que se le olvide. Exprese el deseo de que esto no suceda.
3. Usted ha estado ausente por unos días y a su regreso usted tiene la esperanza de que: su hermano limpió el cuarto; no usó su ropa; su mamá o alguien de la casa cocinó ese día su comida favorita; llegó la carta que usted esperaba; el mecánico le arregló el coche.

C. Diga tres o cuatro cosas que hubiera hecho el verano pasado si hubiera tenido dinero. (La verdad es que usted estaba «más pelado que una rata»).

D. Escriba un párrafo sobre qué cree usted sería diferente en el caso hipotético de que sus padres o ancestros no hubieran emigrado a los Estados Unidos. Dé tres o cuatro resultados posibles.

Humor

Comente el chiste oralmente o por escrito.

Problemas del tráfico.

Un taxi avanza lentamente en medio de un embotellamiento del tráfico.
—¿No podríamos ir un poco más de prisa? —le pregunta el pasajero al taxista.
—Sí, pero ¿dónde lo dejo?

SEMEJANZAS Y CONTRASTES

- Equivalentes en español de *the former* y *the latter*.

El español usa **éste, -a, -os, -as** y **aquél, aquella, aquellos, aquellas** como equivalentes de *the former* y *the latter*, pero obsérvese que el orden de los términos es opuesto en ambas lenguas.

Roque y *Manuel* se graduaron recientemente, **éste** (Manuel, *the latter*) en medicina y
  A   B   B
(Roque, the former) en abogacía.

Otilia y *Eneida* son centroamericanas, **ésta** (Eneida, *the latter*) es salvadoreña y
  A   B   B
aquélla (Otilia, *the former*) es de Honduras.

Falsos cognados

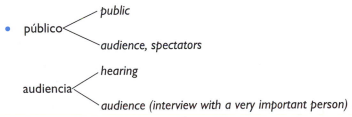

- público — public / audience, spectators

audiencia — hearing / audience (interview with a very important person)

El público aplaudió con entusiasmo a los actores.
The audience applauded the actors with enthusiasm.

Me gustaría que el Presidente me concediera **una audiencia**.
I would like to get an *interview* with the President.

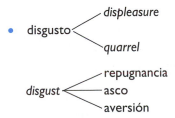

- disgusto — displeasure / quarrel

disgust — repugnancia / asco / aversión

Tuve un disgusto con mi amiga por una tontería.
I quarreled with my friend over nothing.

Ese hombre es tan hipócrita que me da **repugnancia** tratar con él.
That man is such a hypocrite it is *disgusting* to deal with him.

- cultivar — *to grow* (*cultivate*)
  crecer — *to grow* (intransitive, no direct object)
  dejarse crecer — *to grow* (a beard, a moustache, etc.)

Mi madre **cultiva** tomates y lechuga en el patio.
My mother *grows* tomatoes and lettuce in the back yard.

Tu hijo **ha crecido** mucho desde la última vez que lo vi.
Your son has *grown* a great deal since the last time I saw him.

¿No tuviste tiempo de afeitarte, o **te estás dejando crecer** la barba?
Didn't you have the time to shave or *are you growing* a beard?

Ejercicios

A.   Traduzca.

1.   How could you do such a terrible thing! I am disgusted!
2.   The grass grows tall when it rains.
3.   We had a quarrel with our neighbors recently because of their dog.
4.   Your lawyer should accompany you to the hearing.
5.   These are Rudy and Gustavo. The former is my brother and the latter is my cousin.
6.   That soil is excellent for growing bananas.
7.   There were smiling faces in the audience.
8.   People can keep growing even if they are past twenty.
9.   His girlfriend wants him to grow a moustache.
10. The Izalco and the Popocatepetl are two volcanoes, the former is in El Salvador, while the latter is in Mexico.

B.   Escoja la palabra que crea más apropiada al sentido de la oración.

1.   La asociación de vecinos no permite que nadie (crezca/cultive) verduras al frente de las casas.
2.   El candidato a senador recibió una calurosa acogida por parte de (el público/la audiencia).
3.   Amelia está muy (disgustada/asqueada) con la enfemedad del padre.
4.   Esteban dice que va a (dejarse crecer/crecer) la barba en el verano.
5.   Nos dijo que en España le habían servido angulas pero que no se las comió, ¡ay! (¡qué disgusto!/¡qué asco!).

ORTOGRAFÍA

Los signos de puntuación

a)   Los signos de puntuación ayudan a entender con claridad el significado de un escrito. Señalan además la entonación y las pausas requeridas al leer en alta voz. Los principales signos de puntuación son:

(,) la coma   (« ») las comillas[1]
(;) el punto y coma   (*) el asterisco
(:) los dos puntos   ([ ]) el corchete
(.) el punto (final) (y   ({}) la llave
    seguido)
(...) los puntos suspensivos

[1] En español los signos de puntuación se colocan fuera de las comillas, "como «esto»,y "esto",', lo contrario que en inglés.

(¿?) los signos para abrir y cerrar una interrogación[2]
(¡!) los signos para abrir y cerrar una admiración[2]
( ) los paréntesis
(..) la diéresis o crema
(-) el guión o raya corta
(—) la raya

Muchos signos de puntuación se usan en español de manera semejante al inglés. Son estos: el punto y coma, los dos puntos, el punto final o seguido, los puntos suspensivos, los paréntesis, el guión o raya corta, el asterisco, el corchete y la llave. En otros casos, sin embargo, existen diferencias.

b) *Usos de la coma*

En general, la coma se usa en español mucho más frecuentemente que en inglés.[3] Aunque su uso es variado y a veces personal, daremos aquí algunas reglas generales que pueden ser útiles al estudiante.

1. La coma se usa para separar nombres en serie. En este caso se omite delante del último elemento si éste va precedido de *y*, de *o* o de *ni*.

   Vi la cama, los libros, la ropa y los discos, todo en desorden.
   Para transportar eso necesitamos un auto grande, una camioneta o un camión.

2. Cuando la conjunción *y* no se usa para separar el último nombre en una serie como se explica en 1, sino para unir dos oraciones de diferente sentido o de diferente sujeto, se pone coma delante de *y*.

   Ya terminamos de sembrar este campo, y el otro está listo para sembrarse.
   Se dedicó a jugar su dinero en los casinos, y murió en una pelea por cuestiones de juego poco después.

3. Los vocativos van separados por comas.

   Por favor, Ana, llama a este número.
   La verdad, señores, es muy triste.

4. La coma indica la supresión de un verbo.

   Usteds. buscarán en el bosque, nosotros, en los alrededores del lago.
   Marta es maestra; Elena, abogada.

5. Las frases en aposición o explicativas van entre comas.

   San Salvador, la capital del país, es una ciudad muy hermosa.
   Su esposa, que es enfermera, cuidará al enfermo.

6. Se usa coma cuando se invierte el orden natural de la oración, sobre todo si la inversión es larga.

   Apenas terminaron, salieron a la calle.
   Cuando alguien me hace una ofensa, trato de controlar mi furia.

7. Se usa generalmente coma después de las expresiones: **esto es, es decir,** de **maner**a, **en fin**, **por último**, **por consiguiente**, **sin embargo**, **no obstante**.
   Doña Violante era la mujer de mi tío, es decir, mi tía política.
   Ellos se criaron en medio de la opulencia, sin embargo, no tuvieron una niñez feliz.

[2]No olvide que en español los signos de interrogación y admiración se usan también al principio de la oración.
[3]Una excepción son los saludos de las cartas informales, que usan coma en inglés y dos puntos en español.

Lo que importa es llegar . . . . San Salvador

8. En general, se pone una coma en los lugares de un escrito donde uno haría una pausa si estuviera leyendo en alta voz.

c) Una diferencia entre el español y el inglés está en el uso de la raya para indicar un cambio de interlocutor en los diálogos. Aunque hoy se ve a veces en las revistas el uso de comillas como en inglés, el sistema de la raya es todavía el aceptado como correcto.

—José, ¿cuándo llegaste? ¡Qué sorpresa!
—Llegué anoche, en el tren de las diez.

Ejercicios

A. Hay muchos chistes en español que se refieren a la importancia de la puntuación. El párrafo que sigue es el testamento de un hombre, escrito sin ningún signo de puntuación. Cada parte interesada usó la puntuación que la favorecía. Averigüe, poniendo la puntuación, cómo la usó cada uno.

Dejo mis bienes a mi esposa no a mi hermano tampoco se pagará a mis acreedores nunca jamás irá mi dinero a la oficina de impuestos todo lo dicho es mi deseo.

B. Escriba una carta informal a un amigo o familiar. Use lo más posible los signos de puntuación más comunes:, ; : " ¡ ! ¿ ? .

C. El siguiente pasaje pertenece al cuento «Una moneda de oro» del escritor mexicano Francisco Monterde. Ponga los signos de puntuación que sean necesarios.

El,camino le pareció menos largo que otras noches en que volvía derrotado en la lucha por encontrar empleo porque ahora pensaba en la sorpresa que le causaría a su mujer cuando le enseñara la moneda de oro.

Su casa dos piezas humildes estaba oscura y sola cuando el llegó Su mujer había salido con la niña a entregar la ropa que cosía diariamente Encendió una luz y se sentó a esperarlas junto a la mesa sin pintar Con una esquina del mantel a cuadros rojos frotó la moneda y cuando oyó cercana las voces de su mujer y de su hija la escondió debajo del mantel

Conseguiste algo Yo no pude comprar el pan porque no me pagaron la costura que llevé a entregar . . .

En vez de contestar Andrés sonriente levantó la punta del mantel La mujer vio con asombro la moneda la tomó en sus manos Andrés temió que fuera a decir Es falsa pero ella dijo

Quien te la dio

Nadie La encontré

Práctica de acentos

Ponga los acentos a las palabras que los requieran.

1. Ese hombre excentrico, audaz, ironico, burlon y perezoso, poseia una admirable coleccion de miniaturas de nacar y otra de monedas del periodo de la Restauracion.

2. El parrafo que lei contenia muchos nombres geograficos cuya pronunciacion yo desconocia y tambien terminos especializados comprensibles solo para los geologos.

3. En el balcon, la palida joven invito a Andres con cierta timidez a asistir en su compañia a la inauguracion patriotica, y el no rehuso ir, pero se encogio de hombros y evadio decir que si.

4. Un relampago fugaz atraveso como un corvo cuchillo luminico el zafiro del firmamento, y alla en la lejania, se escucho poco despues el retumbar de un trueno

DICHOS Y REFRANES

Observe que muchos refranes en español comienzan con Quien o El que. Algunos muy conocidos son:

1. El que a hierro mata, a hierro muere.
2. Quien mucho habla, mucho yerra.
3. Quien mal anda, mal acaba.
4. El que la hace, la paga.
5. Quien da primero, da dos veces.
6. A quien feo ama, bonito le parece.
7. Quien tiene tienda que la atienda, o si no, que la venda.
8. El que paga lo que debe, sabe lo que le queda.
9. El que tiene tejado de vidrio no debe tirarle piedras al del vecino.
10. El que anda con lobos, a aullar aprende.

Ejercicios

A. Explique lo que quieren decir estos refranes.

B. Busque el equivalente en inglés de algunos de ellos.

Vista del volcán Izalco cerca de San Salvador, El Salvador.

Miscelánea para leer y comentar

Sabía usted que:

El Salvador es el mayor productor mundial del bálsamo del Perú, una resina medicinal muy apreciada que a pesar del nombre no crece en El Perú sino en El Salvador.

Al volcán Izalco, conocido popularmente como «Fuente de fuego», le llaman también los navegantes «Faro del Pacífico», pues produce una constante columna de fuego de más de 1.900 metros de altura, que puede verse por la noche a gran distancia.

El patriota salvadoreño José Simeón Cañas fue sacerdote y rector de la Universidad de Guatemala. Cañas fue además paladín de la independencia de los esclavos, que se proclamó en la América Central en 1824, cuarenta años antes de la Proclama de Emancipación de Abraham Lincoln.

El puente de Cuscatlán, sobre el río Lempa, en El Salvador, es el puente de suspensión más largo de Centroamérica y mide más de 1.300 pies.

El Salvador es el único país centroamericano que no tiene puerto sobre el Océano Atlántico.

10

HONDURAS

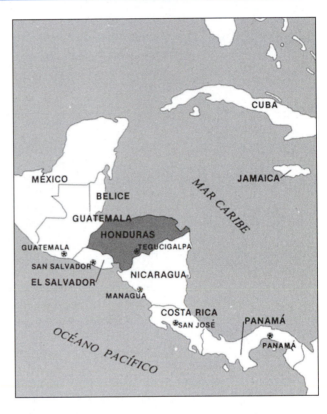

Nombre oficial: República de
  Honduras

Capital: Tegucigalpa

Adjetivo de nacionalidad:
  hondureño(a)

Pablación (est. 1992): 4,949,000

Millas cuadradas: 43.277

Grupo étnico predominante: mestizos
  90%

Lengua oficial: el español

Moneda oficial: el lempira

Educación: analfabetismo 44%

Principal producto de exportación:
  banana

ANTES DE LEER

A. **Conteste las siguientes preguntas.**

1. ¿Puede usted mencionar las tres culturas indígenas principales en Hispanoamérica?

2. Si no hay documentos escritos, ¿cómo cree usted que se puede saber si algunas culturas hoy desaparecidas, un día existieron?

3. El Vaticano está situado dentro de la ciudad de Roma pero se considera un estado. ¿Cree usted que esto es un concepto nuevo o ya existió antes?

4. ¿Cómo definiría usted la palabra ruinas?

5. ¿Qué es para usted un centro ceremonial? ¿Qué centro ceremonial moderno puede usted mencionar?

6. ¿Sabe usted lo que son los jeroglíficos?

7.   ¿Por qué cree usted que son importantes?

8.   ¿Cómo se llaman las personas que se dedican a estudiar las ruinas y los objetos que se encuentran en ellas? ¿Qué carrera es?

9.   ¿Cree usted que es un trabajo importante? ¿Por qué?

10.   ¿Ha visitado usted algunas ruinas? ¿Dónde? ¿Qué tipo de ruinas eran? ¿Qué impresión le causaron?

B.   Sobre la lectura.

1.   Lea el título. Piense en el posible contenido de la lectura. Léala rápidamente. Trate de obtener una idea general del contenido.

2.   Después haga una lectura más lenta, poniendo atención al significado y a las palabras nuevas para usted.

LECTURA

Copán, ciudad maya de Honduras

Los mayas, los aztecas y los incas formaban las tres principales culturas indígenas de América. El origen de los mayas es desconocido. Se establecieron en distintas regiones de Yucatán y Centroamérica y allí construyeron impresionantes ciudades, verdaderos testimonios en piedra de una *asombrosa* cultura que floreció hace *milenios*.

sorprendente
thousands of years

La civilización maya alcanzó su máximo esplendor en los siglos VII y VIII de la era cristiana, y luego por razones ignoradas, las ciudades fueron abandonadas y ocultas bajo la tierra y la vegetación de la selva hasta bien entrado el siglo XVI.

Se han comparado las ciudades mayas con las ciudades—estados de la *antigua* Grecia y la Europa medieval, ciudades independientes políticamente y sin que hubiera entre ellas una ciudad capital, como existía por ejemplo en Cuzco, capital del imperio incaico y en Tenochtitlán, capital del imperio azteca, por lo que no es muy exacto hablar de un imperio maya.

ancient

Las ciudades estaban unidas entre sí por una lengua común, aunque con variaciones dialectales y por rasgos culturales semejantes. Pero más que verdaderas ciudades, eran centros ceremoniales, compuestos de templos, palacios, altares y pirámides más apropiados para las ceremonias públicas que para la vivienda privada. En algunos edificios se han encontrado divisiones interiores, especie de *celdas* pequeñas, pero se cree que eran habitaciones destinadas a los sacerdotes que iban allí a celebrar las ceremonias.

cells

La gente común vivía fuera de las ciudades, a juzgar por la gran cantidad de objetos de uso diario que se han encontrado en los alrededores de los centros ceremoniales; pero de las viviendas del pueblo se han encontrado pocas *huellas*.

traces

Se estima que había en total unas ciento dieciséis ciudades extendidas por toda el área *mesoamericana*. Entre las ciudades más importantes se encuentran: Tikal, en Guatemala, Chichén Itzá y Palenque en Méxido y Copán en Honduras.

mid-American

Aunque los conquistadores exploraron extensamente el territorio que ocupaban los mayas, Copán no fue descubierta hasta 1576. Le tocó esta suerte al *Oidor* de la Real Audiencia de Guatemala, Don Diego García de Palacio, pero

government official

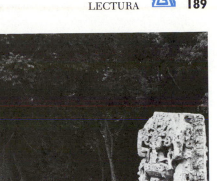

Altar en forma de tortuga rodeado de estelas en el centro ceremonial de Copán, Honduras.

fue olvidada hasta casi dos siglos después, cuando el monarca español Carlos III, el mismo que había ordenado las excavaciones de Pompeya, ordenó también la excavación de Copán.

advanced

Tikal es la mayor y la más antigua de las ciudades mayas, pero muchos consideran a Copán una de las más *florecientes,* ya que allí se encontraba el centro de la astronomía y de las ciencias. Dos estelas[1] conmemoran una reunión de la Academia de Ciencias. En ellas los participantes aparecen con los rostros vueltos hacia la fecha grabada en la estela de la reunión. Los adornos de cabeza que distinguían las distintas regiones indican la procedencia de los congregados. Los estudiosos de la civilización maya se asombran de lo avanzado de sus conocimientos astronómicos, matemáticos y científicos.

Copán cuenta con cinco plazas, una plaza mayor y cuatro más pequeñas, así como con numerosas estelas, altares, palacios, templos, pirámides, figuras humanas y zoomorfas.

stairway

symbols
escalones

La gran *escalinata* de los *jeroglíficos*, llamada así por la gran cantidad de ellos que tiene, domina la plaza principal. Se calcula que contiene más de 2.500 *glifos*, por lo que se considera el texto maya más largo encontrado en ciudad alguna. La gran escalinata consta de 73 *gradas*. Cada escalón contiene numerosos glifos y cada diez escalones se encuentra una estatua de piedra que representa figuras humanas o de dioses.

erect
carved

Los jeroglíficos, que se calculan en total en unos 75.000, no están todos decifrados. Algunos datan del siglo VIII, fecha que para muchos arqueólogos coincide con el abandono de Copán. Al este de la gran escalinata hay otra, llamada de «los jaguares», por los enormes jaguares *erguidos* que la adornan.

Las estelas de Copán tienen *esculpidas* en su piedra los acontecimientos

[1] Monumentos altos de piedra con inscripciones grabadas.

Copan resident

más importantes de la vida de los *copanecos*. Algunas estelas son bellísimas, labradas con dibujos, inscripciones, rostros humanos y de animales. Generalmente tienen delante un altar zoomorfo, bajo y muy labrado también. La más antigua está fechada en el siglo V. Interesantísimas son también las gigantescas cabezas humanas y de dragones.

arena
parrots

Igualmente digno de mención es el Juego de Pelota de Copán, que lo mismo que en las demás ciudades mayas, consta de una *pista* central rodeada de graderías. El de Copán está adornado con unos enormes *guacamayos* de piedra.

solid rubber
opponents
knee and chest pads

El juego de pelota, que entre los mayas parecía tener un sentido religioso, lo practicaban con bolas de *caucho macizas*, de dos o tres kilos de peso, que golpeaban con los pies. Los *contendientes* se protegían el cuerpo con *rodilleras y pectorales*, más o menos en la misma forma en que lo hacen algunos deportistas hoy.

solucionar

Copán, situada en el pueblo de Santa Rosa de Copán, es visitada por innumerables turistas, así como arqueólogos, tanto nacionales como extranjeros, esperanzados quizás en ser ellos los que acaben de *desentrañar* por completo los misterios que encierran los jeroglíficos de Copán.

Preguntas

A. Preguntas sobra la lectura. Ponga al lado de la oración una <u>V</u> si es verdad o una <u>F</u> si es falso. Corrija las oraciones falsas.

1. Copán es una ciudad maya situada en Honduras. _____

2. Los mayas formaron un gran imperio. _____

3. Copán es la única ciudad maya que existe. _____

4. En Copán se encuentran los glifos más extensos de todos los textos jeroglíficos mayas. _____

5. Todos los jeroglíficos de Copán han sido descifrados. _____

6. Las ciudades mayas como Copán eran centros ceremoniales. _____

7. Don Diego García de Palacio ayudó a construir Copán. _____

8. Una estela maya es un monumento de piedra con inscripciones. _____

9. Los mayas conocían el juego de pelota. _____

10. Carlos III descubrió a Copán. _____

11. Los mayas sólo usaban figuras humanas como adorno arquitectónico. _____

12. Los mayas no usaban nada para protegerse el cuerpo en el juego de pelota. _____

B. Otras preguntas.

1. ¿Qué juego se parece al juego de pelota de los mayas? ¿En qué se parecen?

2. ¿Puede describir algún juego que use aparatos para protección del cuerpo?

3. ¿Conoce alguna ciudad—estado europea moderna?

4. ¿Sabe lo que era Pompeya y lo que sucedió allí?

5. ¿Qué juegos modernos necesitan pista? ¿y cancha?

6. Se ha dicho que en el mundo maya todo giraba alrededor del cultivo del maíz y que sus templos y ceremonias tenían como propósito asegurarse una buena cosecha por medio de rogativas y ceremonias a los dioses. ¿Ve alguna diferencia entre los rituales mayas y las ceremonias religiosas de hoy?

7. ¿Le interesa el pasado? ¿Cree que tiene alguna importancia en relación al presente? ¿Le interesaría estudiar arqueología? ¿Por qué sí o por qué no?

Mejore su vocabulario

Dé las palabras que corresponden a estas deficiones:

1. Lo que produce admiración o maravilla.
2. Monumento maya de piedra con inscripciones.
3. Aparato que sirve para proteger las rodillas.
4. Acción de averiguar algo desconocido.
5. Región entre la América del Norte y la del Sur.
6. Habitantes de la ciudad maya de Copán.
7. Gobernante que presidía los jucios en la época colonial.
8. Se dice de una cultura que tiene mucho progreso o adelanto.
9. Escalera situada en el exterior.
10. Acto de labrar a mano la madera, la piedra o el metal.
11. Espacio amplio generalmente dedicado a juegos y carreras.
12. Ave parecida al loro de color rojo, amarillo y azul.
13. Se dice de lo que es sólido o está lleno.
14. Símbolos de la escritura maya.
15. Señal que deja algo y que indica su existencia.
16. Contrario en una lucha o competencia.
17. Mil años.

Temas para redactar y conversar

A. Busque en la biblioteca información sobre los mayas y después redacte un informe sobre esta cultura indígena. Prepárese para presentarlo a la clase si el profesor se lo pide.

B. Comente sobre estas ideas. ¿Cuál cree usted qué es la función principal en la sociedad moderna de las ruinas de la antigüedad? ¿Por qué cree usted que a la gente le gusta visitarlas?

C. En la lectura se habla de las pelotas de caucho de los mayas y de los juegos. Otras cosas nuevas que se encontraron en el Nuevo Mundo fueron: la papa, el tomate, el aguacate, el chocolate, el maíz, la vainilla y el tabaco. Por su parte los españoles trajeron el trigo, la naranja, los caballos, las armas de fuego y la rueda. Comente sobre todos estos productos y su importancia en la vida de hoy.

Humor

Comente el chiste oralmente o por escrito.

Progreso evolutivo.

El profesor está corrigiendo los ejercicios de sus alumnos cuando su hijo de 5 años le pregunta:
—Papá, ¿es cierto que antes los animales hablaban?
—Sí, hijo, y ahora también escriben.

GRAMÁTICA

I. La oración

Se llama oración al conjunto de palabras que expresan un pensamiento. Las palabras por sí solas no significan nada, a menos que otras palabras que no se dicen estén sobreentendidas. Si digo **trabajo**, todo el mundo entenderá lo que quiero decir aunque no haya dicho **yo**. Si digo **casa**, esta palabra por sí sola carece de sentido, pero si digo **compré una casa,** he dado significación a esas palabras, y por esta razón he expresado una oración.

Las oraciones, de acuerdo con las ideas que expresen, pueden:

a)	afirmar	(afirmativas)	Hace calor.	Vendrá
b)	negar	(negativas)	No llamó.	Nunca viene.
c)	preguntar	(interrogativas)	Me pregunto si se alimentará bien.	¿Cuánto cuesta?

La pregunta puede ser indirecta como en el primer ejemplo o directa como en el segundo, en cuyo caso se requiere el uso de los signos de interrogación al principio y al final de la oración.

d)	exclamar	(exclamativas	Requieren el signo de admiración al principio y al final de la oración: ¡Qué calor! ¡Dios mío!
e)	dudar	(dubitativas)	Generalmente usan **tal vez, quizás, acaso, a lo mejor** o la forma negativa del verbo creer. Quizás vaya. Tal vez lo llame. Acaso llegaron. No creo que ganen. A lo mejor se demoran.

f) desear (desiderativas)   Casi siempre se usan con **ojalá** o con los verbos **desear** y **esperar**.

Ojalá que lleguen bien.   Te deseo buena suerte.   Espero que todo salga bien.

g) mandar (imperativas)   Ven aquí.   Estudia. Márchate.

Una misma oración puede cambiar de significación de acuerdo con la entonación (expresión oral), de acuerdo con la puntuación, el orden de las palabras o las palabras que se agreguen en la expresión escrita.

Afirmativa:	Teresa canta.	Interrogativa:	¿Canta Teresa?
Negativa:	Teresa no canta.	Exclamativa:	¡Teresa canta!
Dubitativa:	¿Teresa canta?	Exhortativa o de mandato:	Teresa, canta.

Desiderativa: Teresa canta.

o

Ojalá que Teresa cante.

2. Estructura de la oración

En toda oración hay dos partes principales: el sujeto y el predicado. El sujeto es la parte de la cual se dice algo; el predicado es la parte que dice algo del sujeto.

El algodón / es blando.   **El perro / ladra.**   **El dolor / es fuerte.**
sujeto   predicado   sujeto   predicado   sujeto   predicado

Una manera práctica de encontrar el sujeto es preguntar con relación al verbo ¿quién? (persona o animal), ¿qué cosa? (objeto). La respuesta a esa pregunta es el sujeto. Por ejemplo, si se pregunta qué es blando, la respuesta es; el algodón, por lo tanto el sujeto es el algodón y todo lo que queda de la oración es el predicado. Si se pregunta ¿quién ladra?, la repuesta es: el perro, que es así el sujeto; el predicado es ladra. Si se pregunta ¿qué es fuerte?, la respuesta es: el dolor, sujeto; el resto de la oración, es fuerte, es el predicado.

3. Oraciones impersonales

Hay oraciones en las que es imposible saber quien realiza la acción. A estas oraciones se les llama impersonales porque carecen de sujeto conocido.

Estaba nevando.   ¿Quién nevaba?   Respuesta: Nadie. (No se sabe.)

A veces las oraciones tienen un sujeto oculto que no se expresa pero que existe. Estas oraciones no deben confundirse con las impersonales.

Dicen que habrá huelga.   ¿Quién dice que habrá huelga? Respuesta: Alguien lo ha dicho aunque no sabemos   quien es.

Esta oración tiene sujeto aunque esté oculto o sobreentendido.

4. Los núcleos de la oración

En toda oración hay dos núcleos que forman, pudiéramos decir, el esqueleto del sujeto y del predicado, a los cuales se les puede agregar palabras para formar el cuerpo de la oración. El núcleo del sujeto es generalmente un nombre, un pronombre o un verbo en función nominal. El núcleo del predicado es siempre un verbo. Al verbo se le pueden añadir otras palabras para aclarar las circunstancias de lugar, tiempo y modo. A estas palabras que se agregan al verbo se les llama complementos del verbo.

```
        sujeto                          predicado
```

El obrero de la camisa azul   **trabaja más rápido que los otros.**

núcleo del sujeto   agregados del suj.   verbo (núcleo del predicado)   complemento

De todo lo estudiado se puede deducir que para que haya una oración se necesita el sujeto (expreso o sobreentendido) y el verbo.

Tanto el sujeto como el predicado pueden ser simples o compuestos, El sujeto simple tiene un solo sujeto; el compuesto dos o más. El predicado simple tiene un solo verbo; el compuesto dos o más.

Sujeto simple: **Rafael** trabaja.

Sujeto compuesto: **Rafael** y **Octavio** trabajan.

Predicado simple: Rafael **trabaja**.

Predicado compuesto: Rafael **estudia** y **trabaja**.

Sujeto y predicado compuestos: **Rafael** y **Octavio estudian** y **trabajan**.

5. Concordancia de sujeto y verbo

En general, el sujeto y el verbo concuerdan en número y personas.

yo com**o**   **nosotros** pag**amos**   **ellos** lleg**an**

Hay numerosos casos de concordancias especiales; aquí sólo damos los más comunes.

1. Un sujeto compuesto requiere el verbo en plural.

Onelia y Joaquín viv**en** en la Florida.

Si la idea expresada en el sujeto compuesto es una unidad, entonces el verbo se usa en singular.

Comer y beber **es** necesario a la salud.

Si se añade el artículo a los verbos, estos se hacen independientes y entonces requieren el verbo en plural.

El comer y el beber **son** necesarios a la salud.

2. Hay una fuerte tendencia a usar el verbo en plural en las oraciones con **o**, **ni**, **como** y **así como**.

Erlinda **o** Gloria te acompañarán.

Ni Dolores **ni** Margot **estudian**.

Tanto Luis **como** Armando **son** mexicanos.

El gato **así como** el perro **son** carnívoros.

3. El verbo que acompaña a un colectivo varía de acuerdo a la relación de significado, a la proximidad del sustantivo plural que acompaña al colectivo o lo que para el hablante es la idea principal.

Un grupo de obreros **trabajaba** (trabajaban) en la calle.[2]
Un grupo de estudiantes **venía** (venían) gritando.
La mayoría de las mujeres **son** analfabetas. (idea principal, mujeres)
El resto de los hombres **entró** sin pagar.
El ejército **avanzó** sobre el enemigo

[2] Si la oración contiene un adjetivo plural, entonces el verbo debe ser plural. Un grupo de obreros *especializados* trabajaban en la calle.

6. Oraciones simples y compuestas

Las oraciones simples tienen un solo sujeto y un solo verbo. Si hay más de un sujeto o más de un verbo la oración es compuesta.

Oración simple: **Ernesto estudia.**

un solo sujeto   un solo verbo

Oración compuesta:

    Ernesto y Pablo estudian.   o   Pablo **estudia y pinta.**

dos sujetos   dos verbos

7. El orden de los elementos en la oración

En español el orden natural de la oración es: sujeto, verbo y complemento. Pero este orden no es inflexible y es posible cambiarlo sin que se altere el sentido de la oración.

Ana Teresa llegó al mediodía.
   S   V   C
Al mediodía llegó Ana Teresa.
    C   V   S
Llegó Ana Teresa al mediodía.
  V   S   C

8. La oración principal y la subordinada

La oración principal es la que tiene significación propia, es decir, no depende de otra para completar su sentido.

La oración subordinada depende de la principal para tener significación. Generalmente la oración principal y la subordinada van unidas por preposiciones o conjunciones.

No le parace bien / **que** / la hija salga a bailar con los amigos.
Quiere comprar una computadora / **para que** / los hijos mejoren en la aritmética.
El padre recibió una gran herencia / **y** / el hijo se la derrochó.

El Palacio Presidencial, Tegucigalpa, Honduras.

Ejercicios

A. Cambie la oración afirmativa dada en otras que nieguen, pregunten, duden, exclamen, expresen deseo y mandato.

Lolita ayuda a su mamá en los quehaceres de la casa.

B. En las oraciones siguientes separe con una línea el sujeto del predicado.
1. Un gato gordísimo de negro pelaje estaba echado sobre el sofá.
2. Los dos chiquillos saltaban tomados de las manos.
3. Los sótanos de muchas casas se inundaron con las lluvias.
4. El gerente pagará la cuenta cuando se la manden.
5. Allí chocaron los trenes.
6. La chaqueta es tan cara como el abrigo.

C. Escriba una breve composición usando los elementos que se dan: mis amigos y yo/ni mis padres ni sus amigos/un grupo de personas/la orquesta/la mayoría de los jóvenes/la salsa o el merengue.

D. Marque con una i las oraciones que crea son impersonales y con una o las que tengan el sujeto oculto. De las que marque con o, indique cual es el sujeto.
1. Aquí hacen un pan excelente.
2. Hace mucho frío hoy.
3. Se alquilan apartamentos amueblados.
4. Se abre a las diez.
5. Han anunciado lluvia para mañana.
6. Se rumora que van a aumentar los impuestos.
7. Ayer tembló la tierra.
8. Ha estado tronando todo el día.

E. Descomponga las oraciones compuestas que siguen en todas las simples que sean posibles.
1. Juanito, Armando y yo iremos a nadar y pescar en el lago.
2. El sol, la luna y las estrellas salen y se esconden en el firmamento.
3. Los jugadores y los fanáticos en el estadio gritan, aplauden y saludan.

F. Escriba un párrafo en el cual describa un día en la playa. Use el mayor número posible de oraciones compuestas.

G. Amplíe los núcleos del sujeto y del predicado para dar más información. Agregue paso a paso todas las palabras que le sea posible. Siga el modelo.

paso 1 Teté baila.
paso 2 Teté, mi vecina, baila muy bien.
paso 3 Teté, mi linda vecina, baila muy bien el merengue.
paso 4 Teté, mi linda y simpática vecina, baila muy bien el merengue y la cumbia.
paso 5 Teté, mi linda y simpática vecina de sólo dos años, baila muy bien y con mucha gracia el merengue y la cumbia.

1. Esta lección es difícil.
2. Mi gato se llama Tigre.

3. La mesa tiene patas.

    4. Viajar cuesta mucho.

H. Escriba tres oraciones originales con sujeto, verbo y complemento y luego cambie las posiciones de éstos en la oración.

I. Separe en las oraciones que siguen la oración principal, la subordinada y los elementos que las unen.

    1. María Teresa regañó a los niños porque salieron a jugar bajo la lluvia.

    2. La llamó para decirle que le devolviera el libro.

    3. Con frecuencia trae a la casa animalitos que los demás dejan abandonados.

    4. La cuidad provee de albergues a la gente que lo necesita.

    5. El artículo se publicó para llamar la atención de las autoridades.

J. Escriba tres oraciones en las que haya una oración principal y una subordinada.

K. A las oraciones principales dadas añádales oraciones subordinadas.

    1. El plan de estudios requiere . . .

    2. Los padres no querían que . . .

    3. Yo creo que . . .

    4. La sociedad tiene la obligación . . .

    5. La nueva ley de bebidas àlcohólicas establece que . . .

SEMEJANZAS Y CONTRASTES

- antiguo
  - *ancient, old-fashioned*
  - *former, previous*

anciana, -o	*old person*
antiguallas, antigüedades	*antique objects*
anticuario	*dealer of antiques*

El adjetivo **antiguo** cambia de significado según su posición con respecto al sustantivo.[3]

aplicado a cosas: antes o después	*ancient*	aplicado a personas: antes del nombre después del nombre	*former* *old fashioned*

Copán es una ciudad **antigua**	mi **antiguo** compañero en la oficina
Copán es una **antigua** ciudad.	my *former* co-worker in the office
Copán is an *ancient* city.	El jefe tiene ideas **antiguas**.
	The boss has *old-fashioned* ideas.

Pablo Picasso seguía pintando aunque era un **anciano**.
Pablo Picasso kept painting even though he was an *old man*.

- caucho—resina vegetal utilizada para hacer neumáticos y otros productos

  couch—sofá sin brazos

[3] Los adjetivos que cambian de significación según su posición serán explicados con más detalles en la lección 15.

En la sala había un **sofá** pequeño.
In the living room there was a small *couch*.

El Amazonas era una zona muy importante de resina (**caucho**).
The Amazon was a very important area of *gum resin*.

- grada—step, seats in a stadium
  grade—(a mark received in an examination)—**nota**

  grade (measure of quality, year in school, rank)
  grado
  degree (temperature)

Al comenzar el juego las **gradas** estaban vacías.
At the beginning of the game the *seats* were empty.

Carlitos recibió muy buenas **notas** este año.
Carlitos got very good *grades* this year.

¿En qué **grado** está Lolita?
What *grade* is Lolita in?

¿Qué **grado** viene después de sargento?
What *rank* comes after sergeant?

La temperatura en los países hispánicos se mide por **grados** centígrados.
Temperature in the Hispanic countries is measured by *degrees* centigrade.

Ejercicio

Traduzca las palabras en inglés para completar las oraciones.

1. La religión era muy importante en _____ (*the ancient world*)

2. Será una mujer _____ pero aún es muy activa. (*very old*)

3. Los neumáticos modernos se hacen de _____ sintético muy resistente. (*rubber*) (No use **goma**.)

4. Me encanta curiosear en las tiendas de _____ (*antiques*)

5. _____ conoce muy bien su negocio. (*The antiques dealer*)

6. En el estadio, los asientos en _____ son generalmente más baratos. (*the steps*)

7. La cubierta de este _____ se ha descolorido rápidamente. (*couch*)

8. Necesito saber los _____ de temperatura en Tegucigalpa antes del viaje. (*degrees*)

9. ¿Sabes a qué _____ equivale la A en el sistema escolar hispánico? (*grade*)

10. ¿Puedes mencionar alguna ciudad _____ de Hispanoamérica? (*ancient*)

ORTOGRAFÍA

Uso de la <u>d</u>

La *d* se une solamente a la consonante *r* para formar una sílaba: **drama, dromedario**. Ocurre también con frecuencia al final de palabra: **caridad, universidad.** A veces en el habla popular la -*d* final suena tan suavemente que apenas se percibe, otras veces se omite completamente. El alumno debe poner cuidado en pronunciar con toda claridad la -*d* final. Observe que en muchos casos la terminación inglesa -*ty* corresponde a la terminación **-dad** en español.

amabilidad	capacidad	majestad	realidad
ambigüedad	claridad	novedad	serenidad
ansiedad	crueldad	obesidad	sinceridad

Se escriben también con d los sufijos -*ad, -ed, -id, -ud*:

amistad	áspid	césped	lid	merced	salud
ardid	ataúd	laúd	longitud	pared	verdad

Se escriben con d las formas imperativas correspondientes al pronombre **vosotros,** de uso frecuente en España:

ved   dad   venid   bebed   pagad
(En Hispanoamérica se usa: **ustedes   vean   den   vengan   beban   paguen**)

Llevan igualmente *d* los participios pasados **-ado, -ido.** El estudiante debe poner especial cuidado en no omitir esta -*d*- intervocálica, que es omitida con frecuencia en el habla popular, ejemplo:

callao[4] por calla*d*o
partío por parti*d*o

Ejercicios

A. Ejercicio oral. Repita las palabras poniendo atención al sonido de la d final.

animosidad	diversidad	luminosidad	perplejidad	tranquilidad
cantidad	edad	Madrid	quietud	usted
ciudad	igualdad	merced	red	variedad
claridad	latitud	oblicuidad	seriedad	voluntad
debilidad	lealtad	oportunidad	simplicidad	vulgaridad

B. Coloque al lado de la definición la palabra que le corresponda.

1. relación entre dos amigos
2. se usa para engañar a alguien
3. lo que le falta a la persona que está enferma
4. trastorno glandular que produce gordura excesiva
5. la cualidad de una persona que expresa lo que siente
6. expresión que se usa para dirigirse a un rey o una reina
7. largura o extensión de algo
8. serpiente que usó Cleopatra para suicidarse
9. caja usada para sepultar un cadáver
10. instrumento musical antiguo parecido a una guitarra
11. lo que hay en un lugar tranquilo
12. lo opuesto de serenidad

C. Busque los participios pasados (-ado, -ido) de los verbos.

apretar	virar	pagar	sentar	traer
cansar	encoger	perder	vender	recoger

[4] Pocas palabras tienen en español la terminación *ao*; entre ellas **El Callao**, un puerto en Perú, y bacalao, un pescado.

Estos trabajadores recogen el café después de secarlo. Honduras.

Práctica de acentos

Coloque el acento sobre las palabras que lo requieran.

1. El heroe indigena de Honduras es Lempira, en cuyo honor se nombro la moneda de la nacion.

2. En el mercado principal de Tegucigalpa habia numerosos puestos donde podia adquirirse una gran variedad de frutas y raices comestibles y medicinales.

3. La banana y el platano son los productos agricolas mas importantes de Honduras; otro renglon importante de la economia es la exportacion de maderas preciosas.

4. La Escuela Agricola Panamericana situada a unos sesenta kilometros de la capital es una institucion dedicada a la preparacion tecnica de agronomos.

Miscelánea para leer y comentar

Sabía usted que:

Honduras es el único país de Centroamérica que no tiene ningún volcán.

Es uno de los pocos países en las Américas que no tienen ferrocarril.

Alejandro el Magno de Macedonia allá por el año 327 antes de Cristo descubrió el plátano en la India y con la fruta alimentó su ejército. Los árabes llevaron el plátano a África y de ahí los portugueses lo plantaron en las Islas Canarias. Finalmente, en 1516 el sacerdote Tomás de Berlanza trajo la planta a América. De la hierba (no es un árbol) se aprovecha todo: el tallo, las hojas, las flores, la raíz, de los cuales se puede hacer papel, harina, tintes, vinagre, madera prensada y alimentos para animales.

Repase los conceptos gramaticales relacionados con las preguntas.

A. Ponga el artículo <u>el</u> o <u>la</u> según convenga

problema   paraguas   mano   superficie   dicción   igualdad
drama   muchedumbre   soprano   abrelatas   calvicie   mapa
alma

B. Indique el femenino de:

chimpancé   caballo   carnero   espía
piloto   testigo   cómplice   rata
yerno   dentista   toro   padrastro

C. Escoja la palabra equivalente a la dada en inglés.

el pendiente/la pendiente   *the slope*
una rama/un ramo   *a branch*
el trompeta/la trompeta   *the trumpeter*
el frente/la frente   *the forehead*
el orden/la orden   *the command*
el parte/la parte   *dispatch*

D. Conteste las preguntas usando el presente del subjuntivo.

1. ¿Qué le recomiendan sus maestros antes de tomar un examen?
2. ¿Qué quiere usted en relación a la paz mundial?
3. ¿Qué le aconseja su médico que no haga en relación a su salud?
4. ¿Le gusta que la gente le haga regalos; le dé consejos; le pida dinero prestado?
5. ¿Qué es necesario que uno haga antes para poder comprar una casa o un automóvil?

E. Termine la oración usando el imperfecto del subjuntivo.

1. El café está amargo pero me lo tomaré como si...
2. El agente de viaje en mi último viaje me recomendó que no...
3. Ayer en la ciudad el policía de tráfico me prohibió que...
4. Cuando visité al dentista éste me recomendó que...
5. No me cae bien, sin embargo lo trato como si...
6. Siempre dudé que ese equipo...

F. Cambie las oraciones al pasado usando los tiempos compuestos del subjuntivo que convengan al sentido de la oración.

1. Espero que gane mi partido favorito.
2. No me compraría un rubí aunque tuviera dinero.
3. Pero me compraría un Mercedes-Benz si me sacara la lotería.

4. Viajaría por el mundo si pudiera.

5. Ojalá que lleguen bien.

6. Yo no diría nada aunque me torturaran.

G. Complete con el participio pasado de los verbos dados en infinitivo.

1. Alguien ha _____ el jarrón de porcelana. (romper) .

2. Ismael no ha _____ el serrucho que le prestamos. (devolver)

3. El misterio no ha sido _____ (resolver)

4. En un mes les ha _____ cinco cartas a los padres. (escribir)

5. Han _____ el comité de emergencia. (disolver)

6. Han _____ una película basada en su biografía. (hacer)

H. Cambie al futuro las oraciones.

1. El grupo viene por tren.   4. Queremos verla hoy.
2. No saben cuanto cuesta.   5. ¿Puedes ir con nosotros?
3. Lo pongo sobre la mesa.   6. ¿Cabemos todos?

I. Exprese probabilidad según la idea que se da.

Modelo.   No sé cómo es = ¿Cómo será?

1. Probablemente la tarjeta que perdió está en la casa = _____

2. No tiene reloj pero calcula que son las diez = _____

3. El teléfono suena por la madrugada y usted se pregunta = _____

4. Usted necesita hablar con el profesor pero no está seguro si viene hoy = _____

J. Dé el equivalente en español de:

government	to cover	tavern	fever
poverty	automobile	maneuver	Havana

K. Escriba una oración simple y otra compuesta. Luego separe el sujeto del predicado. Escriba otra oración en la que señale la cláusula principal y la subordinada.

L. Sustituya la palabra dada en inglés por su equivalente en español.

1. Buenos Aires es una ciudad muy *large*.
2. Su bella *figure* ha contribuido mucho a atraer al *audience*.
3. ¡*Another* dicurso! Ojalá que éste no sea muy *long*.
4. La temperatura ha bajado dos *degrees*.
5. ¡Qué suerte tiene! ni siquiera *applied for* el trabajo y lo obtuvo.
6. Roberto *realized* que olvidó el monedero cuando fue a pagar.
7. Las *figures* que nos mandó el departamento de contabilidad no son exactas

M. Ponga el acento a las palabras que lo requieran. Explique brevemente las reglas que ha seguido para la acentuación.

utilmente   enviandosela   agilmente   sutilmente   desordenandole
¿Donde vives?   ¿Cuando llamó?   ¿Es ella quien llamó?   ¿Como lo hago,
como siempre?

N. Traduzca al español.

1. It was not the right moment to ask for a raise.
2. She had all the right in the world to say that.
3. It is not right to blame her for everything that goes wrong.
4. In politics, he is to the right.
5. Don't you feel good when you do right?
6. This classroom is too dark, it needs more light.
7. He asked for light for a cigarrette but nobody had one
8. The box was light so the girl was able to lift it.
9. The dresses come in light colors too.
10. She said something light and then everybody smiled.

CAPÍTULO 11

NICARAGUA

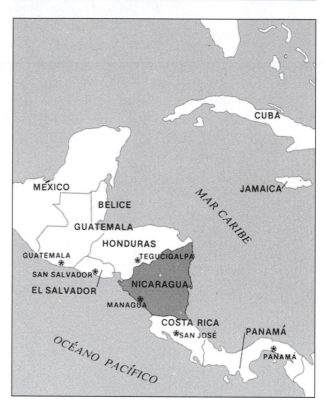

Nombre oficial: República de Nicaragua

Capital: Managua

Adjetivo de nacionalidad: nicaragüense

Población (est. 1992): 3.878.000

Area en millas cuadradas: 50.193

Grupos étnicos predominantes: mestizos 69%, blancos 17%, negros 9%, indígenas 5%

Lengua oficial: el español

Moneda oficial: el córdoba oro

Educación: analfabetismo 43%

Economía: banana, café

ANTES DE LEER

A. Conteste las siguientes preguntas antes de leer la lectura.

1. ¿Sabe usted lo que mide la escala de Richter?

2. ¿Cuál es el punto máximo de esta escala?s ¿Qué significa?

3. ¿Cómo describiría usted el aspecto físico de una persona que no tiene hogar, que vive en la calle?

4. ¿Ha sufrido la experiencia, o ha visto en película o en la televisión, los efectos de un terremoto?

5. ¿Cómo afecta un terremoto las casas y los edificios?

6. ¿Cuáles son algunas de las reacciones emocionales que pueden mostrar las personas en un terremoto?

7. Ha visto usted alguna persona desconocida hablando sola en la calle? ¿Qué ha pensado usted de ella?

8. ¿Cree usted que todo el que habla solo está loco?

9. ¿Ha observado usted alguna vez o ha oído algo sobre el comportamiento de los que comunmente llamamos «locos»?

10. ¿Cómo explicaría usted el comportamiento de una «loca» que siempre carga en los brazos una muñeca?

B. Sobre la lectura.

1. Lea el título y la información breve que se da antes de la lectura. Piense en el posible contenido. Luego dé una lectura rápida al cuento tratando de obtener una idea general.

2. Después haga una segunda lectura. Fíjese en las palabras explicadas en las glosas. Trate de entender el contenido lo más posible.

LECTURA

RIchter 7, Relato XIV (Pedro Joaquín Chamorro)

Centroamérica es una región montañosa en la que se encuentran numerosos volcanes. En, Guatemala, por ejemplo, hay unos 33 y en Nicaragua hay más de 40, muchos de los cuales están en actividad. Honduras es el único país centroamericano que no tiene ningún volcán. Desde la época de la colonia muchas ciudades han sido destruidas por estos fenomenos naturales. A Nicaragua se le conoce como la «tierra de lagos y volcanes».

La Presidenta de Nicaragua Doña Violeta Barrios de Chamorro.

En el cuento «Richter 7» escrito por Pedro Joaquín Chamorro, asesinado durante la revolución sandinista, y esposo de la actual Presidenta de Nicaragua doña Violeta Barrios de Chamorro, se recoge la dolorosa experiencia de un niño que queda huérfano durante un terremoto.

XIV

pared
rotos

EL MUCHACHO—casi un niño—amaneció sentado junto a la *tapia* de la casa de ellos, mirando al vacío. Vestía pantalones *raídos* de dril azul, una camiseta amarilla y zapatos tennis rotos. Estaba medio en cuclillas y se cubría la cabeza con un pedazo de periódico viejo.

raised

Cuando abrieron la puerta *levantó* un poco los ojos, pero no dijo nada.

Le preguntaron de dónde venía, qué hacía allí, qué deseaba, pero no pronunció palabra, y sólo bajaba y subía los ojos, o los entornaba, y movía los labios mordiéndoselos.

doing that

Pasó en ese *trajín* toda la mañana, y poco a poco fue despertando la curiosidad de algunos vecinos que se detenían a verlo, mientras pasaban a sus *quehaceres* transitando por la calle de tierra *amacizada* de tanta lluvia, olorosa a invierno y en cuyo suelo brillaban a cada *trecho* pedazos de piedra y de ladrillo roto.

chores / endurecida
distancia

A mediodía le llevaron un poco de café, sopa y frijoles, pero los dejó a un lado y retiraron todo convencidos de que le ocurría algo sumamente raro. Durante el resto de la tarde la situación siguió igual, sólo que ella comenzó a observar algo más estraño todavía en uno de los ojos del muchacho. Le brillaba intensamente y se le hacía un poco más pequeño que el otro, y más *turbio*, además de lo cual se había puesto la mano derecha sobre la boca y permanecía quieto, muchísimo más quieto que antes, como si se estuviera petrificando.

cloudy

Después le comenzó a pasar lo mismo en el otro ojo, y ya cerca de las seis, cuando el sol partía el espacio horizontalmente y le daba de tajo en la cara, su mirada se *ensombreció* totalmente, pero siempre definida por el brillo, sin expreción en las pupilas, como si éstas reflejaran el sol en dos espejos.

oscureció

Ellos se colocaron frente a él, sentados en sus mecedoras, en la calle, queriendo ocultar la presencia del muchacho a los transeúntes, o aparentar que se trataba de una reunión familiar, de un grupo normal y permanecieron allí, atentos a los ojos que en la *penumbra* se iban haciendo más brillantes y más pequeños en la parte negra, en la pupila, hasta ver asombrados cómo las dos *cuencas* comenzaron por el contrario a hacerse más grandes, a crecer como *burbujas* blancas, y siguieron creciendo y al mismo tiempo el cuerpo inmóvil del muchacho comenzó a agitarse, a moverse rítmicamente, pero con suavidad, poco a poco, aumentando el ritmo, la velocidad, hasta llegar a una angustiosa fibrilación total. Entonces se rompieron las enormes burbujas y el niño lloró. Y habló para contar la historia que ellos ya sabían; de sus padres muertos, de sus hermanos muertos, de su andar *errante* por los mil *rumbos* de la ciudad y cuando hubo terminado el relato se levantó sin lágrimas, tomó el café y se fue caminando sobre sus zapatos rotos, moviéndose paso a paso *con desgano*.

oscuridad

socket (of eye)
bubble

wandering
direcciones

sin deseo

Más tarde, es decir, ya entrada la noche, contaron al vecindario lo ocurrido y se comentaron otros casos: el de la anciana que se quedó platicando sola día y noche, o el de la joven madre que hacía *cunas* en todas partes, como los pájaros desesperados cuando les deshacen su nido, volando por todas direcciones y *llevando* ramas, palitos pequeños o pedazos de algodón usado, suelo,

cama de bebé

cargando

de árbol en árbol, en un afán insensato de rehacer intempestivamente lo que ya no puede revivirse.

—El caso de la joven madre es el más doloroso—comentó ella—porque pretende crear una especie de universo de cunas. Camina afanosa y con un trapo cualquiera, con unas cuantas piedras, hasta utilizando la basura, va haciendo cunas, y todo el día pasa en eso de hacer cunas.

—Pero yo no entiendo la motivación de esa locura—dijo él.

Y ella explicó que había varias razones para eso, originadas naturalmente en la pérdida del hijo, lo cual, ubicado dentro de todos los traumas de la gran tragedia, para la joven era nada más una ausencia inexplicable del niño, y su espíritu estaba condicionado al retorno también *imprevisible,* milagroso, de la criatura, y ese era su afán de preparar cunas en todas partes. No era un sentimiento de culpa—eso que los psiquiatras llaman complejo— sino la *certeza* de un retorno mágico e instantáneo, tan repentino como había sido la partida, porque además, para ella como para el niño que lloraba en las tardes, o para la anciana platicando sola día y noche, el tiempo no existía. Sus vidas habían quedado suspendidas en el instante mismo de la gran tragedia y por eso su sonambulismo persistía sin alteraciones, alimentado desde luego por la vida de la nueva ciudad sin forma, sin consistencia verdadera, que era también irreal. Y el caso de la señora que platicaba todo el tiempo también tenía una explicación sencilla. Había comenzado a hablar en el momento de perderlo todo. Habló y habló o mejor dicho gritó pidiendo auxilio y buscando cómo rescatar a su marido *sepultado* bajo *vigas* y piedras, a su nuera ya viuda para entonces, y a su nieto, y dirigió la palabra a otros sin obtener respuesta, razón por la cual el tiempo se detuvo para ella al sumergirnos todos en este nuevo mundo apenas nacido del cataclismo. Es decir, su momento de hablar se hizo eterno, sobre todo porque nunca obtuvo respuesta.

—¿Y el chavalo que llora por la tarde . . . ?

—Es más sencillo todavía, porque en esta ciudad todos tenemos algo por qué llorar en las tardes.

Entonces él vio detrás de la lámpara tubular, en un rincón sin luz, lo que debían ser los ojos de ella y dos grandes burbujas blancas alargándose en pequeños hilos de vidrio *derretido.*

(margin glosses:)
unforseeable
seguridad
buried
melted

Preguntas

A. Preguntas sobre la lectura.

1. ¿Dónde está el niño? ¿Cómo está vestido?
2. ¿Qué se ve a su alrededor?
3. ¿Cómo reaccionan los vecinos ante el niño?
4. ¿Que observa una de las vecinas en los ojos del niño?
5. ¿A qué hora sucede el llanto?
6. ¿Qué les contó el niño a los vecinos?
7. ¿Sobre que otros casos comentan los vecinos?

B. Otras preguntas.

1. ¿Que tipo de trauma sufren la joven madre y la anciana?
2. ¿Por qué se compara a la joven madre con los pájaros que pierden su nido?
3. ¿Por qué cree usted que la joven madre prepara cunas por donde quiera que va?

4. ¿Ha sufrido usted o alguien de su familia una experiencia traumática? Comente.

5. ¿Cómo interpreta usted las tres líneas finales del cuento?

6. ¿A quién se refieren estas líneas?

Mejore su vocabulario

A.   Escoja la respuesta más apropiada.

1. Una tapia es
    a) una fruta b) un animal c) un adorno d) una pared.

2. Algo raído es algo
    a) sucio b) roto c) escaso d) ruidoso.

3. Estar en un trajín quiere decir estar
    a) sentado b) ocupado en algo c) molesto d) en una situación difícil.

4. Una substancia amacizada está
    a) congelada b) blanda c) líquida d) dura.

5. Un trecho es
    a) un pedazo de pan b) un pedazo de carne c) una piedra d) una distancia.

6. Un cuarto en penumbra quiere decir que está
    a) ventilado b) oscuro c) caluroso d) alumbrado.

7. Estar errante significa estar
    a) sin rumbo b) con rumbo fijo c) preocupado d) errado.

B. Busque en la lectura una palabra equivalente a las subrayadas.

1. El niño se alejó caminando *sin ánimo*.
2. La mujer *cargaba* una cuna en los brazos.
3. Algunos fenómenos naturales *no se pueden predecir*.
4. La mujer tenía *la seguridad* que el hijo estaba vivo.
5. Encontraron a un hombre *enterrado* bajo los escombros.
6. El camión trajo *grandes postes de madera* para reconstruir la casa.
7. Debido al calor el helado está *aguado*.

Temas para redactar y conversar

A. Basándose en su propia experiencia o que lo haya visto en una película o en la televisión, describa alguna catástrofe natural y sus consecuencias, como por ejemplo: fuego, terremoto, huracán, inundación.

B. El problema de las personas que no tienen un lugar donde vivír es muy grave en todo el país; ¿Cuáles cree usted que son las causas de este fenómeno social y qué se puede hacer para solucionarlo? Explique sus ideas.

C. En Centromérica los terremotos y la explosión de los volcanes son fenómenos naturales que afectan con frecuencia a los habitantes de esa región. ¿Cuáles son algunos de los fenómenos naturales,que suceden en los Estados Unidos y cómo afectan éstos a la población?

GRAMATICA

I. El pretérito

El tiempo pasado se refiere a un hecho que sucedió un tiempo atrás. El tiempo pasado en español se expresa usando dos formas distintas: el pretérito y el imperfecto, las cuales no son intercambiables, es decir, cada una tiene su propia significación.

2. Uso del pretérito

El pretérito se usa para expresar una acción que está concluida.

Elena salió.   Pedro estudió.   El gato maulló.

3. Formación del pretérito de los verbos regulares

Se forma agregando a la raíz del verbo las terminaciones *-é, -aste, -ó, -amos, -asteis, -aron* a los verbos de la primera conjugación (**-ar**); *-í, -iste, -ió, imos, -isteis, -ieron* a los verbos de la segunda y tercera (**-er, -ir**).

cantar: canté, cantaste, cantó, cantamos, cantasteis, cantaron
beber: bebí, bebiste, bebió, bebimos, bebisteis, bebieron
vivir: viví, viviste, vivió, vivimos, vivisteis, vivieron

4. Verbos que cambian la ortografía en el pretérito

Algunos verbos cambian la ortografía en el pretérito para mantener el sonido. A este grupo pertenecen los verbos terminados en *-car, -gar, -zar* y *-guar*.[1]

Verbo	Cambio	Pretérito	Otros verbos	
atacar	c → qu (antes de e)	ata**qu**é, atacaste, atacó, atacamos, atacasteis, atacaron	acercar aplicar brincar colgar destacar	indicar masticar pecar tocar
pagar	g → gu (antes de e)	pa**gu**é, pagaste, pagó, pagamos, pagasteis, pagaron	cargar congregar entregar juzgar	jugar negar rogar tragar
gozar	z → c (antes de e)	go**c**é, gozaste, gozó, gozamos, gozasteis, gozaron	alcanzar almorzar alzar avanzar calzar	destrozar empezar rezar trazar
averiguar	gu → gü (antes de e)	averi**gü**é, averiguaste, averiguó, averiguamos, averiguasteis, averiguaron	aguar apaciguar atestiguar	desaguar santiguar

5. Verbos irregulares en el pretérito

Hay muchos verbos irregulares en el pretérito. Aquí los hemos agrupado para facilitar su estudio.

a) Algunos verbos terminados en *-ir* cambian las letras de sus radicales e → i, o → u en la tercera persona singular y plural.

e → i   **sentir:** sentí, sentiste, sintió, sentimos, sentisteis, sintieron

Otros verbos que hacen el mismo cambio son: advertir, ceñir, digerir, elegir, freír, hervir, medir, mentir, pedir, perseguir, sonreír, sugerir, teñir, vestir.

o → u   **dormir:** dormí, dormiste, d*u*rmió, dormimos, dormisteis, d*u*rmieron
Al mismo grupo pertenecen: **morir** y **podrir**.

b) Otro grupo de verbos terminados en **-er, -ir** agregan **y** en la tercera persona del singular y del plural.

-er   **caer:** caí, caíste, ca*y*ó, caímos, caísteis, cayeron
-ir   **oír:**   oí, oíste, o*y*ó, oímos, oísteis, o*y*eron

Otros verbos que hacen los mismo cambios son: construir, creer, decaer, desoír, destruir, huir, incluir, inmiscuir(se), leer, recaer.

c) Otros verbos terminados en **-er, -ir** se escriben con **j**.

[1] Recuerde que los cambios ortográficos no se consideran irregularidad a menos que haya también cambios de sonido.

Para repasar cualquier lugar es bueno . . . Estudiantes practi-
cando el álgebra en una pared exterior en Managua,
Nicaragua.

-er   traer: traje, trajiste[2], trajo, trajimos, trajisteis, trajeron[2]

-ir   decir: dije, dijiste[2], dijo, dijimos, dijisteis, dijeron[2]

Otros verbos de este grupo son: atraer, bendecir, conducir, contradecir, con-
traer, deducir, distraer, introducir, reducir, retraer, maldecir.

d) Otros verbos con cambios propios en el pretérito son:

andar:	anduve, anduviste, anduvo, anduvimos, anduvisteis, anduvieron
caber:	cupe, cupiste, cupo, cupimos, cupisteis, cupieron
dar:	di, diste, dio, dimos, diste, disteis, dieron
estar:	estuve, estuviste, estuvo, estuvimos, estuvisteis, estuvieron
hacer:	hice, hiciste, hizo, hicimos, hicisteis, hicieron (rehacer, satisfacer)
ir:	fui, fuiste, fue, fuimos, fuisteis, fueron
poder:	pude, pudiste, pudo, pudimos, pudisteis, pudieron
poner:	puse, pusiste, puso, pusimos, pusisteis, pusieron (reponer, disponer, componer, etc.)
querer:	quise, quisiste, quiso, quisimos, quisisteis, quisieron
saber:	supe, supiste, supo, supimos, supisteis, supieron
ser:	fui, fuiste, fue, fuimos, fuisteis, fueron
tener:	tuve, tuviste, tuvo, tuvimos, tuvisteis, tuvieron (detener, contener, etc.)
venir:	vine, viniste, vino, vinimos, vinisteis, vinieron (convenir, prevenir, etc.)
ver:	vi, viste, vio, vimos, visteis, vieron

6. Verbos terminados en -ear

Hay una tendencia bastante generalizada a introducir una *i* en los verbos terminados en **-ear.** Los verbos dados a continuación son regulares y por eso
agregan las desinencias comunes **-é, aste, -ó, -amos, -asteis, -aron**.

---

[2] Debe ponerse cuidado en no agregar s a la segunda persona del singular. Debe decirse dijiste y no
dijistes. Tampoco se debe diptongar la tercera persona del plural, la norma es dijeron, no dijieron;
trajeron, no trajieron.

asquear: asqueé, asqueaste, asqueó, asqueamos, asqueasteis, asquearon

cabecear: cabeceé, cabeceaste, cabeceó, cabeceamos, cabeceasteis, cabecearon

Otros verbos regulares terminados en **-ear** son: crear, deletrear, desear, emplear, golpear, moldear, pasear, pelear, planear, rasguear, rodear, saborear, sombrear, sortear, trapear, trastear.

Ejercicios

A. Use las oraciones conjugando los verbos que se dan en el infinitivo.

1. Isabel compró huevos. (freír/hervir/pedir)
2. Teresa trajo a la maestra. (bendecir/distraer/contradecir)
3. Nosotros dimos la explicación. (traducir/deducir/reducir)
4. Antonio leyó el trabajo. (destruir/huir de/incluir)
5. Carlos y José eligieron el mono. (medir/perseguir/vestir)
6. Los estudiantes hicieron el trabajo. (satisfacer/rehacer/ deshacer)
7. El padre mantuvo a los hijos. (entretener/contener/detener)
8. Yo estuve por el parque. (andar/vagar/dar vueltas)
9. Luis dijo la verdad. (saber/repetir/ anteponer)
10. El hombre fue en el coche. (caber/morir/ dormir)

B. Cambie al pretérito los verbos dados en el infinitivo.

1. Ayer le *entregar* el proyecto y creo que con eso lo *apaciguar*.
2. Me *asquear* cuando vi una cucaracha en la ensalada.
3. Yo le *pagar* todo lo que le debía pero me *negar* a firmar el papel.
4. Ayer *trapear* el piso de la cocina y ya está sucio otra vez.
5. El camión *coger* una curva a mucha velocidad y se *voltear*.
6. Yo *buscar* en el mapa y al fin *localizar* el lugar.
7. Le *rogar* y le *suplicar* que no se fuera pero no me *poner* atención.
8. De pequeña nunca *pelear* con mis amigas. ¿*Pelear* tú con las tuyas?
9. Yo *averiguar* quien *dar* la alarma y lo *atestiguar* ante el comité.
10. ¿Te fijaste que el maestro *deletrear* mal yo *saborear*?
11. Yo *almorzar* aquí después que *jugar* contigo al tenis.
12. Señor Fiallo, cuando yo lo *emplear* fue para que trabajara, no para que hablara.
13. Yo la *conducir* hasta la puerta y le *indicar* el camino.
14. Yo *rasguear* la guitarra y luego la *golpear* para imitar el galope de un caballo.

15. Amelia *decir* que no *poder* dormir anoche porque *sentir* mucho ruido en la calle.

16. Los niños *andar* tanto que se *dormir* apenas *comer*.

17. Los niños le *trastear* los papeles y ahora no encuentra la cuenta del banco.

18. Yo *llegar* a la playa, por la cantidad de gente en la arena *juzgar* que el agua estaba fría y ni siquiera *acercarme* a ella.

C. Escoja la forma verbal adecuada.

1. La fiesta era de gala por lo que me (vistí/vestí) de etiqueta.
2. ¿Vas a (decirme/dicirme) la verdad o no?
3. El profesor (dijo/dijió) que hiciéramos los diez primeros ejercicios.
4. Había tanto ruido que no oí lo que (dijiste/dijites/ dijistes).
5. —Oye, Marcos, tengo que (pidirte/pedirte) un favor.
6. Yo (huyi/hui) cuando vi al perro.
7. Anoche me (durmí/dormí) después de las dos de la mañana.
8. No fui con ellos porque no (cupí/cupe/cabí) en el coche.
9. ¿Te (midiste/mediste/medistes) la cintura antes de comprar el pantalón?
10. —Adela, te (servite/servistes/serviste) de la fuente que no era para nosotros.

D. Escriba un párrafo, usando el pretérito, y en el cual cuente todo lo que hizo el día anterior desde que se despertó hasta que se acostó.

7. El imperfecto

Es la otra forma simple del tiempo pasado. Se forma agregando a la raíz del verbo las terminaciones *-aba, -abas, -aba, -ábamos, -abais, -aban* a los verbos de la primera conjugación; *-ía, -ías, -ía, -íamos, -íais, -ían* a los verbos de la segunda y tercera.

-ar: am*aba*, salt*aba*, cant*aba*, mir*aba*, pag*aba*

-er: beb*ía*, ten*ía*, ced*ía*, cog*ía*, reten*ía*, tej*ía*, mec*ía*

-ir: sal*ía*, conclu*ía*, viv*ía*, part*ía*, reduc*ía*, serv*ía*

Nota: Fíjese que las formas terminadas en *-ía* llevan acento. El imperfecto es uno de los tiempos más regulares; los únicos verbos irregulares en este tiempo son:

ir		ser		ver	
iba	íbamos	era	éramos	veía	veíamos
ibas	íbais	eras	erais	veías	veíais
iba	iban	era	eran	veía	veían

8. Uso del imperfecto

Se usa:

a) Para describir estados físicos, mentales o emocionales en el pasado:

hacía sol   **era** gorda   **estaba** asustada   **era** alegre

b) Para referirse a acciones que se repetían en el pasado:

íbamos los domingos   **regresábamos** los veranos   **estudiaba** por la noche

Observe que la idea de acción repetida se puede expresar en inglés por medio de *would* or *used to*; en español se expresa usando el imperfecto, no el condicional (ver el capítulo 16). El verbo **soler** se usa comúnmente con este significado.

Pasaban (**solían pasar**) los veranos en las montañas.
They *would spend* every summer in the mountains.

c) Para expresar tiempo o fechas en el pasado:

¿Qué hora **era** cuando llegaron?   **Era** el dos de diciembre cuando avisó.

d) Para expresar la acción progresiva en inglés:
Dormían (**estaban durmiendo**) cuando ocurrió la explosión.

9. Cambio de significación de algunos verbos

Los verbos **conocer, poder, querer** y **saber** cambian de significación según se usen en el imperfecto o en el pretérito.

Conocer
- imperfecto - **conocía** Yo la **conocía** desde que era niña. / I *knew* her since she was a child.
- pretérito - **conocí** Lo **conocí** ayer en la cafetería. / I *met* him yesterday in the cafeteria.

Saber
- imperfecto - **sabían** Todos **sabían** lo que estaba pasando. / Everybody *knew* what was happening.
- pretérito - **supo** **Supo** que habían escrito dos cartas. / He *found out* they had written two letters.

Poder
- imperfecto - **podía** **Podía** nadar con gran rapidez. / She *was able* to swim very fast. / Ella no **pudo** competir debido a su enfermedad.
- pretérito - **pudo** She *couldn't* compete because of her illness.

Querer
- imperfecto - **queríamos** **Queríamos** ayudarlo a encontrar trabajo. / We *wanted* to help him find a job. / El gerente **quiso** explicárselo.
- pretérito - **quiso** The manager *tried* to explain it to him.

Ejercicios

A. Conteste las preguntas usando el imperfecto de los verbos en infinitivo.

1. ¿Sabe si el día en que nació *estar* soleado?
2. Cuando *ser* pequeña, ¿dónde *vivir*?
3. ¿*Tener* algún animalito de mascota?
4. ¿Recuerda como *llamarse* su mejor amigo en el kindergarten?
5. ¿*Estar* la escuela lejos o cerca de su casa?
6. ¿*Pertenecer* a algún grupo como Boy Scouts, Girl Scouts, etc.?
7. ¿*Comer* en la escuela? ¿A qué hora *servir* el almuerzo?
8. ¿Quién *escoger* su ropa para ir a la escuela?
9. ¿Qué programa de televisión *ver* con más frecuencia?

Trabajadoras confeccionando tabacos en una fábrica en Nicaragua.

10. ¿A dónde *soler* ir los domingos durante el verano?

11. ¿Qué deporte le *gustar* más?

12. ¿A qué hora *concluir* la escuela?

B. Traduzca al español las oraciones que siguen.

1. She would come around at two o'clock every afternoon.

2. The owner knew the situation very well, but couldn't do anything about it.

3. She was feeling very sad about what had happened.

4. He was able to do it but he didn't want to.

5. When I entered the room it was full of people.

6. What he wanted was to prove his point.

7. He frequently increased the money for traveling.

8. Later on we learned that the contract was false.

9. The boy tried to open the jar but it was too tight for him.

10. We knew each other since we were in high school.

C. Entreviste a un compañero de clase o al profesor. Prepare una serie de preguntas que requieran el uso del pretérito y del imperfecto sobre la vida pasada de la persona, por ejemplo: ¿Dónde nació? ¿Tenía muchos amigos cuando era pequeño? ¿Dónde vivía? etc.

    Las respuestas pueden ser una fuente valiosa para conocer mejor a la persona entrevistada. Luego utilice la información en una de las dos maneras que se sugieren. Escriba un breve informe sobre la persona, basado en la información obtenida o haga un análisis psicológico basándose en las respuestas dadas.

Humor

Comente el chiste y luego interprételo en inglés a otra persona o a la clase.

Razonamiento lógico.

Dos hermanitos observan desde su ventana una hermosa luna llena.
—¿Tú crees que la luna está habitada? —pregunta uno de ellos.
—Creo que sí—le responde el otro—. ¿No ves que está encendida?

SEMEJANZAS Y CONTRASTES

- El verbo inglés *to raise* en español significa básicamente **alzar, levantar,** pero además tiene otros significados. Los más importantes son:

- To *raise* (the hand, the head)   alzar, levantar

El estudiante **levantó** (**alzó**) la mano.   The student *raised* his hand.
Se levantó el telón a las 8 en punto.   The curtain was *raised* at 8:00 o'clock sharp.

- *To raise* (a family, a child, an animal)   criar

Darío **se crió** en León.   Dario was *raised* in Leon.
Orlando **crió** un loro.   Orlando *raised* a parrot.

- *To raise* (a flag, a sail of a ship)   izar

Izan la bandera todas las mañanas.   They *raise* the flag every morning.
El marinero **izó** la vela.   The sailor *raised* the sail.

- To *raise* (*in quantity or intensity*)   subir

Para bailar **subieron** el volumen del radio.
In order to dance *they increased* the volume of the radio.

El precio de las verduras **sube** por día.
The price of vegetables *rises* from day to day.

- *To raise* (putting something to an upright position)   enderezar

El **enderezó** el poste que estaba tirado en el suelo.
He *raised* the pole that was lying on the floor.

- *To raise* (to collect money, clothing)   recoger

Recogieron dinero para las víctimas del fuego.
They raised (*collected*) money for the fire victims.

- To *raise* (an issue or a question)
  mencionar, traer a colación, introducir

El abogado **mencionó** el asunto. The lawyer *raised* the matter.

La acción que tomaron **trajo a colación** muchas cuestiones.
The action taken *raised* many issues.

- *To raise* (*cultivation of crops*)   sembrar, cultivar

En Nicaragua **cultivan** café entre otros productos.

In Nicaragua they *raise* coffee, among other products.

• cargar
  - *to hold, to carry* (something in the arms)
  - *to charge* to an account (merchandise in a store)
  - *to load* merchandise on something; a gun

La mujer **cargaba** el niño en los brazos.
The woman *was carrying* the child in her arms.

Por favor, **cargue** la falda a mi cuenta.
Please *charge* the skirt to my account.

Dos hombres **cargaron** el camión con frutas.
Two men *loaded* the truck with fruit.

Ella sabe **cargar** el revólver.
She knows how to *load* the revolver.

Ejercicios

A. Escoja la palabra apropiada al sentido de la oración.

1. La madre estaba muy orgullosa de la forma en que había (levantado/criado) a sus hijas.
2. La iglesia (recoge/levanta) ropa para los pobres.
3. En la estación de policía (izan/suben) la bandera todos los días.
4. Los precios de los comestibles son los que más (se alzan/suben) cada día.
5. Uno de los empleados (levantó/mencionó) la cuestión del sobretiempo.
6. Cuando llegamos ya habían (izado/levantado) el telón y no pudimos entrar.
7. (Enderezó/Subió) la bicicleta que estaba tirada enfrente de la puerta.

B. Complete con el equivalente apropiado de «raise».

1. Poca gente _____ la mano para hacer preguntas.
2. Si ella no _____ la voz no podremos oírla.
3. Ella náció en Managua pero _____ en los Estados Unidos.
4. No permiten que nadie entre al teatro después de _____ el telón.
5. Los vecinos se quejarán si sigues _____ el volumen del estéreo.
6. La compañía le _____ el sueldo pero no tanto como esperaba.
7. Ellos _____ puercos y ovejas como negocio.
8. La actividad fue organizada para _____ dinero para los fondos de becas.
9. Todo el mundo se puso de pie cuando _____ la bandera.
10. La actriz _____ del suelo en una forma muy elegante.
11. Por favor, no _____ la voz.
12. Le han _____ muchos monumentos a Cristóbal Colón dondequiera en Latinoamérica.
13. Sus comentarios _____ muchas protestas dentro de ese grupo.
14. El número de personas solicitando el trabajo _____ de 8 a 22.
15. El periódico anuncia que van a _____ los precios de los ejemplares.

C. Complete las oraciones.

1. Me duele el brazo de _____ tantos paquetes.

2. Trabaja en el puerto _____ cajas y sacos.

3. Afortunadamente, el arma no estaba _____ .

4. Mi cuenta en la tienda está muy alta, no puedo _____ ni un artículo más.

5. ¿Se lo _____ a su cuenta, o lo va a pagar ahora?—preguntó el dependiente.

6. El bebé llora cuando quiere que lo _____ .

ORTOGRAFÍA

Usos de la h

En castellano la *h* es muda, es decir, no suena cuando se pronuncia la palabra, como sucede en inglés cuando pronunciamos la palabra *honor*.

hipo   hábito   hogar   huracán

1. Se escriben con *h* las palabras que llevan diptongos cuya primera vocal es *i* o *u*.

hiena   hielo   hierba   hierro   hie   huerto   hueso   hueco
hiato   huérfano   huevo   huésped   huella   huidizo

Si el diptongo ocurre en medio de palabra también se escribe con *h*.

aldehuela   cacahuete   alcahueta   ahuecar

2. Los derivados y compuestos de palabras que se escriban con *h*.

humareda de humo   inhumano   deshielo   deshonra de honor
humorístico de humor

Se exceptúan de esta regla algunos derivados.

oval   ovalado   ovario   ovíparo   óvulo—derivados de **huevo**
oquedad—de **hueco**   óseo   osario   osamenta—de **hueso**
orfandad   orfelinato   orfanatorio—de **huérfano**

3. Se escriben con h las palabras que comienzan con los prefijos griegos y latinos *hipo-, hidro-, hiper-, hemi-, hecto-, homo-*.

hipódromo   hipoteca   Hipólito   hidrógeno   hidráulico
hipérbole   hemisferio   hectogramo   hectárea   homólogo
homogéneo

4. Los derivados de verbos.

hemos   haya   había   habría   hubiera—de **haber**

hacía   hace   hicimos—de **hacer**   halló hallaba   hallara

hallaría—de **hallar**

5. Se escriben con h muchas palabras derivadas del latín que originariamente se escribían con *f*

hierro de *f*ierro   **hilo** de *f*ilu
hijo de *f*ilio   **harina** de *f*arina
hoja de *f*olia   **hacer** de *f*acere

La *h* aparece en numerosas palabras castellanas. El alumno debe familiarizarse con su uso para poder escribirlas correctamente. Palabras con *h* al principio de palabras:[5]

hombre	holgorio	hallar	hamaca	heces	herramientas
hembra	hechicera	hermoso	harapos	humo	hortaliza
hombro	habitante	hígado	hora	hedor	higiene
humor	homenaje	huésped	hosco	hervir	húmedo
hoguera	hospital	huraño	héroe	hazaña	habilidad
húmero	hilacha	hormiga	herir	hincapié	honrar
hincar	horizontal	hereje			

Palabras que llevan *h* en medio de palabra:

bohemio	almohada	alcohol	albahaca	ahumado	Alhambra
ahora	ahorcado	anhelo	exhortación	exhibición	alhaja
exhalar	inherente	ahorrar	deshonrar	exhumar	vehículo
bohío	vahído	vehemente	coherente		

Ejercicios

A. Escriba dos o tres palabras derivadas de:

1. huerto
2. huésped
3. hueco
4. hoja
5. huérfano
6. hormiga
7. habitar
8. huevo
9. hijo
10. hermano

B. Escriba o quite la <u>h</u> si es necesario.

1. La halbaca exala un perfume muy agradable.
2. La mujer exibía una ermosa alaja hovalada.
3. Ubo un choque de veículos y llevaron los eridos al ospital.
4. Aumaron las cuevas de las ormigas que destrozaban las ortalizas.
5. La ceremonia fue para onrar a los éroes.
6. El niño tenía gran abilidad para tejer amacas.
7. El pensar es una capacidad inerente del ser umano.

C. Escriba oraciones con algunas de las palabras derivadas del ejercicio A.

D. De las palabras dadas en la lección, busque la que corresponda a la definición dada.

1. Especie de cama tejida que cuelga por los extremos.
2. Lo opuesto de gregario.
3. Acción importante realizada por un héroe.
4. Sinónimo de mal olor.
5. Tipo de casa de los indios del Caribe.
6. Se usa en la cama para sostener la cabeza.
7. Conjunto de instrumentos que usan los mecánicos, electricistas, etc.
8. Se dice de ropas muy pobres.
9. Insecto pequeño que pica y vive en la tierra.
10. Lo opuesto de desperdiciar.
11. Sinónimo de desenterrar un cadáver.
12. Animal que nace de huevos.

[5] Observe que las palabras arpa (*harp*), armonía (harmony) y ermitaño (hermit) se escriben sin *h* en español.

La tumba de Rubén Darío en Managua, Nicaragua

Práctica de acentos

Coloque los acentos necesarios.

1. En la seccion en español de la biblioteca hay un buen numero de volumenes de la poesia y prosa de Ruben Dario.

2. Todavia un adolescente, Ruben Dario comenzo a trabajar en la redaccion de un periodico politico llamado *La Verdad*.

3. Los organos del sentido del gusto de las hormigas les permiten distinguir sabores diferentes, mostrando predileccion por los liquidos dulces y aromaticos.

4. Por esa epoca se habian instalado algunas fabricas que utilizaban tecnicas modernisimas en la confeccion de artesania tipica del pais .

Miscelánea para leer y comentar

Sabía usted que:

Nicaragua es el país más grande de Centroamérica, con dos grandes lagos; el mayor, Nicaragua, de 100 millas de largo y 40 de ancho, es uno de los pocos lagos en el mundo donde se encuentran tiburones de agua dulce y otro menor, Managua, a cuyas orillas se encuentra la capital del mismo nombre.

Desde 1513 Balboa concibió un proyecto para construir un canal interoceánico semejante al de Panamá, el cual utilizaría como ruta principal el lago Nicaragua y la desembocadura del Río San Juan en la costa atlántica del país. El proyecto, que se revivió a principios de este siglo, fue abandonado definitivamente en favor del canal de Panamá.

Los nicaragüenses aseguran que el escritor Daniel Defoe, autor de Robinson Crusoe, se inspiró en las aventuras de un nicaragüense cogido prisionero por el Capitán Sharp, abandonado en la isla chilena de Juan Fernández y rescatado años después por el famoso navegante inglés William Damfier.

La unidad monetaria de Nicaragua, el córdoba, se llamó así en honor del Conquistador Francisco Hernández de Córdoba, fundador de las dos antiguas ciudades de Granada y León.

COSTA RICA

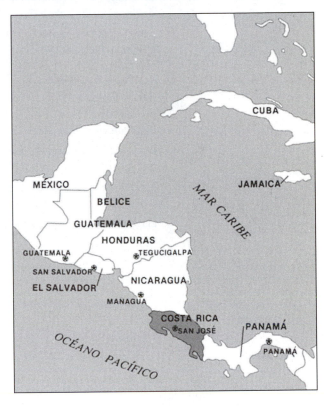

Nombre oficial: República de Costa Rica

Capital: San José

Adjetivo de nacionalidad: costarricense

Población (est. 1992):   3.187.000

Millas cuadradas: 19.575

Grupo étnico predominante: blancos

Lengua oficial: el español

Moneda oficial: el colón

Educación: analfabetismo 7%

Economía: café y banana

ANTES DE LEER

A.   Conteste las preguntas que siguen.

1.   Cuando se menciona Suiza, ¿qué clase de país le viene a la mente?

2.   A los americanos del norte se les llama «yankees» y a los puertorriqueños se les conoce como «boricuas». ¿Qué otros sobrenombres conoce para designar a ciertos grupos nacionales?

3.   ¿Sabe usted qué es un coup d'état?

4.   ¿Cuál cree usted que es la función del ejército en un país?

5.   ¿Se sentiría usted seguro si no hubiera ejército en los Estados Unidos?

6.   ¿Sabe usted qué grupo étnico ayudó con su trabajo a la construcción del ferrocarril en los Estados Unidos?

7.   ¿Qué significan los términos *latifundio* y *mestizaje*?

8.   ¿Qué quiere decir si un país tiene un índice de analfabetismo bajo?

9.   ¿Cree usted que los inmigrantes en un país deben conservar su idioma de origen?

10.   ¿Qué calamidad cree usted que es peor, la explosión de un volcán o un terremoto?

B.   Sobre la lectura.

1.   Basándose en el título de la lectura, ¿qué anticipa usted en términos de información sobre Costa Rica?

2.   Eche un vistazo rápido a la lectura y luego busque los párrafos donde aparecen las palabras:
cuartelazo
enseñanza gratuita
flora y fauna
productos lácteos
Explique su significado.

3.   Busque en la lectura en qué costa está Puerto Limón y explique por qué hay un núcleo de población negra en en esa región.

4.   Busque en la lectura el otro grupo étnico que se ha establecido en Costa Rica.

5.   Haga una segunda lectura más reposada para comprender bien lo que lee.

LECTURA

Costa Rica

Algunas naciones aunque no sean ricas, grandes ni poderosas pueden servir de ejemplo a otras, y éste es el caso de Costa Rica, república centroamericana a la que muchos denominan «La Suiza de América».

Los «ticos», como llaman afectuosamente otros hispanoamericanos a los costarricenses por su inclinación a usar el sufijo «tico» en sus diminutivos, están muy orgullosos de la tradición democrática de su país, la cual les ha permitido gozar por muchos años de una envidiable estabilidad política. Esta característica le concede a Costa Rica una categoría única en una región en la que las revoluciones y los golpes de estado o *cuartelazos*, son tan frecuentes como los terremotos y las erupciones volcánicas.

budget / illiteracy

free education
attendance
are proud / In fact
army

La estabilidad política de Costa Rica es muy posible que esté relacionada con el relativamente alto nivel cultural del país, que dedica un gran porcentaje de su *presupuesto* nacional a la educación, y al bajo índice de *analfabetismo*; la mayor parte de la población sabe leer y escribir. Costa Rica fue el primer país en la región que estableció la *enseñanza gratuita* obligatoria y el primero en permitir la *asistencia* de las mujeres a la escuela secundaria. Los costarricenses *se enorgullecen* de que en su país haya más maestros que soldados. *De hecho,* es el único país en el continente americano que no tiene un *ejército* constituido. La seguridad nacional está a cargo de la Guardia Nacional, cuerpo de policía sin ninguna conexión política. Es muy significativo, casi simbólico, que para abolir lo más posible toda traza de militarismo,a la eliminación del

fortress

ejército en 1949, la *fortaleza* militar Bellavista en San José se convirtiera en el Museo Nacional.

Otro factor que probablemente haya contribuido a la estabilidad económica y política del país es la homogeneidad de su población, lo cual disminuye considerablemente las tensiones raciales. Un 80% es de origen español, principalmente vizcaínos y gallegos, el resto de la población es *mestiza* con un *ínfimo* porcentaje de indígenas. La población indígena de Costa Rica fue rápidamente asimilada por lo que Costa Rica es el único país de Centro América en el que la herencia indígena apenas se percibe.

mixed
minimal

El la costa del Caribe, en Puerto Limón, existe un núcleo de población negra, descendientes de jamaiquinos que llegaron a Costa Rica durante el siglo pasado para trabajar en la construcción del *ferrocarril* que une la rica zona cafetalera de la *meseta* central con Puerto Limón en la costa atlántica. Los jamaiquinos eran, entre los obreros que fueron traídos, los que mejor resistían la fiebre amarilla y los rigores del clima *selvático* y pronto llegaron a constituir la principal *mano de obra*. A la terminación de la *red* ferroviaria, muchos de los trabajadores permanecieron en la zona, donde forman una comunidad que aún conserva el idioma inglés y que no se ha integrado completamente a la población general del país. Más recientemente, atraídos por la noticia de que Costa Rica es un país sin ejército, un grupo de cuáqueros procedentes de Alabama se ha establecido en la zona conocida por Monteverde, al noroeste de San José, en la cordillera de Tilarán, donde han establecido una próspera comunidad dedicada a la fabricación de queso y otros productos *lácteos* que han alcanzado gran renombre en el país.

railroad
plateau

forest
work force / vía

derivados de la leche

Otro elemento positivo en la sociedad costarricense es la relativa ausencia de latifundios, uno de los graves problemas que plagan otros países hispanoamericanos y que apenas existen en Costa Rica. La tierra, desde los comienzos de la vida republicana del país, se dividió en pequeñas parcelas en manos de numerosos propietarios, con lo que se ha logrado disminuir conside-

El cráter principal del volcán Poas en el Parque Nacional, Costa Rica.

agricultural

rablemente las fricciones creadas por la posesión de las tierras en manos de unos pocos. Aunque se ha señalado que estas parcelas en su mayoría son demasiado pequeñas para permitir el desarrollo *agrícola* en gran escala, *al menos* permite al pequeño propietario trabajar su propia finca y cultivar los productos agrícolas necesarios para el consumo individual y nacional.

wild orchids

Un ejemplo positivo que además da Costa Rica es la campaña que lleva a cabo para la preservación de su flora y fauna. En el país existen alrededor de 2.000 especies de árboles nativos y una extensa variedad de flores y *orquídeas silvestres*, conservadas en numerosos parques forestales a través del país.

Costa Rica no ha podido, sin embargo, escapar al peligro que representan los volcanes, algunos de ellos aún en actividad, como el gigantesco volcán Arenal y el extinguido Irazú, punto obligado de visita de los turistas que llegan a San José. Alguien ha señaldo que los volcanes son el único punto extremo en esta pacífica república centroamericana, que aunque no está exenta de problemas, parece haber encontrado un feliz punto medio en el desarrollo de su vida ciudadana.

Preguntas

A.   Preguntas sobre la lectura.

1. ¿Qué países hacen frontera con Costa Rica?
2. ¿Qué mares bañan sus costas?
3. ¿Por qué llaman a Costa Rica «la Suiza de América»?
4. ¿Cuál es al apodo que tienen los costarricenses?
5. ¿Por qué se dice que Costa Rica tiene un alto nivel cultural en relación a los otros países centroamericanos?
6. ¿Por qué se habla de homogeneidad al referirse a la población de Costa Rica?
7. ¿Qué núcleos étnicos existen en el país?
8. Si Costa Rica no tiene ejército, ¿quién mantiene la seguridad y el orden del país?
9. ¿Cuál es la política de Costa Rica sobre su flora y fauna?
10. ¿Qué característica geográfica tiene Costa Rica en común con los otros países?

B.   Otras preguntas.

1. ¿Tiene usted algún apodo personal? ¿Y sus compatriotas? ¿Sabe su origen?
2. Algunos apodos usados para referirse a grupos étnicos son aceptados, otros no. ¿Puede mencionar algunos de una u otra categoría?
3. ¿Sabe qué parte del presupuesto se dedica aquí en los Estados Unidos a educación? ¿y al ejército?
4. ¿Sabe hasta qué edad es obligatoria la enseñanza aquí en los Estados Unidos? Le parece suficiente?
5. ¿Qué le parece la educación en los Estados Unidos? ¿Ha leído algo sobre ésta últimamente?
6. En la lectura se hace referencia al latifundio como un problema, ¿sabe por qué?
7. ¿Existen latifundios en los Estados Unidos?
8. ¿Cree usted que en los Estados Unidos se preserva la flora y fauna del país? ¿Dónde se ve esto?

Mejore su vocabulario

A. Dé la palabra que se relacione con las definiciones que siguen.

1. Cálculo anticipado de los gastos y entradas del hogar o gobierno.
2. Construcción de tipo militar para la defensa de un lugar.
3. Camino de hierro por donde circulan los trenes.
4. Se dice de los productos relacionados con la leche.
5. Acto de impartir instrucción.
6. Planta que crece naturalmente.
7. Se refiere al trajabo manual realizado por obreros.
8. Falta de instrucción elemental de un país.
9. Extensión grande de tierra en manos de un sólo propietario.
10. Golpe de estado llevado a cabo por militares.
11. Lo más bajo en el orden y gradación de las cosas.
12. Persona nacida de padres de dos razas distintas.
13. En geografía, terreno llano de gran altura.
14. Llenar de orgullo.
15. Sinónimo de salvaje.
16. Relativo a la agricultura.
17. Cuerpo militar organizado para la defensa de un país.

Modismos

de hecho   *in fact*

al menos   *at least*

Sustituya las palabras subrayadas por el modismo apropiado.

1. Aunque es un trabajo muy aburrido, <u>por lo menos</u> le permite vivir.
2. <u>En realidad</u>, son los únicos que se ocupan de mantener el lugar limpio.

Temas para redactar y conversar

A. Los países hispanoamericanos están poblados por gentes de diversas razas. Busque información en alguna historia de Hispanoamérica sobre las razones de esta diversidad racial. Redacte un informe para leerlo en la clase si el maestro se lo pide.

B. Se ha señalado que existe un relación directa entre el índice de analfabetismo de un país y su progreso económico y social. Exprese sus ideas al respecto.

C. Ultimamente, un tema muy comentado en la prensa es la carrera arma-
mentista por la cual muchos países están «armados hasta los dientes».
Teniendo esto en cuenta exprese sus ideas al respecto y qué ventajas y
desventajas tiene un país como Costa Rica que carece de ejército, y en
países vecinos donde en los últimos años ha habido gran inestabilidad
política.

GRAMÁTICA

I. Los participios pasados (-ado, -ido) usados como adjetivos

Las formas verbales que terminan en **-ado**, **-ido**, llamadas participios, pueden
hacer la función de adjetivos, y como tales concuerdan con el nombre en
género y número.

Amelia ha constru**ido** la casa.   La medicina ha cur**ado** a los enfermos.
La casa está constru**ida.**   Los enfermos están cur**ados.**

En el primer ejemplo, **construido** y **curado** son participios pasados, forma
verbal que nunca cambia su terminación en *o*.

En el segundo ejemplo, **construida** y **curados** tienen función adjetival y
ajustan su terminación a los nombres.

Ejercicios

Escriba oraciones equivalentes a las dadas, en las que el participio pasado tenga
función de adjetivo.

1. El tránsito ha debilitado la plataforma.
2. Han hecho ya las maletas para el viaje.
3. La lluvia ha saturado la tierra.
4. La tempestad ha destrozado las plantas.
5. Alguien había abierto las puertas del restaurante.
6. Han encendido ya las luces.
7. Las fábricas han contaminado el aire.
8. La calle se ha empedrado con adoquines.

2. Comparación de los adjetivos

Los adjetivos expresan su significación por medio de tres grados: el positivo, el
comparativo y el superlativo.
El grado positivo se usa para señalar una cualidad básica:

El perro es **manso**.   La rosa es **roja**.

El grado comparativo se usa para establecer una comparación:

El perro es **más manso** que el león.
La rosa es **más perfumada** que el clavel.

El grado comparativo puede ser a su vez, de igualdad, de superioridad o
de inferioridad.

igualdad
— **tan** + adjetivo **+ como**
— **tanto** (**-a, -os, -as**) + sustantivo + **como**

El gato es **tan blanco como** el algodón.
Tiene **tantos discos como** yo.

superioridad
— **más** + adjetivo + **que**
— **más** + sustantivo + **que**

El tigre es **más fiero que** el gato.
Leandro tiene **más amigos que** Orlando.

inferioridad
— **menos** + adjetivo + **que**
— **menos** + sustantivo + **que**

Olga es **menos amistosa que** María.
Esta ciudad tiene **menos parques que** la otra.

3. Comparativos irregulares

Algunos adjetivos tienen además de la forma comparativa regular, otra irregular.

bueno—mejor[1]	más bueno que	= **mejor**
malo—peor[1]	más malo que	= **peor**
grande—mayor[1]	más grande que	= **mayor**
pequeño—menor[1]	más pequeño que	= **menor**
bajo—inferior	más bajo que	= **inferior**[2]
alto—superior	más alto que	= **superior**[2]

No se debe añadir **más (menos)** a la forma irregular. Se debe decir:

El pan es **mejor** que la torta, y no:
El pan es más mejor que la torta.

La nieve es **peor** que la lluvia, y no:
La lluvia es menos peor que la nieve.

4. Los superlativos en español

Un adjetivo está en grado superlativo cuando expresa su cualidad en un grado máximo. Es absoluto si no hace referencia a otro nombre, es decir, no establece comparación con otra cosa o persona.

El helado está **riquísimo**.   El tiempo está **malísimo**.

a)   Se llama superlativo relativo si expresa una comparación con otro u otros nombres. Para formar el superlativo relativo se coloca el artículo definido antes de la forma comparativa:

---

[1] *Mejor y peor* son también las formas comparativas de los adverbios *bien* y *mal*: Baila *mejor* que tú. Trabaja *peor* que él. *Mayor* y *menor* se usan también para comparar edades: Armando es *mayor* (más viejo) que Leonor. Ofelia es *menor* (menos vieja—más joven) que Berta.

[2] *Superior* e *inferior* sólo se usan para comparar posición o calidad, no para referirse a estatura: Este vino es *inferior* a aquél. Estos abrigos son *superiores* a ésos. Pero: Juan es *más alto* que Manuel. Mi casa es *más baja* que la tuya.

Teatro Nacional en San José, Costa Rica.

Juan es **el más inteligente** de la familia.[3]
Teresa es **la más estudiosa** de las alumnas.

b) El superlativo absoluto se forma generalmente agregando la terminación **-ísimo**: hermoso, hermos**ísimo**, o anteponiendo la palabra **muy, bien** o cualquier otra que tenga significación extrema:

extramadamente fea, **exageradamente** gorda, **sumamente** atractiva

No se deben reunir dos formas superlativas; sería incorrecto decir **muy bellísimo**; se debe decir **muy bello** o **bellísimo**.

c) Algunos adjetivos superlativos tienen otras formas especiales además de las formadas con **muy**:

bueno	muy bueno, buenísimo o bonísimo, óptimo
malo	muy malo, malísimo, pésimo
grande	muy grande, grandísimo, máximo
pequeño	muy pequeño, pequeñísimo, mínimo
bajo	muy bajo, bajísimo, ínfimo
alto	muy alto, altísimo, supremo
fuerte	muy fuerte, fortísimo
fiel	muy fiel, fidelísimo
amable	muy amable, amabilísimo[4]
afable	muy afable, afabilísimo[4]
noble	muy noble, nobilísimo[4]
agradable	muy agradable, agradabilísimo[4]
pobre	muy pobre, pobrísimo, paupérrimo
antiguo	muy antiguo, antiquísimo

[3] Se debe observar que en la forma superlativa relativa, la preposición *de* es el equivalente a *in* en inglés.

Es la ciudad más populosa *del* mundo.   It's the most populous city *in* the world.

[4] Observe que el sufijo *-ble* cambia a *-bil* antes de agregar *-ismo*.

Una vista interior del Teatro Nacional en San José, Costa Rica.

Ejercicios

A. Haga comparaciones con las palabras dadas. Use las dos formas, regular e irregular cuando sea posible.

1. *igualdad*	2. *superioridad*	3. *inferioridad*
ser perezoso	ser interesante	pequeño (tamaño)
estar entusiasmado	alto (calidad)	bajo (calidad)
tener discos	grande (tamaño)	bajo (estatura)
	ser bueno	malo

B. Forme el superlativo de los adjetivos que siguen. Use la terminación <u>ísimo</u>.

1. noble	3. fiel	5. fuerte	7. frío
2. afable	4. antiguo	6. amable	8. terrible

Humor

Comente el chiste oralmente o por escrito.

Mala interpretación.

Un sacerdote trata de convencer a un feligrés que debe abandonar su afición a la bebida.

—El Whiskey es tu peor enemigo.

—Pero Padre, ¿no dijo usted en el sermón de la semana pasada que debemos amar a nuestros enemigos?

—Sí, hijo, accede el sacerdote, dije que había que amarlos pero no que había que bebérselos.

SEMEJANZAS Y CONTRASTES

- *Las traducciones de «than»*

1. *Than* se traduce como **que**

    a) Cuando se comparan dos sustantivos, dos pronombres, o un nombre y un pronombre.

    > La niña es más alta **que** la madre.
    > The girl is taller *than* the mother.

    > Ella es más rica **que** él.
    > She is richer *than* he.

    > El es menos activo **que** Rafael.
    > He is less active **than** Rafael.

    b) Cuando se comparan dos acciones.

    > El habla más **que** hace.
    > He talks more *than* he does.

    > Entiende mejor **que** escribe.
    > He understands better *than* he writes.

2. *Than* se traduce como **de**

    a) Delante de un número para indicar una cantidad imprecisa.

    > Tengo más **de** tres abrigos.
    > I have more *than* three coats.

    > Trajeron menos **de** diez mesas.
    > They brought fewer *than* ten tables.

    b) No se sigue esta regla cuando la oración es negativa y se refiere a una cantidad exacta, con el significado en inglés de *only.*

    > No tengo **más que** cinco camisas. (Tengo solamente cinco camisas.)
    > I have *only* five shirts.

    > No trabaja **más que** tres días. (Trabaja solamente tres días.)
    > He works *only* three days.

3. *Than* se traduce como **de lo (que)** cuando hay dos verbos en la oración y el segundo puede estar sobrentendido, la comparación es con un adjetivo, un adverbio, o se refiere a una idea completa incluida en la oración principal antes de *than.*

    > Ellos trabajan menos **de los que** deben.
    > They work less *than* they should.

    > Caminaremos más **de lo** necesario.
    > We will walk more *than* is necessary.

4. *Than* se traduce como **del que (de la que, de los que, de las que)** cuando en una oración con dos verbos, un sustantivo aparece en la primera cláusula y no se repite, sino que está implícito en la segunda.

    > Compró más víveres **de los que** podremos usar.
    > He bought more food *than* we will be able to use.

    > Tienen más dinero **del que** necesitan.
    > They have more money *than* they need.

Ejercicio

Traduzca las oraciones al español.

1. It is better to give than to receive.
2. More than three people are applying for the job.
3. He can't go, he has only ten dollars. (don't use *solamente*)
4. My son is older than Teresa's.
5. This house is smaller than the one we had before.
6. I think they know more than what they have said.
7. This doctor has more clients than he can handle.
8. There is nothing worse than a toothache.

- *Los adjetivos terminados en -ing en inglés y sus equivalentes en español.*

Generalmente las terminaciones **-ante, -ente, -iente** en español corresponden a los adjetivos terminados en *-ing* en inglés, pero en algunos casos esa correspondencia no existe y es necesario usar un adjetivo o frase adverbial equivalente.[5]

un deporte **emocionante**	an *exciting* sport
una experiencia **que da miedo**	a *frightening* experience

Otras frases comunes son:

a *burning* sensation	una sensación **de ardor**, una sensación **quemante**
the *singing* birds	los pájaros **que cantan**
an *amusing* story	una historia **divertida**
a *smiling* face	una cara **sonriente**
a *protruding* rock	una roca **saliente**
a *disturbing* feeling	una sensación **inquietante (de inquietud)**
a *shining* object	un objeto **brillante (resplandeciente)**
a *refreshing* attitude	una actitud **refrescante**
a *changing* situation	una situación **cambiante**
a chilling scream	un grito **escalofriante**
a *creaking* wheel	una rueda **chirriante**
a *denigrating* phrase	una frase **denigrante**
the *running* water	el agua **corriente**
an *excruciating* pain	un dolor **insoportable**

- *Los adjetivos compuestos en inglés y sus equivalencias en español*

En inglés existe gran libertad para formar ajetivos. Algunos se forman de: un sustantivo—*glass table*; de un adjetivo y un sustantivo—*streetwise boy*; de un sustantivo y un verbo—*heart-rending news*; de un adverbio y un verbo—*fast-running animal*. En español a veces se encuentra un adjetivo equivalente; en otros casos, y esto es lo más frecuente, se debe emplear la preoposición **de** entre el nombre y el adjetivo o usar una frase adjetival o preposicional equivalente.

gold chain	cadena de oro
cucumber soap	jabón de pepino
wildflower honey	miel de flores silvestres
whole-wheat bread	pan de trigo integral

[5] No debe confundirse las terminaciones *-ing* usadas como adjetivos en inglés con el *presente participle* que es una forma verbal. Obsérvese igualmente que el gerundio (*-ing* = **ando, -iendo**) nunca se usa como adjetivo en español, a excepción de dos verbos, **arder** y **hervir**. *boiling water*—agua **hirviendo** *boiling milk* leche **hirviendo** *burning wood*—madera **ardiendo**.

smoked-filled room	cuarto lleno de humo
mass-transportation system	sistema de transporte en masa
a toy-loaded truck	un camión cargado de juguetes
celery soup	sopa de apio
wooden box	caja de madera

Observación práctica. Fíjese que en español el orden es al revés que en inglés; o sea, la última palabra en inglés se convierte en la primera en español:

a never-ending problem   un problema que no termina nunca.

Ejercicios

A. Dé el equivalente de:

1. a horrifying scene
2. a disconcerting thought
3. a demanding person
4. a crying baby
5. a consuming desire
6. a frustrating situation
7. a very calming effect
8. an unconvincing explanation
9. high-mileage cars
10. a reduced-price lunch
11. a data-processing unit
12. a self-examination device
13. freedom-loving citizens
14. federally subsidized meals
15. a sugar-free beverage
16. a high-voltage wire

B. Traduzca al español.

1. A smiling woman was selling hanging plants and hand-made silk blouses.
2. He made an annoying remark about the most hard-working person there.
3. He complained of a burning sensation in his stomach.
4. We ate a very satisfying meal in the most relaxing atmosphere you can imagine.
5. That was a frightening experience for everyone.

Joven costarriense decorando una carreta, artesanía típica de Costa Rica.

6. His soothing words introduced some calm into the alarming diagnosis.

7. Her chilling screams paralyzed us all.

8. His intimidating gestures scared the people around there.

9. She pointed to poverty and ignorance as the contributing factors.

C. Traduzca.

1. A long-awaited recovery in the national economy appears to be taking shape.

2. A 10-foot-high wire fence was built to improve the security system of the prison.

3. The workers were pleased with the new profit-sharing plan proposed by the company.

4. A tax-free savings plan would encourage more people to save.

5. A two-volume study of the life of wild bees was recently released.

6. A fact-finding committee left yesterday morning for that area.

7. Public-employee unions have urged the approval of job-related measures to provide better protection for their members.

8. The upper limit of construction costs for the project was estimated at about two million.

9. The store caters almost exclusively to fashion-oriented young people.

10. Not all the members were convinced about the high-risk investment.

11. The new measure was applauded by all law-abiding citizens.

12. They sell only freshly squeezed fruit juice.

13. The conference was attended by solemn-faced, world-famous leaders.

14. Many vacationers were mindful of the calorie-rich food.

15. Be prepared to pay more for a butter-basted turkey.

16. They bought an extra-deep royal blue rug.

17. His never-ceasing movements made me nervous.

18. The fast-moving tragic events worried the diplomats.

19. They built a solid-brick house at the top of the mountain.

Falsos cognados

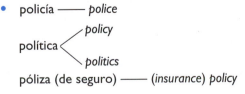

- policía —— *police*

  política ⟨ *policy*
            politics

  póliza (de seguro) —— *(insurance) policy*

La **policía** está investigando el robo.   The *police* are investigating the robbery.

La **política** de la universidad sobre el uso de drogas es muy clara.
The *policy* of the university about drug use is very clear.

Es la única en la familia interesada en **la política**.
She is the only one in the family interested in *politics*.

¿Cuánto pagas por tu **póliza** de seguro contra robo en el domicilio?
How much do you pay for your home insurance *policy* against theft?

- asistencia ⟨ *attendance*
               assistance (aid, help)

La **asistencia** al concierto fue baja.   The *attendance* at the concert was low.
El seguro le paga al médico la **asistencia** del enfermo en el hospital.
The insurance pays the doctor's *assistance* at the hospital.
Gracias por su **asistencia**.   Thanks for your *help*.

- parcela ——— *parcel* (*piece of land*)
  parcel (*by mail*) ——— paquete por correos

Cada campesino recibió una **parcela** de tierra pequeña.
Each farmer received a small *parcel* of land.

Hay un **paquete** para ti en el correos.
There is a *parcel* for you at the post office.

Ejercicios

A.   Traduzca al español.

1. Nowadays many women belong to the police force.
2. The policy of the company is very good in promoting women to responsible positions.
3. For generations his family has participated in the politics of the country.
4. She never misses classes; she has perfect attendance.
5. He has never denied his assistance to the committee.
6. He works for a company that delivers parcels to homes.
7. In that country each farmer dreams about owning a parcel of land.

B.   Escoja la palabra que crea más apropiada al sentido de la oración.

1. La (política/póliza) de seguro que tengo no cubre contra choque.
2. Mandar (esta parcela/este paquete) por correos va a costar mucho porque es muy grande.
3. Mucha gente (asistió/atendió) a la conferencia.
4. ¿Cuál es la (póliza/política) del estado en cuanto a la educación de los impedidos?
5. Vendieron (la parcela/el paquete) que habían comprado para fabricar una casa en el doble de lo que les costó.

ORTOGRAFÍA

Homófonos con h y sin h

a)	a	Letra del alfabeto, preposición
		La *a* es la primera letra del alfabeto.
	¡ah!	Exclamación que indica sorpresa.
		¡Ah! ¡Qué hermoso niño!
	ha	Forma del verbo **haber**.
		¿**Ha** llamado Adela hoy?
b)	abría	Forma del verbo **abrir**.
		Siempre **abrían** la tienda a las diez.

	habría	Forma del verbo **haber**.
		¿Crees que **habría** alguien anoche allí?
c)	ala	Parte de un edificio, de un sombrero, de un avión, del cuerpo de un ave.
		La oficina está en el **ala** derecha del edificio.
		El sombrero tiene el **ala** ancha.
		No quiero el asiento en el **ala** del avión.
		El pájaro tiene un **ala** partida.
	hala	Forma del verbo **halar**[6] (tirar de).
		¿Por qué le **hala** el pelo?
d)	asta	Palo de la bandera; cuerno de un animal.
		Por la muerte del policía, la bandera está a media **asta**.
		Mira las **astas** de ese toro.
	hasta	Preposición que indica límite.
		No lo verá **hasta** el lunes.
e)	desecho	Desperdicio—algo que se tira porque no tiene valor.
		Sacan papel de los **desechos** de las casas.
	deshecho	Forma del verbo **deshacer** (romper, desbaratar).
		La lluvia ha **deshecho** las rosas.
f)	e	Vocal del alfabeto.
		la *e* es una vocal.
	¡Eh!	Interjección que se usa para detener o llamar a alguien.
		¡**Eh!** ¡Espere!
	he	Forma del verbo **haber**.
		He visto esta película dos veces.
g)	echo	Forma del verbo **echar**.
		Nunca **echo** sal a la ensalada.
	hecho	Forma del verbo **hacer**.
		¿Qué habrá **hecho** ahora?
h)	errar	Equivocarse, cometer un error.
		El **errar** es humano.
	herrar	Poner herraduras a un animal.
		Hay que **herrar** la mula mora.
i)	as	Naipe—carta de la baraja.
		El **as** es una carta valiosa.

---

[6] Usar la *j* en vez de la *h* (jalar) es un uso que se considera familiar en muchos países; en otros es la forma general usada.

	has	Forma del verbo **haber**.
		—Dulce, ¿**has** terminado ya con la plancha?
j)	ojear	Echar una mirada rápida.
		Déjame **ojear** el banco a ver si no hay cola.
	hojear	Pasar las páginas de un libro, revista, etc.
		¿No quieres **hojear** esta revista para entretenerte?
k)	ola	Ola del mar; ola de frío.
		El mar tiene **olas**.
		Hay una **ola** de frío.
	¡hola!	Saludo.
		¡**Hola!** ¿Cómo estás?
l)	onda	Ola del mar; rizo del pelo; onda de radio.
		El mar no tiene **ondas** hoy.
		No tengo **ondas** en el pelo.
		Pon la estación de **onda** corta.
	honda	Profunda, tiraflecha.
		La bahía es muy **honda**.
		La **honda** de David.
m)	ora	Forma del verbo **orar** (rezar).
		Siempre **ora** por la noche.
	hora	Unidad del tiempo
		¿A qué **hora** es la cena?

2.   Parónimos con <u>h</u> y sin <u>h</u>

Los parónimos son las palabras que tienen entre sí cierto parecido en la pronunciación o en la escritura, por lo que se prestan a confusión. Algunos comunes relacionados con la *h* son:

a)	¡ay!	Interjección que indica temor, dolor, etc.
		¡**Ay!** ¡Cómo duele!
	ahí	Indica sitio, lugar.
		Mire, **ahí** está.

	hay	Forma del verbo **haber**.
		Hay tres casas en la cuadra.
b)	a ver	Preposición seguida del verbo **ver**.
		¿Qué película vas **a ver?**
	a haber	Preposición seguida del verbo **haber**.
		¿Cuánta gente va **a haber** allí?
c)	a ser	Preposición seguida del verbo **ser**.
		¿Qué vas **a ser** cuando crezcas?
	a hacer	Preposición seguida del verbo **hacer**.
		¿Qué vas **a hacer** luego?
d)	azar	Algo imprevisto, a la suerte.
		Se encontraron al **azar**.
	azahar	Flor del naranjo o del limonero.
		Me gusta mucho el agua de **azahar**.
e)	aya	Niñera.
		Tienen un **aya** para que les cuide la niña.
	allá	Lugar distante del que habla.
		¿Ves esos árboles **allá** a lo lejos?
	halla	Forma del verbo **hallar** (encontrar).
		¿Dónde se **halla** La Haya?
	haya	Forma del verbo **haber**, árbol (*beech tree*).
		No creo que él **haya** cortado el árbol de **haya** que había al frente de la casa.
	La Haya	Capital de Holanda (*The Hague*).
		La Haya es muy atractiva como ciudad.
f)	hoy	En este día.
		Hoy hace un día muy bonito.
	oí	Forma del verbo **oír**.
		Oí que hoy llegaban los abuelos.

Ejercicio

Complete los espacios, escogiendo las palabras que den sentido a la oración.

1. _____, que bueno que Octavio ya _____ empezado _____ trabajar de nuevo después de la enfermedad. (ha/a/ah)

2. Si usted le _____ con tanta fuerza el _____ al pajarito se la va a romper. (ala/hala)

3. Como humanos al fin, cualquiera puede _____ y eso fue lo que le pasó al herrero al _____ el caballo. (herrar/errar)

4. Pedro, por favor, ayúdame a enderezar el _____ de la bandera y no la sueltes _____ que yo te diga. (hasta/asta)

5. ¿_____ visto qué suerte tengo en el juego de barajas? Me ha tocado el _____ dos veces. (as/has)

6. Despidieron al gerente de la tienda porque dicen que _____ tarde, pero _____ que ver si es verdad esa acusación. (abría/habría)

7. _____, señora, ¿me puede decir dónde está el apartamento letra _____? Lo _____ buscado por todas partes y no veo esa letra. (eh/e/he)

8. Si tu hija te dijera que cuando crezca va _____ astronauta, lo que debes _____ es animarla a que sea lo que quiera. (hacer/a ser)

9. La novia tiró al _____ el ramo de _____ que llevó en la ceremonia de bodas. (azar/azahar)

10. Para matar el tiempo, primero fue hacia la ventana para _____ la calle y luego se sentó a _____ una revista. (ojear/hojear)

11. ¡_____, Elsa, mira cuánta gente _____ _____ en esa cola! (hay/ay/ahí)

12. Es una persona muy devota, _____ todos los días a la misma _____. (hora/ora)

13. ¡_____! ¿Te has preparado ya para la _____ de frío anunciada? (ola/hola)

14. Pensaba ir _____ a la playa pero _____ en el radio que iba a llover. (hoy/oí)

Esferas gigantescas en un campo de Costa Rica.

15. Dice que _____ en _____, la capital de
Holanda, se _____ el _____ más responsable y
cariñosa que _____ tenido jamás. (allá/aya/halla/haya/La
Haya)

Práctica de acentos

Ponga los acentos sobre las palabras que lo requieran.

1. Para evitar la desforestacion de la nacion, el gobierno promulgo una ley
que prohibe la tala de arboles.

2. El comite de desarrollo economico estatal celebro una reunion especial
destinada a establecer la capacitacion en la administracion de energia.

3. Las adversas condiciones climaticas y la falta de interes en la preservacion
de los tesoros culturales del pais ponen en peligro las obras artisticas y la
documentacion historica.

4. El censo de poblacion demostro que en las ultimas decadas el numero de
habitantes en el sector urbano habia aumentado el cuadruple de la tasa
calculada.

Miscelánea para leer y comentar

Sabía usted que:

En Costa Rica se han encontrado unos interesantes remanentes de las culturas pre-colombianas, unas misteriosas esferas de piedra encontradas en las selvas, en las montañas y en los deltas de los ríos. Las esferas varían en dimensión, algunas enormes, tienen hasta tres metros de diámetro. La más grande que se ha encontrado pesaba ocho toneladas. Pueden verse en exhibición en parques y edificios públicos de Costa Rica.

Los campesinos de Costa Rica usan como medio de transporte unas carretas decoradas con artísticos diseños de brillantes colores, cuyas ruedas al girar producen caprichosos dibujos. Los carretas constituyen hoy día la artesanía más representativa de Costa Rica.

Costa Rica fue el primer país que tuvo ferrocarril de la costa del Atlántico a la del Pacífico, base del extraordinario desarrollo que tuvo la industria bananera en Centroamérica. Costa Rica fue el primer país que exportó banano.

La unidad monetaria de Costa Rica, el colón, fue nombrada así en honor del descubridor Cristóbal Colón.

CAPÍTULO

13

PANAMÁ

Nombre oficial: República de
Panamá

Capital: Panamá

Adjetivo de nacionalidad:
panameño(a)

Población (est. 1992):   2.529.000

Millas cuadradas: 29.270

Grupos étnicos predominantes:
mestizos 70%, negros 14%, blancos
10%, indígenas 6%

Lengua oficial: el español

Moneda oficial: el balboa

Educación: analfabetismo 13%

Economía: banca internacional,
banana y otros productos agrícolas

ANTES DE LEER

A.   Conteste las preguntas que siguen.
  1.   ¿Sabe usted qué es, en geografía, un canal?
  2.   ¿Qué canales importantes en el mundo puede usted mencionar?
  3.   La expansión hacia el oeste de los Estados Unidos en el siglo XIX se
      facilitó debido a la construcción del ferrocarril. ¿Qué grupo étnico ex-
      tranjero contribuyó con su labor a las vías ferrocarrileras?
  4.   ¿Qué idea tiene usted de los piratas? ¿Cree qué reflejan personajes
      históricos o son productos de la imaginación popular?
  5.   ¿Qué ideas le vienen a la mente cuando oye las frases «trajes típicos» o
      «danzas típicas»?
  6.   ¿Qué significa para Ud. una «zona libre de comercio»?
  7.   Cuando se menciona a Hong Kong en China, ¿qué ideas le vienen a la
      mente?

B. Sobre la lectura

1. Lea el título. Piense en el posible contenido de la lectura.

2. Fíjese en el mapa. ¿Con qué países tiene frontera Panamá?

3. Fíjese de nuevo en el mapa. ¿Qué dos océanos bañan las costas de Panamá?

4. Eche una ojeada rápida a la lectura y luego busque en ella bajo qué presidente de los Estados Unidos se construyó el Canal de Panamá.

5. Busque en la lectura qué relación había entre Panamá y el oro y la plata que se extraía en Perú y Bolivia.

6. Localice el párrafo en la lectura dónde se hace referencia a la leyenda del altar de la iglesia de San José.

7. Localice en el mapa del capítulo 14 dónde está el Cabo de Hornos. Luego imagine que usted está en Caracas y necesita ir por barco a la costa sur de Panamá pasando por el Cabo de Hornos. Trace con el dedo el viaje a seguir.

8. Imagine un segundo viaje desde Caracas a la costa sur de Panamá pero esta vez atravesando el Canal. Trace con el dedo el segundo viaje y luego compare mentalmente las distancias.

9. Haga una segunda lectura máas lenta para comprender bien lo que lee.

LECTURA

Panamá: La tierra del Canal

Seguramente a usted le pasará como a mucha gente, que al oír nombrar a Panamá lo asocia con el Canal, y es muy natural que lo haga, porque desde que Panamá *surgió* a la vida republicana[1] su nombre ha estado unido a esta *obra maestra* de la ingeniería moderna, considerada por muchos como la octava maravilla del mundo.

emerged
masterpiece

La construcción del Canal de Panamá fue una de las *empresas* humanas más *portentosas* y dramáticas de los tiempos modernos, no sólo económicamente sino también en cuanto a la enorme *pérdida* de vidas que ocasionó.

undertakings

Debido al *titánico* esfuerzo que representó remover millones de toneladas de fango y piedra, *a causa de* los *deslizamientos* de tierra y a la fiebre amarilla, se calcula que murieron más de 6.000 personas. Los obreros provenían mayormente de las islas británicas del Caribe. A la terminación de las obras del canal, gran parte de ellos permanecieron en Panamá, lo que explica que muchos panameños hoy tengan apellido inglés y utilicen esta lengua en sus hogares.

loss
due to
because of / sliding

Una compañía francesa dirigida por Fernando de Lesseps, el mismo ingeniero que había dirigido la construcción del canal de Suez, inició los trabajos de construcción del canal en Panamá mas dificultades técnicas y económicas impidieron su continuación.

En 1903, el entonces presidente Theodore Roosevelt adquirió de los franceses el derecho de construir el canal, el cual fue inaugurado en 1914.

Con la construcción del canal el gobierno adquirió *perpetuamente* el derecho de administrar la zona. Largos años de tensión entre los dos países y el

---

[1] Panamá formaba parte de Colombia de la cual se independizó en 1903.

Tanque de carga atravesando el Canal de Panamá.

growing tension

pact
adjoining

shortens

old times

couldn't notice

creciente resquemor de parte de los panameños por ver su territorio dividido en dos por el canal, entre otras quejas, hicieron ver la necesidad de revisar el viejo *convenio*. Finalmente, en 1977, Panamá y los Estados Unidos firmaron un nuevo tratado por el cual el Canal y sus tierras *aledañas* pasarían por completo a manos del gobierno panameño en el año 2000.

Panamá, por su privilegiada posición geográfica, tuvo mucha importancia desde la época colonial. Allí se reunían los galeones que traían el oro y la plata de Perú y Bolivia para ser transportados a España, para gloria y contento del pirata inglés Francis Drake, que en más de una ocasión se apoderó del oro español para entregarlo a la reina Isabel de Inglaterra.

Modernamente, la importancia estratégica de Panamá se ha mantenido, ya que el canal *acorta* en 9.000 millas el viaje que antes había que dar por el Cabo de Hornos, en la parte más occidental de Suramérica, para viajar del Atlántico al Pacífico.

Aunque el canal es sin duda alguna uno de los mayores puntos de interés y miles de turistas viajan a través de él u observan desde tierra sus operaciones, hay otros lugares de Panamá que también tienen su atractivo.

La parte antigua de la ciudad, llamada «el casco viejo», guarda en sus calles, catedrales y edificios el encanto colonial de *antaño*. Allí se encuentran las ruinas del convento de San José, cuyo altar de oro fue pintado de negro—según cuenta la leyenda—por el cura de la iglesia para que el pirata Henry Morgan *no se percatara* de su valor y no se lo llevara durante el ataque que destruyó la ciudad en 1671. Hoy el altar de oro puede verse en la nueva iglesia de San José en la sección moderna.

Las ruinas en la vieja Panamá sirven igualmente de marco a las fiestas folklóricas, durante las cuales los jóvenes panameñnos visten los trajes típicos «la pollera» y «el montuno» y bailan la rítmica danza nacional «el tamborito».

La sección moderna de la ciudad cuenta con lujosos hoteles, edificios y condominios, separados por amplias avenidas por las que corren unos pintorescos autobuses, pintados caprichosamente de diversos colores, con nom-

bres de santos, pueblos, frases y dibujos que reflejan las querencias del chofer. En las tiendas del centro se pueden obtener mercancías de todas partes del mundo, especialmente artículos orientales, a precios muy reducidos. A Panamá lo llaman «el Hong Kong de América». Colón, el puerto del Canal sobre el Atlántico es una zona de libre comercio. Y si se quiere probar la suerte en Panamá, también se puede adquirir billetes de la lotería en cualquier parte y lo mejor de todo es que si uno gana, no tiene que pagar impuestos.

Para los que prefieren el contacto con la naturaleza, Panamá ofrece más de 6.000 islitas y algunas, como Contadora, del lado del Pacífico, están adquiriendo renombre internacional. En la costa atlántica, las islas de San Blas, *habitat* de los indicos *cunas* son un verdadero *paraíso*. Este grupo indígena es famoso por sus tejidos llamados «mola» y por lo pintoresco del *vestuario* de sus mujeres.

apparel

Es lástima que no quede espacio para seguir contándole de Panamá, pero por lo menos ya tiene una idea de que Panamá, como bien dicen los folletos turísticos, es algo más que el Canal.

Preguntas

A. Preguntas sobre la lectura.

1. Casi todas los países centro y suramericanos se independizaron en el siglo XIX. ¿Por qué se independizó Panamá tan tarde en el 1903?
2. ¿Por qué se dice que la construcción del canal demandó un esfuerzo gigantesco?
3. ¿Cuáles fueron algunas de las consecuencias de su construcción?
4. ¿De dónde procedían la mayoría de los obreros del canal?
5. ¿Quiénes iniciaron la construcción del canal? ¿Quiénes lo terminaron? ¿Cuándo?
6. ¿Qué derechos adquirieron los Estados Unidos sobre el canal?
7. ¿Qué va a suceder en el año 2000?

Vista general de la sección moderna de la ciudad de Panamá.

8. ¿Cuál fue la importancia de Panamá en la época colonial? ¿Y ahora?

9. ¿Qué otros lugares de interés tiene Panamá?

10. ¿Cuáles son los trajes típicos y el baile nacional de Panamá?

11. ¿Por qué le llaman a Panamá «el Hong Kong de América»?

12. ¿Dónde viven los indios cunas y por qué son famosos?

B. Otras preguntas.

1. ¿Ha visitado o visto en fotografía el Canal de Panamá?

2. ¿Y el de Suez? ¿Sabe dónde está y por qué es importante?

3. ¿Conoce alguna otra obra que considere un portento de ingeniería?

4. Si usted visitara Panamá, ¿qué parte le gustaría ver principalmente? ¿Por qué?

5. ¿Le interesa el folklore de los distintos países?

6. ¿Puede mencionar algún traje o música típica de algún país hispanoamericano? ¿de otros países?

7. ¿Puede describir la mola de la fotografía? ¿Qué animal cree se ve en ella?

Mejore su vocabulario

A. Marque la palabra que no sea sinónima de la primera en cada línea.

1. surgir — aparecer/salir/operar

2. obra maestra — obra de arte/obra magistral/obra extraordinaria

3. empresa — labor/obra/agencia

4. portentosa — grandiosa/pesada/maravillosa

5. pérdida — ausencia/privación/depravación

6. titánico — salvaje/colosal/gigantesco

7. deslizamiento — resbalón/unión/escurrimiento

8. perpetuamente — asiduamente/vitaliciamente/eternamente

9. creciente — que cree/que aumenta/que se desarrolla

10. resquemor — descontento/fuego/resentimiento

11. convenio — acuerdo/tratado/beneficio

12. aledañas — circundantes/limítrofes/perjudiciales

13. acortar — adivinar/achicar/disminuir

14. antaño — años atrás/antiguamente/este año

15. percatarse — ver/darse cuenta/apresar

16. marco — señal/cerco/cuadro

17. paraíso — pórtico/cielo/edén

18. vestuario — chaleco/vestido/vestimenta

B. Conseja, cuento, crítica, despacho, descripción, evaluación, fábula, historia, informe, leyenda, narración, novela, parte, relato, reportaje y reseña básicamente significan «decir», comunicar algo. Complete las oraciones con las palabras que crea más apropiadas.

1. _____ del escritor colombiano Gabriel García Márques *Cien años de soledad* ganó el premio Nobel de literatura de 1982.

2. En el periódico de hoy hay _____ muy bueno sobre la contaminación de los mares.

3. Se especializa en _____ de casos verídicos que suceden en la ciudad.

4. _____ de libros aparece en la parte de atrás de la revista.

5. A ella se le debe aplicar la famosa _____ de «La cigarra y la hormiga».

6. El último _____ indica que las guerrillas han atacado dos ciudades.

7. _____ que recibió por su actuación en la zarzuela *Los Gavilanes* fue muy favorable.

8. _____ sobre el estado de la educación en el país ha causado alarma.

9. La agencia de noticias *Prensa Unida* no envía muchos _____ de esa región.

10. Cuando era pequeña, a mi hermana le encantaba leer _____ de hadas.

11. Es una de esas revistas macabras que publican _____ espeluznantes.

12. En la vieja catedral de Portobelo en Panamá hay un Cristo negro sobre el cual existen muchas _____; una de ellas dice que es imposible captarlo en fotografías; que éstas nunca salen.

13. Los campesinos de la región refieren muchas _____ que transmiten de generación en generación.

14. Siempre viene con alguna nueva _____ para no llegar temprano.

15. _____ que la víctima hizo de su agresor ayudó a su captura.

16. _____ que hicieron de su trabajo es muy positiva.

Temas para redactar y conversar

A. Durante las negociaciones para el nuevo tratado de Panamá hubo mucho nacionalismo y emoción de ambos lados. Los norteamericanos argumentaban que el canal era «un canal americano en Panamá» y que si no hubiera sido por ellos nunca se hubiera construido. Los panameños por su parte señalaban que el canal les pertenecía porque formaba parte del territorio nacional. Tome una de las dos posiciones.

B. Otro punto que se discutió extensivamente fue la obligación de Panamá de respetar el tratado firmado. Los panameños argumentaban que el tratado se había firmado teniendo Panamá una posición débil y que el tratado debía revisarse. Tome una de las posiciones siguientes:

a) Los tratados firmados deben respetarse una vez firmados, sin tener en cuenta las condiciones en que fueron firmados.

b) Los tratados no deben firmarse a perpetuidad y deben revisarse periódicamente para adaptarlos a nuevas circunstancias.

C. Otro punto interesante que trajo a primer plano el nuevo tratado fue la posesión de territorios de una nación en otra. Algunos casos conflictivos muy conocidos son: el Peñón de Gibraltar en España, posesión inglesa, la Bahía de Guantánamo en Cuba, posesión americana y las Islas Malvinas en Argentina, posesión inglesa. Basándose en las declaraciones que siguen tome una de las dos posiciones.

a)   A veces es necesario que un país tenga territorio en otro.

b)   Ningún país debe ceder parte de su territorio a otro bajo ninguna circunstancia.

GRAMÁTICA

I.   El género de los sustantivos

Todos los sustantivos en español pertenecen al género femenino o masculino.

a)   Los nombres que se refieren a varones y a animales machos son del género masculino, cualquiera que sea su terminación: **el hombre, el monarca, el cura, el caballo.** Los nombres que se refieren a mujeres y animales hembras son femeninos, cualquiera que sea su terminación: **la mujer, la gata, la olla, la soprano.**

b)   En general, son masculinos los sustantivos terminados en *o*: **el camino, el globo,** y son femeninos los sustantivos terminados en *a*: **la taza, la silla.** Existen algunas excepciones a esta regla: **la mano, el día, el tranvía, el mapa, el cometa, el planeta** y los nombres incluidos en el párrafo *e*.

c)   Los nombres terminados en consonante o en las vocales *e, i, u*, pueden pertenecer a cualquiera de los dos géneros: **el camión, el lápiz, la pared, el sobre, la tribu, el rubí.**

Indígena de la cultura cuna de las Islas de San Blas en Panamá.

d) Los sustantivos compuestos cuyo primer componente es un verbo, son masculinos.

el abrelatas	el lavaplatos	el paraguas	el sacacorchos
el cubrecama	el parabrisas	el pasamano	el salvavidas
el lavamanos	el paracaídas	el picaporte	el tocadiscos

e) Los sustantivos de origen griego terminados en **-ma** son masculinos.

el axioma	el diploma	el idioma	el poema	el sistema
el clima	el drama	el lema	el problema	el telegrama
el diafragma	el emblema	el panorama	el programa	el tema
el dilema	el enigma	el pentagrama	el síntoma	el teorema

f) Son generalmente femeninas las palabras terminadas en **-umbre, -dad, -ie, -ción** y **-sión.**

la costumbre	la brevedad	la barbarie	la canción	la alusión
la cumbre	la calidad	la calvicie	la condecoración	la decisión
la legumbre	la divinidad	la especie	la contracción	la erosión
la lumbre	la igualdad	la intemperie	la dicción	la extensión
la muchedumbre	la natalidad	la superficie	la sanción	la misión
la servidumbre	la novedad		la sección	la sesión

g) Algunos, nombres de animales usan una terminación común para el masculino y el femenino y cuyo género se distingue por las palabras **macho** y **hembra**: el águila macho (o hembra), el buho macho (o hembra), el chimpancé macho (o hembra), el leopardo macho (o hembra), el mosquito macho (o hembra), la rana macho (o hembra), la rata macho (o hembra).

h) Otros sustantivos usan la misma terminación para hombres y mujeres.

el, la atleta	el, la dibujante	el, la mártir
el, la compatriota	el, la dirigente	el, la periodista
el, la cómplice	el, la espía	el, la piloto
el, la dentista	el, la hereje	el, la testigo

i) Algunos sustantivos que se refieren a personas y animales forman su femenino de modo irregular:

el actor, la actriz	el marido, la mujer
el alcalde, la alcaldesa	el poeta, la poetisa
el barón, la baronesa	el profeta, la profetisa
el caballo, la yegua	el tigre, la tigresa
el carnero, la oveja	el toro, la vaca
el compadre, la comadre	el yerno, la nuera
el emperador, la emperatriz	el zángano, la abeja
el gallo, la gallina	el zar, la zarina
el héroe, la heroína	

j) Algunos sustantivos cambian su significado según se usen como masculinos o como femeninos.

el capital	money	la capital	city
el cólera	cholera	la cólera	anger
el frente	front; battle front	la frente	forehead
el gorro	cap without visor	la gorra	cap with visor
el guardia	guardsman	la guardia	guard, corps
el guía	male guide	la guía	female guide, guidance, phone directory
el jarro	mug	la jarra	pitcher
el orden	order, arrangement of things	la orden	order, command
el parte	dispatch	la parte	part
el pendiente	earring	la pendiente	slope
el policía	policeman	la policía	police force, policewoman
el ramo	bouquet of flowers	la rama	branch
el trompeta	trumpeter	la trompeta	trumpet
el vocal	voting member	la vocal	vowel

Ejercicios

A. Diga si las siguientes palabras son masculinas o femeninas y use cinco de ellas en oraciones.

1. lema
2. picaporte
3. legumbre
4. intemperie
5. brevedad
6. erosión
7. sistema
8. sanción
9. rey
10. pasamano
11. planeta
12. cumbre
13. pentagrama

B. Escriba oraciones usando la forma femenina de cada una de estas palabras.

1. buho
2. mosquito
3. carnero
4. yerno
5. rata
6. zar
7. héroe
8. chimpancé
9. compadre
10. zángano

C. Cambie al femenino los sustantivos subrayados en las siguientes oraciones.

1. El testigo declaró que no había visto nada.
2. El leopardo saltó ágilmente cuando oyó el disparo.
3. El Barón de Villasanta llegará mañana a París con el Emperador.
4. Estas son las predicciones que hizo el profeta.
5. Los detectives sostenían que yo era el cómplice de Evaristo.
6. El espía iba montado en un caballo.
7. La imagen del mártir está en el altar mayor.
8. El vidente me dijo muchas cosas sobre mi futuro.

D. Escoja la palabra que completa cada oración correctamente.

1. Desde (el frente/la frente) llegó ayer (un parte/una parte) especial.
2. (El guía/la guía) nos llevó a (el parte/la parte) de la casa que estaba deshabitada.
3. El coche rodaba sin control por (el pendiente/la pendiente).
4. (El trompeta/la trompeta) tenía la obligación de despertar a los soldados.
5. No debes darle al niño (ese jarro/esa jarra) de cristal para que beba.

6. Todos los niños llevaban (un gorro/una gorra) de cartón en la fiesta de cumpleaños de Alfredito.

7. La novia llevaba (un ramo/una rama) de orquídeas naturales.

8. En el pasado (el cólera/la cólera) mataba muchas personas todos los años.

2. Los gentilicios (nacionalidades)

Se llaman gentilicios aquellos sustantivos o adjetivos que indican el lugar de origen de una persona o cosa. Estudie las formas de la lista que no conozca.

Antillas – antillano	Habana – habanero
Argelia – argelino	Holanda – holandés
Austria – austriaco	Hungría – húngaro
Brasil – brasileño	India – indio
Berlín – berlinés	Irán – iraní[2]
Bélgica – belga[2]	Irlanda – irlandés
Bretaña – bretón	Israel – israelí[2]
Camagüey – camagüeyano	Londres – londinense[2]
Canadá – canadiense[2]	Madrid – madrileño
Caracas – caraqueño	Milán – milanés
Cataluña – catalán	Moscú – moscovita[2]
Corea – coreano	Nápoles – napolitano
China – chino	New York – neoyorquino
Chipre – chipriota[2]	Oriente – oriental[2]
Dinamarca – danés	París – parisense,[2] parisino
Egipto – egipcio	Portugal – portugués
Escocia – escocés	Quito – quiteño
Etiopía – etíope[2]	Salamanca – salmantino
Filipinas – filipino	Santiago de Cuba – santiaguero
Finlandia – finlandés	Vizcaya – vizcaíno

Ejercicio

Complete con el gentilicio apropiado.

1. Aunque no son _____ han vivido muchos años en Salamanca.

2. Le concedieron la ciudadanía _____ cuando emigró a Israel.

3. Durante su estancia en París adquirió un elegante acento _____ .

4. Los _____ hablan vasco y español.

5. El monumento a Lenín en la Plaza Roja está en la capital _____ .

6. Cuando estuve en Cataluña traje unos discos de música _____ .

7. Los _____ nacieron en la ciudad de Camagüey.

8. Para un _____ no hay ciudad más bella que Milán.

9. Como Quito está en la sierra, a los _____ se les llama también serranos.

10. Cuando vayas a Madrid, prueba los callos, un plato típico _____ .

11. Conocí en Hungría a una chica _____ muy simpática.

12. Los _____ están orgullosos de Brasilia, su moderna capital.

13. La torre de Londres es una gran atracción turística de la capital _____ .

14. Las cataratas del Niágara están en la frontera _____ .

15. Los habitantes de la República Dominicana, Cuba y Puerto Rico son todos _____ .

[2] Estas palabras son comunes para el masculino y el femenino.

16. ¿Es de Bélgica tu amigo? No, él no es _____ , sino _____ , nació en Bretaña.

17. Los habitantes de la capital de Venezuela se llaman _____ .

18. Los _____ comparten con España la Península Ibérica.

19. Como Santiago de Cuba está en la provincia de Oriente, los _____ son también _____ .

20. Cuando decimos _____ , _____ , _____ y _____ , no se sabe si hablamos de un hombre o de una mujer.

Humor

Comente el chiste oralmente o por escrito.

Alivio paternal.

Después de muchos años de noviazgo, el novio va a hablar sobre el matrimonio con el futuro suegro.

—Hemos decidido casarnos y querría saber cuál será su contribución para los gastos de la boda.

—No se preocupe, pagaré todos los gastos, siempre será más barato que una pensión.

SEMEJANZAS Y CONTRASTES

- Traducciones de *because* (*of*)

Because tiene distintos equivalentes en español: **porque, a causa de (que), debido a (que), como, por.**

1. Cuando *because* une dos cláusulas se puede traducir como:

    porque   a causa de (que)   debido a que

    No paga $\left\{ \begin{array}{l} \text{porque} \\ \text{a causa de que} \\ \text{debido a que} \end{array} \right\}$ no tiene dinero.

    Fíjese que en esta oración *because* es una conjunción y va seguido de un verbo conjugado.

2. Cuando *because* significa *since* se traduce como:

    debido a que   a causa de que   como (que)   ya que   puesto que

    $\left. \begin{array}{l} \text{Debido a que} \\ \text{A causa de que} \\ \text{Como (que)} \\ \text{Ya que} \\ \text{Puesto que} \end{array} \right\}$ no nos llamó, nos fuimos sin ella.

    Observe que **porque** nunca se usa como equivalente de *because* al principio de la oración.

3. *Because of* equivale a:

    a causa de   debido a   por

Mola bordada por las indígenas cunas de Panamá.

$$\text{Suspendieron el juego} \quad \left\{ \begin{array}{l} \text{a causa de} \\ \text{debido a} \\ \text{por} \end{array} \right\} \quad \text{la lluvia.}$$

Observe que *because of* es una preposición y va seguida de un nombre o pronombre.

Ejercicios

A. Traduzca las oraciones al español.

1. They delayed the takeoff of the plane because of the bad weather.
2. I like to shop on weekdays because the stores are less crowded.
3. Because her son was sick she had to postpone her trip.
4. We always go to that restaurant because the food is good.
5. Because she is the boss they have to follow her instructions.
6. He was prosecuted because of a misappropriation of funds.
7. Because the book was badly printed, it was impossible to read it.
8. They missed the plane because of the traffic on the highway.
9. She was accepted in three well-known colleges because of her grades.
10. The sauce looks green because they used a lot of parsley.

B. Sustituya las palabras subrayadas por otras de igual significación.

1. <u>Puesto que</u> nunca viene lo sacaremos de la lista.
2. Le pagan más <u>porque</u> es muy buen trabajador.
3. Suspendieron el viaje <u>debido al</u> mal tiempo.
4. <u>Como</u> es mi hermano no le cobraré nada.
5. <u>Ya que</u> me lo ofreces, te acepto el dinero.
6. <u>Por su</u> intransigencia se deshizo el negocio.

ORTOGRAFÍA

Uso de la r y de la rr. Diferenciación entre d y r, l y r.

1. La **r** al principio de palabra es sencilla y suena fuerte: Ramona, remoto, risueño, rosca, rumor.

2. El sonido suave de la **r** en medio de palabra se representa por la **r** sencilla, no importa si está entre vocales o consonantes: Carlos, Marina, cartel, torpe.

   Nota: La **r** después de **l, n** y **s** suena fuerte. Algunos ejemplos comunes son: alrededor, honrar, Conrado, sonrisa, Enrique, enredar, enroscar, enriquecer, Israel e israelita.

3. La **rr** suena fuerte y siempre se escribe en medio de palabras, entre vocales: corregir, carretera, correos, parrilla.

4. Confusión entre el sonido de **l** y **r** al final de palabra.

   En algunos lugares existe cierta confusión entre el sonido de **l** y **r** en posición final: comel por comer.

   Recuerde que el infinitivo de los verbos siemper termina en **r**: admitir, admirar, bajar, beber, cantar, comer, coser, llegar, pagar.

   Otras palabras que se escriben erróneamente por la confusión de los sonidos son:

abrir (*to open*)	abril (*april*)
actual (*present*)	actuar (*to act*)
alma (*soul*)	arma (*arm, gun*)
alto (*tall*)	harto (*fed up*)
animal (*animal*)	animar (*to encourage*)
caldo (*broth*)	cardo (*thistle*)
comercial (*commercial*)	comerciar (*to trade*)
falsa (*false*)	farsa (*farce*)
formal (*formal*)	formar (*to form*)
inicial (*initial*)	iniciar (*to begin*)
ideal (*ideal*)	idear (*to have an idea*)
integral (*complete*)	integrar (*to integrate*)
legal (*legal*)	legar (*to leave something as an inheritance*)
mental (*mental*)	mentar (*to mention*)
mal (*evil, disease*)	mar (*sea*)
original (*original*)	originar (*to originate*)
oral (*oral*)	orar (*to pray*)
portal (*porch*)	portar (*to carry*)
rozar (*to touch slightly*)	rosal (*rosebush*)
yelmo (*helmet*)	yermo (*arid*)

También debido quizás a la influencia del inglés, a veces existe la tendencia a confundir el sonido de la **d** y la **r**, lo cual afecta la ortografía, pero si recuerda que con muy pocas excepciones, el español se escribe como se pronuncia, no tendrá problemas. Si oye **d** escriba **d** y si oye **r** escriba **r**. No es lo mismo ca**d**a (*each*) que ca**r**a (*face*).

Ejercicios

A. Pronuncie las palabras de la lista distinguiendo el sonido suave de la r̠ del fuerte de la r̠r̠. Asegúrese que sabe lo que significan.[3]

cero	cerro	foro	forro
Corea	correa	hiero	hierro
cura	curra	Lara	Larra
encerar	encerrar	moral	morral
enterado	enterrado	pera	perra
ere	erre	pero	perro
fiero	fierro		

B. Pronuncie las parejas de palabras fijándose en la diferencia de pronunciación y en la grafía.

ceda (*form of the ver* ceder)	cera (*wax*)
codo (*elbow*)	coro (*choir*)
duda (*doubt*)	dura (*hard; form of the verb* durar)
Lida (*last name*)	lira (*musical instrument, Italian monetary unit*)
lodo (*mud*)	loro (*parrot*)
mida (*form of the verb* medir)	mira (*form of the verb* mirar)
mudo (*mute*)	muro (*wall*)
padecer (*to suffer*)	parecer (*to seem*)
pudo (*form of the verb* poder)	puro (*cigar; pure*)
pida (*form of the verb* pedir)	pira (*funeral pyre*)
rada (*bay*)	rara (*strange*)
todo (*all*)	toro (*bull*)
vida (*life*)	vira (*form of the verb* virar)

C. Traduzca la palabra en inglés. Luego se le pedirá que lea algunas de las oraciones. Conjugue los verbos si es necesario.

1. El *mute* estaba junto al *wall* mirando como el *parrot* escapaba del *mud*.

2. *Everybody* vio el *manner* en que el *bull* atacó al Moor.

3. Quiero que me *measure* la blusa por el *elbow* mientras mi marido *looks at* el *choir*.

4. Sin *doubt* que aquí la *life* es *hard* y se *suffers* (padecer). ¿No te *it seems*?

5. Por no tener ni una *lira* el señor *Lida* no *could* comprarse un *cigar*.

6. Esta *bay* tiene la forma más *strange* que he visto por los alrededores.

7. No creo que *ask* que lo quemen en una *funeral pyre*.

D. Escoja la palabra que dé sentido a la oración.

1. En unos días van a (abrir/abril) la nueva tintorería.

2. Había tanto frío que no se veía un (arma/alma) por la calle.

3. Cuidado no te quemes que el (caldo/cardo) está muy caliente.

4. Como es un área (comerciar/comercial) los alquileres son muy altos.

[3] Vea otras palabras similares en la capítulo 1.

5. Claribel hace una vida muy sedentaria, la voy a (animal/animar) para que haga más ejercicio.

6. Son unos hipócritas que sólo están representando una (falsa/farsa).

7. Si usas alguna (inicial/iniciar) con tu nombre escríbela también.

8. En esta ciudad está prohibido (portal/portar) armas de ningún tipo.

9. Y entonces el cura dijo, «vamos a (oral/orar) por el (alma/arma) de los muertos».

10. Es un niño demasiado (formar/formal) para su edad.

11. Me parece que es una idea muy (original/originar) de la que no puede venir ningún (mal/mar).

12. Estamos (altos/hartos) de oírle (mental/mentar) sus riquezas.

13. Los conquistadores se protegían la cabeza con un (yelmo/yermo).

Práctica de acentos

Acentúe las palabras que lo requieran.

1. El guion de la pelicula es una critica a la rigidez del codigo militar que se acentuo aun mas durante la epoca de la revolucion.

2. —Para mi— concluyo uno de los excursionistas, resulto muy interesante ver como las esclusas del Canal varian el nivel del agua y como todo se efectua con la mayor precision.

3. El guia nos advirtio que escalar la montaña extenua al que no este entrenado en este deporte y que en la cima de la montaña la temperature se enfria.

4. —Si no te apetece ninguna bebida fuerte, tomate un te frio, se que te va a refrescar mas que un daiquiri. Pensandolo bien, eso es lo que pedire para mi tambien.

Joven panameña luciendo el traje típico la pollera y bailando el tamborito, baile nacional.

Miscelánea para leer y comentar

Sabía usted que:

El nombre de Panamá significa en la lengua indígena «abundancia de peces».

La idea de construir un canal que comunicara el Atlántico y el Pacífico surgió desde los primeros momentos de la conquista de América. Hernán Cortés fue el primero en proponer el proyecto al emperador Carlos V, el cual acogió la idea con gran entusiasmo, pero al abdicar el trono en favor de su hijo Felipe II, éste nunca mostró ningún interés en la obra.

El primer ferrocarril que atravesó el continente americano llegó a Panamá el 28 de enero de 1855, casi 14 años antes de que se terminara el primer ferrocarril transcontinental en los Estados Unidos.

Los famosos sombreros «jipijapas» (*Panama hats*) no son verdaderamente hechos en Panamá sino en Ecuador. La equivocación en el nombre surgió durante la época del «gold rush» en 1848 cuando los mineros americanos en su viaje hacia California compraban los sombreros en Panamá.

La moneda oficial de Panamá, el **balboa**, se llamó así en honor del descubridor del océano Pacífico, Vasco Núñez de Balboa.

CAPÍTULO
14

COLOMBIA

Nombre oficial: República de Colombia

Capital: Bogotá

Adjetivo de nacionalidad: colombiano(a)

Población (est. 1992): 34.296.000

Millas cuadradas: 439.735

Grupos étnicos predominantes: mestizos 58%, blancos 20%, negros 4%, indígenas 1%

Lengua oficial: el español

Moneda oficial: el peso

Educación: analfabetismo 20%

Economía: café, banana y textiles

ANTES DE LEER

El diálogo tiene un papel muy importante en el teatro. Por medio del diálogo los espectadores o los lectores pueden conocer las ideas de los personajes, su clase social, cuál es la relación que existe entre ellos y los conflictos que tienen. Las acotaciones son las instrucciones del autor sobre cómo él cree que debe representarse la obra. Estas incluyen los movimientos y posición de los actores en el escenario, el vestuario, la escenografía y todos aquellos detalles que sostengan la obra. En un drama leído, las acotaciones ayudan al lector a visualizar el drama.

A. Conteste ahora las siguientes preguntas.

1. ¿Ha visto alguna obra de teatro? Era un drama o una comedia? ¿Recuerda algo de los personajes? ¿Cómo eran? ¿A qué clase social pertenecían?

2. ¿La forma en qué hablaban los personajes estaba de acuerdo con su

256

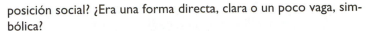

posición social? ¿Era una forma directa, clara o un poco vaga, simbólica?

3. Piense usted en la lengua que usted habla. ¿Habla usted de la misma forma con su familia y sus amigos que con sus profesores? ¿Cree usted que los campesinos en general hablan igual que una persona educada de la ciudad?

4. ¿Qué idea tiene usted de los lugares en los que no llueve mucho o de aquellos en los que las lluvias son fecuentes?

5. Cuando usted piensa en las viviendas de los campesinos en algunos países de Africa o Hispanoamérica, ¿qué ideas le vienen a la cabeza?

6. Seguramente usted ha visto alguna película en la que dos grupos de diferentes ideas políticas se enfrentan. ¿Cuál fue el comportamiento de un bando hacia el otro? ¿Actuaron con crueldad o tuvieron respeto por la condición humana del adversario?

7. ¿Cree usted que los militares deben seguir ciegamente las órdenes de sus superiores aunque éstas sean contrarias a sus sentimientos y concepto de humanidad?

B. Sobre la lectura

1. Ahora eche una ojeda rápida a la lectura tratando de obtener una idea general del contenido.

2. Luego haga una segunda lectura más lenta poniendo atención a lo que dicen los personajes en el drama para entender lo que lee.

LECTURA

Enrique Buenaventura

A Colombia le ha correspondido el honor de ser la patria de los autores de las dos novelas más famosas escritas en Hispanomérica: *María* de Jorge Isaacs (1867) y *Cien años de soledad* de Gabriel García Márquez (1967). García Márquez recibió el premio Nobel de literatura en 1982.

Otro escritor que aumenta el prestigio de las letras colombianas es el dramaturgo Enrique Buenaventura, autor de numerosas obras dramáticas y fundador del renombrado *Teatro Experimental de Cali*, cuyas representaciones reflejan preocupaciones de tipo político-social.

En *La Maestra*, Buenaventura muestra las desastrosas consecuencias de las luchas de clase, los sufrimientos de todos los sectores sociales debido a la violencia y los abusos que a veces se cometen en nombre de la justicia.

La Maestra

Personajes

La Maestra   Tobías el Tuerto   Sargento
Juana Pasambú   La Vieja Asunción   Peregrino Pasambú (El Viejo)
Pedro Pasambú

En primer plano una mujer joven, sentada en un banco. Detrás de ella o a un lado van a ocurrir algunas escenas. No debe haber ninguna

relación directa entre ella y los personajes de esas escenas. Ella no los ve y ellos no la ven a ella.

clay	LA MAESTRA: Estoy muerta. Nací aquí, en este pueblo. En la casita de *barro*
straw	rojo con techo de *paja* que está al borde del camino, frente a la escuela. El
mud/viento en espiral	camino es un río lento de *barro* rojo en el invierno y un *remolino* de polvo
zapatos de tela	rojo en el verano. Cuando vienen las lluvias uno pierde las *alpargatas* en el
se ensucian / silla	barro y los caballos y las mulas *se embarran* las barrigas, las *enjalmas* y hasta
de mortar *horse*	las caras y los sombreros de los *jinetes* son *salpicados* por el pueblo. Las al-
riders / spatter	pargatas suben llenas de polvo rojo y los pies y las piernas y las patas de los
respirando fuerte-	caballos y las narices *resollantes* de las mulas y de los caballos y las crines y
mente	las enjalmas y las caras sudorosas y los sombreros, todo se impregna de
	polvo rojo. Nací de ese barro y de ese polvo rojo y ahora he vuelto a ellos.
	Aquí, en el pequeño cementerio que vigila el pueblo desde lo alto, sem-
	brado de hortensias, geranios, lirios y *espeso pasto*. Es un sitio tranquilo y
yerba abundante	perfumado. El olor acre del barro rojo se mezcla con el aroma dulce del
	pasto yaraguá y hasta llega, de tarde, el olor del monte, un olor fuerte que *se*
rolls down / funeral	*despeña* pueblo abajo. (**Pausa**). Me trajeron al anochecer. (**Cortejo mudo,**
procession / caja de	**al fondo, con un ataúd**). Venía Juana Pasambú, mi tía.
muerto	JUANA PASAMBÚ: ¿Por qué no quisiste comer?
	LA MAESTRA: Yo no quise comer. ¿Para qué comer? Ya no tenía sentido
	comer. Se come para vivir y yo no quería vivir. Ya no tenía sentido vivir.
	(**Pausa**). Venía Pedro Pasambú, mi tío.
	PEDRO PASAMBÚ: Te gustaban los bananos manzanos y las mazorcas asadas y
mantequilla	untadas de sal y de *manteca*.[1]
	LA MAESTRA: Me gustaban los bananos manzanos y las mazorcas, y sin em-
	bargo no los quise comer. Apreté los dientes. (**Pausa**). Estaba Tobías *el*
persona con un ojo /	*Tuerto*, que hace años fue *corregidor*.
alcalde	TOBÍAS EL TUERTO: Te traje agua de la *vertiente*, de la que tomabas cuando
corriente de agua	eras niña en un vaso hecho con hoja de rascadera y no quisiste beber.
	LA MAESTRA: No quise beber. Apreté los labios. ¿Fue maldad? Dios me per-
	done, pero llegué a pensar que la vertiente debía secarse. ¿Para qué seguía
	brotando agua de la vertiente? me preguntaba. ¿Para qué? (**Pausa**). Estaba
midwife	la vieja Asunción, *la partera*, que me trajo al mundo.
	LA VIEJA ASUNCIÓN: ¡Ay mujer! ¡Ay niña! Yo, que la traje a este mundo. ¡Ay
	niña! ¿Por qué no recibió nada de mis manos? ¿Por qué escupió el caldo
	que le di? ¿Por qué mis manos que curaron a tantos, no pudieron curar sus
	carnes heridas? Mientras estuvieron aquí los asesinos… (**Los acom-**
	pañantes del cortejo miran en derredor con terror. La VIEJA sigue su
llanto	**planto mudo mientras habla la MAESTRA**).
	LA MAESTRA: Tienen miedo. Desde hace un tiempo el miedo llegó a este
nube	pueblo y se quedó suspendido sobre él como un inmenso *nubarrón* de tor-
	menta. El aire huele a miedo, las voces se disuelven en la saliva amarga del
tore off / lightning	miedo y las gentes se las tragan. Un día se *desgarró* el nubarrón y el *rayo*
	cayó sobre nosotros. (**El cortejo desaparece, se oye un violento redoble**
	de tambor en la oscuridad. Al volver la luz allí donde estaba el
	cortejo está un campesino VIEJO arrodillado y con las manos atadas a
	la espalda. Frente a él un sargento de policía).
tú	SARGENTO: (**Mirando una lista**). *Vos* respondés al nombre de Peregrino
	Pasambú. (**El VIEJO asiente**). Entonces vos sos el jefe político aquí. (**El**
	VIEJO niega).

---

[1] En algunos países, manteca significa *lard*.

LA MAESTRA: Mi padre había sido dos veces corregidor. Pero entendía tan poco de política, que no se había dado cuenta de que la situación había cambiado.

SARGENTO: Con la política conseguiste esta tierra. ¿Cierto?

LA MAESTRA: No era cierto. Mi padre fue fundador del pueblo. Y como fundador le correspondió su casa a la orilla del camino y su finca. Él le puso nombre al pueblo. Lo llamó: «La Esperanza».

SARGENTO: No hablás, ¿no decís nada?

LA MAESTRA: Mi padre hablaba muy poco. Casi nada.

SARGENTO: Mal repartida está esta tierra. Se va a repartir de nuevo. Va a tener dueños legítimos, con títulos y todo.

LA MAESTRA: Cuando mi padre llegó aquí, todo era selva.

SARGENTO: Y también las posiciones están mal repartidas. Tu hija es la maestra de la escuela, ¿no?

LA MAESTRA: No era ninguna posición. Raras veces me pagaron el sueldo. Pero me gustaba ser maestra. Mi madre fue la primera maestra que tuvo el pueblo. Ella me enseñó y cuando ella murió yo *pasé a ser* la maestra.

I became

SARGENTO: ¿Quién sabe lo que enseña esa maestra?

LA MAESTRA: Enseñaba a leer y a escribir y enseñaba el catecismo y el amor a la patria y a la bandera. Cuando me negué a comer y a beber, pensé en los niños. Eran pocos, es cierto, pero, ¿quién les iba a enseñar? También pensé: ¿Para qué han de aprender a leer y a escribir? Ya no tiene sentido leer y escribir. ¿Para qué han de aprender el catecismo? Ya no tiene sentido el catecismo. ¿Para qué han de aprender el amor a la patria y a la bandera? Ya no tiene sentido la patria ni la bandera. Fue mal pensado, tal vez, pero eso fue lo que pensé.

SARGENTO: ¿Por qué no hablás? No es cosa mía. Yo no tengo nada que ver, no tengo la culpa. (**Grita**). ¿Ves esta lista? Aquí están todos los *caciques* y *gamonales* del gobierno anterior. Hay orden de quitarlos de en medio para organizar las elecciones. (**Desaparecen el SARGENTO y el VIEJO**).

jefes
políticos locales

paredón

LA MAESTRA: Y así fue. Lo pusieron contra la *tapia* de barro, detrás de la casa. El Sargento dio la orden y los soldados dispararon. Luego el Sargento y los soldados entraron en mi *pieza* y, uno tras otro, me violaron. Después no volví a comer, ni a beber y me fui muriendo poco a poco. Poco a poco. (**Pausa**). Ya pronto lloverá y el polvo rojo *se volverá* barro. El camino será un río lento de barro rojo y volverán a subir las alpargatas y los pies cubiertos de barro y los caballos y las mulas con las barrigas llenas de barro y hasta las caras y los sombreros irán, camino arriba, salpicados de barro.

habitación

se convertirá en

Preguntas

A.   Preguntas sobre la lectura.

1. ¿Cómo es la casa donde nació la maestra?
2. ¿Cómo es el camino del pueblo en el verano? ¿y en el invierno?
3. ¿Qué le sucede a los animales durante el verano y el invierno?
4. ¿Qué cree usted que quieren decir las palabras de la maestra? «Nací de ese barro y de ese polvo rojo y ahora he vuelto a ellos».
5. ¿Dónde está el cementerio? ¿Cómo lo describe la maestra?
6. ¿Por qué la maestra se resistió a comer?
7. ¿Qué le gustaba comer?

8. El miedo es un elemento presente en el drama. ¿Cómo el autor expresa ese temor?

9. ¿Qué posición ocupaban los padres en el pueblo?

10. ¿Qué beneficios recibió el padre?

11. ¿Por qué y en qué forma mataron al padre de la maestra?

12. ¿Qué grupo representa el sargento?

13. ¿Qué le hicieron los soldados a la maestra?

14. ¿Qué clase de persona cree usted que es el sargento? ¿y la maestra?

15. ¿Cómo explica usted el comportamiento del sargento y de los soldados?

16. ¿Cree usted que el sargento es la persona apropiada para impartir justicia y mejorar la vida de los pobres? Explique.

B. Otras preguntas.

1. ¿Sabe lo que es el premio Nobel? ¿Dónde se entrega?

2. ¿Le gusta el teatro? ¿Qué obra de teatro ha visto?

3. ¿Qué dramaturgo famoso de la literatura universal conoce? ¿Ha leído o visto algunas de sus obras?

4. En el drama leído el sargento hace uso del vos. ¿Recuerda cuál es el equivalente en los países en que esta forma no se usa?

5. ¿Cree usted que hay alguna relación entre la maestra como mujer de cultura hispana, la violación y su decisión de dejarse morir de hambre?

6. ¿Cree usted que es posible para los que asumen el poder cometer injusticias?

7. ¿Conoce algún caso específico en que se vea esto?

La fortaleza de San Felipe, ejemplo de arquitectura militar colonial, Cartagena, Colombia.

Mejore su vocabulario

A. Sustituya la palabra subrayada por otra con el mismo significado.

1. La maestra <u>ha fallecido</u>.
2. Las lluvias <u>manchan</u> de rojo las paredes de la casa.
3. Los campesinos usan unos <u>zapatos rústicos hechos de una tela gruesa</u>.
4. Allí llueve con frecuencia; por eso en los campos hay mucha <u>yerba</u>.
5. El padre de la maestra era el <u>alcalde</u> del pueblo.
6. Años atrás los niños nacían en la casa con la ayuda de una <u>comadrona</u>.
7. Después de la carrera todos estábamos <u>respirando fuertemente</u>.
8. Con el uso y el tiempo el traje se le <u>rasgó</u>.
9. Después de cenar cada uno se retiró a su <u>dormitorio</u>.
10. Si baja la temperatura el agua del lago <u>se convertirá en</u> hielo.

B. Dé la palabra que mejor se ajuste a la definición.

1. Persona a la que se considera el jefe político de un pueblo.
2. Pared, generalmente de barro que circunda un lugar.
3. Persona que va montada a caballo.
4. Llanto y lamentación que se escucha en un mortuorio.
5. Procesión funeral que acompaña a un cadáver.
6. Persona que ve por un ojo solamente.
7. Caja en la que se coloca el cuerpo de una persona muerta.
8. Viento a agua que se mueve a velocidad en forma giratoria.

C. Pregúntele a algún compañero si sabe y luego escriba, la diferencia entre:

un caballo y un mulo   el caldo y la sopa
un rayo y un trueno   una bandera y un estandarte
unas alpargatas y unos zapatos   un banano y un plátano

Temas para redactar y conversar

A. La violencia en la sociedad de hoy

Muchas personas creen que la violencia que se ve en la televisión y en las películas influye negativamente en el comportamiento de los niños y de los adolescentes. Exprese su opinión al respecto con ejemplos concretos, y qué se pudiera hacer para desterrar la violencia de nuestra sociedad.

B. El abuso de las drogas

En los medios de comunicación norteamericanos se comenta con frecuencia acerca del abuso de las drogas en los Estados Unidos y se señala como centro de producción de la cocaína a dos ciudades colombianas: Cali y Medellín. En relación al abuso de esta droga se discute si el modo de erradicarla es eliminando la producción, o sea, la oferta, o eliminando el mercado, o sea, la demanda. Exprese su opinión sobre este problema.

C. Lectura dramatizada

El drama *La Maestra* es apropiado para ser representado en clase ya que no requiere una escenografía o un vestuario especial. Con permiso de su profesor haga con sus compañeros una lectura dramatizada del mismo.

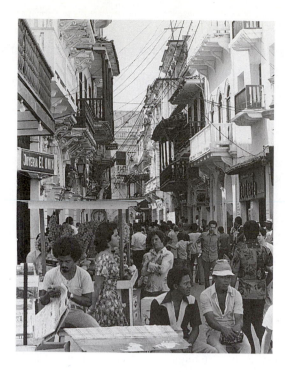

Calle comercial en Cartagena, Colombia.

GRAMÁTICA

I.   El número de los sustantivos

El número, gramaticalmente, hace referencia al singular y al plural. En español formamos el plural de las palabras de las siguientes maneras:

a)   Las palabras terminadas en vocal no acentuada añaden una *-s*: **tribu – tribus, camino – caminos, medicina – medicinas.**

b)   Si las palabras terminan en vocal acentuada se agrega la terminación o desinencia *-es*: **jabalí – jabalíes, bambú – Bambúes, rubí – rubíes.**

Se incluyen en este grupo los nombres de vocales. Así decimos: las **aes**, las **ees**, las **íes**, las **oes**, las **úes**.

Se exceptúan las palabras **bebé, café, mamá, pagaré, papá** y **sofás.**

c)   Las palabras terminadas en consonante o en *-y* agregan *-es*:[2] **papel – papeles, flor – flores, buey – bueyes, ley – leyes, rey – reyes**.

Las palabras terminadas en *-z* cambian además la *z* a *c*: **luz – luces, feroz – feroces, juez – jueces, paz – paces.**

d)   Las palabras terminadas en *-s* y en *-x* tienen una forma común para el singular y el plural. EJS:

análisis	ciempiés	equis	hipótesis	tesis	fénix
ananás	crisis	éxtasis	oasis	virus	ónix
brindis	cutis	iris	sinopsis	clímax	tórax

Muchos nombres de enfermedades pertenecen a esta categoría:

---

[2] *Ojo*: Los plurales de espécimen, carácter y régimen se pronuncian: espe*cí*menes cara*c*t*e*res, re*gí*menes.

apendicitis   diabetes   laringitis   sífilis
cirrosis   hepatitis   poliomelitis trombosis
colitis

También pertenecen a este grupo algunos días de la semana: **lunes, martes**, etc.

2. Los apellidos

A diferencia del inglés, los apellidos no suelen pluralizarse en español.[3] Así decimos: **las López, los Guzmán, las Molina, los Carbó**.

3. Palabras que se usan sólo en plural

Existe un grupo de palabras terminadas en -*s* que carecen de singular, es decir, que se usan sólo en plural. Por ejemplo, decimos: **Tengo un sólo día de vacaciones**. No deben confundirse estas palabras con las incluidas en d). Algunos ejemplos de palabras de esta clase son:

los anales	los enseres	las honras fúnebres	las gafas
las afueras	los espejuelos	las ínfulas	las tinieblas
las cosquillas	las fauces	los modales	los víveres

4. Palabras que cambian de significado según se usen en singular o plural

Algunas palabras tienen significados diferentes en el singular y plural. EJS:

alrededor (*around*)	los alrededores (*environs, suburbs*)
el bien (*good, as opposed to evil*)	los bienes (*assets*)
el celo (*zeal*)	los celos (*jealousy*)
la corte (*king's court*)	las Cortes (*Spanish parliament*)
la facilidad (*ease*)	las facilidades (*easy terms*)
el grillo (*cricket*)	los grillos (*shackles*)
la letra (*letter of the alphabet*; *handwriting*)	las letras (*humanities*)
el polvo (*dust*)	los polvos (*face powder*)

5. El plural de los nombres compuestos

a) Si el nombre compuesto está formado por una sola palabra, su plural se forma siguiendo las reglas dadas anteriormente: **altavoz – altavoces, bocacalle – bocacalles, compraventa – compraventas, portaestandarte – portaestandartes, sordomudo – sordomudos.**

Se exceptúan **hijodalgo, cualquiera** y **quienquiera**, que forman sus plurales: **hijosdalgo, cualesquiera** y **quienesquiera**.

b) Si el nombre compuesto está formado por dos elementos separados, se pluraliza el primer elemento si los elementos son nombres: **casa cuna – casas cuna, coche comedor – coches comedor, barco escuela – barcos escuela, hombre rana – hombres rana**.

c) Se pluralizan ambos elementos si éstos son nombre y adjetivo respectivamente: **nave espacial – naves espaciales, platillo volador – platillos**

[3.] Pero sí se pueden pluralizar los nombres propios: las Anas, los Manueles.

voladores, reloj despertador – relojes despertadores.

Ejercicios

A. Forme el plural de las siguientes palabras.

ají   mamá   colibrí   coz   tabú   a   arroz   café   mamey
carey   convoy   ombú   actriz   ciprés   feroz   juez   hindú
i   u   comején   cicatriz   cruz   cursi   juventud

B. Complete.

1. dos análisis,
   un _____
2. tres capataces,
   un _____
3. dos reses,
   una _____
4. algunas veces, una
   sola _____
5. muchos países,
   un _____
6. diferentes leyes, la
   misma _____
7. tres ciempiés,
   un _____
8. los iris,
   el _____
9. nuestros hogares.
   mi _____
10. varios oasis,
    un _____
11. cinco paraguas,
    un _____
12. varios brindis,
    un _____

C. Dé el equivalente en español de las siguientes palabras en inglés.

1. *tickling*
2. *jaws*
3. *nuptials*
4. *annals*
5. *vacation*
6. *toast (act of drinking)*
7. *the Garcías*
8. *on Mondays*
9. *thongs*
10. *the groceries*
11. *manners*
12. *the suburbs*

D. Complete.

1. José es sordomudo y va a una escuela para _____ .
2. El hombre rana no trabajaba solo, era parte de un equipo de _____ .
3. No puedo usar un solo altavoz, necesito dos _____ .
4. Creo que existen los _____ porque vi un platillo volador ayer.
5. Yo tengo solamente un reloj despertador, pero Julio tiene dos _____ .
6. Este batallón lleva un portaestandarte y aquél lleva varios _____ .
7. Creía que había dos _____ listos para estos cadetes, pero hay sólo un barco escuela.
8. ¿Tiene el auto abollados los dos guardafangos, o tiene abollado un solo _____ ?
9. Había varias hipótesis sobre el asunto, pero una _____ bastaba.
10. ¿Lleva un coche cama ese tren, o lleva varios _____ ?

Campanario y torrecillas de la Iglesia de Belén, Bogotá, Colombia.

Los Nombres Colectivos

Los nombres colectivos son palabras que representan muchas cosas, personas o animales. Se les llama determinados o indeterminados según den a conocer o no la especie. EJ: **piara**, grupo de cerdos, determinado; **multitud**, muchas cosas o personas, indeterminado.

Algunos nombres colectivos son:

archipiélago	grupo de islas	*estudiantado*	cuerpo formado por todos los estudiantes
arenal	lugar lleno de arena		
auditorio	grupo de oyentes	*flota*	conjunto de barcos
averío	grupo de aves	*gentío*	cantidad grande de gente
banco	grupo de peces		
bandada	conjunto de pájaros	*jauría*	conjunto de perros de caza
batallón	grupo de soldados en formación	*manada*	grupo de cuadrúpedos
boyada	conjunto de bueyes		
caballería	grupo de caballos	*muchedumbre*	gran cantidad de gente
caravana	grupo de personas y vehículos	*orquesta*	conjunto de músicos
caserío	conjunto de casas	*partida*	grupo organizado de bandidos
clero	la totalidad de los eclesiásticos		

coro	conjunto de voces	*pedregal*	lugar lleno de piedras
ejército	conjunto de soldados	*rebaño*	grupo de ovejas o ganado lanar
enjambre	grupo numeroso de insectos	*vaquería*	conjunto de vacas

Algunos nombres colectivos del reino vegetal:

alameda	grupo de álamos	*melonar*	sembrado de melones
arboleda	conjunto de árboles	*naranjal*	grupo de naranjos
arrozal	sembrado de arroz	*olivar*	grupo de olivos
bosque	conjunto de árboles	*peraleda*	terreno lleno de perales
cafetal	plantación de café	*pinar*	conjunto de pinos
cañaveral	sembrado de caña	*platanal*	sembrado de plátanos
maizal	sembrado de maíz	*viñedo*	conjunto de viñas
matorral	conjunto de matas	*zarzal*	grupo de zarzas

Ejercicio

Complete con el nombre colectivo apropiado.

1. El pobre ciervo fue atacado por una _____ de perros.
2. Los campesinos viven en pequeños _____ diseminados por los valles.
3. Esa isla está separada del resto del _____ .
4. Al aproximarse el vehículo, una _____ de pájaros levantó el vuelo.
5. Afuera había un _____ que gritaba y empujaba.
6. El agua era tan limpia que podían verse con facilidad numerosos _____ de peces.
7. El porquero cuidaba la _____ .
8. El viajar en _____ es casi una necesidad en el desierto.
9. El nuevo obispo quiere imponer reglas más estrictas al _____ .
10. Capturaron ayer a dos bandoleros, uno de ellos era el jefe de la _____ .
11. Nuestros _____ producen los mejores vinos de España.
12. Toda la _____ participó en esa batalla marítima.
13. Los cascos de la _____ resonaban en la tierra reseca.
14. Los dominicanos comen muchos plátanos porque en el país abundan los _____ .
15. El _____ de abejas oscureció el cielo como una nube negra.
16. El _____ aplaudió mucho todas las piezas que la _____ tocó en el concierto.
17. La leche de esa _____ es la que más me gusta.
18. Todo el _____ estaba reunido en la graduación de fin de curso.
19. Hemos sembrado mucho arroz, tenemos grandes _____ .
20. Andalucía produce mucho aceite y allí se ven numerosos _____ .

Humor

Comente el chiste y luego haga una interpretación oral en inglés.

Cuestión de apreciación.

Dos hombres se encuentran en un café y conversan sobre sus trabajos.
—Yo, dice el primero, sólo creo la mitad de lo que dice la gente.
—¿Qué hace usted?
—Soy abogado.
—Pues yo creo el doble de lo que me dicen.
—Y usted ¿qué hace?
—Soy inspector de impuestos.

SEMEJANZAS Y CONTRASTES

El verbo *to become* tiene distintos equivalentes en español según la idea que se quiera expresar.

- **Ponerse.** Se usa generalmente con adjetivos para expresar cambio físico, mental o emocional.

Al oír lo que decían **se puso** pálido.
When he heard what they were saying he *became* pale.

Con la idea del viaje **se puso** muy nervioso.
He *became* very nervous thinking about the trip.

Nota: **Ponerse** en algunos casos tiene la misma equivalencia que la forma reflexiva del verbo:

ponerse negro = ennegrecerse   ponerse rojo = enrojecerse

ponerse joven = rejuvenecerse   ponerse flaco = enflaquecerse

Pero no se puede decir, por ejemplo, ponerse rico o ponerse confuso. Muchas expresiones de este tipo se expresan en inglés con *to get*.

acostumbrarse = *to get used to*   emocionarse = *to get emotional*
perderse = *to get lost*   enriquecerse = *to get rich*

- **Volverse.** Se usa para indicar un cambio brusco, casi siempre duradero, opuesto a la condición normal.

Se volvió loco después de haber matado a su mejor amigo.
He *became* mad after killing his best friend.

Se **volvió** maniático después que perdió el trabajo.
He *became* a maniac after he lost his job.

- **Quedarse.** Indica que el cambio sufrido es permanente. A veces indica sorpresa y en general pérdida.

Se quedó ciego bastante joven.   He *became* blind relatively young.

En el accidente tres obreros **se quedaron** incapacitados.
In the accident three workers *became* handicapped.

Me quedé sorprendida.   I was surprised.

- **Convertirse en** corresponde a *to become* cuando significa lo mismo que *to turn into*. En este caso se puede usar también **hacerse**.

El agua **se convirtió en** (**se hizo**) hielo.   The water *turned into* ice.
La leche **se convirtió en** (**se hizo**) queso.   The milk *turned into* cheese.

- **Llegar a ser.** Se usa para indicar el logro de una meta después de grandes esfuerzos. **Hacerse** puede expresar la misma idea.

Tras muchos años de lucha **llegó a ser** (**se hizo**) presidente del partido.
After many years of struggle he *became* the president of his party.

Con la ayuda de su tío **llegó a ser** (**se hizo**) abogado.
With his uncle's help he *became* a lawyer.

Nota: Hacerse también significa *to pretend*.

Se hizo el sordo.   He *pretended* to be deaf.
Se hizo el bobo para no pagar.   He *played* dumb in order not to pay.

- **Hacerse de.** Indica interés por alguien o por algo.

¿Qué **se hizo de** los Pérez?   What *became of* the Perezes?

¿Qué **se habrá hecho del** libro que puse aquí?
What *happened to* the book I left here?

Vista general de Bogotá, Colombia.

COLOMBIA $4.00

BAMBUCO

- **Meterse a.** Se usa generalmente para referirse a un cambio inespera-do de profesión u ocupación. Puede indicar desaprobación.

Se metió a taxista. He *became* a taxi driver.
Se metió a granjero. He *became* a farmer.

Ejercicios

A. Traduzca al español.

1. When he got there the situation had become very tense.
2. When he realized the bills were piling up he became very depressed.
3. His grandfather became gray-haired when he was very young.
4. He finally got to be one of the finest surgeons in the country.
5. She became a very respected partner in the law firm.
6. He turns into a beast every time he drinks heavily.
7. Every time he talks about the war he becomes very emotional.
8. They got lost in the city but they didn't get upset.
9. I was so scared I thought the blood in my veins would turn to ice.
10. In order to increase her income she became a club singer.
11. They got angry when they arrived and she wasn't there.
12. Franklin D. Roosevelt was paralyzed before he became president.
13. He pretended that he didn't see her.
14. The book became a best seller and as a result he became very rich.

B. Sustituya las frases verbales por una forma reflexiva equivalente.

ponerse agrio   convertirse en un ser materialista
convertirse el agua en hielo   convertirse en un idiota
volverse ciego   ponerse furioso
ponerse sordo   convertirse en un amargado
volverse más humano   ponerse robusto

C. Basándose en las palabras estudiadas complete las oraciones.

1. Despúes que Pablo rompió con Laura _____ en una persona huraña.
2. Como consecuencia del derrame cerebral Olegario _____ paralítico.
3. Cuando supo que había obtenido la beca _____ loco de alegría.
4. Si sigues usando esos pantalones todos los días los vas a _____ unos harapos.

5. La madre realizó muchos sacrificios para que su hijo _____ lo que es hoy.

6. ¿ _____ del muchacho que asistía al curso de química con nosotros?

7. Cuando supe lo que pedían por la casa _____ asombrada.

8. En su país era comerciante pero como al llegar aquí no sabía inglés _____ a taxista.

9. Con la dieta que siguió _____ tan delgada que se enfermó.

ORTOGRAFÍA

Uso de la g y de la j (continuación)

El conocimiento del latín facilitaría el uso correcto de la g y de la j pero a falta de éste, es necesario usar la memoria visual y recordar algunas reglas que le pueden servir de guía. En ciertos casos la ortografía inglesa puede ser de alguna ayuda.[4] Se escriben con g:

1. Los verbos terminados en **-ger, -gir** excepto **tejer** y **crujir**:

afligir dirigir escoger infringir regir coger elegir exigir
proteger rugir corregir encoger fingir recoger surgir

2. Las palabras que tienen sílabas de origen griego o latino al principio, en medio o al final de palabra:

geo apogeo, geografía, geólogo, geometría
gen agencia, imagen, indigente, general, gente, genial, origen, vigencia

Excepciones: ajeno, avejentado, comején y jején.

germ germán, germen, germicida
gest congestión, digestión, gestar, gesto, gestionar, gestación
gel ángel, congelar, gelatina, gélido
gia-gio alergia, colegio, elogio, litigio, magia, prodigio, agio, contagio, hemorragia, liturgia, naufragio, regio
gion legión, religión, región

3. Las palabras terminadas en **-gía**, cuyo equivalente es -gy en inglés:

antropología, etimología, genealogía, ginecología, orgía, patología, psicología, tecnología, teología, zoología

4. Las palabras con g al final de sílaba antes de m o n como en:

agnóstico, digno, fragmento, ignominia, magnesia, dignidad, asignación, dogmático, Ignacio, ignorancia, paradigma, insigne, asignatura, enigma, ignición, insignificante, repugnancia, consigna, estigma, indigno, magnético, segmento

5. Otras palabras como:

amígdalas, gemido, gelatina, gimotear, girasol, gemelo, gentil, gigante, girafa, gitano

[4] Vea en el primer capítulo el sonido suave y fuerte de g, gue, gui, güe, güi. Recuerde que el sonido de la h en inglés corresponde a ge, gi, je, ji en español.

Ejercicios

A. Escriba el verbo que mejor se ajuste a la definición dada.

1. Aparentar lo que uno no es
2. Desobedecer las leyes
3. Sonido que hacen los leones
4. Enmendar los errores en un examen
5. Actuar como director de una organización
6. Labor manual por la que se hace crochet
7. Causar pena o aflicción
8. Apoderarse de algo
9. Seleccionar entre dos o más cosas o personas
10. Aparecer, súbitamente, repentinamente

B. Escriba una oración en primera persona con los verbos dados.

1. recoger   2. exigir   3. encoger   4. proteger

C. Complete con la palabra que considere apropiada.

1. No toques lo que no te pertenece; respeta lo _____ .
2. No tiene tantos años como para parecer tan _____ .
3. Si el inspector dice que la casa tiene _____ en la parte de madera no la compraremos.
4. Me duele mucho la garganta, creo que tengo inflamadas las _____ .
5. Los abogados de ambas partes han prometido dar fin al _____ .
6. El barco que se hundió ayer es el primer _____ del año.
7. La picada de un _____ es peor que la de un mosquito.

D. Dé el equivalente en español de las palabras que se dan y luego use algunas de ellas en oraciones.

gesture   hemorrhage   stigma   psychology   subject (course)
to aggravate   pathology   surgery   sunflower   aggregate
technology   aggression   zoology   to aggrandize (to enlarge)
theology   to moan

E. Busque los opuestos de las palabras dadas y úselos en oraciones.

creyente en Dios (no use **ateo**)
sabiduría
muy importante
benigno

Viviendas en las selvas junto al río Magdalena, Colombia.

Práctica de acentos

Acentúe las palabras que lo requieran.

1. El mundo novelistico que nos entrega el autor en su famosisima narracion, es una magnifica recreacion poetica, fantastica y a veces humoristica de un mundo real que el autor conocio intimamente en su niñez.

2. Cartagena, en la costa atlantica de Colombia, es una esplendida ciudad colonial de gran interes no solo historico sino tambien turistico.

3. El rio Magadalena ha sido desde la epoca de la conquista una via fluvial importantisima en el pais de la esmeraldas y el cafe.

4. La exposicion de pintura y la exposicion de las artes escenicas que se llevo a cabo en distintas ciudades indican el interes del publico estadounidense en las obras artisticas hispanoamericanas.

Miscelánea para leer y comentar

Sabía usted que:

Colombia es el único país suramericano que tiene acceso a los océanos Pacífico y Atlántico.

El río Magdalena atraviesa el país por el centro, de norte a sur, y es navegable en un curso de 750 millas.

En Colombia se produce uno de los mejores cafés del mundo.

Colombia es el primer país exportador de esmeraldas y platino del mundo.

Colombia se precia de ser la más católica de las repúblicas hispanoamericanas y de ser uno de los países hispánicos donde se habla el español con más corrección.

Colombia se nombró así para honrar la figura del descubridor Cristóbal Colón.

Colombia ha contribuido a la literatura en lengua española con grandes escritores, entre ellos los novelistas Jorge Isaacs, autor de la novela *María*, la más famosa novela del período romántico, y José Eustaquio Rivera, autor de *La vorágine*; el poeta José Asunción Silva, autor del conocido poema *Nocturno*, y uno de los precursores del importante movimiento literario conocido por el Modernismo; y el escritor contemporáneo, ensayista, periodista y educador, Germán Arciniegas.

Al pie de los Andes, en un pueblito llamado San Bernardo, en Colombia, se han encontrado numerosas momias, unas mejor preservadas que otras. No se han realizado estudios científicos para determinar la causa o causas de esta momificación, pero los vecinos del lugar la atribuyen a la pureza del agua, a la ausencia de aditivos químicos en los alimentos, y especialmente al consumo de dos frutos conocidos como «guatila» y «balú». El primero es de color verde, del tamaño de una naranja con pequeñas espinas en la corteza, el cual se usa hervido en sopas. El «balú» es una especie de frijol gigante de color morado dentro de una vaina verde. Se usa en forma de harina para tortas.

VENEZUELA

Nombre oficial: República de
Venezuela

Capital: Caracas

Adjetivo de nacionalidad:
venezolano(a)

Población (est. 1992): 20.675.000

Millas cuadradas: 362.143

Grupos étnicos predominantes: mestizos 69%, europeos 20%, negros
9%, indígenas 2%

Lengua oficial: el español

Moneda oficial: el bolívar

Educación: analfabetismo 12%

Economía: petróleo (ocupa el quinto
lugar en producción)

ANTES DE LEER

A. Conteste las preguntas que siguen.

1. ¿Puede usted nombrar 3 héroes de la independencia de los Estados Unidos?

2. Hay diferentes maneras de honrar a los héroes de la patria. ¿Puede usted nombrar una?

3. ¿Por qué cree usted que a los héroes de la independencia de un país se les llama también los «padres de la patria»?

4. ¿Hay alguna ciudad, institución, parque, etc. que lleve el nombre de algún patriota de los Estados Unidos?

5. ¿Sabe usted que países extranjeros ayudaron con fondos a la independencia de los Estados Unidos?

6. ¿Cuál fue la causa principal que dio origen a las guerras de independencia de los Estados Unidos?

7. ¿De que país se independizaron las colonias en los Estados Unidos?

B. Sobre la lectura.

1. Lea el título de la lectura. ¿Le sugiere algo sobre el contenido?

2. Observe el mapa y localice a Venezuela.

3. Eche una ojeada rápida a la lectura para tener una idea general del contenido.

4. Busque en la lectura qué escritor escribió un ensayo sobre Bolívar y qué poeta le escribió un poema.

5. Localice en la lectura el párrafo donde el escritor describe lo que es para él el mérito de Bolívar.

6. Identifique en la lectura quién le dio ayuda a Bolívar cuando nadie lo quería ayudar.

7. Busque en la lectura las líneas que reflejen los pensamientos de José Martí:

   a) Los soldados rasos son héroes desconocidos.

   b) El patriotismo embellece a los hombres.

   c) Héroes son los que luchan por la libertad de los pueblos.

8. Haga una segunda lectura más lenta tratando de entender lo que lee.

LECTURA

Simón Bolívar—El Gran Libertador

fatherland

A Venezuela corresponde la gloria de ser la *patria* de Simón Bolívar, considerado como el George Washington de Suramérica por su participación en la independencia de ese continente. La historia de muchas de sus repúblicas no pudiera escribirse sin incluir la figura de Bolívar. Y en la literatura, su gentileza

essay

y arrojo han sido inmortalizados en un *ensayo* por el también héroe de la independencia cubana y escritor José Martí y en un poema del poeta puertorriqueño Luis Llorens Torres.

personas

La selección sobre Bolívar de Martí se encuentra en el ensayo titulado *Tres héroes*. Las otras dos *figuras* a las que alude Martí son José de San Martín, héroe de la independencia de Chile y Argentina y el héroe de la independencia de México, el cura Miguel Hidalgo.

Bolívar, de José Martí

sunset
asked

Cuentan que un viajero llegó un día a Caracas al *anochecer*, y sin sacudirse el polvo del camino, no *preguntó* dónde se comía ni se dormía, sino cómo se iba adonde estaba la estatua de Bolívar. Y cuentan que el viajero, solo con los árboles altos y olorosos de la plaza, lloraba frente a la estatua, que parecía que *se*

moved

movía, como un padre cuando se le acerca un hijo. El viajero hizo bien, porque todos los americanos deben querer a Bolívar como a un padre. A Bolívar y a todos los que pelearon como él, porque la América fuese del hombre americano. A todos: al héroe famoso, y al último soldado que es un héroe desconocido. Hasta hermoso de cuerpo se vuelven los hombres que pelean

to save

por *salvar* a su patria.

☆ ☆ ☆

sparkled   Bolívar era pequeño de cuerpo. Los ojos le *relampagueaban*, y las palabras se le salían de los labios. Parecía como si estuviera esperando siempre la hora de montar a caballo. Era su país, su país oprimido, que le pesaba en el corazón, y no le dejaba vivir en paz. La América entera estaba como despertando. Un hombre solo no vale nunca más que un pueblo entero; pero hay hombres que no se cansan cuando su pueblo se cansa, y que se deciden a la guerra antes que los pueblos, porque no tienen que consultar a nadie más que a sí mismos, y los pueblos tienen muchos hombres y no pueden consultarse tan pronto. Ese fue el mérito de Bolívar, que no se cansó de pelear por la libertad de Venezuela, cuando parecía que Venezuela se cansaba. Lo habían

defeated   *derrotado* los españoles: lo habían echado del país. El se fue a una isla,[1] a ver su tierra de cerca, a pensar en su tierra.

Un negro generoso[2] lo ayudó cuando no lo quería ayudar nadie. Volvió un día a pelear, con trescientos héroes, con los trescientos libertadores. Libertó a Venezuela. Libertó a la Nueva Granada. Libertó al Ecuador. Libertó al Perú. Fundó una nación nueva, la nación de Bolivia. Ganó batallas sublimes con sol-

barefoot / naked   dados *descalzos* y medio *desnudos*. Todo se estremecía y se llenaba de luz a su alrededor. Los generales peleaban a su lado con valor sobrenatural. Era un ejército de jóvenes. Jamás se peleó tanto, ni se peleó mejor en el mundo por la

pasión   libertad. Bolívar no defendió con tanto *fuego* el derecho de los hombres a gobernarse por sí mismos, como el derecho de América a ser libre. Los envidiosos exageran sus defectos. Bolívar murió de pesar del corazón, más que del mal del cuerpo, en la casa de un español en Santa Marta. Murió pobre, y dejó una familia de pueblos.

☆　☆　☆

raw   Un escultor es admirable, porque saca una figura de la piedra *bruta*: pero esos hombres que hacen pueblo son más que hombres. Quisieron alguna vez lo que no debían querer; pero ¿qué no le perdonará un hijo a su padre? El corazón se llena de ternura al pensar en esos gigantescos fundadores. Esos son héroes; los que pelean para hacer a los pueblos libres, o los que padecen en

misfortune   pobreza y *desgracia* por defender una gran verdad. Los que pelean por la ambición, por hacer esclavos a otros pueblos, por tener más mando, por quitarle a otro pueblo sus tierras, no son héroes, sino criminales.

Bolívar, de Luis Llorens Torres

Político, militar, héroe, orador y poeta.
Y en todo grande. Como las tierras libertadas por él.
Por él, que no nació hijo de patria alguna,
sino que muchas patrias nacieron hijas de él.

valor / sword   Tenía la *valentía* del que lleva una *espada*.
Tenía la cortesía del que lleva una flor.

echaba a un lado   Y entrando en los salones, *arrojaba* la espada.
Y entrando en los combates, arrojaba la flor.

Los picos del Andes no eran más, a sus ojos,

valentía   que signos admirativos de sus *arrojos*.
Fue un soldado poeta, un poeta soldado,
y cada pueblo libertado

---

[1] Jamaica.
[2] Alexandre Petion, presidente de Haití.

El libertador, Simón Bolívar.

era una hazaña del poeta y era un poema
del soldado.
Y fue crucificado …

Preguntas

A. Preguntas sobre la lectura.

1. ¿Por qué algunos consideran a Simón Bolívar el George Washington de Suramérica?

2. ¿Quiénes son José Martí y Luis Llorens Torres?

3. ¿Qué hizo el viajero apenas llegó a Caracas?

4. ¿Sabe dónde está Caracas?

5. ¿Puede describir físicamente a Bolívar? ¿Y en cuanto a su personalidad y sentimientos?

6. ¿Qué países libertó Bolívar? ¿Qué nación fundó?

7. ¿Puede nombrar las capitales de todos los países de Suramérica?

8. ¿Puede describir los soldados que lucharon con Bolívar?

9. ¿En que circunstancias murió Bolívar? ¿Por qué cree usted que Martí dice que Bolívar dejó una familia de pueblos?

B. Otras preguntas.

1. ¿Cree usted que hay otras clases de heroísmo además del patriótico de que habla Martí?

2. ¿Cuál cree usted que era el ideal más alto que guiaba a Simón Bolívar?

3. Llorens Torres en su poesía también describe a Bolívar. ¿Qué otras ocupaciones tenía El Libertador? ¿Cuál de ellas es la que usted admira más?

4. ¿Podría usted explicar en sus propias palabras el significado de los últimos cinco versos del poema?

Mejore su vocabulario

A. Dé la definición de:

1. El lugar donde una persona ha nacido.

2. Persona que realiza acciones admirables.

3. Organización de los soldados de un país.

4. Artista que forma figuras de la piedra.

5. Persona que habla en público.

6. Arma muy larga parecida a un cuchillo.

7. Escrito en prosa en el que se expresan ciertas ideas.

8. Figura de piedra o metal que representa la imagen de una persona.

B. Cambie la palabra en cursiva por otra que tenga el mismo significado.

1. Bolívar luchó por la *libertad* de muchas naciones suramericanas.

2. Saldremos para Maracaibo cuando *caiga la noche*.

3. Los soldados *lucharon* por defender un ideal.

4. Estaba tan entusiasmado que los ojos le *brillaban* intensamente.

5. Algunos eran tan pobres que andaban *sin zapatos*.

6. Y los niños pequeños iban *sin ropa*.

7. Lo admiraban por el *coraje* con que defendía sus ideas.

8. Fue *vencido* algunas veces pero siempre seguía adelante.

Estatua ecuestre de El Libertador en Plaza Bolívar, Caracas, Venezuela.

Temas para redactar y conversar

A. Escriba una biografía corta de Bolívar en la que incluya otros datos además de los dados por Martí y Llorens Torres. Busque información en otros libros.

B. Haga una comparación entre Simón Bolívar y George Washington, señalando las similitudes y diferencias en sus vidas. Lea su trabajo en clase con el permiso del profesor.

C. Con frecuencia señalamos como héroes a aquellos que realizan actos extraordinarios, sin embargo, hay muchos héroes anónimos a nuestro alrededor que pasan desapercibidos. ¿Conoce usted a algún «héroe» o «heroína» de la vida diaria? ¿Por qué los considera así? Explique.

GRAMÁTICA

I. El adjetivo

El adjetivo en español, igual que en inglés, se une el nombre para calificarlo o determinarlo. Concuerda con el nombre en género y número.

el niño **rubio**   los niños **rubios**
el hombre **inteligente**   los hombres **inteligentes**

En español, la posición del adjetivo varía. Algunos siguen al nombre, otros se anteponen y otros pueden adoptar una u otra posición.
A veces, la posición determina el significado:

Los **estudiosos** alumnos recibieron premios. (Todos eran estudiosos, todos recibieron premios.)

Los alumnos **estudiosos** reciberon premios. (Sólo recibieron premios los estudiosos.)

a) *Adjetivos que siguen al nombre.*

Siguen al sustantivo los llamados adjetivos calificativos o descriptivos, es decir, aquellos que sirven para señalar una calidad particular del nombre. Si decimos: **un perro blanco, un niño pequeño, un hombre alto**, estamos señalando las características diferenciativas que poseen estos sustantivos, y que los apartan de otros de la misma especie. A esta categoría pertenecen:

1. Los adjetivos que se refieren a nacionalidades, grupos sociales o políticos, religiones, profesiones o ramas del saber, formas, colores y posiciones.

una familia **musulmana**   un tratamiento **siquiátrico**
una fórmula **química**   una mesa **redonda**
un hombre **arrodillado**

2. Los adjetivos compuestos o modificados por adverbios.

una casa **llena de plantas**   una idea **muy buena**

b) *Adjetivos que preceden al nombre.*

Los llamados adjetivos determinativos o restrictivos preceden al nombre. A este grupo pertenecen:

1. Los numerales: **tres** libros, **cinco** cajas.[3]
    Los demostrativos: **estos** árboles, **esos** papeles.
    Los posesivos en su foma corta: **mis** libros, **sus** maletas.
    Los indefinidos: **algunos**[4] hombres, **ningún** perro.
    Ambos, que significa «los dos», se usa siempre en plural y se antepone al nombre: **ambos** señores, **ambas** sillas.

2. Igualmente se colocan delante del sustantivo los adjetivos calificativos llamados epítetos, o sea, aquellos que aluden a una cualidad normalmente asociada con el nombre: el **reluciente** diamante, el **fiero** león, la **mansa** oveja, la **blanca** nieve.

3. Los adjetivos que contienen ideas de encomio o respeto: el **honorable** magistrado, el **distinguido** novelista, el **sobresaliente** atleta, el **excelente** pintor.

c) *Alteración de la posición normal de los adjetivos.*
    Con frecuencia podemos dar un valor subjetivo o alcanzar resonancia poética, aunque sin cambiar la significación, alterando la posición normal del adjetivo.

    la **cálida** atmósfera de la habitación   la **fría** lluvia de otoño

d) Algunos adjetivos cambian su significación según sean colocados antes o después del sustantivo.

el **pobre** niño	*the unfortunate child*
el niño **pobre**	*the poor (penniless) child*
el **viejo** amigo	*the long-standing friend*
el amigo **viejo**	*the elderly friend*
el **nuevo** coche	*another car*
el coche **nuevo**	*the new car*
el **mismo** policía	*the same policeman*
el policía **mismo**	*the policeman himself*
la **pura** verdad	*the absolute truth*
el agua **pura**	*the pure water*
una **sola** persona	*only one person*
una persona **sola**	*one person alone*
el **único** trabajador	*the only worker*
el experimento **único**	*the unique experiment*
una **gran** ciudad	*a great (splendid) city*
una ciudad **grande**	*a big city*

e) *Posición de dos o más adjetivos.*
    Dos o más adjetivos siguen las mismas reglas que los adjetivos individuales. Si los dos adjetivos pertenecen a la misma categoría, uno sigue al otro, separados por la conjunción *y.*

    la ciudad **enorme y alegre**   un regalo **bueno, bonito y barato**

---

[3] Los adjetivos ordinales se colocan en general antes del nombre, a excepción de partes y capítulos de libros, títulos nobiliarios y pontificales.

la *tercera* fila, el *segundo* escalón, el *primer* asiento; pero se dice capítulo *tercero*, sección *quinta*, Isabel *Segunda.*

[4] *Alguno* puede tener significación negativa si se coloca después del sustantivo: No vi hombre alguno = no vi ningún hombre.

Ejercicios

A. Coloque los adjetivos según las reglas explicadas anteriormente.

1. (sensato) El _____ hombre _____ no toma decisiones impensadas.

2. (blanca) La _____ nieve _____ coronaba las montañas.

3. (lluvioso, nublado) El _____ _____ día _____ _____ la puso un poco deprimida.

4. (distinguido) El _____ escritor _____ recibió los elogios con complacencia.

5. (esos) _____ árboles _____ que se ven a lo lejos marcan los linderos de la finca.

6. (algunos) _____ trabajadores _____ vinieron, otros permanecieron en sus casas.

7. (bellísima) La _____ mujer _____ saludó a todos con una sonrisa.

8. (triste, colonial) La _____ _____ ciudad _____ _____ impresionaba a todos los que la visitaban.

9. (negro) Un _____ velo _____ le cubría todo el rostro.

10. (ambas) _____ mujeres _____ venían del mismo lugar.

11. (costosa, larga, difícil) La _____, _____, _____ carrera _____, _____, _____ .

B. Coloque el adjetivo antes o después del sustantivo para darle la significación de la expresión en inglés.

1. viejo   Es un _____ amigo _____ que nos visita. (*long-standing*)

2. pura   La _____ verdad _____ es que no quiero ir. (*simple truth*)

3. grande   La _____ cuidad _____ se veía a lo lejos. (*great city*)

4. mismo   El _____ obispo _____ estaba al teléfono. (*himself*)

5. nuevo   Han comprado un _____ coche _____ . (*another car*)

6. solo   Un _____ hombre _____ lo hizo. (*only one*)

Plaza en el centro de Caracas.

7. único   Es una _____ obra _____ en su clase.
            (*unique*)

8. pobre   Los miembros de esa _____ familia
            _____ .(*without money*)

C.   Escoja la posición del adjetivo para indicar la significación dada.

1. Las ácidas naranjas/Las naranjas ácidas fueron vendidas.
    (Sólo se vendieron las ácidas.)
2. Los laboriosos empleados/Los empleados laboriosos recibieron aumentos.
    (Todos los empleados recibieron aumentos por ser laboriosos.)
3. Las simpáticas chicas/Las chicas simpáticas fueron muy aplaudidas.
    (Todas las chicas eran simpáticas.)
4. Los valientes soldados/Los soldados valientes serán condecorados.
    (Sólo los valerosos recibirán medallas.)
5. Los lanudos perros/Los perros lanudos eran de raza.
    (Todos los perros eran de raza.)

D.   Escriba oraciones usando los adjetivos dados.

demócrata	primera	aquellos	míos	pocos	católicos
Juan III	capítulo II	inteligente/atractiva		cálida/lluviosa	

6.   Apócope de algunos adjetivos

a)   Los adjetivos **bueno, malo, primero, tercero, alguno ninguno** y **uno** pierden la *o* final delante de un sustantivo masculino singular.

    un **buen** amigo   un **mal** momento   el **primer** encuentro
    el **tercer** eslabón   **algún** papel   **ningún** criminal   **un** islote

b)   Las combinaciones de **décimos** y **uno** también se apocopan delante de sustantivo masculino plural.

    veintiún cajones   **cuarenta y un** delegados   **setenta y un** votantes *c*) **Ciento** se convierte en **cien** delante de cualquier sustantivo.

cien hombres   **cien** mujeres

También se apocopa **ciento** delante de **mil** y **millones**, pero no delante de otros números.

cien mil pájaros   **cien** millones de firmas
Pero: **ciento** tres solicitudes

d) **Santo** se convierte en **San** delante de nombres masculinos.

San Ignacio   **San** Fernando   **San** Roque   **San** Pablo

Se exceptúan de esta regla los nombres que comienzan con **To-** y **Do-**, como **Santo** Domingo, **Santo** Toribio, **Santo** Tomás.
En **Santiago**, el adjetivo **santo** ya está apocopado y unido al nombre.

e) **Cualquiera** y su plural **cualesquiera**[5] pierden la *a* final delante de cualquier sustantivo.

cualquier mensaje   cualquier necesidad
cualesquier metas   cualesquier objetivos

7. Posición invariable del adjetivo en frases hechas

En algunas frases familiares los adjetivos tienen una posición invariable fijada por el uso:

buena suerte	*good luck*	Sagradas Escrituras	*Holy Scriptures*
buena voluntad	*good will*	Sumo Pontífice	*the Pope*
libre albedrío	*free will*	franco tirador	*sniper*
mal agüero	*bad omen*	Bellas Artes	*Fine Arts*
Santa Biblia	*Holy Bible*	Nuevo Mundo	*New World*
Felices Pascuas	*Merry Christmas*	bajo mundo	*underworld*

Ejercicios

A. Complete los espacios con el equivalente en español.

1. No quiere que los niños reciban ese _____ . (bad example)

2. El _____ asiento a la izquierda es el suyo. (third)

3. Debe haber por aquí _____ papel con las instrucciones. (some)

4. _____ persona puede participar si así lo desea. (Any)

5. El 31 de diciembre es la noche de _____ . (St. Sylvester)

6. La escuela recibió _____ expedientes. (forty-one)

7. Los aviones son seguros, pero no _____ . (one hundred percent)

8. _____ podrá inscribirse en ese curso. (No foreigner)

[5] La forma plural *cualesquier* es poco usada.

9.   El _____ mensaje fue recibido a las diez.
(first)

10.   _____ participantes contribuyeron con dinero.
(One hundred and one)

B.   Escriba el adjetivo completo o apocopado según convenga a los sustantivos dados.

1.   (bueno)   ingredientes   material   mujer
2.   (malo)   calidad   trabajo   gesto
3.   (ninguno)   abogado   cajón   caja
4.   (alguno)   motivo   razón   acuerdo
5.   (uno)   estimulante   trampa   desnivel
6.   (Santo)   Isidro   Torcuato   Miguel
7.   (cualquiera) problema   asunto   diferencia

C.   Escriba con palabras las cifras dados.

125 lápices	100 niñas
100.000 soldados	91 sobres
1.000.000 peticiones	81 escalones
51 solicitudes	61 inmigrantes
110 presillas	105 libros

D.   Complete con la frase equivalente en español.

1.   El tema del _____ fue utilizado por muchos escritores del Siglo de Oro. (*free will*)

2.   El _____ era el nombre usado para referirse a América durante el descubrimiento y la colonización. (*New World*)

3.   La _____ ha sido traducida a casi todos los idiomas. (*Holy BIble*)

4.   En la superstición hispánica, se dice que es de _____ oír cantar a una lechuza. (*bad luck*)

5.   Es una figura muy conocida del _____ . (*underworld*)

6.   La policía no ha atrapado aún al _____ . (*sniper*)

7.   El gobierno libertó a los presos como signo de _____ . (*good will*)

8.   La pintura y la escultura pertenecen a las _____ . (*fine arts*)

9.   Al despedirnos nos deseamos mutuamente _____ y unas _____ . (*good luck/Merry Christmas*)

10.   _____ hizo referencia a un pasaje en las _____ . (*The Pope/Holy Scriptures*)

E. Describa una escena de una película o novela, una persona, un paisaje o algún juego. Use la mayor cantidad posible de adjetivos relacionados con las reglas estudiadas.

Humor

Comente el chiste. Luego interprételo en inglés a otra estudiante o a la clase.

Mesada insuficiente.

Los padres desaprobaban los trajes de baño demasiado pequeños. Un día la hija, muy orgullosa, les mostró un brevísimo bikini.

—Miren, lo compré con el dinero que ustedes me regalaron para mi cumpleaños.

—Te dimos muy poco, ¿verdad?—murmuró irónicamente el padre.

SEMEJANZAS Y CONTRASTES

- *Almost + preterit* versus **casi + presente**

La expresión *almost + preterit* se expresa en español el presente en vez del pretérito.

almost + preterit – I almost fell
casi (**por poco**) **+ presente** – casi (por poco) me caigo

- to save ⟨ ahorrar (*not to waste or spend*)
guardar (*to keep, to put aside*)
salvar (*to rescue*)

Debemos **ahorrar** energía.
We must *save* energy.
Vamos a **guardar** un poco de vino para la comida.
Let's *save* some wine for dinner.
El bombero **salvó** al niño.
The fireman *saved* the child.

- to move ⟨ mudarse (*to change residence*)
trasladarse (*to move from place to place, office to office*)
mover (se) (*to move an object or part of the body*)

Nota: *To be moved by something* equivale a **emocionarse**.

Ya no vive aquí, **se mudó** hace poco.
He doesn't live here anymore; he *moved* not long ago.

Su trabajo le exige que **se traslade** de una ciudad a otra.
His job demands that he *move* (go) from city to city.

La bailarina **mueve** los brazos con mucha gracia.
The dancer *moves* her arms very graciously.

Nos **emocionó** la triste escena.
We were *moved* by the sad scene.

- to ask ⟨ pedir (un favor, un objeto)
  preguntar (hacer una pregunta)

Una vez ella me **pidió** un favor.
Once she *asked* me (for) a favor.

El hombre le **hizo** muchas **preguntas**.
The man *asked* her many *questions*.

- Expresiones con *to ask*:
  to ask about = preguntar por[6]
  to ask someone out = invitar a salir
  to be asking for something = estar buscándoselo

Tony *asked* me about you. = Tony me **preguntó por** ti.

The next day he *asked* her out. = Al día siguiente la **invitó a salir**.

Driving at this speed, you are *asking for it*. = Manejando a esta velocidad, **te lo estás buscando**.

Ejercicios

A. Traduzca al español las oraciones siguientes.

1. I *almost won* the car; I missed only the last number.
2. I would take the trip but I don't want to touch *my savings*.
3. She *asked* her father *for* a car and she got it.
4. Every time I hear that song I am *moved* by it.
5. Who did you say was *asking* about me?
6. Stay still, don't *move* for a minute.
7. His quick reaction *saved* him from a sure death.
8. If you don't see me at dinner time, *save* some food for me.
9. Manuel *asked* his boss for a raise in his salary, and he *asked* Manuel if he deserved it.
10. If we take this road we will *save* some time.
11. They have *moved* this office three times in the last two years.
12. Did you *move* into this building recently?
13. They were very generous; they asked us to their house many times.
14. We will need two strong persons to *move* this piano.
15. She likes to *move* the furniture around to give the room a fresh look.
16. He has asked her out three times in less than two weeks.

B. Escoja las palabras que crea apropiadas al sentido de la oración.

1. Los González se (mudaron/movieron) pero yo no sé su nueva dirección.
2. Gana mucho per no tiene (ahorrado/salvado) ningún dinero.
3. No tires el periódico que quiero (salvarlo/guardarlo) porque tiene un artículo muy bueno.
4. Me (pidió/preguntó por) veinte dólares pero yo no tenía en ese momento.

[6] Fíjese que *to ask about* = **preguntar por** requiere la preposición **por** pero en *to ask for* an object = **pedir**, *for* no se traduce.

El moderno metro de Caracas, Venezuela.

5. La compañía quiere (moverlo/trasladarlo) a otra ciudad pero él no quiere ir.

6. La mujer (me preguntó/me hizo) muchas preguntas que yo no contesté.

7. Siempre que me (pide/pide por) un favor, yo se lo hago si puedo.

ORTOGRAFÍA

Uso de la j

Las reglas para el uso de la **j** no son muy exactas. Aquí se dan algunas que pueden servir de guía, pero lo mejor será observar la ortografía de las palabras que llevan **j** y familiarizarse con ellas.

Se escriben con **j**:

a) Ciertas formas de los verbos terminados en **-ger, -gir** para mantener el sonido:

proteger – prote**j**o   exigir – exi**j**a

b) Las formas del pretérito de muchos verbos terminados en **-er, -ir**:

decir – dijo   traer – trajo   traducir – tradujo

c) La mayoría de las palabras terminadas en **-aje**, cuyo equivalente frecuentemente en inglés es *-age*:

arbitraje	forraje	lenguaje	paje	ramaje
carruaje	herbaje	linaje	pasaje	tatuaje
celaje	herraje	mensaje	peaje	ultraje
coraje	homenaje	miraje	pelaje	viraje
drenaje	hospedaje	paisaje	personaje	

Una excepción común es **ambages**.

d) Muchas palabras que contienen las sílabas **je – ji**:

agujero	callejero	hereje	jeringuilla	jinete	ojeras
ajedrez	eje	jefe	jeroglífico	jirafa	quejido
ajeno	ejecutar	jerarquía	jicotea	jirón	tejido
ajetreo	ejemplo	Jerez	jilguero	mejilla	vejez
ají	ejército	jerga	jimaguas	monje	vejiga

Excepciones comunes: auge, cónyuge, esfinge, falange, faringe, gigante, gitano, laringe.

Ejercicios

A. Complete con las formas apropiadas de los verbos en infinitivo.

1. El mismo _____ el poema que _____ a la clase. (traducir/traer) (pretérito)

2. Vamos a hacer esto: yo _____ las plantas y yo las _____ . (escoger/recoger) (presente)

3. Ella generalmente _____ a los que menos necesitan que se les _____ . (elegir/proteger) (presente)

4. No se _____ si el director _____ el grupo de diez. (decir/reducir) (pretérito)

5. No creo que nos _____ los mismos cambios que él _____ . (exigir/introducir) (presente–pretérito)

B. Dé el equivalente en español de las siguientes palabras.

1. courage   4. garage   7. lineage   10. page
2. drainage   5. homage   8. message   11. passage
3. forage   6. language 9. mirage   12. savage

C. Escriba la palabra que mejor se ajuste a la definición dada.

1. Dibujo que se hace en la piel de una persona.
2. Dinero pagado por derecho de tránsito.
3. Lo que no le pertenece a uno.
4. Semejante a una casa de huéspedes.
5. Protagonistas de una novela u obra de teatro.
6. Se usa para poner inyecciones.
7. Lenguaje difícil de entender.
8. Símbolos en los monumentos egipcios y mayas.
9. Dos que nacen en el mismo parto.

D. Escriba g o j según crea correcto.

a_edrez	e_emplo	_efe	paisa_e
e_ecución	e_ército	larin_e	pela_e
amba_es	esfin_e	me_illa	ultra_e
au_e	_igante	mon_e	re_illa
cónyu_e	_itano	o_eras	vira_e

E. Lea en voz alta las oraciones. Luego prepárese a tomar un dictado de algunas de ellas si el profesor se lo pide.

1. Jorge y Genaro tiene un carácter muy jovial y juguetón, jamás están serios y hacen reír a los demás histéricamente.

2. Los empleados admiran mucho a su jefe al que consideran muy humano, justo y generoso, además de genial.

3. El juez le advirtió al jurado que la hostilidad del joven acusado no podía tener peso en un proceso judicial.

4. El japonés explicó que esa gigantesca joya de jade había estado en posesión de la familia por generaciones.

5. La higiene general del hospital es deficiente y eso justifica el temor del personal de una propagación de gérmenes.

Práctica de acentos

Coloque los acentos sobre las palabras que lo requieran.

1. Simon Bolivar, el heroe de la independencia de cinco paises de Hispanoamerica, batallo muchisimos años para libertar a Venezuela.

2. La problematica excavacion de los tuneles y la demolicion de algunos edificios retardaron la inauguración de las vias subterraneas.

3. Las estadisticas indican que Argentina, Venezuela y Brasil son las naciones mas motorizadas de America Latina. En Venezuela hay un automovil por cada diez habitantes.

4. Romulo Gallegos, distinguido novelista y politico venezolano, autor de la conocidisima novela *Doña Barbara*, en cierta ocasion declaro que la heroina de su novela era una persona que verdaderamente existio.

El altísimo e impresionante salto Angel en Venezuela.

Miscelánea para leer y comentar

Sabía usted que:

El nombre Venezuela significa «pequeña Venecia».

La unidad monetaria de Venezuela es el bolívar, llamado así en honor del libertador Simón Bolívar.

En Venezuela se encuentra la caída de agua más alta del mundo conocida por el Salto Ángel en tributo a su descubridor, el norteamericano Jimmie Angel en 1933.

Venezuela es el mayor productor de petróleo de las Américas, la mayor parte del cual proviene de la bahía de Maracaibo que cubre un área terrestre y marítima de más de 100.000 kilómetros cuadrados.

REPASO III

A. Use los participios dados en oraciones, con función adjetival y verbal.

organizado   pintada   desconectado   incluido

B. Coloque los adjetivos antes o después del nombre según la idea expresada en inglés.

an unfortunate man   the same person
a fat cat   a Salvadorean refugee
a new car   one hundred eggs
a great painting   the first meeting
a large room   a poor family
those three houses

C. Establezca comparaciones de igualdad, inferioridad y superioridad combinando las dos oraciones.

1. El niño es alto. El padre es alto.
2. La casa azul es grande. La casa verde es menos grande.
3. Arnaldo baila bien. Ernesto sobrepasa a Arnaldo.
4. Elisa tiene muchos discos. Carlos tiene muchos discos también.
5. Trabajamos mucho. Nos divertimos mucho.
6. La novela es larga. El cuento es menos largo.

D. Exprese el grado superlativo usando -ísimo o la forma irregular.

pequeño   malo   bajo   afable   sabio
agradable   fuerte   sagrado   pobre   grande

E. Traduzca las palabras en inglés.

1. Ayer Jorge nos contó *an amusing story*.
2. *The creaking wheels* del tren hacían un ruido insoportable.
3. Tiene *an excruciating pain* en el lado derecho del estómago.
4. El *shining object* que vio en el cielo no era un platillo volador.
5. Las *smiling faces* de los niños en la fotografía expresaban contento.

F. Complete al oración con la forma verbal que pida el sentido de la oración.

1. El mango está podrido y los plátanos están _____ también.
2. Estas casas las construyeron con adobe y aquellas las están _____ con ladrillo.
3. En este salón aún no han servido el almuerzo pero allí ya lo están _____ .
4. El aborrece las mentiras y yo las _____ también.
5. Ellos cogen el tren a las ocho pero yo lo _____ a las nueve.
6. Tú reconoces los nombres fácilmente y yo _____ las caras.

291

G. Simplifique las oraciones usando el complemento directo, indirecto o ambos.

1. Ana llama a Dolores.
2. Oscar vendió el edificio.
3. Leo el libro ahora.
4. Va a darles los bonos a los padres.
5. Les diré esto a mis amigos.
6. Mandaremos un mensaje a los clientes.

H. Traduzca las oraciones al español usando un verbo reflexivo o recíproco.

1. The passengers helped each other during the accident.
2. Andrés forgot to buy the milk.
3. Elena fell down and broke her leg.
4. The fruit got rotten.
5. The train stopped in the middle of the track.
6. The ice cream melted from the store to the house.

I. En las oraciones que siguen se han repetido los nombres. Escriba las oraciones de nuevo evitando las repeticiones.

1. Mis amigos y los amigos de mis padres asistirán a la fiesta.
2. Tu abrigo y el abrigo de Teresa son iguales.
3. Mi hermano y el hermano de Lola fueron a la misma escuela.
4. La universidad de Amelia y la universidad de Isabel son para mujeres y hombres.

J. Cambie los infinitivos al pretérito o al imperfecto según convenga al sentido de la oración.

Don Pablo *ser* un campesino que *conocer* cuando yo *enseñar* en el campo y *vivir* en mi país. Le *gustar* contar cuentos, los cuales *narrar* con mucha gracia. Un día me *decir* que cuando *trabajar* como montero en una finca, *tener* que buscar un toro que se *haber* quedado rezagado y que cuando lo *encontrar* y *querer* llevarlo hacia el corral, el toro lo *embestir* y lo *perseguir* por la sabana.

Mientras *contar* el cuento, Don Pablo se *reír* con muchas ganas.

No lo *ver* nunca callado, siempre *tener* alguna historia que contar. Muchos años después *saber* que *haber* muerto sentado en una rueda de amigos a los que les *hacer* una de sus historias.

K. Traduzca las palabras en inglés con un equivalente en español.

1. Uno de los niños *raised* la mano.
2. Dos trabajadores *loaded* un camión de naranjas.
3. *The attendance* a la clase fue baja hoy.
4. La iglesia *raised* algunos fondos para los refugiados.
5. El salvavidas *saved* al niño de ser ahogado.
6. El plan que tienen es *to save* algún dinero mensualmente.
7. Los campesinos *raise* conejos para la venta.
8. La ferretería *moved* a un local mayor en la misma cuadra.
9. Ellos *charge* todo lo que compran a crédito.

L. Traduzca las oraciones al español.

1. They canceled the trip *because* of the weather.
2. They have no money *because* they don't save any.
3. She became a doctor *because* she likes to help people.
4. It was so cold the water *became* ice.

5. When he saw the guard he *became* pale and *pretended* he was working.

6. He *became* an invalid as a result of the operation.

M. Dé el plural de las palabras que siguen.

un papá, dos _____   una luz, dos _____
un café, dos _____   un rompecabezas,
un jabalí, dos _____   dos _____
un coche comedor,   un régimen, dos _____
  dos _____   un tabú, dos _____
un árbol, dos _____   un tórax, dos _____
un buey, dos _____   una tribu, dos _____
una crisis, dos _____

N. Complete las oraciones usando los tiempos compuestos del indicativo.

1. La compañía le _____ prometido a Delia darle un aumento de sueldo.

2. ¿Cree que se _____ graduado para el año 1995?

3. Alicia ya _____ terminado todos sus cursos para el doctorado cuando nació el bebé.

4. ¿ _____ visto la última película de Vicente Fernández?

5. Yo la _____ ido a ver si hubiera sabido que estaba enferma.

Ñ. Traduzca al español.

1. They get only three or four calls a day.

2. We need bread, who is getting it?

3. They got the man who was stealing the cars.

4. Now it will be easier for the disabled people to get on and off the bus.

5. It was so bad that after a while we got bored and left.

6. The sea got so rough that we got scared.

7. It seems I can't get rid of this cold; I must get to the doctor.

8. They hope to get through the inventory by Monday.

ECUADOR

Nombre oficial: República del Ecuador

Capital: Quito

Adjetivo de nacionalidad: ecuatoria-no(a)

Población (est. 1992): 10.933.000

Millas cuadradas: 109.483

Grupos étnicos predominantes: mestizos 55%, indígenas 25%, blancos 10%, negros 10%

Lengua oficial: el español (otra lengua hablada extensamente: el quechua)

Moneda oficial: el sucre

Educación: analfabetismo 12%

Economía: banana, minerales y textiles

ANTES DE LEER

A. Conteste las preguntas que siguen:

1. ¿Cree usted que hay diferencias entre la gente de distintas regiones dentro de un mismo país?

2. ¿Está usted de acuerdo con los que afirman que la gente que vive en lugares con puerto de mar es más abierta y espontánea que la que vive tierra adentro?

3. ¿Cómo explicaría usted esas diferencias?

4. ¿Puede usted nombrar dos héroes de la independencia de los Estados Unidos?

5. ¿Con qué grupo asocia usted las palabras: cuartel, academia y convento?

6. ¿Sabe usted cómo se llama la línea imaginaria que divide el hemisferio norte del hemisferio sur?

7. En el mundo del arte a veces se habla de la escuela vanguardista, la escuela impresionista, la escuela cubista. ¿Puede explicar a qué se refiere la palabra escuela en el campo artístico?

8. Además de referirse a una persona que enseña en una escuela primaria o secundaria, ¿qué otro significado cree usted que tiene la palabra maestro?

9. A veces se hace referencia al mundo capitalista. ¿Puede explicar a qué se refiere esta frase?

10. Puede usted explicar que quiere decir la frase «patrimonio cultural de la humanidad»?

B. Sobre la lectura

1. Dé una ojeada rápida a la lectura. Después busque en ella qué tres naciones formaban La Gran Colombia.

2. Identifique en la lectura tres grupos indígenas en el Ecuador.

3. Identifique cuál grupo indígena muchos años atrás achicaba cabezas humanas.

4. Identifique en cuál grupo indígena los hombres usan trenzas.

5. Haga una segunda lectura más reposada tratando de entender bien lo que lee.

LECTURA

Ecuador

highland
depopulated / re-
trieved

overcome

highland's inhabi-
tants
meeting

lowlands

Pequeño, pero lleno de grandes bellezas naturales y contrastes, Ecuador es uno de los países más interesantes de Hispanoamérica.

Sus dos regiones más importantes son la *costa* y la *sierra*. El oriente, una región selvática casi *despoblada*, ha *cobrado* importancia últimamente debido al petróleo que se ha descubierto en esa región. Las dos ciudades principales de Ecuador son Quito, la capital, y Guayaquil, las cuales han mantenido por muchos años una rivalidad que aún hoy no ha sido *superada*. *Lo cierto es que* a Guayaquil, situada en la costa, muchos la consideran más importante que a Quito, por su gran dinamismo comercial y actividad portuaria. Los *costeños*, no sin cierto desdén, se refieren a Quito como el centro de la intelectualidad y la tradición y a los *serranos* como ceremoniosos y demasiado formales.

Históricamente, Guayaquil tiene la importancia de ser el lugar donde se celebró en 1822 la famosa *entrevista* entre los dos héroes de la independencia suramericana, Simón Bolívar y José de San Martín, para decidir el futuro gobierno de las nuevas repúblicas y la aún incompleta independencia de Perú.[1]

Quito, situada en una de las llamadas *hoyas* de los Andes ecuatorianos, está rodeada de numerosos y elevadísimos volcanes que la protegen de los vientos fríos de la sierra, por lo que goza de lo que se ha llamado una «eterna

[1] La entrevista fue secreta y nadie supo nunca exactamente qué fue lo que se discutió allí. Pero a partir de esos momentos, San Martín se retiró de la lucha y se exilió voluntariamente. Bolívar y su lugarteniente general José Antonio de Sucre completaron la independencia de Perú. La moneda de Ecuador se llama *sucre* en honor de este héroe independentista.

primavera». Quito es una de las ciudades más antiguas del continente americano, y una de las que más ha conservado el ambiente colonial español. En 1978, la Unesco la declaró patrimonio cultural del mundo.

soldiers' quarters

En cierta ocasión, Bolívar, refiriéndose a las tres naciones que formaron la Gran Colombia, declaró que Venezuela era un *cuartel*, Colombia una academia y Ecuador un convento, aludiendo sin duda a la gran cantidad de iglesias, conventos y obras artísticas religiosas existentes en el país.[2] La catedral de Quito es una de las más antiguas del continente americano.

outstanding
canvas

spear
it is said
dying person

punishment

La «escuela quiteña» de imágenes y esculturas religiosas fue la más famosa de Hispanoamérica durante el período colonial. La leyenda recoge que uno de los pintores más *sobresalientes* de la época, Miguel de Santiago, exasperado por su incapacidad para captar en el *lienzo* la expresión agónica de Cristo en la cruz, y después de haber probado en vano con todo tipo de modelos, atacó con una *lanza*, matando al que en esos momentos utilizaba. *Se dice que* el pintor, fascinado por la expresión de agonía que creyó percibir en la cara del *moribundo*, empezó a pintar con premura, con lo que llegó a lograr una obra maestra de arte, pero que le costó tener que pasar el resto de su vida en un monasterio como *castigo* de su crimen.

Geográficamente, Ecuador tiene además mucha significación, debido a que la línea imaginaria que divide los dos hemisferios pasa por el país a poca distancia de Quito. Allí se ha erigido un monumento para señalar este punto obligado de visita para los turistas, que pueden retratarse con un pie en el hemisferio norte y otro en el hemisferio sur.

La composición étnica del Ecuador es también muy variada: 25% de la población son indígenas, 55% son mestizos, 10% son de origen europeo y un 10% pertenece a la raza negra.

La población indígena está formada por grupos de distintos niveles de civilización. En la selva ecuatoriana se encuentran los jíbaros, los cuales practicaron por mucho tiempo el arte de reducir cabezas humanas. Hoy día los indios jíbaros son pacíficos y las cabezas artificiales que venden como «souvenirs» a los turistas tienen un origen menos dramático que las de antes.

showy

helmet

stripes

En Ecuador se encuentran también los *llamativos* indios colorados, llamados así por la costumbre que tienen de tratarse el pelo con una pasta de achiote y otras substancias vegetales que le da al pelo un tono rojizo, y con la que se forman en la cabeza una especie de *casco* que los protege contra la lluvia. Tanto los hombres como las mujeres andan con el pecho desnudo, el cual se pintan, lo mismo que las extremidades y la cara con unas *rayas* que semejan las de los tigres. Una manta de algodón les cubre desde la cintura hasta las rodillas.

idiosyncrasy

No lejos de Quito viven los indios otavalos, uno de los grupos indígenas más progresistas de Suramérica y uno de los pocos que han podido utilizar la prosperidad económica para mantener su *idiosincrasia* y su identidad étnica.

felt

dawn / woven fabrics

Vestidos en la forma característica que los identifica, los hombres con pantalones blancos, ponchos de lana azules, sombreros de *fieltro* que les cubre el pelo, recogido en una trenza (que para ellos es símbolo de hombría); las mujeres con sus camisones blancos hasta los tobillos, sus faldas oscuras y el pañuelo anudado al cuello o sobre la cabeza, se les puede ver todos los sábados en el mercado de otavalo, vendiendo desde el *amanecer*, sus *tejidos*, cestas y

---

[2] La Iglesia de la Compañía, con sus altares y nichos revestidos de oro, y la custodia también de oro incrustada con piedras preciosas es de una riqueza impresionante.

Indígenas otavalos vendiendo su mercadería en un mercado al aire libre.

cerámicas; usando la misma lengua que hablaban sus antepasados, el quechua, aunque casi todos hablan también español.

masters

Los otavalos son verdaderos *maestros* en la industria del tejido, ya que tienen una habilidad extraordinara en reproducir cualquier diseño por intrincado que sea y en imitar texturas a la perfección. Con gran sentido del comercio, los otavalos han adaptado la confección de sus artesanías a las técnicas modernas y a las demandas del mercado con gran éxito económico, por lo que se les considera «los capitalistas» entre los indios de Suramérica.

¿No le gustaría visitar el Ecuador? Estoy segura que sería una experiencia inolvidable.

Preguntas

A.   Preguntas sobre la lectura.

1.   ¿Por qué se dice que Ecuador es un país de grandes contrastes?
2.   ¿Qué diferencias se han señalado entre Quito y Guayaquil?
3.   ¿Qué importancia histórica tiene Guayaquil?
4.   ¿Quiénes eran Simón Bolívar y José de San Martín?
5.   ¿Qué es una hoya?
6.   ¿Cómo es Quito? ¿Qué tipo de clima tiene?
7.   ¿Por qué Bolívar dijo que Ecuador era un convento?
8.   ¿Qué era «la escuela quinteña»?
9.   ¿Qué dice la leyenda acerca de Miguel de Santiago?
10.   Geográficamente, ¿qué importancia tiene Ecuador?
11.   ¿Cuál es la composición étnica de Ecuador?
12.   ¿Quiénes constituyen la mayoría en el país?
13.   ¿Por qué los indios jíbaros son tan conocidos?

Plaza de la Independencia en Quito, Ecuador.

14. ¿Qué características distinguen a los indios colorados?

15. ¿Qué distingue a los otavalos de otros grupos indígenas?

16. ¿Por qué se dice que los otavalos son los «capitalistas» de los indios suramericanos?

B. Otras preguntas.

1. ¿Cree usted que la geografía tenga algo que ver con la manera de ser de la gente?

2. ¿Qué otras circunstancias piensa usted puedan influir en el comportamiento de la gente?

3. Si un extranjero le preguntara cuál es la composición étnica de los Estados Unidos, ¿qué usted le diría?

4. ¿Hay indios en la región donde usted vive? ¿Sí? ¿Qué nivel de vida tienen? ¿Puede distinguir la tribu a que pertenecen por la forma en que visten?

5. ¿Hay alguna diferencia entre ecuador con minúscula y Ecuador con mayúscula?

6. Si usted tuviera la oportunidad de visitar Ecuador, ¿cuál de los tres grupos de indígenas mencionados le gustaría ver? ¿Por qué?

7. ¿Con qué héroe de la independencia norteamericana compararía usted a Simón Bolívar?

Modismos

se dice que   *it is said*
lo cierto es que   *the truth is*

Se dice que estuvo preso.
It is said he was in prison.
Lo cierto es que no me gusta el pescado.
The truth is that I don't like fish.

Escriba dos oraciones originales con cada uno de los modismos.

Mejore su vocabulario

A. Sustituya la palabra subrayada por otra de igual significado.

1. Las computadoras <u>han logrado</u> gran demanda en el mercado de equipos de oficina.
2. Las ventas de este año <u>han sobrepasado</u> las de los años anteriores.
3. Quito está situada en un <u>llano</u> rodeado de montañas.
4. La famosa <u>reunión</u> de Bolívar y San Martín tuvo lugar en Guayaquil.
5. Los vecinos tuvieron que abandonar sus casas <u>con gran prisa</u> ante el peligro de las inundaciones.
6. Las cebras y los tigres tienen el cuerpo cubierto de <u>líneas</u>.
7. Cada persona tiene su propia <u>manera de ser</u>.
8. Los obreros de la industria de <u>textiles</u> están pidiendo un aumento en los salarios.

B. Dé la palabra que mejor se ajuste a la definición.

1. Tela que usan los pintores para pintar sobre ella.
2. Lugar permanente donde se alojan las tropas.
3. Sustancia vegetal de color rojo muy usada para dar color a la comida.
4. Forma en que se teje el pelo.
5. Parte del día en que comienza la claridad.
6. Vara larga con punta de madera o metal.
7. Persona que está en los últimos momentos de su vida.
8. Tela de lana muy usada para hacer sombreros.

C. La palabra maestro se refiere al que enseña, pero también como adjetivo puede significar: perito, capaz, hábil, ducho, diestro y avezado. Complete las oraciones con la palabra que crea más apropiada al sentido de la oración.

1. Desde pequeño fue muy _____ en arreglar aparatos eléctricos.
2. La policía dijo que la nota del secuestro iba a ser estudiada por un _____ en caligrafía.

3. Es una persona muy _____, todo lo hace bien.

4. Lo contrataron porque es muy _____ en analizar las necesidades del mercado.

5. Si tienes problema con tu coche, llévaselo a mi mecánico que es muy _____ en arreglar automóviles.

D. Castigar básicamente significa imponer una pena por un delito cometido. Otras palabras con esta misma idea son: escarmiento, expiación, martirio, penitencia, sanción, suplicio, tormento y tortura. Busque en el diccionario e el significado exacto de las palabras, copiélos un su cuaderno y luego complete las oraciones con la palabra que crea más adecuada.

1. Como _____, el juez le impuso una multa de cien dólares.

2. Se rumora que su muerte fue para dar un _____ a los otros traficantes.

3. Estar sedientos y no poder beber el agua contaminada fue para los fugitivos un verdadero _____.

4. La organización mundial de amnistía acusó al gobierno de ese país de llevar a cabo _____ en las cárceles.

5. La _____ que le impusieron los padres fue que no mirara la televisión durante un mes.

6. El acusado declaró que la pena que le habían impuesto era demasiado rigurosa para la _____ de un delito común.

7. El guía les explicó que los monumentos a los héroes era un reconocimiento al _____ que habían sufrido por la patria.

8. Para los familiares de los soldados desaparecidos (MIA) el mayor _____ es no saber si están vivos o muertos.

Temas para redactar y conversar

A. Se ha dicho que el habla y la idiosincrasia de la gente de la costa es más relajada e informal que la de la gente de las tierras altas; o que la gente del sur tiene distinto carácter que la gente del norte. Esto se ha señalado en españa, se dice en Ecuador y también aquí en los Estados Unidos. ¿Está usted de acuerdo con estas afirmaciones? Comente sobre ellas.

B. Se ha dicho también que algunos artistas (especialmente en música) tienen más poder creativo cuando sienten emociones fuertes o están bajo la influencia de drogas. Dé su opinión al respecto y señale sus razones. Dé algunos ejemplos concretos si es posible.

C. Los indios otavalos en sus actividades comerciales viajan dentro y fuera de su país pero siempre usan sus atavíos tradicionales. Lo mismo hacen muchos hindúes que se visten a la usanza de su país, especialmente las mujeres. Algunos critican este hábito, otros lo aceptan e inclusive lo aprueban como un modo de mantener la identidad como grupo. Adopte una posición y explique sus razones.

GRAMÁTICA

1. El condicional

El condicional se usa para indicar la posibilidad de una acción. Corresponde a *would*, *should* en inglés. Se forma agregando al infinitivo las terminaciones *-ía*, *-ías*, *-ía*, *-íamos*, *-íais*, *-ían*.[3]

amar:	amar**ía**, amar**ías**, amar**ía**, amar**íamos**, amar**íais**, amar**ían**
beber:	beber**ía**, beber**ías**, beber**ía**, beber**íamos**, beber**íais**, beber**ían**
vivir:	vivir**ía**, vivir**ías**, vivir**ía**, vivir**íamos**, vivir**íais**, vivir**ían**

Los verbos cuyas irregularidades hemos señalado en el futuro, sufren también las mismas modificaciones y luego agregan las terminaciones de los verbos regulares en el condicional.

poner:	pondr**ía**, pondr**ías**, pondr**ía**, pondr**íamos**, pondr**íais**, pondr**ían**
caber:	cabr**ía**, cabr**ías**, cabr**ía**, cabr**íamos**, cabr**íais**, cabr**ían**
poder:	podr**ía**, podr**ías**, podr**ía**, podr**íamos**, podr**íais**, podr**ían**
tener:	tendr**ía**, tendr**ías**, tendr**ía**, tendr**íamos**, tendr**íais**, tendr**ían**
querer:	querr**ía**, querr**ías**, querr**ía**, querr**íamos**, querr**íais**, querr**ían**
salir:	saldr**ía**, saldr**ías**, saldr**ía**, saldr**íamos**, saldr**íais**, saldr**ían**
venir:	vendr**ía**, vendr**ías**, vendr**ía**, vendr**íamos**, vendr**íais**, vendr**ían**
hacer:	har**ía**, har**ías**, har**ía**, har**íamos**, har**íais**, har**ían**
valer:	valdr**ía**, valdr**ías**, valdr**ía**, valdr**íamos**, valdr**íais**, valdr**ían**
decir:	dir**ía**, dir**ías**, dir**ía**, dir**íamos**, dir**íais**, dir**ían**
saber:	sabr**ía**, sabr**ías**, sabr**ía**, sabr**íamos**, sabr**íais**, sabr**ían**

2. Las probabilidades en el pasado

De la misma forma que el futuro se usa para expresar probabilidad en el presente, el condicional se usa para expresar probabilidad en el pasado.

¿Dónde **estaría** Amelia anoche?
I wonder where Amelia was last night.

Estaría en la casa.
She was *probably* at home.

Ejercicios

A. Complete la oración con el condicional del verbo dado en infinitivo.

1. ¿Crees que si fuéramos en auto *caber* todos?
2. Hacer una carta de pésame es muy difícil. ¿Qué tú *poner*?

---

[3] No olvide que en la formación del imperfecto la terminación *-ía* se agrega a la raíz de los verbos de la segunda y tercera conjugación, mientras que en el condicional se agrega *ía* al infinitivo.

3. No creo que Teresa *venir* temprano aunque se lo pidieras.

4. Me parece que yo tampoco *saber* qué contestar en una situación así.

5. Nosotros *poder* llamarla y preguntarle, ¿no crees?

6. ¿Cuánto crees que *valer* un viaje por toda Suramérica?

7. Si yo fuera tú no *hacer* eso sino que le *decir* la verdad.

8. Si no estuviera tan cansada, me *poner* mi abrigo nuevo y *salir* a dar una vuelta.

9. Estoy segura que Elena *querer* ir si supiera que nosotros vamos.

10. ¿*Tener* algún inconveniente en prestarme tus notas de clase?

B. Traduzca al español.

1. I wonder why she didn't call last night.

2. I wouldn't eat that even if they paid me.

3. I never thought I would do for them what I am doing now.

4. I wonder if they were as rich as they say.

5. You wouldn't believe it if I told you what happened.

6. She wouldn't tell you even if you asked her.

7. The agent didn't come as he promised; I wonder if he was busy.

C. Use el imperfecto o el condicional del verbo dado en infinitivo según convenga.

1. Yo nunca le _____ a nadie una cosa así, lo que yo sí le _____ cada vez que la veía era que estudiara más. (sugerir)

2. Antes la gente _____ a la ópera vestida de etiqueta. ¿_____ usted a un concierto en pantalones de vaquero y zapatos de tenis? (asistir)

3. Cada vez que yo empezaba a hablar ella me _____. ¿_____ usted a alguien así? (interrumpir)

4. Con sus alumnos ella no _____ entre hombres y mujeres, y otro en su lugar no _____ tampoco. (distinguir)

5. Siempre que venían a la ciudad ella los _____ en el aeropuerto pero el otro día dijo que no los _____ más. (recoger)

6. Alguien me dijo que en ese país la gente _____ perros. ¿Lo _____ tú si te lo ofrecieran? (comer)

7. A mí me _____ una situación muy extraña y creo que a cualquiera le _____ lo mismo. (parecer)

8. Todos se _____ con la escena; únicamente una persona insensible no se _____. (enternecer)

9. Cuando estaban allá dicen que siempre _____ el agua que tomaban y que si volvieran la _____ también. (hervir)

10. Ella _____ sola todas las operaciones que se hacían, pero si yo fuera la directora yo las _____ en forma de equipo. (dirigir)

D. Basándose en las fotografías del capítulo, escriba un párrafo usando el condicional para describir posibles acciones de las personas y las condiciones del escenario.

EJS. Probablemente esas personas **irían** a...
Seguramente **necesitarían** algo para...
Probablemente **sería** verano (invierno), porque...

E. Pregúntele a otro estudiante que haría si: (cada respuesta debe incluir tres verbos diferentes)

1. Se ganara un millón en la lotería
2. Estuviera enfermo
3. Fuera alcalde de su ciudad

3. Los tiempos compuestos del indicativo

Los tiempos compuestos son los verbos que están formados por el verbo auxiliar **haber** y el participio pasado del verbo que se conjuga. Los tiempos compuestos del modo indicativo son cuatro:

pretérito perfecto	*present perfect*
pluscuamperfecto	*pluperfect*
futuro perfecto	*future perfect*
condicional compuesto	*conditional perfect*

a) *Pretérito perfecto*

he   hemos
has   habéis ⟩ amado, bebido, vivido
ha   han

Se forma con el presente del verbo **haber** y el participio pasado del verbo que se conjuga. Igual que en inglés, se refiere a una acción pasada todavía relacionada con el presente.

he hablado—*I have spoken*   él **ha** llegado—he *has* arrived

b) *Pluscuamperfecto*

había   habíamos
habías   habíais ⟩ amado, bebido, vivido
había   habían

Se forma con el imperfecto de **haber**[4] y el participio pasado del verbo que se conjuga. Expresa una acción pasada anterior a otra que occurrió también en el pasado.

Habíamos acabado de comer cuando llegó.
We *had* finished eating when she arrived.

Yo **había** llamado antes que ella llamara.
I *had* called before she did.

c) *Futuro perfecto*
Se forma con el futuro de **haber** y el participio pasado del verbo que se conjuga.

habré   habremos
habrás   habréis ⟩ amado, bebido, vivido
habrá   habrán

Su uso es semejante al inglés. Expresa una acción futura anterior a otra también futura. Se usa también para expresar el futuro del pasado de probabilidad.

[4] No olvide que todas las formas del verbo *haber* se escriben con *h*.

Nos **habremos ido** cuando ustedes lleguen.
We *will have left* when you arrive.

Habré terminado (probablemente terminaré) para el martes.
I will have finished (probably I will finish) by Tuesday.

¿**Habrán llegado** ya?
I wonder if they arrived already.

d)   *Condicional compuesto*
Se forma con el condicional del verbo **haber** y el participio pasado del verbo que se conjuga.

habría	habríamos	
habrías	habríais	amado, bebido, vivido
habría	habrían	

Equivale a *should have, would have*. Se usa en la misma forma que en inglés.

Si hubieran estado aquí **habrían llamado**.
Had they been here *they would have called* us.

Ejercicios

A.   Escriba cinco oraciones en las que diga algunas obras buenas que usted considere haya realizado durante los dos últimos años. Use el pretérito perfecto en todas sus personas lo más posible. Fíjese en el ejemplo.

EJ.   He prestado algunos discos a mis amigos y ninguno me los **ha** devuelto.

Fachada principal de la iglesia de la Compañía de Jesús, Quito, Ecuador.

B. Escriba cinco oraciones sobre cosas que no pudo hacer porque algo había pasado. Use el pluscuamperfecto. Por ejemplo, no pudo comprar el disco que le gustaba porque ya los habían vendido todos.

C. Haga una relación de las cosas que usted crea habrá hecho para el 1998.
EJ ¿Cree que se habrá graduado ya para esa fecha?

D. No todo el mundo reacciona igual ante las mismas circunstancias. ¿Qué cree que habría hecho usted en las situaciones que siguen? Use el condicional compuesto.

1. Estando en un banco empezó un tiroteo entre el guarda y los ladrones.
2. Usted vio a un compañero haciendo trampas en el examen y la profesora le preguntó si lo vio.
3. Usted se encontró 20 dólares y luego supo que a otro estudiante que sólo conocía de vista se le perdieron. La misma situación con un reloj.
4. Alguien que usted no conocía le ofreció una cadena de oro por poco dinero.
5. Una persona que antes tenía amistad con usted de repente le dejó de hablar y usted no sabía por qué.

SEMEJANZAS Y CONTRASTES

- Otras traducciones de *would*

Ya vimos que *would* tiene su equivalencia en el condicional del indicativo, pero hay otros casos en los que *would* tiene otros significados que deben ser recordados.
Hay dos casos en los que *would* no se expresa con el condicional en español.

a) Cuando *would* = *used to* se refiere a una acción que se ha repetido en el pasado, la forma verbal requerida es el **imperfecto** del indicativo.

He *would call* every day to talk things over with her.
Llamaba todos los días para consultarle cosas.

Ana *would contribute* every year with some food or money.
Ana **contribuía** todos los años con algo de comida o dinero.

b) Cuando *would* aparece en la oración en forma negativa con el sentido de *to refuse* (*not to want to*), en español se requiere el pretérito del verbo **querer** u otro verbo de igual significación, como **rehusar**. A veces *would* en una petición cortés se expresa usando el condicional, pero es también común usar el imperfecto del subjuntivo del verbo **querer**.

She *wouldn't* do it.
Ella no **quiso** hacerlo.

Would you like something to drink?
¿**Quisiera** (**querría**) beber algo?

Would you order lunch now?
¿**Quisiera** (**querría**) pedir el almuerzo ahora?

- El verbo **tratar** y sus diferentes traducciones en inglés

El verbo **tratar** tiene distintas equivalencias en inglés: *to treat, to be a question (a matter) of, to try to do something, to deal (in certain business), to have social relations with.*

a) **Tratar**, con el sentido de tratamiento dado a algo o a alguien, equivale a *to treat*.

Me **trata** con cariño.   Se **trató** el cutis con una loción especial.
She *treats* me fondly.   He *treated* his skin with a special lotion.

b) **Tratarse de + infinitivo** en una referencia general se traduce como *to be a question (a matter) of*.

Se trata de actuar bien.
It is a matter (a question) of acting in good faith.

Se trata de ser puntual.
It is a question of being punctual.

c) **Tratar de + infinitivo** equivale a *to try to do something*.

Los ladrones **trataron de entrar** por la puerta del fondo.
The robbers *tried to enter* through the back door.

Trató de pagar a tiempo pero no pudo.
She *tried to pay* on time but she couldn't.

d) **Tratar en** equivale a *to deal in a certain business*.

La compañía **trata en** pieles.   Ellos **tratan en** cosméticos.
The company *deals in* furs.   They *deal in* cosmetics.

e) **Tratarse con** se traduce como *to have social relations with*.

Se tratan con las mejores familias del país.
They mingle with the best families in the country.

Ella no se trata con la familia de su esposo.
She has no relation with her husband's family.

Ejercicio

Traduzca al español.

1. How many people would you say are here?
2. She would approve it only if she benefited from it.
3. For cleaning the spots on the rug, treat them with a solution of soap and bicarbonate.
4. The wouldn't give the workers any raise based on economic reasons.
5. She was offered the same position in another department but she wouldn't take it.
6. She now works in a company which deals in heavy machinery.
7. She would sign it only when he approved it.
8. They are very strange; they don't have any relation with their neighbors.
9. I would prefer you asked the manager directly.
10. He tried to raise some money to buy the store but he couldn't.
11. Would you bring more bread now, please?
12. They would help him every time he asked.
13. I would love to go, but I can't.
14. What are you telling me, would you tell her to her face?
15. It is not a matter of money but of principle.
16. She said she wouldn't do it for anything in the world.
17. You wouldn't believe it, but she would change her clothes three times a day before going to classes.

Humor

Comente el chiste oralmente o por escrito.

Requisitos de trabajo.

En la oficina el jefe habla con el nuevo oficinista.

—Olga, usted me dijo que tenía 5 años de experíencia y ahora resulta que éste es su primer trabajo.

—Bueno, sí, es cierto, pero en el anuncio usted pedía una persona con imaginación, ¿no?

ORTOGRAFÍA

Uso de la ll

La única regla que le podemos dar para el uso de la **ll** es que se escriben con esta letra las palabras terminadas en **-illo, -illa**. En otros casos sólo el estudio y la familiarización con las palabras que la llevan podrán servirle de guía. Aquí hemos agrupado las más comunes para facilitar su estudio. No se espera que las aprenda todas de una vez, pero en caso de duda la lista le será muy útil. Pronuncie en voz alta las palabras; recuerde que la **ll** tiene un sonido semejante a la g en *gender* y no se pronuncia nunca como *l*.

1. Palabras terminadas en **-illo, -illa**.

    Los diminutivos que usan estas desinencias:

    pajarillo, pastorcillo, pelillo, velillo, panecillo, tomatillo.

    Otras palabras terminadas en **-illo, -illa** son:

amarillo	canilla	gatillo	natilla	presilla	tablilla
anillo	capilla	mancilla	orilla	puntilla	taquilla
ardilla	carrillo	mantequilla	palillo	rejilla	tobillo
bolillo	castillo	maravilla	pastilla	rodilla	tortilla
bolsillo	cerilla	martillo	patilla	rodillo	vainilla
bombilla[5]	cigarrillo	mejilla	pesadilla	semilla	vajilla
bullicio	colmillo	milla	pitillo	sencillo	villa
cabilla	costilla	mirilla	planilla	silla	zapatilla
camilla	cuchillo	morcilla	plantilla	sombrilla	

2. Palabras con **ll** al principio.

    llaga – llagado   llave – llavín
    llama – llamarada
    llano – llanura – llaneza

3. Verbos y sus derivados más comúnes.

    arrollar – arrollado   llegar – llegada
    arrullar – arrullamiento –   llenar – lleno – llenura
      arrullo   llamar – llamada – llamativo
    atropellar – atropellamiento –   llevar – llevadero
      atropello   llorar – llanto – lloriqueo – llorón

---

[5] *Bulb*—se usa tambié *bombillo* en algunos países.

brillar – brillante – brillo
callar – callado
desarrollar – desarrollo
estallar – estallido
fallar – fallo
fallecer – fallecimiento
hallar – hallazgo

llover – lluvia – llovizna –
  llovedizo
pillar – pillería – pillo
rellenar – relleno
tallar – talla – tallado

4. Otras palabras que llevan **ll.**

allá	botella	destello	muelle	sello
allí	caballo	detalle	mullido	servilleta
apellido	caballero	estrella	muralla	talla
aquella	cabello	follaje	olla	talle
avellanas	calle	folleto	orgullo	tallo
bachiller	canalla	galleta	pantalla	toalla
ballena	cebolla	gallina	pellejo	tomillo
batalla	collar	gallo	pollo	trillizos
belleza	cordillera	maquillaje	querella	trillo
billete	cuello	medalla	rellano	vasallo

Ejercicios

A. Estudie las listas de palabras y luego complete el crucigrama.

Horizontales

1. Animal que habita en el desierto
5. Se usa para abrir los cerrojos
10. Pasta de harina cocida al horno
11. Hojas de los árboles
13. Utensilio que se usa para cortar
15. Llamarada, lengua de fuego
16. Lugar por donde circulan vehículos y personas
17. Piel de los animales y frutas
18. Dinero de papel, boleto
20. Grupo de montañas
23. Animal usado en la equitación
25. Clase de diente
29. Lugar donde atracan los barcos
30. Agua de las nubes
31. Fósforo
32. Lugar donde se venden boletos

Verticales

2. Aro usado en los dedos
3. Astro nocturno
4. No aquí
6. Utensilio para cocinar
7. Macho de la gallina
8. Cama estrecha para transportar enfermos y heridos
9. Animal marino muy grande; Jonás vivió en su vientre
12. Hojas impresas, de corta extensión
14. Fortaleza antigua donde vivía la nobleza
21. Parte del cuerpo que une la pierna y el muslo
22. Especia aromática para hacer dulces
24. Parte del nombre
26. Parte de la cara
27. Tierra sin elevación de Venezuela
28. Ruido, animación

B. De la lista #1, dé dos:

1. palabras que sean alimentos.
2. objetos que use un carpintero en su trabajo.
3. palabras que sean parte del cuerpo humano.
4. objetos de uso casero.
5. objetos que un fumador necesite.

C. Escriba cinco oraciones originales usando los pares indicados o sus derivaciones:

fallecer/llorar   llamar/llevar   llover/pillar   llegar/estallar
hallar/callar   talla/talle.

Práctica de acentos

Ponga el acento a las palabras que lo requieran.

1. La cordillera de los Andes, la cual atraviesa el pais, determina no solo su orografia e hidrografia sino tambien su climatologia.
2. El anuncio propagandistico del proyecto habitacional Peñon del Rio en las cercanias de Guayaquil acentua dos puntos: la construccion, basada en la mas avanzada tecnica y la mas alta plusvalia.
3. La mayoria de los partidos politicos han concentrado su atencion en otra minoria olvidada: los campesinos.
4. La cadena nacional de television declaro que el concurso Señorita Ecuador que todos los años reune a las mujeres mas hermosas de la nacion, seria trasmitido a muchos paises via satelite.

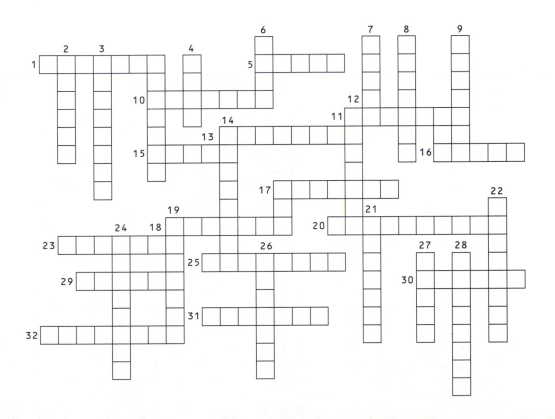

Tortuga gigantesca en las Islas Galápagos de Ecuador.

Miscelánea para leer y comentar

Sabía usted que:

Ecuador fue el primer país hispanoamericano en concederle el voto a la mujer en 1929. La bandera y el escudo de Ecuador son los símbolos que más han variado desde el comienzo de los movimientos revolucionarios. La bandera ha sido modificada ocho veces y el escudo seis.

Al Ecuador pertenecen las famosas Islas Galápagos, situadas a unas seiscientas millas de la costa ecuatoriana en el Pacífico, y habitat de numerosas especies raras, entre ellas: las tortugas gigantes que la dan nombre a las islas, los patos de patas azules, las iguanas marinas, las focas de aguas tropicales y los pingüinos, la única especie que habita en la zona ecuatorial. Las Islas Galápagos fueron visitadas por Charles Darwin en 1835 y sus observaciones en el archipiélago sirvieron de base a su teoría sobre la evolución que desarrolló en su libro *El origen de las especies.*

Los jóvenes otavalos tienen una costumbre muy simpática de cortejar. Si a un joven alguna muchacha le llama la atención, el primer gesto de acercamiento consiste en tirarle piedrecitas o un puñadito de tierra a su paso, a lo que la muchacha no muestra ninguna reacción (algo parecido al piropo español). El segundo paso consiste en apoderarse de la chafalina que la joven lleva en la cabeza. Si la joven después del «obligado» enojo permite que el pretendiente se quede con el pañolón, esto se considera como signo de aceptación y el comienzo de unas relaciones que probablemente terminen en boda. Si verdaderamente no está interesada, tratará de impedir a toda costa que el joven obtenga la chafalina.

CAPÍTULO

17

PERÚ

Nombre oficial: República del Perú

Capital: Lima

Adjetivo de nacionalidad: peruano(a)

Población (est. 1992):   22.767.000

Millas cuadradas: 496.222

Grupos étnicos predominantes: indígenas 45%, mestizos 37%, blancos 15%

Lengua oficial   el español (otra lengua, el quechua, se habla extensamente, 30% de la población no habla español)

Moneda oficial: el nuevo sol

Educación: analfabetismo 20%

Economía: la pesca y sus derivados, minerales y textiles

ANTES DE LEER

A.   Conteste las preguntas que siguen.

1.   Observe el mapa. ¿Con qué países tiene frontera Perú? ¿Cuál es el puerto principal del país?

2.   ¿Sabe usted lo que es una procesión?

3.   ¿Cuál es en su opinión el simbolismo de una procesión?

4.   ¿Cuál es la diferencia entre una parada y una procesión?

5.   ¿Conoce usted algún santo al que se le atribuyan milagros?

6.   En algunas culturas los colores tienen simbolismos. ¿Puede explicar algunos en la cultura americana? ¿Y en otras culturas?

7.   Los hábitos religiosos varían según las órdenes. ¿Puede comentar sobre esta variedad en términos de colores, tocados u otros detalles?

8.   ¿Sabe usted lo que es una marejada?

9. ¿Cuál cree usted que es peor, una marejada o un terremoto? ¿Por qué?

10. ¿Cree usted que es posible protegerse de los terremotos, volcanes, inundaciones, incendios y otras catástrofes naturales científica o religiosamente?

B. Sobre la lectura

1. Lea el título de la lectura. ¿Qué ideas le sugiere? Luego eche una ojeada rápida a la lectura para obtener una idea general.

2. Luego busque en el texto el primer milagro relacionado con el Cristo Morado, luego el segundo y el tercero.

3. Escoja quién le dio al Cristo Morado el título de Protector de Lima:
a) el Virrey   b) los concejales   c) el esclavo congoleño.

4. Busque en la lectura el párrafo donde se describe el hábito que usan las monjas Carmelitas Descalzas.

5. Busque en el texto tres peticiones que hacen los devotos y diga qué son.

6. Haga una segunda lectura más reposada fijándose en los detalles para entender lo que lee.

LECTURA

El Cristo de los Milagros, protector de Lima

height

tolled

Purple

Ana Cortez Salazar, abuela de baja *estatura*, con una mantilla negra de encaje sobre el canoso pelo, no podía ver más allá de las cabezas que subían y bajaban por la Avenida Tacna. Pero sabía que la efigie de Cristo pasaba mientras *tañían* las campanas de las iglesias, nubes de incienso perfumaban el aire, y las trompetas y platillos tocaban una marcha lenta. La procesión anual del Señor de los Milagros, el Cristo *Morado* de Pachacamilla, patrono y protector de Lima, había comenzado. En 45 años la señora Cortez sólo dos veces ha dejado de asistir a la procesión de octubre. Con ella, cientos de miles de fieles llenan

heap up

las calles de Lima los días 18, 19 y 20 de octubre, y se *aglomeran* en la iglesia de las Nazarenas durante el «mes morado» de adoración. La fe popular en el Señor de los Milagros está tan extendida en Perú, que este acontecimiento se ha convertido en una de las grandes ceremonias de la cristiandad. Muchas personas creen que el Cristo Morado tiene poderes milagrosos para curar a los enfermos. Otros afirman que su patrono protege de los terremotos a la ciudad.

highways

A pesar de la televisión, las *autopistas* y los supermercados, Lima ha conservado las tradiciones de los días de fiesta de su patrono. El primer día de procesión, el 18 de octubre, una réplica de la imagen del Cristo Morado, con marco de plata, sale de la iglesia de las Nazarenas. Veintiséis hombres ataviados con túnicas moradas levantan las *andas* de plata, de 1.300 kilos de peso y

frames to carry an image

hold

4,5 metros de altura, que *soportan* la efigie, y emprenden una marcha de 5 kilómetros que pasa frente al palacio de gobierno. Allí, en la plaza de Armas, la refulgente imagen se presenta orgullosamente a las principales autoridades civiles y militares y a la multitud.

humble

No podría ser más *humilde* el origen del culto. En 1651, un esclavo angoleño desconocido que vivía en Pachacamilla, pintó una figura de Cristo crucificado en la pared exterior de adobe de un corral, donde los esclavos se reunían por las noches a cantar sus lamentos. La pintura no inspiró mucho interés al principio, aunque esta obra de un esclavo se considera hoy el primero de una serie de milagros. El segundo, vinculado a la imagen, es que en 1655 un terremoto arrasó gran parte de Pachacamilla, pero el muro del corral quedó intacto.

pious parishioner
chapel

El tercer milagro tiene que ver con un *feligrés piadoso*. Empezó a cuidar la imagen y le construyó una *capilla* muy sencilla. Por su fe y sus buenas obras sanó de lo que parece haber sido un tumor maligno.

Spread
candles / prayers /
  chants
house painter

Cundió rápidamente el rumor de que la imagen de la pared era milagrosa, y los esclavos angoleños le rendían culto con *velas* y flores, *plegarias* y *cánticos* religiosos, coros y danzas tribales. Las autoridades eclesiásticas se opusieron a tales demostraciones. Mandaron a un *pintor de brocha gorda* y soldados de la guardia del virrey a que borraran la imagen. Sin embargo, cuando el pintor subió para llevar a cabo su tarea, algo que vio en el Cristo le hizo temblar de miedo y cayó de espaldas. Un soldado cogió entonces la brocha, pero no la pudo usar sobre la imagen, la que, según dijo, se había tornado más brillante. El cielo se oscureció y los soldados, atemorizados, emprendieron la retirada.

Ante lo que se consideraba un prodigio, el virrey revocó la orden de destruir la imagen y dispuso que se construyera una ermita alrededor del rústico muro.

cracks

high sea

En la madrugada del 20 de octubre de 1687 un violento terremoto sacó de sus camas a la gente de Lima y de la vecina ciudad de El Callao. Se abrieron *grietas* en el suelo, las torres de los templos se vinieron abajo y muchas casas se derrumbaron. Las calles y plazas se llenaron de personas presas del pánico. En El Callao, una enorme *marejada* arrasó parte de la ciudad y mató más de seiscientos porteños. Una vez más la imagen del muro sobrevivió.

Procesión de «El Cristo Morado» en una calle de Lima, Perú.

El *cabildo* de Lima reconoció al Santo Cristo de los Milagros como protector de la ciudad en 1715. Los *concejales* se lamentaban de tantas calamidades, esterilídad de los campos, epidemias y otras fatalidades. Y, para defenderse de otros males futuros, prometieron celebrar cada año la fiesta del Señor de los Milagros. En la actualidad, *enmarcada* en plata, la imagen *se alberga* en la iglesita barroca de las Nazarenas, en el corazón de la Lima moderna. Junto al templo se halla el monasterio donde viven las 26 madres Carmelitas Descalzas, conocidas como las Nazarenas, que tienen *encomendada* la custodia de la imagen.

El hábito de las religiosas consiste en una túnica morada con un cordón blanco *trenzado* alrededor de la cintura, y *toca almidonada* que simboliza una corona de espinas. El color de las túnicas inspiró el nombre de Cristo Morado. Durante el mes de octubre muchos fieles también *exteriorizan* su devoción llevando vestidos morados con un cordón blanco, corbatas o emblemas morados con la imagen del Cristo de Pachacamilla.

Para mucha gente, la devoción del Cristo de los Milagros como patrono y protector de la ciudad contra calamidades ha dado lugar a preocupaciones más personales: lo invocan contra el desempleo, las dificultades en la escuela, los disgustos familares y, sobre todo, contra las enfermedades. De esto dan testimonio las plegarias para solicitar su auxilio *garabateadas* en una pared de la iglesia de las Nazarenas.

«Mi amado Señor, te suplico ayudar a papá a portarse mejor con nosotros. Gisela». «Señor, ayúdame a encontrar trabajo por el bien de mis hijos. Te lo imploro, tu devoto Javier». «Señor, mi corazón está *destrozado*. El hombre que amo me ha pagado mal. Hazle sufrir como yo he sufrido. Vicki P.».

A pesar de tales *súplicas*, la procesión del Señor de los Milagros trae también un aire de fiesta a Lima. Mario Cavagnaro, famoso compositor peruano, ha puesto este espíritu festivo en la letra de un vals popular, *Lima de octubre*. «Voy a la procesión cada año», dice Cavagnaro. «No me podría sentir bien el resto del año si no pasara algún tiempo acompañando al Señor cuando sale a visitar su Ciudad».

Preguntas

A. Preguntas sobre la lectura

1. ¿Cómo le llaman al Santo Patrón de Lima?
2. ¿Por qué no veía la señora Cortez la procesión? ¿Cómo sabía qué pasaba?
3. ¿Por qué los peruanos y especialmente los limeños tienen tanta fe en su Santo Patrón?
4. ¿De dónde le viene el nombre?
5. ¿Cuál es el origen de esta piadosa tradición?
6. ¿Cuáles son los milagros que según la creencia popular ha realizado el Cristo?

7. ¿En qué siglo se reconoció al Santo como protector de la ciudad?

8. ¿A quiénes le fue encomendada la custodia del Cristo?

9. ¿Puede describir el hábito de las Nazarenas?

10. ¿Cómo sabemos que el Cristo es también para muchos el protector personal?

11. ¿Cómo ha demostrado el compositor peruano Mario Cavagnaro su devoción al Cristo?

12. ¿Por qué se celebran especialmente en octubre las fiestas patronales del Cristo Morado?

B. Otras preguntas.

1. ¿Ha participado alguna vez en alguna procesión en honor de algún santo?

2. ¿En qué otro lugar del mundo hispánico hay otra procesión religiosa muy famosa?

3. ¿Sabe cuál es el santo patrón de su ciudad?

4. Hay otro santo por el cual el pueblo hispánico siente gran devoción: San Martín de Porres. ¿Lo ha oído mencionar antes? ¿Sabe cuál es su nacionalidad y su raza?

5. ¿Tiene algún santo por el que siente devoción? ¿Por qué le es devoto?

6. ¿A quién le ruega en sus momentos de necesidad?

7. En algunas iglesias en muchos países hispanoamericanos se pueden ver figuras que representande partes del cuerpo humano como manos, pies, etc. hechas de distintos materiales—papel, soga, cartón, lata, plata e inclusive oro. ¿Sabe cómo se les llama a estos objetos y qué simbolizan?

8. Se ha hablado bastante de las diferencias en su manera de ver las cosas entre los hispanoamericanos y los norteamericanos. El feligrés que firma Javier implora al Cristo que le ayude a buscar trabajo. ¿Qué cree que haría un norteamericano en iguales circunstancias? Explique sus razones.

9. Puede hacer algún comentario sobre la petición de Vicki, bastante vengativa por cierto. ¿Cree que el Cristo atenderá ese tipo de petición?

10. ¿Conoce alguna religión en la cual se hagan ceremonias con el propósito de hacer daño a otros?

Mejore su vocabulario

A. En la lista de verbos que se dan hay uno que no tiene el mismo significado que los demás. Subráyelo.

1. tañer   sonar, dar color, repicar
2. aglomerarse   adornarse, reunirse, amontonarse
3. soportar   aguantar, bajar, sostener
4. cundir   derretirse, extenderse, propagarse
5. albergar   proteger, alojar, trabajar duro
6. encomendar   elogiar, encargar, confiar
7. trenzar   tejer, cortar, entrelazar
8. exteriorizar   pintar por fuera, expresar, mostrar
9. garabatear   llorar, garrapatear, escribir rasgos a capricho
10. destrozar   destruir, romper, cortar en pequeños trozos

B. Feligreses, piadosas, capilla, velas, plegarias, cánticos, toca, humilde, son palabras que se relacionan con la iglesia. Escriba un párrafo en el cual use todas esas palabras. Busque en el diccionario la palabra de la cual no sepa el significado exacto.

C. Dé la palabra que mejor se ajuste a la definición dada.

1. Tamaño de una persona de pie a cabeza.
2. Color que generalmente simboliza dignidad y se asocia con las ceremonias religiosas solemnes.
3. Carreteras anchas y modernas donde el tráfico es a gran velocidad.
4. Plataforma sostenida por dos barras usada para cargar personas o imágenes en las procesiones.
5. Se dice de la persona que cubre objetos con pintura sin propósito artístico.
6. Rajaduras que ocurren al romperse algo pero sin llegar a la separación.
7. Olas de gran altura y violencia.
8. Comité de gobierno de una ciudad o pueblo.
9. Se dice de la figura o pintura puesta en un cuadro.
10. Substancia usada en la ropa para darle cuerpo o endurecerla.
11. Miembro del comité que gobierna una ciudad o pueblo.

D. Algunos santos patronos son muy conocidos a través de todo el mundo hispánico. Trate de identificar los países o regiones de los cuales son patronos:

La Virgen de la Altagracia   La Virgen de la Caridad del Cobre
La Virgen de Guadalupe   La Virgen de la Covadonga
La Virgen del Rocío   La Virgen de Begoña
San Isidro   Santiago Apóstol

Indígenas con sus llamas en el altiplano de los Andes en El Perú.

Temas para redactar y conversar

Las ideas que se incluyen son para facilitarle la organización del tema. Exprese su acuerdo o desacuerdo con las afirmaciones dadas.

A. Las creencias y las supersticiones en el mundo hispánico. Las supersticiones que conoce: el mal de ojo, romper un espejo en la casa, abrir un paraguas dentro de la casa, derramar sal, atravesársele a uno un gato negro. Cree o no cree en ellas. Las supersticiones están basadas en la ignorancia o en hechos comprobados. Algunas supersticiones son comunes a distintos países. Algunos efectos positivos o negativos de las supersticiones. Usted es o no es supersticioso.

B. La influencia de las religiones indias y africanas en Hispanoamérica. Los misioneros españoles buscaron equivalencias entre los dioses indígenas y los santos cristianos. Lo mismo hicieron más tarde los dueños de esclavos. Por ejemplo Changó en la religión africana corresponde a Santa Bárbara en la religión católica. Mucha gente hoy mezcla los cultos paganos con los cristianos. Rinden honor a las deidades indias o creen en la santería y luego van a la iglesia. La santería es más popular en los países donde hubo mucha esclavitud. La santería se practica para atraer el bien y la brujería para hacer el mal.

C. Comente sobre su experiencia personal en relación a sus creencias, sus supersticiones, las procesiones en las que haya participado, los terremotos y las marejadas.

GRAMÁTICA

1. Los pronombres

La palabra **pronombre** significa «sustituto del nombre». Los pronombres pueden ser: personales, demostrativos, posesivos, relativos, interrogativos e indefinidos.
Los pronombres personales son:

	singular	plural
primera persona	**yo**	**nosotros, nosotras**
segunda persona	**tú**	**vosotros, vosotras**[1]
	usted (Ud.)	**ustedes** (Uds.)
tercera persona	**él, ella**	**ellos, ellas**

El uso de los pronombres personales varía en algunos países de Hispanoamérica. La regla general es que **tú** indica confianza y se usa entre amigos o personas de la familia o cuando una persona mayor se dirige a otra más joven. **Usted** indica respeto y se emplea para hablar con personas mayores o personas que no se conocen bien. Debe usarse **usted** para dirigirse al profesor aunque se le conozca bien.

Los pronombres personales se usan en español mucho menos que en inglés, porque la terminación del verbo ya indica de que persona se trata. Sin embargo, casi nunca se omiten en el caso de terceras personas y de **usted, ustedes**, porque si se omitieran la oración resultaría ambigua. **Vienen mañana**, por ejemplo, puede referirse a **ustedes**, a **ellos** o a **ellas**.

---

[1] **Vosotros, vosotras** se usa siempre en España como plural de **tú**, pero es de poco uso en Hispanoamérica, donde se prefiere la forma **ustedes**.

2. Las variantes pronominales

Las variantes pronominales son las distintas formas que adoptan los pronombres personales en la oración, según sirvan de complemento directo, indirecto o circunstancial.

Sujeto	Complemento directo	Complemento indirecto	Complemento circunstancial
yo	me	*me*	*mí, conmigo*
tú	te	*te*	*ti, contigo*
él, ella, ello, usted	lo,[2] le, la	*le, se*	*él, ella, usted, sí*
nosotros, -as	nos	*nos*	*nosotros, nosotras*
vosotros, -as	os	*os*	*vosotros, vosotras*
ellos, ellas, ustedes	los, las	*les, se*	*ellos, ellas, ustedes, sí*

3. Los complementos directos e indirectos

a) Se llama complemento directo a la palabra que recibe directamente la acción del verbo. En la oración **Mando el dinero** la acción del verbo recae sobre el dinero, que es el complemento directo. Si quisiéramos representar la palabra «dinero» por medio de un pronombre, usaríamos el pronombre **lo** y diríamos: **Lo mando**.

Debe ponerse cuidado en no confundir los complementos directos con los artículos, los primeros van siempre cerca del verbo, mientras que los artículos preceden al nombre. **Los libros los compro en esa tienda**. (El primero es artículo y el segundo complemento directo.) Lo mismo sucede con **Las flores las compré yo**.

b) El complemento indirecto es la persona o cosa que recibe indirectamente la acción del verbo. Si al ejemplo anterior le añado a **a mi hijo**, éste sería el complemento indirecto, representado por la variante **le** y se diría: **Le mando el dinero a mi hijo** o **Se lo mando**. Observe que el complemento indirecto **le** es sustituido por **se** para evitar la repetición del mismo sonido. Observe además, que cuando hay dos complementos el indirecto siempre va delante. Si los complementos van colocados delante del verbo, se escriben separados, si se colocan después del verbo, van juntos y unidos a éste.

Se los doy.—Voy a dárselos.
Jesús me lo dijo.—Jesús debió decírmelo.

Los complementos circunstanciales van precedidos de preposiciones e indican las circunstancias de la acción (con qué o con quién, para qué o para quién, etc.).

El billete es **para mí**   Hacemos ese sacrificio **por ellos**.
La niña viaja **contigo**.   Ellos lo quieren todo **para sí**.

---

[2] Muchas personas, sobre todo en España, distinguen entre **le**, que se usa para personas y **lo**, que se usa para cosas. Así dicen: *Veo el libro, lo veo; Veo a Pablo, le veo*. Las personas que hacen esto se llaman «leístas». La Academia acepta este uso, pero no lo recomienda. En Hispanoamérica la mayor parte de la gente usa *lo* tanto para personas como para cosas. Los que hacen esto se llaman «loístas». El uso de *les* como complemento directo en el plural: *Veo a los niños, les veo* no es considerado correcto por la Academia. Evítelo.

Ejercicios

A. Complete las oraciones con el pronombre personal apropiado y clasifíquelo.

1. _____ me llamo Teresa Fadrique, ¿Y _____, cómo te llamas?
2. ¿Has estado _____ en el lago Atitlán? _____ estuvimos allí el año pasado.
3. Si te refieres a Berta Estévez, _____ casi nunca viene por aquí.
4. _____ vivieron en Quetzaltenango mucho tiempo.
5. ¿Vivís _____ en la ciudad, o en las afueras? _____ vivimos en la ciudad.
6. Los dos son profesionales. _____ es médico y _____ es abogada.

B. Subraye con una línea los complementos directos, con dos los complementos indirectos y con tres los complementos circunstanciales.

1. Puse las joyas en la maleta.
2. Abelardo jugó el dinero.
3. Ismael le explica los verbos a Pepe.
4. Los terremotos destruyeron la ciudad de Antigua.
5. Los alumnos devolvieron los libros a la maestra.
6. El delincuente pagará su deuda a la sociedad.
7. Ella dijo que iría con Miguel a la reunión.
8. Los héroes ofrendaron su vida a la patria.
9. Mandaron saludos a sus antiguos profesores.
10. Los Rodríguez no van conmigo en el coche, van con Orlando y José.

C. Sustituya los nombres de las oraciones anteriores por pronombres.

D. Con frecuencia se usa el pronombre le en lugar de les, el cual se requiere cuando el pronombre se refiere a un nombre plural. Use le o les según sea apropiado.

1. Ayer _____ pagué a todos mis empleados.
2. Estaban muy disgustados pero no se _____ notaba.
3. ¿Por qué no _____ compras a los niños algún regalo?
4. ¿A tus padres no _____ importa que yo llame todos los días?
5. Quiero que _____ avises a mi jefe que no puedo ir hoy a trabajar.
6. El doctor _____ ha recetado a los dos la misma medicina.

7. ¿Cuántas cajas quieren esos clientes que _____ envíes?

8. A Teresa se _____ perdieron las llaves.

9. El dueño del restaurante _____ pidió a los camareros que mantuvieran los zapatos lustrosos.

10. ¡Los pobres! Yendo para el aeropuerto se _____ rompió el automóvil y se _____ fue el avión.

E. En algunas de las oraciones que siguen se han usado los complementos <u>le</u> y <u>les</u> en forma incorrecta. Haga las correcciones que crea necesarias.

1. La compañía le avisó a los clientes que el aparato estaba defectuoso.

2. Todos les dimos una propina al guía que tan bien se había portado.

3. Los padres se quejan de que los maestros no le dan suficientes tareas a los niños.

4. Alguien me habló para que yo le dé clases de matemáticas a dos estudiantes.

5. El guardia le dijo a los turistas que esperaban, que el museo no abría hasta las 10:00.

6. Los obreros quieren que les paguen más.

7. El jefe le pidió a los obreros que no tomaran más de diez minutos de descanso en la mañana.

8. Un amigo les pagó el viaje a los dos.

9. Los tíos se quejan de que los sobrinos nunca le escriben.

4.   Uso especial del complemento indirecto

El complemento indirecto tiene en español un uso especial en el cual la persona aparece representada en la oración por el pronombre de complemento indirecto para indicar que el verbo la afecta de alguna manera. El pronombre expresa en este caso posesión, separación o interés.

Te planché la blusa y **te** limpié los zapatos. Soy una buena amiga.

A Juan **le** robaron la cartera en el tren.

Cuída**me** al niño, por favor.

El viajero **le** compró flores a la chica.

Observe que esta última oración es ambigua, pues puede significar que la chica recibió flores del viajero o que se las vendió. El inglés indicaría la diferencia usando *for* en el primer caso y *from* en el segundo. En español, si el contexto no lo indica, será necesario aclarar el verdadero significado de la oración.

Ejercicio

Traduzca.

1. Wash the child's hands.

2. A thief stole all his money.

3. My mother bought this dress for me.

4. Anita scratched my record.

5. The teacher took the cigarettes away from the children.

6. The police took the gun away from the woman.

7. We bought pencils from the blind man.

8. The neighbors took care of our dog last summer.

5. La estructura de «gustar»

Recuerde que en el caso de **gustar** la persona está representada por el complemento indirecto y que el verbo concuerda con lo que gusta o disgusta.

A mi tío le disgusta que alguien fume cerca de él.
A ella le gustan mucho las frutas tropicales.

Hay otros muchos verbos en español que se usan con la estructura de **gustar**. Algunos de ellos son:

aburrir	**cansar**	**encantar**	**hacer falta**	**parecer**	**quedar**
alegrar	**divertir**	**enojar**	**interesar**	**molestar**	**sorprender**
asustar	**doler**	**faltar**			

Ejercicios

Haga oraciones originales combinando los dos elementos que se dan y la persona indicada en cada caso.

1. (yo)   alegrar/noticias
2. (ella)   faltar/kilómetros
3. (ellos)   molestar/ruido
4. (Uds.)   quedar/dinero
5. (Julio)   sorprender/comportamiento
6. (nosotras)   hacer falta/ayuda
7. (vosotros)   aburrir/película
8. (tú)   doler/estómago
9. (mi amigo)   gustar/montañas
10. (Ud.)   encantar/selva

6. Variantes pronominales usadas con verbos reflexivos

		Después de preposición	
me	nos	mí	nosotros
te	os	ti	vosotros
se	se	sí	sí

En español cualquier verbo es reflexivo si la acción recae sobre el sujeto que la ejecuta: **me baño, él se suicidó, nos vestimos**.[3]
La mayoría de los verbos reflexivos en español no lo son en inglés:

Me acuerdo de que todos **se rieron** cuando **te caíste**.
I *remember* that everybody *laughed* when you *fell*.

Algunos verbos reflexivos son:

acercarse (a)	caerse	empeñarse (en)	jactarse (de)
alegrarse (de)	cerciorarse (de)	entristecerse	olvidarse (de)
alejarse (de)	confundirse	equivocarse	preocuparse
arrepentirse (de)	darse cuenta (de)	escandalizarse (de)	rebelarse
arriesgarse (a)	dignarse (a)	fijarse (en)	reírse
arrodillarse	divertirse	impacientarse	suicidarse

[3] En muchos de estos verbos, el sujeto en realidad no actúa sobre sí mismo, pero se usa el pronombre reflexivo para darle significación.

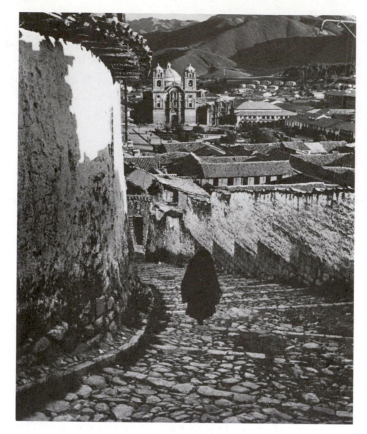

Vista de una calle de Cuzco, Perú. Al fondo la iglesia de la Compañía de Jesús en la Plaza de Armas.

A veces se usa **mismo, -a, -os, -as** para dar énfasis después de un pronombre reflexivo de preposición.

Me dije **a mí misma** que todo era una tontería.
Siempre nos reímos de nosotros **mismos.**

7. Usos especiales de los pronombres reflexivos en español

a) Muchas veces la acción del verbo reflexivo no cae directamente sobre el sujeto, sino sobre una parte de su cuerpo o una prenda de vestir.

Muchos hombres **se tiñen las canas** hoy día.
Abotónate el abrigo, que hace frío.

b) El pronombre reflexivo se combina con el complemento indirecto para indicar que la persona no se declara responsable de la acción o suceso. El inglés utiliza a veces expresiones como *on me* para expresar esto, pero otras veces es ambiguo. La oración *She dropped a paper on the street*, equivaldría a **Ella tiró un papel en la calle** o **A ella se le cayó un papel en la calle**, según se quiera indicar intención de parte de la persona o una acción accidental de la cual la persona no es responsable.

c) Las cosas inanimadas y los fenómenos de la naturaleza expresan los cambios que sufren por medio de la forma reflexiva **se**, adquiriendo de este modo el verbo significación intransitiva: el tren **se** detuvo, la nieve **se** derritió, las frutas **se** pudrieron, el piso **se** ensució, los árboles **se** cubrieron de hojas.

d) Una construcción reflexiva con **se** se usa como equivalente de la voz pasiva cuando el agente de la acción no se expresa o es impersonal. El verbo en este caso concuerda en número con el nombre que se menciona en la oración: **Se alquila una habitación, Se arreglan bicicletas, Se celebrarán muchas fiestas**.

Ejercicios

A. Complete escogiendo un verbo reflexivo de la lista anterior y adaptándolo en cada caso al sujeto de la oración.

1. ¿_____ Uds. mucho cuando van a la playa?
2. Ella _____ junto al altar y comenzó a rezar.
3. La niñita _____ poco a poco al perro.
4. Ricardo _____ de que sabe más que todos nosotros.
5. Los revolucionarios _____ contra el gobierno.
6. El jurado _____ al declarar culpable al reo.
7. Nosotros _____ de nuestros errores.
8. Yo siempre _____ en la ropa que llevan mis amigos.
9. Vosotros _____ siempre de felicitarme el día de mi cumpleaños.
10. Tú a veces _____ demasiado por problemas insignificantes.

B. Haga oraciones originales utilizando las siguientes frases.

1. rizarse el pelo
2. ponerse los pantalones
3. quitarse las botas
4. abrocharse los zapatos
5. cortarse las uñas
6. aflojarse la corbata
7. rasurarse la barba
8. pintarse los labios

C. Sustituya las siguientes oraciones de voz pasiva por construcciones reflexivas con <u>se</u>.

1. Esas novelas fueron publicadas en España.
2. El edificio fue construido el año pasado.
3. Los tocados de plumas serán exhibidos en el Museo Central.
4. Todos los soldados necesarios han sido reclutados ya.
5. Las banderas fueron izadas para recibir a los visitantes.
6. La capital de Guatemala fue trasladada a otro lugar para evitar los sismos.
7. Enormes murales serán pintados en las paredes.
8. La plaza es iluminada en las festividades patrióticas.

D. Haga dos oraciones con cada uno de los siguientes verbos, una de ellas expresando una acción intencional y otra expresando una acción o suceso accidental.

1. romper
2. quemar
3. olvidar
4. perder
5. ensuciar
6. derretir

8. Los verbos recíprocos

Los verbos recíprocos expresan una acción mutua entre dos o más personas y usan las variantes pronominales reflexivas en el plural.

Ellas no **se hablan** desde hace más de un año.

El inglés indica que un verbo es recíproco usando *each other*. En español la variante pronominal es suficiente, aunque a veces se añade (el) uno a (al) otro, los unos a los otros, etc., para dar énfasis.

Amaos **los unos a los otros**.

Ejercicio

Exprese en español.

1. They (fem.) hate each other.
2. We pushed each other to enter.
3. Luisita and I embraced when we saw each other
4. We should help each other.
5. The friends greeted each other with deep emotion.

Humor

Comente el chiste con otra persona. Luego tradúzcalo al inglés para otra persona o para toda la clase.

El amor es ciego.

—¿Aló? El departamento de policía? Se me ha perdido mi perro y ...
—Lo siento, señor, pero nuestro trabajo no es encontrar perros perdidos.
—Pero usted no comprende. Este no es un perro cualquiera ... es muy inteligente ... es casi humano ... casi puede hablar.
—En ese caso, señor, le aconsejo que cuelgue el teléfono, a lo mejor su perro está tratando de llamarlo.

SEMEJANZAS Y CONTRASTES

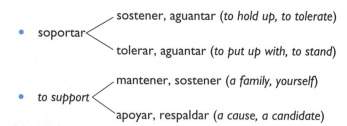

- soportar
  - sostener, aguantar (*to hold up, to tolerate*)
  - tolerar, aguantar (*to put up with, to stand*)

- to support
  - mantener, sostener (*a family, yourself*)
  - apoyar, respaldar (*a cause, a candidate*)

No creo que este estante **soporte** tanto peso.
I don't think this shelf can *hold* so much weight.

No puedo **aguantar** (**tolerar**) a ese hombre tan grosero.
I can't *stand* that rude man.

El pobre tiene dos trabajos para **mantener** (**sostener**) a su familia.
The poor man has two jobs in order *to support* his family.

Es verdad, pero yo sé que mucha gente **apoya** (**respalda**) su candidatura.
It's true, but I know many people *support* his candidacy.

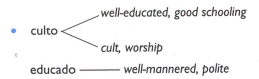

- principal ——— *main (most important)*
  principal *(of a school)* ——— director

Esta es la avenida **principal** de la ciudad.
This is the *main* street of the city.

El **director** lo llamó a su oficina.
The *principal* called him to his office.

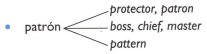

- culto — *well-educated, good schooling*
  — *cult, worship*
  educado ——— *well-mannered, polite*

Su hermano es un hombre muy **culto**.
Her brother is a very *educated* man.

La religión allí es una mezcla de **cultos**.
Religion there is a mixture of *cults*.

Es una persona inculta pero muy **educada**.
She is a person without much schooling but very *well-mannered*.

- patrón — *protector, patron*
  — *boss, chief, master*
  — *pattern*

San Patricio es el **patrón** de la ciudad de Nueva York.
St. Patrick is the *patron* saint of New York City.

—Alberto, el **patrón** quiere verte en su oficina.
"Alberto, the *boss* wants to see you in his office."

Corté esta blusa por un **patrón** que me prestó Laurita.
I cut this blouse using a *pattern* Laurita lent me.

Ejercicio

Traduzca al español las oraciones en inglés.

1. I am afraid that a weak foundation won't *support* the statue.
2. In spite of her poor *schooling*, she is very *polite*.
3. Which candidate do you *support*?
4. She was raised within that *cult*.
5. The police said the criminal followed the same *pattern* in all cases.
6. The *principal* said that the *most important* issue was to raise the level of reading in all grades.
7. The town was built following the *pattern* of a Spanish city.
8. He may be very *well-educated* but he is not *well-mannered* at all.
9. She left because she couldn't *stand* the noise anymore.
10. Here is the *main building*; the *principal's* office is to the right.
11. She earns enough money *to support* herself.
12. There are two *bosses*: the *top boss* is the older of the two.

ORTOGRAFÍA

Uso de la y

La *y* puede ser considerada como consonante o vocal según sea su posición. Como consonante va seguida de vocal: yagua–Goyito–yuca.

Se considera vocal siempre que tenga el sonido de *i* al final de palabra o entre ellas.

mamey–caray   mano *y* dedos   pelos *y* uñas

Lo mismo que sucede con la *ll*, tampoco existen reglas para el uso de la *y* por lo que hacemos la misma recomendación: aprender su uso por medio de la observación y familiarización con los vocablos que llevan y.

Recuerde que ya vimos algunos verbos que agregan *y* en algunas de sus formas verbales:

creer–creyó–creyera   leer–leyeron–leyeran
influir–influyó–influyéramos   excluir–excluyeron–excluyéramos

1. Verbos y derivados que se escriben con *y*:

    ahuyentar–ahuyentado   enyesar–enyesado
    apoyar–apoyado   enyugar–enyugado
    ayudar–ayudante   inyectar–inyección
    ayunar–ayuno   proyectar–proyección–proyecto
    desayunar–desayuno   rayar–raya–rayado
    enjoyar–joya–joyero–joyería   subyugar–subyugado
    ensayar–ensayo   yacer–yacimiento
    enyerbar–enyerbado   yuxtaponer–yuxtaposición

2. Palabras que llevan *y* al final:

buey	convoy	hay	mamey	soy
carey	doy	hoy	Paraguay	Uruguay
cayey	estoy	ley	rey	

3. Otras palabras que se escriben con *y*:

arroyo	guayaba	mayúscula	trayectoria
boya	guayabera	payaso	Vizcaya
boyada	Guayaquil	plebeyo	yegua
conyugal	leyenda	proyectil	yema
cónyuges	mayo	proyector	yerba = hierba
contrayente	mayonesa	puya	yerto
coyote	mayoral	reyerta	yeso
coyuntura	mayordomo	reyezuelo	yunque
creyente	mayoría	tocayo	
chayote			

Ejercicios

A. Lea en voz alta los oraciones y luego prepárese a tomar un dictado.

1. El boyero llevaba una pareja de bueyes enyugados los que arreaba con una puya.
2. Los plebeyos yacían yertos de miedo ante el reyezuelo que los tenía subyugados.
3. El fiscal apoyó su acusación en la trayectoria que siguió el proyectil.
4. Para ese dolor mayúsculo en la conyuntura, lo ayudaré con una inyección para ahuyentarle el dolor, porque ahí no se puede poner yeso.

B. Escriba los equivalentes en español y luego escriba oraciones originales.

conjugal   legend   project
injection   majority   subjugate

C. Basándose en las palabras estudiadas escriba:

1. Cuatro nombres de animales.
2. Cinco nombres de comestibles.
3. Seis actividades o trabajos a las que pueda dedicarse una persona.

D. Escriba la palabra que defina:

1. Animal comúnmente usado para arar la tierra.
2. Se usa para referirse a los esposos.
3. Personas que tienen el mismo nombre.
4. Camisa ligera muy popular en México, Filipinas, Cuba y Puerto Rico.
5. El que tiene mucha fe.
6. Sinónimo de pelea, lucha.
7. Hembra del caballo.
8. Poner una cosa junto a otra.
9. Grupo de vehículos, soldados, buques que se reúnen para viajar juntos.
10. Comida que se hace en la mañana.
11. Pasar cierto período de tiempo sin ingerir alimento.

Práctica de acentos

Ponga los acentos a las palabras que los requieran.

1. Para incrementar la produccion agricola durante la epoca incaica se ideo un sistema de cultivo en las laderas de las montañas que todavia se utiliza hoy.
2. La division que existia entre los herederos del imperio inca cuando el conquistador Francisco Pizarro llego al Peru facilito la extincion del imperio.
3. La geografia peruana le concede al pais tres categorias regionales especificas: la costa, arida y arenosa, pero con mares riquisimos en peces, la sierra, elevadisima y fria y la selva, humeda e inhospita en la cual vive tambien parte de la poblacion.
4. En la selva peruana se encuentra el arbol medicinal llamado quino, que sirve de base a la fabricacion quimica de quinina, la cual ha contribuido a la erradicacion de las fiebres paludicas.

Vista de las ruinas incaicas en Machu Picchu, Perú.

Miscelánea para leer y comentar

Sabía usted que:

Santa Rosa de Lima, Santa Patrona de la ciudad, no nació en Perú sino en Puerto Rico, el cual abandonó siendo muy niña.

El Amazonas nace en los Andes peruanos con el nombre de Río Marañón.

La palabra inca se usaba para referirse al rey y que significa «hijo del sol».

Cuzco era la capital del imperio incaico y que Machu Picchu, descubierta por el norteamericano Hiram Bingham, era la ciudad sagrada de los incas.

En Perú se crían unos perros muy curiosos llamados «pelones» porque carecen de pelo. Se cree que ya existían durante la época de los incas, por lo que se les llama también «perros sin pelo de los incas». La imaginación popular, especialmente entre los campesinos, asegura que curan la artritis por la alta temperatura que radia el cuerpo. Algunos mantienen que los incas los comían por sus efectos curativos. Se dice también que descienden de los perros pelones de China, los cuales fueron traídos a América por los «coolies» que venían como trabajadores mucho después de la conquista.

CAPÍTULO

18

BOLIVIA

Nombre oficial: República de Bolivia

Capital: La Paz

Adjetivo de nacionalidad: boliviano(a)

Población (est. 1992): 7.323.000

Millas cuadradas: 424.165

Grupos étnicos predominantes: mestizos 30%, quechuas 30%, aymaras 25%, europeos 15%

Lengua oficial: el español (otras lenguas: el quechua y el aymara)

Moneda oficial: el peso

Educación: analfabetismo 25%

Economía: minerales y textiles

ANTES DE LEER

A. Conteste las preguntas que siguen.

1. Piense en el vestuario de los conquistadores. ¿Con qué prenda de vestir usted los asocia?

2. Y cuando usted piensa en los indígenas de los Estados Unidos, ¿qué parte del vestuario le viene a la mente?

3. Cuando se habla de brocados, terciopelos, perlas, etc., ¿en qué clase social usted piensa inmediatamente?

4. ¿Hay indígenas en la región donde usted vive?

5. Si hay indígenas, ¿se visten cómo todo el mundo o usan un atuendo asociado con su grupo étnico?

6. ¿Se usa mucho el sombrero en la región donde usted vive?

7. ¿Qué tipo de sombrero es el más comúnmente usado?

8. ¿Cuál es la función del sombrero en la región donde usted vive?

9. ¿Sabe qué es un bombín y de dónde es originario?

10. ¿Qué tipo de sombrero le viene a la mente en relación a los países o regiones que siguen? Rusia, China, países árabes. Turquía, México, Vizcaya.

B.   Sobre la lectura

1. Lea el título de la lectura. ¿Le da idea del contenido?

2. Eche una ojeada a la lectura para tener una idea general.

3. Busque en el primer párrafo el material de que estaban hechos los cascos de los conquistadores.

4. Busque 3 palabras que se refieran a tipos de sombreros.

5. Busque por los menos 3 objetos que se usan para adornar los sombreros bolivianos.

6. Identifique en la lectura quién importó bombines en grandes cantidades.

7. Busque en la lectura cómo se usa la coca en los ritos de los muertos.

8. Haga una segunda lectura más lenta para comprender lo que lee.

LECTURA

Orgullosa tradición del sombrero boliviano

helmets
cattle raising

instead / polished steel
beads / spangles / balls
head adorn
ropas

velvet / straw

feathers

Aunque hace más de 400 años que Francisco Pizarro y sus hombres llegaron a la América del Sur, por las calles de Tarabuco, una aldea remota del sur de Bolivia, aún se ven individuos que llevan *cascos* semejantes a los usados por los conquistadores. La única diferencia es que, en la actualidad, se dedican al *pastoreo* o a negociar en la plaza del mercado en lugar de andar subyugando indígenas. Y *en vez de* ser de *acero bruñido*, están hechos de cuero moldeado y lustroso y se adornan con *cuentas*, *lentejuelas*, perlas y *borlas* de lana de colores.

En Bolivia hay más de 300 estilos regionales de *tocados*, gorros y sombreros, y a menudo los pueblecitos dentro de una región tienen su variación particular. Es más seguro determinar dónde está uno por la *vestimenta* local que por los letreros. La variedad es asombrosa y va desde complicados tocados de *terciopelo* y brocados bordados hasta sombreros de *paja* adornados con cintas y flores.

Los tocados han tenido siempre un profundo significado simbólico para los indígenas de los Andes. Durante el imperio incaico todo el mundo llevaba alguna clase de tocado distintivo. Había normas estrictas que dictaban los estilos de vestir según el rango y posición social del individuo. Por ejemplo, sólo se le permitía a la nobleza llevar *plumas* o prendas hechas de fina lana de vicuña. A fines del siglo XVI, en un intento de acabar con las antiguas costumbres, los españoles pasaron leyes que prohibían el uso de los tocados de estilo incaico. Los indígenas, privados de sus tocados tradicionales, no tuvieron más remedio que adoptar la moda española, lo cual hicieron a su manera con resultados extraordinarios.

Los días festivos y de mercado cerca de Sucre, capital histórica de Bolivia, puede verse la más extraordinaria variedad de sombreros y gorras que uno pueda imaginar. Los más adornados revelan la influencia del vestuario de las nobles españolas de los siglos XVI y XVII. Están hechos de ricos brocados y terciopelos, con las *alas* vueltas hacia arriba, como los extremos de una góndola y adornados con lentejuelas y *abalorios*. Entre toda esta magnificencia, sorprende ver gorras parecidas a las de la legión francesa.

brim
glass beads

En los alrededores de las ciudades de Potosí y Cochabamba los sombreros son más sencillos pero no menos interesantes. Las mujeres llevan sombreros de ala ancha y *copa* alta, como un cono trunco. En Potosí, los colores predilectos son el negro, el marrón y el verde botella. En Cochabamba los sombreros pueden ser blancos con una *cinta* negra pero no hay regla fija. Es posible darse cuenta en seguida de la condición social de una mujer, e incluso de la aldea de donde procede, por la manera en que se ata la cinta del sombrero. Aunque parecen estar hechos de paja dura, estos sombreros están tejidos a *ganchillo*. Están confeccionados con tal perfección, que uno puede tardar hasta un mes en terminarse. Después de tejido el sombrero, se le da forma en una *horma* de madera y se almidona hasta que esté duro como una tabla. El estilo usado en Cochabamba se termina dándole al sombrero un óxido blanco que produce un barniz brillante.

crown of a hat

ribbon

small hook

mould

En las regiones septentrionales de Bolivia, hombres y mujeres llevan sombreros que semejan el *capelo cardenalicio*, de ala ancha y copa redonda y chata. Se hacen de *fieltro* o de lana y se endurecen hasta quedar como si fueran de concreto.

cardinal's hat
felt

Estos sombreros y tocados tienen diversos usos. Hay pocas ocasiones de usar dinero, o quizás ninguna. En los *trueques* efectuados los días de mercado, el sombrero sirve para medir. Un sombrero mediado de pescaditos se cambia por uno lleno de maíz o chuño, papas deshidratadas por congelación.

intercambios

Otro sobreviviente de los tiempos precolombinos es un gorro tejido llamado chullo, muy usado por los hombres en toda Bolivia. El chullo tiene *orejeras* largas y generalmente se usa solo o debajo de otro sombrero: el sombrero flexible de fieltro es uno de los más populares.

earmuffs

En La Paz, capital de Bolivia, el compañero inseparable de las mujeres es el *bombín*. Quizás haya más bombines en La Paz que los que ha habido en Londres en cualquier época. Se llevan con *garbo*, sin encajarse en la cabeza, desafiando la ley de la gravedad. Existen varias teorías para explicar como el bombín se puso de moda. La más plausible es que fue introducido por los trabajadores ingleses que fueron a Suramérica en el siglo XIX para construir los *ferrocarriles*. Más adelante un alemán *emprendedor* afianzó la moda, importándolos en grandes cantidades. Actualmente constituye una próspera industria local. Según algunos, antiguamente los hombres se los daban a las mujeres indígenas a cambio de favores, lo cual explicaría la razón de que sean sólo las mujeres quienes los usen. Ningún hombre que *se precie* se atrevería a ponerse un bombín, ni ninguna mujer que se precie saldría a la calle sin él. Las mujeres empiezan a usarlo en la *niñez*; se ven niñas de cuatro o cinco años jugando en la calle con un bombín puesto.

tipo de sombrero
elegancia

railroads / entrepreneur

to value oneself

childhood

El sombrero boliviano no es sólo una cuestión de moda o de adorno, sino que también es indicio de la posición social y económica de la persona. La posición social de un hombre puede juzgarse por la cantidad y la calidad de los sombreros (bombines o de otro tipo) que su esposa posea. Hasta en las casas más modestas se puede ver una increíble cantidad de sombreros colgados en las paredes a la vista de todo el mundo. Algunos, viejos y *gastados*, han sido

muy usados

Niña indígena aymara luciendo un sombrero tradicional, Bolivia.

heredados de generación en generación; otros son nuevos y se mantienen cepillados y limpios para lucirlos los días de fiestas y en ocasiones especiales.

El sombrero tiene muchos significados aun cuando no se use. Puede expresar un gesto de amor o de amistad. Las mujeres tejen el sombrero del hombre y la fecha en los chullos y luego se los dan. Los días de fiesta cuando las mujeres reciben flores, las ponen en la cinta del sombrero que llevan. El sombrero también simboliza el retorno. Cuando alguien muere, su sombrero se cuelga dentro de la casa para recordar a los *moradores* que el dueño o dueña volverá algún día. En las ceremonias religiosas y otras ocasiones señaladas, un sombrero puede representar simbólicamente a la persona ausente. Se usa además en ritos de invocar a los muertos. Debajo de la bandana del sombrero del difunto, se ponen hojas de coca, elemento esencial de la hechicería andina.

El tocado más fascinante de todos los usados en Bolivia es la vincha, cinta que las mujeres de las zonas más remotas de los Andes llevan en la cabeza. La vicha es el último sobreviviente de un tocado que todavía está muy *imbuído* del simbolismo religioso que era parte esencial del tocado incaico que ha caído en desuso en casi todo el resto de Bolivia. Se hace de tela y en ella se tejen una variedad de símbolos y motivos que expresan diversos aspectos de la vida social y espiritual de los habitantes de las montañas. Consigna el linaje de la mujer y es una manifestación del poder femenino en la familia. Con frecuencia, las vinchas se pasan de madres a hijas, y se confieren después del rito de cortarse el pelo por primera vez, que es cuando una niña recibe el primer traje de mujer. Existe la *creencia* de que algunos símbolos como los de animales, caracoles y plantas tienen poderes mágicos y que cuando se bordan en una vincha, los poderes se traspasan a la persona que la lleva, sobre todo la fertilidad manifestada en hijos, ganado saludable y buenas *cosechas* para la comunidad. En las comunidades indígenas, la fecundidad de las mujeres es esencial para la supervivencia.

A diferencia de los tiempos prehispánicos, hoy día no se regula el estilo del tocado, a pesar de existir normas regionales. Mientras más ingenioso sea el tocado, mejor.

residents

lleno

belief

harvest

old fashioned

threatened / cheapness

dañar

Aunque este país está muy *chapado a la antigua* en muchos aspectos, las influencias occidentales invaden poco a poco el terreno de los valores y las costumbres tradicionales. Artesanías como el tejido, que en un tiempo eran tan apreciadas, se ven *amenazadas* ahora por la conveniencia y la *baratura* de los géneros producidos en fábricas. En lo que a los tocados respecta, las influencias foráneas que existen desde hace siglos han sido más bien saludables que adversas. En lugar de *perjudicar* la cultura existente, se han incorporado a ella y la han enriquecido.

Preguntas

A. Preguntas sobre la lectura

1. ¿A qué se dedican hoy los indígenas de Bolivia?
2. ¿Cómo se puede distinguir el pueblo de donde vienen los indígenas?
3. ¿Qué importancia histórica tiene para los indígenas de Bolivia llevar algún tipo de sombrero?
4. ¿Qué tipo de adorno y prendas de vestir no podían llevar los indígenas comunes en la época de los incas?
5. ¿Qué tipo de adornos se usan en los sombreros?
6. ¿Puede mencionar algunos tipos de sombreros bolivianos?
7. ¿Cuál es el sombrero preferido de las mujeres indígenas en La Paz?
8. ¿Cuál es la teoría más aceptada sobre el origen del uso del bombín en Bolivia?
9. ¿Qué es un chullo? ¿Puede describirlo?
10. ¿Qué función social tienen los sombreros entre los indígenas?
11. ¿Qué importancia tiene la vincha, especialmente entre las mujeres andinas?

Anciana indígena camino de la iglesia, Bolivia.

B. Otras preguntas

1. ¿A qué atribuye usted que haya tal variedad de sombreros en Bolivia?

2. Además de la función social y religiosa del sombrero en Bolivia, ¿qué uso práctico tiene?

3. Entre los indígenas de Bolivia el número de sombreros que se posee es un indicio de la posición social de la persona. Y en los Estados Unidos, ¿qué objetos se usan para determinar lo mismo?

4. En los Estados Unidos el uso del sombrero varía con la moda y a veces con el clima. ¿Tiene usted algún sombrero? ¿En qué circunstancias lo usa?

5. Entre los indígenas de Bolivia el trueque de mercancías es una práctica común. ¿Se utiliza este sistema en los Estados Unidos? ¿Dónde?

6. El chuño o papa deshidratada es una forma muy común en los Andes de conservar este alimento por mucho tiempo. ¿Tiene una idea de por qué se usa este sistema?

7. Algunas creencias religosas se asocian con símbolos de la naturaleza, como animales y plantas. ¿Hay algún objeto que tenga para usted algún simbolismo especial?

Mejore su vocabulario

A. Sustituya la palabra en inglés por su equivalente en español.

1. Los conquistadores llevaban *helmets* para protegerse la cabeza.

2. La mujer vestía un elegante vestido de *velvet* verde.

3. El hombre llevaba un casco adornado con *feathers*.

4. Los tocados bolivianos a veces se adornan con *spangles*.

5. La joven llevaba un gracioso sombrero de *brim* corta.

6. Durante la conquista los indígenas cambiaban a los conquistadores el oro por *glass beads*.

7. La mujer llevaba en el ala del sombrero una *ribbon* negra.

8. Los sombreros bolivianos generalmente se tejen con pequeños *hooks*.

9. Después de tejidos se les da forma a los sombreros en una *mould* de madera.

10. El chullo es un sombrero con largas *earmuffs*.

11. Un número grande de sombreros es un *sign* de la posición social de la persona.

12. Los *residents* de las casas exhiben sus sombreros en las paredes.

13. En algunas regiones hay mucha gente *old fashioned*.

14. La costumbre de usar bombín aunque extranjera no ha *harmed* a la mujer andina.

15. La *cheapness* de los precios atrae a muchos al mercado.

B. Sustituya la palabra subrayada por otra de igual significado en la lectura.

1. Los campesinos de la región se dedican <u>a la crianza de ganado</u>.

2. Se puede distinguir la localidad de los indígenas por los <u>trajes</u> que llevan.

3. Algunos sombreros se asemejan al <u>sombrero usado por los cardenales</u>.

4. En el mercado los indígenas <u>cambian entre sí</u> todo tipo de mercancías y productos.

5. Las mujeres y niñas llevan el sombrero con mucha <u>gracia</u>.

6. Algunos vecinos todavía están muy <u>impregnados</u> de ideas chapadas a la antigua.

Temas para redactar y conversar

A. Algunas personas consideran que la manera de vestir refleja la personalidad y la posición social de un individuo. ¿Está usted de acuerdo con esta afirmación? Defienda su opinión.

B. En las diferentes culturas que existen en el mundo hay ritos, símbolos y creencias que las distinguen. Por ejemplo, en la cultura hispánica en general vestirse de negro como símbolo de luto y de blanco la mujer el día de la boda. ¿Qué otros simbolismos puede usted nombrar y que opinión tiene sobre ellos?

C. El uso del sombrero en los Estados Unidos. Una observación personal.

GRAMÁTICA

I. Adjetivos y pronombres demostrativos

a) Los adjetivos demostrativos se usan para señalar cosas o personas. Tienen las siguientes formas:

este, esta, estos, estas	(para señalar lo que está cerca del que habla)
ese, esa, esos, esas	(para señalar lo que está cerca de la persona a quien se habla)
aquel, aquella, aquellos, aquellas	(para señalar lo que está lejos de ambos en espacio o en tiempo)

Como adjetivos que son, los demostrativos se ajustan en género y número al nombre que preceden: **esa flor, aquel señor, aquellas señoritas**.

b) Los pronombres demostrativos son los mismos adjetivos cuando aparecen solos, es decir, sin el nombre, y se distinguen de los adjetivos por el acento.

No quiero estos zapatos, sino **ésos**.
Estas chicas no vendrán, pero **aquéllas** sí.

c) En inglés se usa un demostrativo (y a veces un posesivo u otro pronombre) para evitar la repetición del mismo nombre. En español simplemente se omite el nombre la segunda vez que aparece y el artículo queda en su lugar.

El café de El Salvador y el café de Colombia son mundialmente famosos.
The coffee from El Salvador and *the one* from Colombia are famous worldwide.

La casas de la ciudad y las ~~casas~~ de las afueras no cuestan lo mismo.
Houses in the city and *those* in the suburbs don't cost the same.

Mis parientes y los ~~parientes~~ de Ernesto viajarán juntos.
My relatives and *Ernesto's* will travel together.

Compré la corbata azul y la ~~corbata~~ color vino.
I bought the blue tie and the burgundy *one*.

d) Los demostrativos neutros.

Los demostrativos neutros se usan para referirse a ideas o conceptos abstractos. Sus formas son: **esto, eso, aquello**. No tienen forma plural. El inglés expresa la abstracción en este caso con palabras como *thing, business y matter.*

Esto que estás haciendo me parece muy impropio.
Eso de que los países hermanos peleen, es terrible.
Aquello de que hablaban en la reunión me parecía conocido.

Ejercicios

A. Traduzca.

1. Our team and those of Paraguay and Brazil are fighting for the championship.
2. Which of these peasants owns this land? That one [over there].
3. Salvadorean slaves were freed in 1824, those of the U.S.A. were freed much later.
4. The flag of El Salvador and that of Argentina have similar stripes.
5. Do you see that blue house behind those trees? That is the one for sale, not this one.

B. Complete con el equivalente en español de las frases dadas en inglés.

1. _____ hacer tanta tarea cansa pero es necesario. (*This business of*)
2. No comprendo lo que quieren lograr con todo _____. (*this*)
3. _____ que usted está haciendo aquí no está bien. (*That thing*)
4. Te digo que _____ posponer el contrato no me gusta nada. (*that matter of*)
5. No me sorprende, _____ sucede aquí con frecuencia. (*that thing*)
6. _____ los escuadrones de la muerte fue algo terrible. (*That matter of*)
7. _____ del campeonato de fútbol enloquece a los fanáticos. (*This thing*)

2. Los pronombres relativos

a) Los principales pronombres relativos son **que, cual, quien, cuyo** y se usan para referirse a una persona o cosa ya nombrada, la cual se llama **antecedente.**

el abogado **que** conoces, la película de la **cual** me hablaron, el hombre con **quien** hablas, el río **cuyas** aguas están congeladas

En estos ejemplos los antecedentes son respectivamente: el abogado, la película, el hombre y el río.

Indígenas aymaras haciendo cola para comprar kerosene, Bolivia.

Que es el más usado de los relativos, tiene una sola forma y sirve lo mismo para cosas que para personas: la cosa **que** necesito, la persona **que** me ayuda.[1]

b) Después de una preposición y al referirnos a cosas se usan: **el que, la que, los que, las que** o **el cual, la cual, los cuales, las cuales**.

La puerta **por la que (por la cual)** entré estaba pintada de verde.
El cuchillo **con el que (con el cual)** me corté estaba oxidado.

c) Después de una preposición y al referirnos a personas se usan: **quien, quienes** o **el cual, la cual, los cuales, las cuales, el que, los que, la que, las que**.

La persona **por quien (por la cual** o **por la que)** supe la noticia, es de confianza.
La secretaria **de quien (de la cual** o **de la que)** te hablé trabaja en la OEA.
Los amigos **a quienes (a los cuales** o **a los que)** llamo viven en la ciudad de Santa Ana.

d) **Quien, quienes**, y menos frecuentemente **el cual, la cual, los cuales, las cuales**, se usan como formas alternas de **que** en cláusulas explicativas, es decir, cláusulas que se escriben entre comas.

Mi sobrina, **que (quien) (la cual)** vive en el campo, nos visitará pronto.
Los hermanos Noriega, **que (quienes) (los cuales)** son jugadores profesionales de fútbol, juegan en equipos rivales.

e) ¡Cuidado con la interferencia del inglés! **Quien, quienes** se usa con referencia a personas en los casos explicados en *c)* y *d)*, es decir, después de preposiciones o en cláusulas explicativas (*non-restrictive clauses*) entre co-

---

[1] Fíjese que en español no se omite el relativo **que**:
la novela **que** leí ayer   *the novel (that) I read yesterday*

mas. Hay sin embargo casos en los que se usa *who* y *whom* en inglés y el equivalente en español es **que,** no **quien** o **quienes**. Son las llamadas cláusulas restrictivas (*restrictive clauses*).

El hombre **que** vino ayer es un amigo de mi padre.
The man *who* came yesterday is a friend of my father.

La chica **que** vimos en la calle es periodista.
The girl *whom* we saw on the street is a journalist.

Las personas **que** van a los juegos tienen que hacer cola para entrar.
People *who* go to the games have to wait in line to enter.

f) **Quien, quienes** y **el que, la que, los que, las que**, son los equivalentes en español de *he who, those who, the one(s) who.*

Quienes sepan la respuesta, que levanten la mano.
Those who know the answer raise their hands.

¿Sabe cómo se llama **el que** dice saberlo todo?
Do you know the name of *the one who* says he knows everything?

g) Para evitar ambigüedad se usan **el cual** y **la cual** como sustitutos de **que** o **quien** para referirse al antecedente más distante, sobre todo en el caso de dos personas de diferente sexo.

La hermana de Luis, **la cual** estudia en los Estados Unidos, se gradúa pronto.

Si usáramos **que estudia** o **quien estudia** no estaría claro si la persona que estudia en los Estados Unidos es Luis o su hermana.

h) **Lo que y lo cual** son formas neutras, equivalentes de *which [fact]* y se usan para referirse a una idea contenida en el antecedente.

Ella dijo que nos acompañaría, **lo que (lo cual)** me pareció estupendo.
Esos países tienen todavía fricciones, **lo que (lo cual)** es lamentable.

Cuando **lo que** se usa como sujeto equivale a *what*. No es sinónimo de **lo cual** en este caso.

Lo que temo es que lleguemos tarde.
Lo que pasa es que la tierra no está bien repartida en Centroamérica.
Estoy de acuerdo con **lo que** Ud. ha dicho.

3. El relativo cuyo

El pronombre relativo **cuyo** indica posesión, enlazando el nombre del poseedor con el de la cosa poseída. **Cuyo** concuerda en género y número con la cosa que se posee y por lo tanto, tiene además las formas **cuya, cuyos** y **cuyas**.

El niño cuyo abrigo se había perdido, temblaba de frío.
La fábrica, cuyos empleados estaban en huelga, no abrió sus puertas.
El pianista, cuyas hijas son también músicas, dio ayer un concierto.

Recuerde que en inglés *whose* se usa también como interrogativo.
Antiguamente era así también en español, pero en español moderno no se usa
en esta forma y las interrogaciones sobre el poseedor o los poseedores de algo
se expresan con **¿De quién ...? ¿De quiénes .... ?**

4. Los pronombres indefinidos

Los pronombres indefinidos sustituyen a los sustantivos. Como su nombre
indica se usan para referirse a nombres indeterminados. Varían en género y
número. Los principales son:

Afirmativos

algo	¿Sabes algo de latín?
alguno, -a, -os, -as	Alguno llegó tarde, pero no sé quien fue.
pocos, -as	Pocos firmaron la petición.
muchos, -as	Muchos creen que Copán estuvo a la cabeza de la civilización maya.
otro, -a, -os, -as	Otro de los empleados recibió un ascenso.
todos, -as	Todos asistieron a la reunión.
varios, -as	Varios vendrán a la fiesta.
bastantes	Bastantes votaron en las elecciones primarias.
los (las) demás	Los demás se fueron.

Negativos

ninguno	Ninguno hizo lo que prometieron.
nada	Nada sé de ellas.
nadie	Nadie llamó hoy.

Nota: Un-una-unos-unas son pronombres indefinidos.

Veo un hombre. Una mujer llamó. Unos chicos juegan.
Unas niñas cantan.

Pero si un-una determinan el número, entonces son adjetivos numerales.

Quiero **un** libro, no tres. Deseo **una** docena de huevos.

Ejercicios

A. Conteste las preguntas usando los indefinidos dados en inglés.

1. ¿Tiene Teresa amigos? No, _____ (*none at all*).

2. ¿Hay un buen número de personas presentes? Sí, _____ (*enough*).

3. De los 40 asistentes, ¿cuántos se quedaron? Sólo _____ (*a few*).

4. ¿Llamó alguien? No, _____ (*nobody*).

5. ¿Tienes muchos discos? Sí, _____ (*some*).

6. ¿Hay alguien aquí que toque la guitarra? No, _____ (*no one*).

7. ¿Quiénes pasaron el examen? _____ (*all*). (*some*).

8. ¿Todos pagaron? No, _____ pagaron y _____
(*some others didn't*).

9. ¿De los carteles, no quieres alguno? No, no quiero _____
(*any at all*).

10. ¿Oíste algo? No, no oí _____ (*nothing*).

11. ¿Cuántes horas piensas trabajar esta semana? _____ (*all I
can*).

12. ¿Hay muchos estudiantes extranjeros en su universidad? Sí
_____ (*many*).

B.   Escriba oraciones usando los indefinidos que se dan.

algunos / ninguno   algo / nada
nada / nadie   muchas / pocas
varios / los demás

Ejercicios

A.   Complete usando el relativo apropiado.

1. Los huevos _____ compraste no están muy frescos.

2. La tía de Ernesto, _____ tiene mucho dinero, quiere cono-
certe.

3. El aspecto de la población por _____ pasamos era depri-
mente.

4. Él no nos ha escrito todavía, _____ nos preocupa mucho.

5. _____ mucho abarca, poco aprieta.

6. El barco en _____ hicimos la travesía era de bandera
panameña.

7. El individuo para _____ hice ese trabajo, me pagó muy bien.

8. Ese señor a _____ te presenté es el jefe de mi hermano.

9. Los estudiantes _____ quieran ir en ese viaje deben pagar
un depósito ahora.

10. El puente _____ se ve a la derecha separa los dos distritos.

Canoas típicas del lago Titicaca entre Bolivia y Perú.

11. Puedes pedir _____ quieras, el precio no importa.

12. Eusebio Esquinoz, _____ recibió una medalla por su heroismo, es mi vecino.

13. Los zapatos de _____ me hablaste, no los vi por ninguna parte.

14. La muchacha _____ me lleva al trabajo en su coche no habla español.

15. No te olvides del pasaporte, sin _____ no podrás viajar.

16. La mujer _____ está cerca de la ventana es mi madre.

17. Yo soy _____ más necesita de tu ayuda en estos momentos.

18. Se negaron a hacer _____ les recomendamos.

19. Seguramente los pasajeros _____ traen abrigo vienen de un clima frío.

20. El amigo de Esperanza, _____ habla mucho, es exportador de café.

B. Haga oraciones originales con los dos elementos que se dan, usando la forma apropiada de <u>cuyo</u>.

1. niños/padres   5. profesor/reputación   9. campesinos/tierras
2. mujer/marido   6. habitación/paredes   10. casa/ventanas
3. nación/soldados   7. pilotos/aviones
4. países/ciudadanos 8. joven/amiga

Humor

Comente el chiste con otra persona y luego interprételo oralmente en inglés a otra persona o a la clase.

En la calle.

—Muchacho, ¿sabe tu padre que fumas?
—Señora, ¿sabe su marido que usted habla en la calle con hombres desconocidos?

SEMEJANZAS Y CONTRASTES

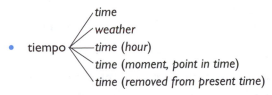

a) Expresiones con **time**.

to have a (good, bad) time = divertirse, pasarlo bien o mal
We had a *good* time.   **Nos divertimos mucho, lo pasamos bien**.
We had a *bad* time.   **Lo pasamos mal**.
all the time   **siempre**
He talks *all the time*   Está hablando **siempre.**
I have no *time* to watch T.V.   No tengo **tiempo** para mirar la televisión.

I haven't seen her for a *long time*   No la he visto por **mucho tiempo**.
We had good *weather*.   Tuvimos **buen tiempo**.
At *what time* is the lecture?   ¿**A qué hora** es la conferencia?

At *the time* she called I was busy.
En el momento en que ella llamó yo estaba ocupada.

In *the times* of the Incas there were no horses in Peru.
En la época de los incas no había caballos en El Perú.

b)   Expresiones combinadas con **vez**.

a la vez	*at the same time*	Se rieron **a la vez**.
a veces	*sometimes*	Ellos vienen **a veces**.
aquella vez	*at that time*	Nos conocimos **aquella vez**.
de una vez	*at once*	Decídete **de una vez**.
de vez en cuando	*once in a while*	Llama **de vez en cuando**.
en vez de	*instead of*	Estudió abogacía **en vez de** medicina.
muchas veces	*many times*	Lo ha pensado **muchas veces**.
pocas veces	*rarely*	Viajan fuera del país **pocas veces**.
tal vez	*perhaps*	**Tal vez** vengan estas Navidades.

Ejercicio

Traduzca al español las oraciones dadas en inglés.

1. At that time we all went together.
2. The phone and the doorbell rang at the same time.
3. Once in a while, the teacher would refer to the time of the conquest.
4. We didn't have a good time this time.
5. There is something going on all the time.
6. I've asked you that a million times.
7. Every time we invite them to come to our house they say they don't have the time.
8. I cook it, but rarely. (No use **raramente**.)
9. We go there all the time and always have a good time.
10. Instead of asking Susana, let's ask Melania.

ORTOGRAFÍA

Las palabras que siguen se pueden confundir por el parecido en la pronunciación y en la escritura. Aprenda a distinguirlas.

1. **actitud** (*attitude*) — **altitud** (*altitude*) — **aptitud** (*aptitude*)
2. **amenazar** (*to threaten*) — **amenizar** (*to make pleasant, agreable*)
3. **absolver** (*to absolve, to release*) — **absorber** (*to absorb, to assimilate*)

Ejercicios

A. Use la palabra que complete mejor el sentido de la oración.

1. Se dice que desde pequeño Mozart mostró gran (actitud/aptitud) para la música.
2. En un tono severo el juez le dijo que el (amenizar/amenazar) a la víctima era suficiente causa de delito.
3. Había llovido tanto que la tierra ya no podía (absorber/absolver) más agua.
4. Unicamente si la montaña tiene poca (aptitud/altitud) podremos subirla en un día.

5. Por su (actitud/aptitud) en las mesa todos se dieron cuenta que no le había agradado la visita.

6. Quieren contratar un mariachi mexicano para (amenizar/amenazar) la fiesta.

7. Después de muchas investigaciones el banco lo (absolvió/absorbió) de toda responsabilidad.

8. Aun los valles en los Andes tienen considerable (actitud/altitud).

B. Traduzca al español.

1. The *attitude* of the members of the jury indicated they weren't going to *absolve* him.

2. Cold and wind are constant threats at that *tremendous height*.

3. She has a good *aptitude* for math.

4. Drink moderately because the body can't *absorb* alcohol easily at that *altitude*.

5. She has a great *aptitude* to make any "tertulia" agreeable.

Práctica de acentos

Ponga el acento sobre las palabras que lo requieran.

1. La participacion de los indios bolivianos en la politica, la economia y la organizacion social de su pais es minima.

2. En las galerias estadounidenses se presento una interesante exposicion de articulos de ceramica y tejidos provenientes de la region de Cochabamba en Bolivia.

3. El grupo folklorico boliviano *Savia Andina* interpreta musica de los Andes acompañandose de instrumentos indigenas.

4. El gerente de la agencia turistica nos dijo que si aun nos quedaba espiritu podiamos realizar otra excursion en autobus, que es la via mas comun para ir al jardin botanico y ver la gran profusion de flores exoticas de la region.

Trío de músicos bolivianos usando el tradicional chullo, tocan los instrumentos típicos andinos el charango y la quena.

Miscelánea para leer y comentar

Sabía usted que:

El charango, instrumento musical indígena típico de la región andina, es una especie de mandolina hecha del caparazón del armadillo.

La Paz, la capital de Bolivia, a pesar de estar situada en un valle, es la ciudad más alta del mundo a una altura de 12.000 pies sobre el nivel del mar.

El lago Titicaca, cuya mitad pertenece al Perú, es también el lago navegable más alto del mundo (12.500 pies) sobre el nivel del mar. Allí los indios pescan en unas pintorescas canoas hechas de junco, de la misma manera que hacían sus antepasados siglos atrás.

Bolivia fue nombrada así para honrar la memoria del libertador Simón Bolívar.

En la región andina de Bolivia, Ecuador y Perú abunda la llama, la alpaca y la vicuña, animales típicos de los Andes. La lana de la alpaca y la vicuña es muy apreciada.

Bolivia, igual que Paraguay, son los únicos países suramericanos que no tienen salida al mar.

La historia del indio boliviano Simón Patiño es el clásico ejemplo del paso de la pobreza a la opulencia (*rags to riches*).

Patiño y su mujer empezaron a trabajar en una mina de estaño. Un día encontró una veta rica en este mineral, por la que más tarde una compañía le ofreció un millón de dólares, pero su mujer se opuso a la venta y se quedaron trabajando la mina. Al principio la explotación empezó sólo con doce indios mineros. Luego, poco a poco, Simón Patiño llegó a controlar la mayor parte de la producción de estaño de Bolivia. En 1920 vendió sus minas por 500 millones de dólares.

Patiño llegó a ser ministro de Bolivia en España y Francia entre 1922–1927. Su hijo Antenor se casó con una princesa de la Casa de Borbón. Sus descendientes alternan y se han mezclado con las mejores familias. La legendaria fortuna de los Patiños está considerada como una de las más grandes no sólo de Hispanoamérica sino también del mundo.

En Oruro, Bolivia, se celebra durante los carnavales un festival muy popular conocido por La Diablada. Los participantes de las danzas del Diablo llevan trajes y máscaras alusivos a la mitología incaica y a la tradición católica, y bailan al ritmo de los instrumentos típicos andinos como el charango y la quena.

CHILE

Nombre oficial: República de Chile

Capital: Santiago de Chile

Adjetivo de nacionalidad: chileno(a)

Población (est. 1992):   13.528.000

Millas cuadradas: 292.257

Grupos étnicos predominantes: mestizos 66%, blancos 25%, indígenas 5%

Lengua oficial: el español

Moneda oficial: el peso

Educación: analfabetismo 8%

Economía: minerales, especialmente el cobre, y la industria vinícola

ANTES DE LEER

A. Conteste las preguntas que siguen.

1. Cuando se habla de los tiempos coloniales o la colonia, ¿sabe usted a qué período histórico se hace referencia?

2. ¿Sabe usted qué es el premio Nobel y qué premia en los individuos que lo reciben?

3. ¿Puede mencionar en qué otras categorías además de la literaria se concede?

4. ¿Qué país concede este importante premio?

5. ¿Puede usted mencionar alguna persona que haya ganado el premio Nobel en los Estados Unidos?

6. ¿En qué categoría ganó esa persona?

7. ¿Qué poeta famoso en la lengua inglesa concoce usted?

8. El autor inglés de *Hamlet* y *Macbeth* fue también un excelente sonetista. ¿Sabe usted quién es?

B. Sobre la lectura

1. Lea el título de la lectura. ¿Puede anticipar sobre qué trata la lectura?

2. Busque en el mapa a Chile. Fíjese en la forma del país. ¿Cómo la describiría usted? ¿Con qué otros países tiene frontera?

3. Dé una ojeada rápida a la lectura, incluyendo el soneto para tener una idea general.

4. Busque en la lectura el nombre verdadero de Gabriela Mistral.

5. Busque en el último párrafo de la lectura cuál es el tema favorito de la poetisa.

6. Haga una lectura más lenta para entender lo que lee. Es posible que el poema requiera una tercera lectura para comprender bien el simbolismo de los versos.

LECTURA

Gabriela Mistral—Una gloria de Chile

have enjoyed

Hispanoamérica es un continente de poetas y desde los tiempos coloniales de Sor Juana Inés de la Cruz hasta los más modernos de Jorge Luis Borges y Octavio Paz, los hispanoamericanos se *han deleitado* con la poesía. En Chile nacieron dos de nuestros más celebrados poetas, Pablo Neruda y Gabriela Mistral, ambos ganadores del prestigioso premio Nobel de literatura de 1971 y 1945 respectivamente.[1]

countryside

Gabriela Mistral, cuyo nombre verdadero era Lucila Godoy Alcayaga, desde muy joven se dedicó a la enseñanaza de un extremo a otro de los *campos* chilenos, imagen viva de «la maestra rural» que años después sería el tema de uno de sus más conocidos poemas. En uno de esos pueblitos de Chile fue maestra de Pablo Neruda. En 1922 el filosófo mejicano José Vasconcelos la invitó a colaborar en la reforma educacional que se llevaba a cabo en México. Fue también representante diplomática de Chile y México en Europa.

failure

La poesía de Gabriela Mistral se caracteriza por su sentido de humanidad y el tema más importante de su obra es el amor en todas sus posibles variantes: el amor carnal, a Dios, a la naturaleza, a la madre, a los niños, a los humildes. Otros temas recurrentes en su obra son el dolor y la muerte. Su primer libro *Desolación* (1922) recoge el *fracaso* de una experiencia amorosa de la poetisa que termina con el suicidio del ser amado. Sus otros libros: *Ternura* (1924), *Tala* (1938)[2] y *Lagar* (1954) son expresiones del amor que siente por todos los seres del universo.

---

[1] Los otros premios. Nobel de literatura recibídos por escritores de lengua española son: José Echegaray, España, 1904; Jacinto Benavente, España, 1922; Juan Ramón Jiménez, España, 1956; Miguel Ángel Asturias, Guatemala, 1967; Vicente Aleixandre, España, 1977; Gabriel García Márquez, Colombia, 1982; Camilo José Cela, España, 1989 y Octavio Paz, México 1990.

[2] Los derechos de autor del libro *Tala* fueron donados por Gabriela Mistral a los niños vascos, víctimas de la guerra civil española.

La poetisa chilena Gabriela Mistral.

El soneto que sigue es el primero de una trilogía titulada «Los sonetos de la muerte».

I

frozen niche
sun-drenched
rest together on this
same earth

Del *nicho helado* en que los hombres te pusieron,
te bajaré a la tierra humilde y *soleada*.
Que he de dormirme en ella los hombres no supieron,
y que hemos de *soñar sobre* la *misma almohada*.

gentleness
lullabies

Te acostaré en la tierra soleada con una
dulcedumbre de madre para el hijo dormido.
Y la tierra ha de hacerse *suavidades de cuna*
al recibir tu cuerpo de niño dolorido.

scattering
light-powdery moon-
*   light*
weightless spoils

Luego iré *espolvoreando* tierra y polvo de rosas,
y en la azulada y *leve polvoreada de luna*,
los *despojos livianos* irán quedando presos.

revenge
deep hiding place
handful

Me alejaré contando mis *venganzas* hermosas,
¡porque a ese *hondor recóndito* la mano de ninguna
bajará a disputarme tu *puñado* de huesos!

Preguntas

A. Preguntas sobre la lectura

1. ¿Cuál ha sido la ocupación literaria favorita de los hispanoamericanos?
2. ¿Sabe quién es Sor Juana Inés de la Cruz, Octavio Paz o Borges?
3. ¿Quiénes ganaron en 1945 y 1971 el premio Nobel de literatura?

4.   ¿Cuál era la ocupación de Gabriela Mistral?

5.   ¿Por qué fue a México? ¿Qué hizo allí?

6.   En el soneto que leyó, ¿cuál cree usted que es la idea central del poema?

7.   ¿Cuál es la actitud de la poetisa hacia la persona a la que se dirige en el poema?

8.   ¿Cuál será, según la poetisa, su victoria final?

B.   Otras preguntas

1.   ¿Le gusta leer o escribir poemas?

2.   ¿Ha aprendido alguna vez alguna poesía de memoria?

3.   ¿Sabe lo que es un soneto? ¿Puede explicar su estructura?

4.   Se dice que la poesía es una forma de expresar lo que uno siente. ¿De qué otras maneras podemos expresar nuestros sentimientos?

5.   Se ha dicho que esta poesía contiene una nota maternal. ¿Puede encontrar algún verso en el soneto dónde se vea esto?

6.   ¿Ha tenido alguna experiencia personal relacionada con la muerte?

7.   ¿Ha visto algún entierro? ¿Qué se hizo con el cadáver?

8.   En algunas familias la muerte es algo que no se menciona libremente. Comente sobre sus observaciones al respecto.

Mejore su vocabulario

A.   Subraye la palabra que tenga el mismo significado que la primera.

1.	época	la hora	los tiempos	la temporada
2.	celebrados	llamados	famosos	envejecidos
3.	prestigioso	reconocido	rico	prestado
4.	pusieron	empujaron	acostaron	colocaron
5.	soleada	llena de sol	grande	baja
6.	despojos	restos	fiestas	flores secas
7.	hondor	mal olor	profundidad	canción
8.	recóndito	pequeño	arrodillado	escondido

B.   Las palabras que siguen se refieren a actividades literarias. Escriba una breve definición de cada una.

novela   cuento   drama   comedia   poesía   ensayo   artículo libreto

Temas para redactar y conversar

A.   Escriba una breve descripción en prosa de cada una de las cuatro estrofas del poema.

B.   Busque en alguna antología de la literatura hispanoamericana alguna poesía de los poetas mencionados, léala en clase y explique su significado. Un buen ejemplo sería «La maestra rural» de G. Mistral o algunos de los poemas de amor de Neruda o algunas de sus odas.

C.   Algunas culturas tienen diferentes costumbres y actitudes en cuanto a la muerte. Basado en sus observaciones o en lo que ha leído, comente sobre esto.

Vista general del puerto de la ciudad de Valparaíso, Chile.

GRAMÁTICA

I. El adverbio

El **adverbio** es invariable y modifica principalmente al verbo, aunque puede modificar también a un adjetivo u otro adverbio. Generalmente se coloca detrás del verbo.

camina **lentamente**   habla **muy bajo**

Muchos adverbios se forman agregando al adjetivo la terminación **-mente**, equivalente a **-ly** en inglés. Si el adjetivo termina en *-o* se usa la forma femenina y se agrega **-mente**. Los adjetivos acentuados conservan el acento en la forma adverbial.

útil — útilmente   noble — noblemente   sabio — sabi*a*mente

a) Por su forma los adverbios pueden ser simples o compuestos. Los simples están formados por una sola palabra: allí, ahora, apenas. Los compuestos son los que terminan en **-mente** y las frases adverbiales que equivalen a un adverbio:

ocultamente = a escondidas   lentamente = con lentitud
desdeñosamente = con desdén

b) Por su significación los adverbios pueden ser:

Adverbios	Responden a la pregunta	
de lugar	¿dónde?	aquí, allá, arriba, cerca, dentro, dondequiera, etc.
de tiempo	¿cuándo?	ahora, ayer, luego, jamás, mañana, ya, etc.
de modo	¿cómo?	adrede, apenas, claramente, fuertemente, etc.
de cantidad	¿cuánto?	mucho, poco, nada, algo, bastante, etc.
de afirmación	indican que la acción se lleva a cabo	sí, cierto, también, verdaderamente, etc.
de negación	indican que la acción no se realiza	no, tampoco, nunca, jamás, etc.
de duda	expresan duda	tal vez, quizás, acaso, quién sabe, etc.

A diferencia del inglés que acepta la terminación -ly en todos los adverbios de una oración, en español, la terminación **-mente** se usa sólo en el último:

Lo dijo alta y clara**mente**.   He said it loud*ly* and clear*ly*.
Hablaré franca y libre**mente**.   I will speak frank*ly* and free*ly*.

2. Abreviación de los adverbios

Recientemente es un adverbio, pero puede actuar como adjetivo cuando va unido a un participio y entonces se usa en forma abreviada.

recién nacido   recién casados   recién llegado

A veces se usa un adjetivo en lugar del adverbio. Se dice viven **felices** en lugar de viven felizmente; salió **rápido** en lugar de salió rápidamente.

3. Diminutivos de los adverbios

En Hispanoamérica es común usar los adverbios en su forma diminutiva. Si el diminutivo hace referencia al tiempo la significación puede variar considerablemente de un país a otro. Ahorita, lueguito, prontito, nadita, etc.

4. Comparación irregular de algunos adverbios[3]

Algunos adverbios tienen formas irregulares de comparación:
mucho – más   poco – menos   bien – mejor   mal – peor

Paco estudia **mucho** pero Andrés estudia **más**.

Esta caja pesa **poco** y ésa pesa **menos**.

Marta nada **bien** pero Teresa lo hace **mejor**.

El carpintero trabaja **mal** pero el plomero trabaja **peor**.

Nota: **Más bien** y **algo** equivalen a *rather*.

Son **más bien** ricos que pobres.   They are rich *rather* than poor.
Ella está **algo** cansada.   She is *rather* (somewhat) tired.

---

[3] Fíjese que estas formas irregulares de comparación de algunos adverbios son iguales a las de los adjetivos.

5. Frases adverbiales

Existen en español muchas frases que equivalen a adverbios. Algunos comunes son:

a sus anchas, cómodamente	comfortably
adrede, a sabiendas	on purpose
a ciegas, ciegamente	blindly
en ascuas, ansiosamente	anxiously
a regañadientes	grudgingly
en un santiamén, rápidamente	quickly
a hurtadillas, subrepticiamente	surreptitiously
a toda pompa, lujosamente	luxuriously
a diestro y siniestro, indistintamente	indistinctly
a cuerpo de rey, cómodamente	like a king; with ease
contra viento y marea, tesoneramente	against all odds; stubbornly
viento en popa, exitosamente	full speed ahead; successfully
cuando la rana críe pelo, nunca	never
a paso de tortuga, lentamente	slowly
a ojo de buen cubero, aproximadamente	approximately
como alma que lleva el diablo, velozmente	rapidly

Ejercicios

A. Forme adverbio con los adjetivos que siguen.

inmenso   amable   sutil   agrio
escandaloso   despiadado   cruel   obediente

B. Traduzca el español.

1. The man translated the speech easily and quickly.

Vista del Cerro Paine Grande, cubierto de nieve. Torres del Paine en el Parque Nacional de la Patagonia chilena.

2. The speaker addressed the audience candidly, clearly and concisely.
3. The newborns are kept in a room next to the maternity ward.
4. "Peter, please, let's not act like newlyweds."
5. The people who just arrived must be tired after the long trip.
6. Miguel jumps high but Ismael jumps higher.
7. If Doris speaks Spanish well her brother speaks it better.
8. This elevator functions badly but that one is worse.
9. The boy is rather small for his age.
10. This package weighs little and the others even less.
11. Don't worry, I'll wash the dishes in a little while.

C. Sustituya la frase adverbial por un adverbio.

1. Se merece el premio por haber trabajado **con tesón**.
2. La mujer la recibió pero la trató **con desdén**.
3. Al sentir el pinchazo el animal reaccionó **con ira**.
4. El niño había pisado al gato **sin advertirlo**.
5. El edificio fue reparado por **la parte interior**.
6. Mucha gente se salvó porque el guía dio las instrucciones **con tino**.
7. La felicitaron por hacer el trabajo **con acierto**.
8. La gente le huye porque habla **hasta por los codos**.
9. No tienen mucho dinero pero viven **a cuerpo de rey**.
10. Han tenido mucha suerte, el negocio les va como **viento en popa**.
11. Te prometió terminarlo, pero yo sé que lo hará cuando **la rana críe pelo**.
12. Cuando vio al policía huyó **como alma que lleva el diablo**.
13. Da lo mismo si medimos el mantel **a ojo de buen cubero**.
14. Me desespera verlo trabajar **a paso de tortuga**.

Humor

Explique el chiste oralmente o por escrito.

Malas notas.

Después de recibir una F el defraudado estudiante va a hablar con el profesor y le dice:
—Yo no creo merecer una F.
—Ni yo tampoco, le responde el profesor, pero no nos está permitido dar notas más bajas.

SEMEJANZAS Y CONTRASTES

• El verbo *to fail*

El verbo *to fail* puede tener distintas traducciones en español según lo que se quiera expresar: **fallar, suspender** o **salir mal, dejar de, fracasar, no poder (ser incapaz de)**.

Fallar se usa para indicar que algo no está funcionando, generalmente un motor o un aparato mecánico.

La caldera **falló** esta mañana.
The boiler *broke down* this morning.

El ascensor **falló** pero ya está arreglado.
The elevator *stalled*, but it is already fixed.

Fallar también se usa para indicar que alguna persona no ha hecho lo que de ella se esperaba.

Me **fallaste** cuando más te necesitaba.
You *failed* me when I needed you most.

Me prometió ayuda pero me **falló**.
He promised to help me but he *failed* to do it.

Suspender (salir mal en un examen).

Lo **suspendieron** en química porque nunca iba al laboratorio.
He *failed* chemistry because he never attended the lab sessions.

Salió mal en el curso porque faltaba mucho a clase.
She *failed* the course because she missed too many classes.

Dejar de (no dejar de) equivale a *to (not) fail to do something*, especialmente cuando hay cierta idea de obligación de parte de la persona.

Dejó de venir por una semana completa sin razón justificada y la despidieron.
She *failed* to show up (she stopped coming) for a whole week without a justified reason and was fired.

No dejó de llamarnos todas las semanas.
He *didn't fail* to call us every week.

Fracasar equivale a *to be unsuccessful*.

El mecánico vino pero él también **fracasó** en hacer funcionar el motor.
The mechanic came but he also *failed* in starting the motor.

No poder indica la incapacidad de la persona de hacer algo. Generalmente la oración en español se usa en forma negativa.

Era **incapaz de** (no podía) ver las buenas cualidades de los demás.
He *failed* to see any good qualities in others.

El doctor **no vio** a tiempo los síntomas de su enfermedad.
The doctor *failed* to detect on time the symptoms of her illness.

Ejercicio

Traduzca al español el equivalente apropiado de <u>fail</u>.

1. The repairman says he will come if the refrigerator fails again.
2. The conference was suspended because the main speaker failed to appear.
3. He didn't come out from the operating table; his heart failed.
4. The Pope failed to see anything wrong with dancing the tango.
5. The hostage was so weak that his legs failed him coming off the plane.
6. She failed to send her payments promptly as she promised.
7. He failed three quizzes and the teacher had to fail him in the final.
8. At the beginning he was successful, but six months later the business failed.

9. They never failed to send us a card for Christmas.

10. He was determined to tell the children the truth, but at the end his strength failed him.

11. If you fail to appear in court to explain what happened, you will have to pay the traffic ticket.

ORTOGRAFÍA

Otras palabras que se prestan a confusión: consumar – consumir, preceder – presidir – proceder – predecir, prevenir – provenir – porvenir.

a) *Consumar — consumir*

Consumar quiere decir **llevar a cabo, realizar totalmente.**

Al recibirse de doctor se **consumaron** sus más caros sueños.

Consumir significa **destruir, extinguir, acabar**.

Al poco rato toda la bebida se había **consumido**.

b) *Preceder — proceder — predecir — presidir*

Preceder quiere decir **ir delante**, en tiempo o lugar.

Enero **precede** a febrero.   El obispo **precedió** la procesión.

Presidir significa **tener el primer lugar** en algo; **dirigir** una reunión o asamblea.

La reina **preside** el cortejo real.   El presidente **preside** la sesión.

Proceder significa **ser originario de, comportarse, continuar, ejecutar algo**.

El avión **procedía** de Madrid.   No hay palabras para justificar su **proceder**.

Viña del Mar, famoso centro veraniego cerca de Valparaíso, Chile.

Proceda con el trabajo.   Se **procedió** a contar los votos.

Predecir quiere decir **avisar** algún acontecimiento con anticipación.

¡Quién hubiera podido **predecir** lo que pasó!

c)   *Porvenir – provenir – prevenir*
Porvenir significa **futuro**.

Los maestros le predijeron un magnífico **porvenir**.

Provenir se refiere al **origen**.

¿De dónde **provienen** (proceden) esos rumores?

Prevenir quiere decir **dar aviso** de algún peligro.

La oficina meteorológica **previno** a los vecinos del mal tiempo que se acercaba.

Ejercicio

Escoja la palabra que dé sentido a la oración: Conjugue los verbos si es necesario.

1.   El fuego _____ la casa en pocos minutos. (consumar/consumir)

2.   El jefe dijo que se debía _____ con el trabajo. (preceder/proceder)

3.   La gitana quería leerme las cartas para adivinarme el _____ (provenir/porvenir)

4.   Si uno pudiera _____ el futuro muchas cosas no pasarían. (preceder/predecir)

5.   Teníamos tanta hambre que _____ toda la comida. (consumamos/consumimos)

6.   Algunos estudiantes _____ de familias pudientes. (preceden/proceden)

7.   El plomero dice que el agua _____ de una tubería rota. (proviene/previene)

8.   Nos apena ver como la enfermedad lo ha _____. (consumido/consumado)

9.   Después del accidente pusieron un aviso para _____ a los otros peatones. (prevenir/provenir)

10.   El comentarista señaló que todas sus predicciones políticas se habían _____. (consumido/consumado)

11.   Cada sesión estaba _____ por dos personas. (presidida/predecida)

12.   El cura que los casó era el mismo que había _____ el matrimonio de los padres. (consumado/consumido)

13.   Después de la muerte del padre ahora la madre _____ la mesa. (precede/preside)

14.   Adela, fíjese que el primer párrafo debe _____ al segundo. (proceder/preceder)

15.   Ese frío helado _____ de las montañas cercanas. (previene/proviene)

Práctica de acentos

Coloque los acentos en las palabras que lo requieran.

1. Durante los meses de julio y agosto, los amantes del esqui abarrotan las vias y hosterias de la region de los lagos en el sur de Chile para descender veloces desde los altisimos conos volcanicos cubiertos de nieve.

2. Viña del Mar, centro veraniego en el litoral chileno y en la misma bahia donde se halla Valparaiso, el puerto mas importante de Chile, es el eden de los fanaticos de los deportes acuaticos y de los que sienten pasion por la equitacion.

3. Los minerales son un renglon importantisimo en la economia chilena. El desierto de Atacama al norte del pais es riquisimo en despositos de nitrato y cobre.

4. Sorprendio mucho a los turistas ver que en la basilica de Andacollo durante la comunion en honor de la Virgen del Rosario, muchos participantes vestian trajes orientales y que en la plaza la musica tambien tenia influencia asiatica.

«Moais» de la Isla de Pascua, Chile.

Miscelánea para leer y comentar

Sabía usted que:

En la isla de Pascua (Easter Island), posesión chilena en el océano Pacífico, se encuentran unas misteriosas y gigantescas estatuas, algunas con más de cinco metros de altura y varias toneladas de peso llamadas Moais. Diseminadas por toda la isla, las figuras se encuentran en distintas etapas de elaboración y en variadas posiciones. Algunas están erguidas, otras están derribadas por el suelo, rotas o semi enterradas. Los monumentales Moais tienen la cara alargada, la nariz afilada, la frente estrecha y los finos labios apretados en un gesto difícil de interpretar. Algunos tienen características interesantes. Se ha encontrado uno que está arrodillado en cuclillas, posición que lo distingue de las demás estatuas de busto en alto y las manos como si se sujetaran el bajo vientre. Otro, sobre una especie de plataforma, se sostiene el vientre con cuatro manos en vez de dos. Un tercero lleva un sombrero rojo hecho de una piedra volcánica de la región. Hasta ahora nadie ha podido descifrar cual fue el origen y el propósito de estas enigmáticas figuras que parecen escudriñar el horizonte en eterna vigilia.

Bernardo O'Higgins es el héroe de la independencia chilena. Hijo de madre chilena y padre irlandés, O'Higgins fue el primer presidente de Chile después de la independencia.

El vino chileno es de excelente calidad. El vino tinto se hace con toda la uva, el blanco se hace sólo con el jugo y el rosado se hace de un modo especial que combina los dos métodos.

El pianista Claudio Arrau estaba considerado como uno de los mejores intérpretes de Beethoven del mundo.

PARAGUAY

Nombre oficial: República del Paraguay

Capital: Asunción

Adjetivo de nacionalidad: paraguayo(a)

Población (est. 1992): 4.929.000

Millas cuadradas: 157.047

Grupo étnico predominante: mestizos 95%

Lengua oficial: el español (el guaraní es hablado por el 90% de la población)

Moneda oficial: el guaraní

Educación: analfabetismo 10%

Economía: maíz, algodón, madera y minerales

ANTES DE LEER

A. Conteste las preguntas que siguen.

1. ¿Dónde están Bolivia y Paraguay? Mire el mapa si no sabe.

2. ¿Hay algún río en la ciudad donde usted vive? ¿Cómo se llama?

3. ¿Viven muchas personas extranjeras en el lugar donde usted vive?

4. ¿Qué cataratas famosas hay en los Estados Unidos? ¿Dónde están?

5. ¿Sabe cuál es la bebida nacional de Inglaterra? ¿Y cuál es la bebida que pudiéramos considerar nacional en los Estados Unidos?

6. Algunas culturas indígenas como la azteca y la incaica asociaban los dioses con los elementos naturales como el fuego, el agua, el sol y la lluvia; lo mismo se hacía en la antigua civilización de Grecia y Roma. ¿Sabe usted con qué elementos naturales se asocian Neptuno y Mercurio?

7. ¿Qué armas empleaban los indígenas para defenderse a la llegada de los conquistadores a América?

8. Cuando usted piensa en las flores, ¿Qué ideas le vienen a la mente?

9. Y cuando usted piensa en un tigre, ¿En qué parte del cuerpo de esa fiera piensa usted específicamente?

10. ¿Ha recibido usted o alguna persona que conozca algún premio por haber hecho una buena acción?

B. Sobre la lectura

1. Lea el título de la lectura. ¿Le da alguna idea del contenido?

2. ¿Puede usted definir lo que es una leyenda?

3. Eche una ojeada a la lectura para tener una idea general del contenido.

4. Busque en ella qué dos grupos étnicos extranjeros se han establecido últimamente en Paraguay.

5. Busque el nombre de dos ríos importantes que se encuentran en esta región.

6. Busque en la lectura cómo prepararon los indígenas las hojas del mate y para qué sirvieron.

7. Haga una segunda lectura más lenta para comprender bien lo que lee.

LECTURA

El regalo de la diosa Luna (leyenda paraguaya)

Paraguay y Bolivia son los dos únicos países hispanoamericanos que no tienen salida al mar. El río Paraguay, que le da nombre al país, atraviesa la capital, Asunción, de norte a sur. A los jesuitas les deben los paraguayos la propagación del naranjo y la conservación del guaraní,[1] la melodiosa lengua indígena que los jesuitas sistematizaron y hoy hablan el 90% de los paraguayos de todas las clases sociales. En tiempos más recientes colonias de menonitas[2] y japoneses se han establecido en el país. Los menonitas se han *asentado* en la *despoblada* región de El Chaco[3] y, a semejanza de los jesuitas han creado casi un país dentro de otro, ya que tienen gobierno propio, usan el alemán como lengua oficial y por sus creencias religiosas están exceptuados por el gobierno del servicio militar. Los japoneses han establecido comunidades agrícolas en las *márgenes* del río Paraná cerca de las *cataratas* del Iguazú.

settled
depopulated

banks / falls

La *yerba mate* es uno de los productos principales de Paraguay. La leyenda nos cuenta el origen de esta conocida planta.

heaven
thick forest

En épocas muy remotas los dioses y las diosas bajaban del *cielo* para gozar de las hermosas tierras de los indios guaraníes con sus *espesos bosques*,

---

[1] Paraguay es un país bilingüe donde el español y el guaraní se hablan (a la par) con igual facilidad.

[2] Secta religiosa creada en Suiza en 1525.

[3] La Guerra de la Triple Alianza tuvo lugar desde 1865 hasta 1870; en ella Paraguay luchó contra Argentina, Brasil y Uruguay. Paraguay perdió más de la mitad de su población y gran parte de su territorio. La Guerra del Chaco (1932–1935) tuvo lugar entre Bolivia y Paraguay por la posesión de esta zona. Paraguay salió victorioso en esta guerra por la cual ganó territorio y Bolivia perdió el acceso al Atlántico a través del Paraná. (Ya Bolivia había perdido el acceso al Océano Pacífico en la «Guerra del Pacífico» en contra de Chile y Perú en 1875–1879).

grandes ríos de aguas claras y prados llenos de flores. Uno de estos visitantes celestes era la diosa Luna que venía con mucha frecuencia, siempre de día. Su compañera era la diosa Nube. Para pasear libremente por los campos y los bosques sin que nadie las reconociera como diosas, tomaban la forma de dos indias guaraníes. Una tarde las diosas estaban tan felices recogiendo *flores silvestres* en el bosque se olvidaron que la noche se acercaba. *De pronto*, cuando las sombras oscuras cubrieron la tierra, la diosa luna exclamó:

wild flowers / suddenly

—¡Debemos regresar ahora mismo al cielo o llegaré tarde para mis *deberes*!

duties

—Un momentito más—pidió la diosa Nube—. Allí veo unas orquídeas blancas muy lindas y quiero un *ramo* para llevar al cielo.

bunch

—No nos queda mucho tiempo, le recordó la diosa Luna, preocupada por la demora.

Caminaban rápidamente hacia las orquídeas cuando, de pronto, dieron un grito de terror. Frente a ellas apareció un tigre, el más grande que habían visto en su vida. Los ojos le brillaban y tenía las fauces abiertas. Las diosas estaban tan asustadas que olvidaron cambiar su forma de indias por su forma celeste. El tigre, dando un fuerte *rugido*, saltó hacia ellas dispuesto a devorarlas. Pero, para sorpresa de las dos, una *flecha* se clavó en su cuerpo y el animal cayó al suelo dando grandes rugidos por el dolor de la herida.

growl, roar
arrow

En ese momento, un viejo guaraní con su arco y su flecha salió de su *escondite* detrás de un árbol.

hiding place

—¡Corran!—gritó a las indias—. ¡Corran para salvar su vida!

Pero las diosas, paralizadas de miedo se quedaron tan *inmóviles* como los árboles que las rodeaban. *De súbito*, el tigre se apoyó en las patas heridas y saltó otra vez hacia ellas, pero el viejo disparó otra flecha y ésta se clavó en el corazón del animal que cayó *herido* mortalmente.

still
Suddenly

wounded

—Está muerto y ahora no hay nada que temer—dijo el viejo guaraní, mirando hacia el lugar donde había visto a las dos mujeres. Pero no había *huella* de ellas. Al verse fuera de peligro las diosas tomaron sus formas celestes y subieron rápidamente al cielo.

traces

Como la noche había extendido su *manto* negro sobre el bosque y los prados, el indio subió a un árbol dispuesto a pasar allí la noche. Satisfecho por la buena acción que había realizado, no tardó en quedarse profundamente dormido. Y sucedió que en sus sueños vio aparecer ante sí la bellísima figura de la mujer de ojos brillantes como dos estrellas que había visto esa tarde en el bosque. Oyó también claramente que ella le decía:

robe

—Soy la diosa Luna, protectora de la gente buena. Poniendo en peligro tu vida, has luchado con valor para salvar mi vida y la de mi compañera la diosa Nube.

El indio, *maravillado*, quiso responder algo pero no pudo. La diosa Luna continuó hablándole:

astonished

—Los hombres buenos siempre reciben *recompensa* por sus nobles acciones. Tú recibirás la tuya, porque tu bondad y tu valor la merecen.

reward

—¿Cuál será esa recompensa?—se preguntaba el indio mientras contemplaba a su diosa protectora. La respuesta no se hizo esperar porque la deidad prosiguió:

—En este bosque haré nacer para ti y para tu pueblo una planta muy valiosa. Llámala yerba mate y cuídala bien. Tostando sus hojas se podrá preparar un té que servirá de alimento para todos los que tengan hambre. También calmará la *sed* a todos los que la beban. Encontrarás esta planta mañana en el lugar donde ayer me viste.

thirst

Dicho esto, desapareció la diosa.

—¡Qué sueño tan extraño!—dijo el indio cuando se despertó al día siguiente.

se dio prisa

Al bajar del árbol, *se apresuró* hacia el lugar indicado por la diosa, y allí una nueva planta muy hermosa, de hojas verdes y brillantes, apareció ante sus ojos. El viejo cogió algunas hojas y las llevó al pueblo donde contó su historia a la tribu, mostrando el premio que la diosa le había dado.

En seguida, los indios tostaron las hojas sobre el fuego y prepararon el té. Pronto les calmó el hambre y la sed como la diosa le había prometido.

faces

Esa misma noche los indios se arrodillaron en la tierra y, levantando los *rostros* al cielo, dieron gracias a la diosa Luna por el maravilloso regalo de la yerba mate.

Preguntas

A. Preguntas sobre la lectura

1. Geográficamente, ¿qué hay de común entre Bolivia y Paraguay?
2. ¿Por qué se considera a Paraguay un país bilingüe?
3. ¿Qué aporte dejaron en Paraguay los jesuitas?
4. ¿Según los datos dados sobre el país, ¿por qué podemos decir que la población de Paraguay es homogénea?
5. ¿Por qué bajaban los dioses y las diosas a la tierra de los guaraníes?
6. ¿Qué les sucedió a las diosas en una de las visitas?
7. ¿Cuál fue la intervención del indio guaraní?
8. ¿Por qué recibió una recompensa? ¿Cuál fue?

B. Otras preguntas

1. ¿Conoce usted alguna otra leyenda? Cuéntela.
2. ¿Conoce algún otro país del mundo que sea bilingüe?
3. ¿Sabe qué ciudades son bilingües en Estados Unidos?
4. ¿Qué ventajas usted cree tiene para un país o ciudad tener puerto de mar?
5. ¿Hay algun río cerca del lugar donde usted vive? ¿Cómo se utiliza?
6. ¿Sabe el nombre de los ríos que pasan por las ciudades de Londres, Nueva York y París?
7. ¿Ha probado alguna vez el mate? Sí? ¿Le gustó?
8. El viejo guaraní fue recompensado por su buena acción por la diosa Luna. ¿Cree usted que los seres humanos recibimos recompensa o castigo por nuestras acciones en la tierra o en el cielo?
9. ¿Influye este concepto en su conducta?
10. ¿Sabe qué famoso producto de artesanía se produce en Paraguay? Si no sabe vea la Miscelánea al final del capítulo.
11. ¿Conoce alguna otra leyenda que explique la creación de una planta? ¿Conoce la leyenda de la flor jacinto?

Mejore su vocabulario

A. Marque la palabre que no tenga el mismo sentido que las demás.

Recompensa	premio	galardón	pensamiento
Espeso	tupido	tejido	denso
Inmóviles	frías	inmovilizadas	quietas

Comercios de la calle Palma, una de las más importantes de Asunción, Paraguay.

Deberes	deudas	responsabilidades	obligaciones
Maravillado	maltratado	sorprendido	admirado
Herido	lastimado	lesionado	enfermo
Huella	rastro	pista	hueco
Apresurarse	darse prisa	alarmarse	apurarse
Márgenes	orígenes	orillas	lados
Asentarse	establecerse	descansar	instalarse

B. Dé la palabra que mejor se ajuste a la definición dada.

1. Lugar donde se establece un grupo de personas afines para formar una comunidad.
2. Caída de un río desde gran altura.
3. Se dice de las actividades que tienen que ver con el cultivo de la tierra.
4. Grupo de árboles de menor densidad que en la selva.
5. Lugar donde habitan los dioses.
6. Boca de un animal salvaje como el tigre.
7. Se dice de las flores que crecen naturalmente en los campos.
8. Se refiere a los animales feroces como el tigre y el león.
9. Arma usada por los indios para cazar o defenderse.
10. Sonido que emiten los leones.

Modismos

de pronto = de súbito = de repente
Vea el capítulo 21.

Temas para redactar y conversar

A. En el caso de los menonitas, ¿cree que es una buena política del gobierno permitir que formen una comunidad completamente aparte ¿Qué ventajas o desventajas cree que pueda tener esto, o pensando en términos más personales, le gustaría que los hispanos aquí en los Estados Unidos formaran una comunidad completamente separada del resto de la nación, o cree que no sería una buena idea? Explique su posición.

B. Algunos sociólogos afirman que mientras más homogéneo racialmente sea un país habrá menos problemas sociales. Tome una posición sobre si es mejor una sociedad homogénea o una multirracial. Explique sus razones.

C. Se ha dicho que cuando oímos una lengua por primera vez su sonido nos resulta áspero al oído, pero que a medida que nos vamos acostumbrando a ella su sonido parece irse dulcificando. Esto, por extensión, parece suceder también con la gente, que, según los sociólogos, nos lleva a la discriminación por el desconocimiento. ¿Cree que haya algo de cierto en esas afirmaciones?

GRAMÁTICA

1. Las preposiciones

Las preposiciones expresan la relación que existe entre dos palabras. Cuando decimos silla **de** madera, habla **con** propiedad o pasean **por** la playa, estamos estableciendo la relación que existe en cuanto a substancia entre silla y madera, de calidad entre habla y propiedad y de lugar entre pasean y playa.

Las principales preposiciones son: **a, ante, bajo, con, contra, de, desde, en, entre, hacia, hasta, para, por, según, sin, sobre, tras.**

a (*to, at, in*) puede referirse a:
lugar	**a** la intemperie, **al** fresco
tiempo	**a** las diez, **al** amanecer
manera	**a** máquina, **a** mano
dirección	**a** Madrid, **a la** librería

ante (*before*) significa delante: **ante** Dios, **ante**ayer

bajo (*under*) significa situación inferior o de dependencia:

La pastilla fue dada **bajo** órdenes del médico.
Pasan **bajo** el puente mayor.

con (*with*) significa:
compañía	Vino **con** Petra. Sale **con**migo.
modo	Trabaja **con** ardor. Viven **con** lujo.

contra (*against*) significa oposición:

Lucha **contra** el prejuicio.   La medicina no tiene **contra**indicaciones.

de (*from, of, during*) puede significar:
propiedad	es **de** Delores, lo **de** ella
origen	es **de** Paraguay, son **de** Colombia
manera	hablan **de** pie, nada **de** costado
materia	es **de** oro, eran **de** metal
tiempo	trabajan **de** noche, juegan **de** día
lugar	es la más grande **del** mundo[4]
naturaleza	es **de** carácter muy vivo

[4] Obsérvese que en oraciones superlativas en español se usa **de** y no **en** (*in*) como en inglés.
The highest mountain *in* the world   la montaña más alta **del** mundo
the most diligent student *in* the class   el más diligente **de** la clase

desde (*since, from*) denota principio de tiempo o lugar:

Desde pincipios de mes no viene
Lo envió **desde** Salamanca hasta Barcelona.

en (*at, in, on, upon*) puede indicar:
- tiempo   Vienen solamente **en** el verano.
- lugar   Viven **en** Chile. Están **en** la biblioteca.
- manera   Lo dijo **en** serio, luego **en** broma.

entre (*between, among*) significa situación entre dos o más cosas o personas:

entre tu y yo
entre cielo y tierra

hacia (*toward*) significa lugar o dirección imprecisos:

se dirigen **hacia** allá
viajan **hacia** el norte

hasta (*until*) denota término, referido a tiempo o lugar:

No vendrán **hasta** el lunes.
Irán **hasta** Medellín.

Nota: **para** (*for*)   serán estudiadas por separado.
             por (*for*)

según (*according to*) se usa para referirse a opiniones o conformidad en un asunto:

Según su manera de ver las cosas, no hay problemas.
Trabaja **según** lo llaman.

sin (*without*) significa carencia:

Habla **sin** interés.
Andan **sin** dinero.

sobre (*on, over, above*) denota relación o superioridad:

Ejerce estricto control **sobre** sus empleados.
El drama es **sobre** un niño huérfano.

sobre puede también significar proximidad en tiempo y lugar:

Tendrá **sobre** unos cuarenta años.
Se sientan **sobre** las rocas.

tras (*after*) se usa para indicar el orden de las cosas:

Tras el verano viene el otoño.
El policía corrió **tras** el ladrón.

Ejercicio

Llenar los espacios en blanco con las preposiciones adecuadas.

1. No pudieron seguir viajando porque se quedaron _____ dinero.
2. Se acogió a todos los beneficios _____ decía el contrato.
3. La película es _____ la vida de un inmigrante europeo del siglo XIX.

4. Se puede ir perfectamente en automóvil _____ Venezuela _____ Chile.

5. Llamaron y dijeron que venían _____ acá.

6. Los alumnos protestaron _____ el aumento de la matrícula.

7. Nadie sabe cómo, pero se han hecho ricos _____ la noche _____ la mañana.

8. No podremos cambiar el cheque _____ el lunes a las 8:00 A.M.

9. Trabaja _____ las órdenes de uno menos capacitado que él.

10. Aunque el delito es de poca importancia tendrá que comparecer _____ el juez.

11. No acepto esas ideas porque van _____ mis principios.

12. Es uno de los animales más raros _____ mundo.

13. No podrán tomar una decisión _____ tan poco tiempo.

14. No creo que tengan éxito _____ circunstancias tan desfavorables.

15. Ya lo dice el refrán, «_____ cielo y tierra no hay nada oculto».

16. ¿Cómo crees que luzco mejor, _____ sombrero o _____ él?

17. _____ el comienzo del invierno no ha dejado de nevar.

2. Usos de para y por

Algunos usos de **para** y **por** pueden prestarse a confusión. Estudie los usos que le presenten mayor dificultad.

Se usa **para** en los siguientes casos:

a) Para indicar propósito o uso.

Lo compró **para** mí.   She bought it *for* me.
Tazas **para** café.   Cups *for* coffee.

Lago Ipacaraí, Paraguay. El lago inspiró una canción incaica titulada *En el lago Ipacaraí* muy famosa en Hispanoamérica.

b) Para indicar destino, lugar a donde se dirige una persona y fecha determinada.

Salen **para** Paraguay.　　They are leaving *for* Paraguay.
Lo tendré listo **para** el lunes.　　I will have it ready *for* Monday.

c) Para indicar que se está listo o a punto de realizar una acción.

Están listos **para** salir.　　They are *ready* to go.

d) **Para + ser** se usa frecuentemente en lugar de **teniendo en cuenta que** (*considering that*).

Para ser (teniendo en cuenta que es) un niño, se expresa muy bien.
Considering that he is a child, he expresses himself very well.

Se usa **por**:

a) Para expresar el motivo de una acción, expresada en inglés con las expresiones *for the sake of, on behalf of, because of, out of, in favor of*.

Lo hizo **por** mí.　　He did it *for me* (*for my sake*).
El hermano llamó **por** él.　　His brother called *on his behalf*.

Obtuvo el trabajo **por** su capacidad.
He got the job *because of* his capabilities.

Lo mataron **por** venganza.　　He was killed *out of* revenge.

Los estudiantes están **por** la paz.
The students are *in favor of* peace.

b) Para indicar idea de cambio (*in exchange for, instead of*).

Te cambio mi pluma por la tuya.　　I exchange my pen *for* yours.
Lo compré **por** dos dólares.　　I bought it *for two* dollars.

c) Para expresar by, *through, along, around, during*.

Viajan **por** avión.[5]　　They travel *by* plane.
Lo venden **por** docena.　　It is sold *by* the dozen.
Tuvieron que pasar **por** un túnel.　　They had to go *through* a tunnel.
Nos gusta caminar **por** la playa.　　We like to walk *along* the beach.
No vienen **por** acá con frecuencia.　　They don't come *around* here often.

Por el verano no tienen mucho trabajo.
During summer there is not much work.

d) Para indicar la duración de una acción.

Todos los días practican **por** dos horas.
Every day they practice *for* two hours.

e) Para expresar el agente de una acción en la voz pasiva.

Los libros fueron encuadernados **por** un encuadernador profesional.
The books were bound *by* a professional bookbinder.

A veces es difícil distinguir el motivo del propósito.

Trabaja **para** mi bienestar. (propósito)
He works *for* my benefit.

---

[5] Se exceptúan algunas frases que usan la preposición *a* para indicar el instrumento o medio: *a mano, a caballo, a pie*.

Trabaja **por** mí. (motivo)
He works *because* of me. (for my sake)

Otras veces el sentido de la oración permite el uso de cualquiera de las dos preposiciones sin cambiar la significación.

Carlos fue **por** la medicina.
Carlos went *for* the medicine.

Carlos fue **para** obtener la medicina.
Carlos went (*in order*) to get the medicine.

3. Verb + for en inglés y sus equivalencias en español

En los verbos que en inglés llevan la preposición *for*, ésta se pierde en español.

to look for = **buscar**

I am looking for my book.
Busco mi libro.

to search for = **investigar, buscar**

They are searching for clues.
Están **buscando** pruebas.

to wait for = **esperar**

She is waiting for her mother.
Ella **espera** a su madre.

to be thankful for = **agradecer, estar agradecido**

I am thankful for my health.
Estoy **agradecida** (**agradezco**) que tengo salud.

Vista general de Asunción. Al fondo el majestuoso río Paraguay.

to be sorry for = **sentir**

She is sorry for what she said.
Siente lo que dijo.

to pay for = **pagar**

We will pay for it.
Lo **pagaremos.**

to ask for (a favor, a book) = **pedir**

They asked us for a favor.
Nos **pidieron** un favor.

Ejercicios

A. Traduzca usando <u>por</u> o <u>para</u> según sea apropiado.

1. I think they are doing it for our own safety.
2. In order to get to the neighboring state we had to go through a long tunnel.
3. The house hasn't been cleaned yet.
4. The potatoes are sold by the pound and the eggs by the dozen.
5. That painting with the stormy skies was painted by El Greco.
6. The pharmacist said the pharmacy would be open for two more hours.
7. He was really in favor of the workers but he couldn't say it openly.
8. Don't use those little cups, they are for espresso coffee only.
9. They left for Canada very early this morning.
10. She got a ticket for speeding.
11. She wanted to pay for her lunch only.
12. The money is for me for the work I did.
13. He practices for at least three hours every day.
14. He asked for her phone number and address.

B. Complete usando <u>por</u> o <u>para</u> según convenga.

1. _____ segunda vez la mujer pasó _____ la calle Pío Baroja _____ encontrar el restaurante que le habían recomendado.
2. Estoy buscando _____ mi auto que lo dejé aquí y no lo encuentro.
3. Ya estaban _____ salir cuando recibieron la llamada.
4. No es bueno _____ una persona de su edad comer tanto _____ estar alimentada.

5. Usted no tiene que pagar _____ la mercancía ahora, puede hacerlo más tarde.

6. Sé que lo hace _____ mi bien, pero es difícil _____ mí aceptar sus constantes consejos.

7. El error no fue hecho _____ el mecánico sino _____ el dueño _____ cobrar más.

8. _____ Pascuas iremos allá _____ una semana.

9. ¿_____ cuánto tiempo estudiaste hoy _____ el examen?

10. _____ mí, es la persona más amable del mundo.

Humor

Comente el chiste oralmente o por escrito.

Virtudes de la publicidad.

Dos jefes de empresa charlan sobre las ventajas de la publicidad.
—Dime, dice uno, ¿tú crees en la eficacia de los clasificados?
—Ya lo creo, responde el otro—. Fíjate, la semana pasada publicamos un anuncio en el cual se pedía un sereno y los efectos fueron inmediatos.
—Ah, sí, ¿encontraron sereno en seguida?
—No, pero esa misma noche robaron en la fábrica.

SEMEJANZAS Y CONTRASTES

- Equivalencias especiales de ciertas preposiciones
  Contraste con el inglés

A veces en una frase en inglés que contiene una preposición, la equivalencia en español no requiere exactamente la misma preposición, sino otra. Algunos casos comunes son:

a   *From* se traduce como **a** cuando existe la idea de separación como en los verbos comprar, quitar y robar.

They took *from* James all the authority he enjoyed for years.
Le quitaron **a** Jaime todo el mando que disfrutó por años.

Somebody snatched the purse away *from* Theresa.
Alguien le arrebató la cartera **a** Teresa.

He bought the car *from* Miguel.
Le compró el coche **a** Miguel.

en   A veces corresponde a la preposición inglesa *at* (*within*).

She will study *at* the University of Chicago.
Estudiará **en** la Universidad de Chicago.

en también puede traducir *of* en verbos como *to think of*:

Yesterday I thought of *you*.
Ayer pensé **en** ti.

de   *In* se traduce como **de** para indicar un superlativo.

It is the most expensive hotel *in* the city.
Es el hotel más caro **de** la ciudad.

Puede ser la traducción de *with* cuando se hace referencia a algo que identifica la persona.

The girl *with* the dark hair.
La chica **del** pelo oscuro.

Igualmente **de** se usa en vez de **con** (*with*) cuando se hace referencia a la condición resultante de una acción.

He was paralyzed *with* fear.
Estaba paralizado **de** miedo.

The man was all covered *with* mud.
El hombre estaba todo cubierto **de** fango.
Fíjese que si decimos «cubrieron al hombre **con** fango», no nos referimos al resultado sino a la materia con que se cubrió.

De sustituye a **con** (*with*) cuando la oración se refiere a estar enamorado:

Paul is in love *with* Adriana.
Pablo está enamorado **de** Adriana.

De sustituye a **como** (*as*) (conjunción) cuando se hace referencia a ocupaciones:

She is working *as* a maid.
Trabaja **de** camarera.

He was hired **as** a manager.
Lo contrataron **de** administrador.

con sustituye a *of* (**de**) en ciertos verbos como soñar:

I dream *of* a house which I never have seen.
Sueño **con** una casa que nunca he visto.

por   Puede ser el equivalente de *at* en ciertas expresiones:

At the moment, they are staying with us.
Por el momento, se quedan con nosotros.

- ## Uso del infinitivo después de la preposición

En español se requiere el uso del infinitivo después de preposición, mientras que en inglés se usa el gerundio (*present participle*).[6] El alumno debe poner especial interés en este uso para evitar errores.

Before leaving, she left specific instructions.
Antes de irse, ella dejó instrucciones precisas.

On entering the classroom, the teacher greeted the students.
Al entrar, el maestro saludó a los estudiantes.

---

[6] Una excepción es la combinación en inglés de la preposición *by* + *present participle*, en cuyo caso se usa sólo el gerundio:
by coming—**viniendo**   *by paying*—**pagando**

Mujer paraguaya tejiendo el «ñandutí», artesanía típica de El Paraguay.

Ejercicios

A. Traduzca las siguientes oraciones.

1. It was the biggest diamond in the world.
2. During the summer he is working as a messenger.
3. Oh, what a surprise! I was thinking of you when you called.
4. The woman with gray hair sitting next to him is his mother.
5. I gave her a pretty bracelet which I bought at Macy's.
6. Be careful; they are snatching the purses from passersby.
7. We bought some pencils from the blind man standing at the corner.
8. I don't buy anything from street merchants.
9. All the year round the mountains are covered with snow.
10. When she saw the painting she fell in love with it.

B. Traduzca.

1. She was given a stipend for being in need of financial aid.
2. After eating we usually go for a walk along the avenue.
3. On leaving for an around-the-world trip they gave her a nice bon voyage party.
4. Before deciding what to do, he discussed the problem with all his advisers.
5. I don't know how, but they managed to enter without paying.
6. She left her job without notifying anybody.
7. By coming now he will not solve any problem.
8. The boy was scolded for bringing a frog to the classroom.
9. After deciding what to do she felt less tense.
10. Screaming accomplishes nothing.

11. Upon leaving the port, the passengers cheered and applauded.
12. The workers love him for being decent and considerate.
13. The best way to learn swimming is by doing it.

ORTOGRAFÍA

Homófonos de ll y y

Debido a la semejanza en la pronunciación, las palabras que siguen pueden prestarse a confusión. Estúdielas con cuidado.

1. callo—del verbo **callar** (guardar silencio); dureza de la piel
   cayo—isla pequeña

   Callo cuando hay que callar.
   El zapato le hizo un **callo**.
   Hay un **cayo** deshabitado cerca de la costa.

2. callado—participio pasado—adjetivo del verbo **callar**
   cayado—bastón rústico

   El orador ha **callado** la multitud con un gesto de la mano.
   El viejo usa un **cayado**.

3. halla—del verbo **hallar** (encontrar)
   haya—del verbo **haber**—clase de árbol (*beech tree*)

   Siempre **halla** (encuentra) lo que busca.
   No creo que **haya** llegado aún.

4. hulla—carbón **vegetal**
   huya—presente de subjuntivo del verbo **huir**

   La **hulla** es abundante en esa zona.
   Si ve algún oso en el parque, **huya de** él.

5. malla—red
   maya—indígena de Centro América

   Cogieron al pez con una **malla**.
   La cultura **maya** es muy antigua.

6. olla—utensilio para cocinar
   hoya—terreno plano entre montañas

Necesitas una **olla** más grande para la sopa.
Construyeron la ciudad en una **hoya**.

7. rallo—del verbo **rallar**[7]
   rayo—fenómeno atmosférico—forma del verbo **rayar**

   Para esta receta **rallo** queso de diferentes clases.
   Cayó un **rayo** cerca de la casa.
   Rayo líneas en el papel.

8. valla[8]—cerca—anuncio
   Vaya—presente del subjuntivo del verbo **ir**

Pusieron una **valla** (una cerca) alrededor del terreno.
A lo largo de la carretera hay muchas **vallas** con anuncios.
La madre no quiere que **vaya** al cine todos los días.

Ejercicios

A. Escoja la palabra correcta de acuerdo al sentido de la oración.

1. Antes de llegar al motel hay muchas (vayas/vallas) que lo anuncian.
2. Me gusta cocinar pero detesto tener que lavar las (ollas/hoyas) después.
3. La ensalada te quedará más nutritiva y apetitosa si le (rayas/ralla) una zanahoria por encima.
4. El anciano llevaba en la mano el (cayado/callado) que es símbolo de autoridad entre ellos.
5. Alrededor de la isla hay muchos (cayos/callos) algunos de los cuales están habitados.
6. ¿Crees que (halla/haya) juego hoy con esta lluvia?
7. Debes ir a ver al pedicuro para que te arregle ese (cayo/callo).
8. Compré en Francia una bolsa de (maya/malla) muy útil para cargar pequeños paquetes.
9. Para ilustrar lo que decía (rayó/ralló) tres o cuatro líneas en el papel.
10. En el patio y en el frente de la casa hay unos cuantos árboles de (halla/haya).
11. Espero que el niño no (huya/hulla) cuando vea el mono.

B. Traduzca al español.

1. A medicine for corns
2. Her classmates were silent.
3. I am looking for a copper pot.
4. She is proud of her Mayan origin.
5. The town doesn't allow billboards along its roads.
6. There is a small island in the middle of the lake.
7. Don't write your term paper on a lined sheet.
8. The wood of the beech tree is light but hard.
9. Grate the cheese before adding it to the spinach.
10. The country has a large reserve of hard coal.

[7] **guayar** en algunos países.
[8] También lugar donde se realizan las peleas de gallos.

Práctica de acentos

Ponga los acentos sobre las palabras que lo requieran.

1. Dario le prometio a su tia que cuando regresara de su excursion por las republicas rioplatenses le traeria te del Paraguay.

2. Un renglon basico de la economia paraguaya es la ganaderia vacuna; en un nivel industrial la produccion de energia electrica pondra a la nacion a la cabeza de los paises exportadores y quizas en el camino hacia un progreso solido.

3. El publico se arremolino alrededor de un hombre que vendia, en un rincon de la plaza, articulos de ceramica y cesteria mas baratos y de mejor confeccion que en las tiendas locales.

4. El guia hizo alli mismo una vivida descripcion de la belleza del lago Ipacarai e indico que otra atraccion principal de esa region era la caceria.

Vista general de las ruinas de las «reducciones» jesuitas en El Paraguay.

Miscelánea para leer y comentar

Sabía usted que:

El arpa paraguaya, instrumento musical típico del Paraguay, no es realmente nativa sino una imitación del arpa europea.

Durante los tiempos de la colonia, Asunción era conocida como el «paraíso de Mahoma» por la gran cantidad de mujeres indígenas que había allí.

El quebracho, un árbol de madera muy dura (de ahí su otro nombre quiebrahacha) y del cual se obtiene el tanino (*tannin*), abunda en los bosques del Paraguay y es uno de sus renglones de exportación.

Para proteger a los guaraníes de los españoles, los jesuitas organizaron en Paraguay verdaderas ciudades autónomas llamadas «reducciones», gobernadas por los propios indígenas bajo la tutela de los jesuitas.

Las reducciones tenían sus propias escuelas, sus propios talleres de tejidos y llevaban a cabo todas las tareas necesarias para abastecerse a sí mismas. Las reducciones llegaron a ser tan importantes que se hablaba del «imperio jesuita» en América.

El *ñandutí* es un fino encaje semejante a la tela de araña.

El monumento conocido como el Panteón Nacional es una réplica de la tumba de Napoleón en París.

A. Conteste las preguntas usando el condicional simple del indicativo.

1. ¿Iría usted a Ecuador si pudiera?
2. ¿Qué haría en Quito el primer día, saldría en seguida a recorrer la ciudad o se quedaría descansando en el hotel?
3. ¿Cuánto cree que le costaría recorrer todo el país?
4. ¿Cree que podría recorrer todo el Ecuador en una semana?

B. Cambie las oraciones al pasado de modo que expresen probabilidad en este tiempo.

Modelo: ¿Dónde estará Pepe hoy? ¿Dónde estaría Pepe anoche?

1. ¿A qué hora llegarán hoy?
2. ¿Llegarán a tiempo al aeropuerto?
3. ¿Llamará Clemente hoy?
4. ¿Tendrán cuartos disponibles para todos?
5. ¿Los dejarán entrar después de haber comenzado la función?

C. Complete con el pronombre relativo apropiado.

1. El hombre _____ pintó la casa llamó hoy.
2. Mi prima, _____ nunca escribe, escribió hoy.
3. Mi hermana _____ vive en Albuquerque vendrá en diciembre.
4. El carpintero de _____ te hablé se mudó de donde vivía.
5. El joven con _____ sale Delia estudia arquitectura.
6. El pañuelo con _____ se limpió la cara estaba sucio.
7. El hijo _____ es médico los ayuda mucho.

D. Conteste las preguntas con un mandato.

Modelo: ¿Envío las cartas? (usted) Sí, envíe las cartas. ¿Pago las cuentas? (tú), Sí, paga las cuentas.

1. ¿Le ofrezco ayuda al otro departamento? (usted) No, ...
2. ¿Organizo los grupos ahora? (tú) No, ...
3. ¿Hago pasar al aspirante? (usted) Sí, ...
4. ¿Debo desobedecer la orden de pago? (usted) No, ...
5. ¿Debemos ir ahora? (ustedes) Sí, ...
6. ¿Va usted a ir con nosotros? Sí, ...
7. ¿Quiere sentarse con nosotros aquí? Sí, ...

E. Forme los adverbios de los adjetivos dados.

callado   útil   despacio   vulgar   rápido   lúcido   claro

F. Establezca comparaciones de igualdad, de superioridad o de inferioridad.

Modelo: Alberto nada. Diana nada. Alberto nada tanto como Diana.

1. Lolita es mala jugando al tenis. Laura es mala igual.
2. Pablo baila mal. Ernesto lo sobrepasa.
3. Anselmo canta bien. Joaquín le gana en eso.
4. Carlos habla poco. Julio lo aventaja en hablar poco.
5. Adela trabaja mucho. Su hermana le gana en trabajar.

G. Traduzca las oraciones al español. Ponga especial atención en las oraciones subrayadas.

1. He <u>wouldn't</u> fly in such bad <u>weather</u>.
2. <u>My lawyer's office</u> and my <u>doctor's office</u> are in the same building.
3. The price is on the <u>label</u> of the shirt.
4. He <u>plays</u> polo and he <u>plays</u> bass too.
5. Morally, he was too weak <u>to support</u> such a heavy load.
6. <u>At that time</u> they said the area was <u>unhealthy</u>, but they had a very <u>healthy</u> baby.
7. What <u>time</u> is it? Oh! I don't think I'll have enough <u>time</u> to get there <u>on time</u>.
8. I will write a <u>term paper</u> on the use of English in the Spanish <u>papers</u> of this city.
9. I <u>would</u> go with you if I had the <u>time</u>.

H. Complete con una preposición que convenga al sentido de la oración.

1. Rosa trabaja _____ una compañía de importación _____ hace dos años.
2. _____ los clientes fijos los huevos son _____ un dólar _____ docena.
3. El hombre compareció _____ el juez acusado _____ un delito _____ robo.
4. Un grupo protestaba _____ las armas nucleares marchando _____ carteles alusivos.
5. Vienen _____ Chile y luego siguen _____ California.
6. Alguien le arrebató la cartera _____ Ofelia pero ella corrió _____ el ladrón y la recuperó.
7. Le robaron el auto _____ Miguel y lo abrieron _____ una llave falsa.

URUGUAY

Nombre oficial: República Oriental del Uruguay

Capital: Montevideo

Adjetivo de nacionalidad: uruguayo(a)

Población (est. 1992):   3.121.000

Millas cuadradas: 68.037

Grupos étnicos predominantes: blancos 89%, mestizos 10%

Lengua oficial: el español

Moneda oficial: el nuevo peso

Educación: analfabetismo 4%

Economía: carnes, metales, textiles y productos agrícolas

ANTES DE LEER

A.   Conteste las preguntas que siguen

1.   ¿Lo ha mordido alguna vez algún animal, como un perro, por ejemplo?

2.   ¿O la ha picado algún insecto como por ejemplo, una abeja?

3.   ¿Qué consecuencias tuvo la mordida o la picada? ¿Se le inflamó la parte del cuerpo afectada?

4.   ¿Qué serpientes venenosas puede usted nombrar? ¿Hay alguna en el lugar donde usted vive?

5.   ¿Qué otros animales venenosos usted conoce?

6.   ¿Puede usted explicar lo que es un antídoto?

7.   ¿Ha visto usted alguna persona con síntomas de envenenamiento? ¿Sabría usted qué hacer en un caso semejante?

8.   En un caso de emergencia en su casa, ¿en cuánto tiempo pudiera usted

llegar a un hospital? Y en el caso de campesinos que viven lejos de los hospitales, ¿cómo cree usted que resuelven situaciones críticas?

9. ¿Qué temperatura asocia usted con una persona muerta? Y cuando una persona muere, ¿qué idea tiene usted de ese momento? ¿Es un momento de paz o angustioso?

B. Sobre la lectura

1. Lea el título de la lectura. ¿Le da alguna idea del contenido?

2. ¿Cuál de estos tres significados del título cree usted que pueda ser el correcto?

   a) estar sin dinero

   b) estar preocupado

   c) estar sin rumbo.

3. Dé una ojeada rápida a la lectura para tener una idea general del contenido. Luego identifique qué animal venenoso mordió al hombre.

4. Busque en la lectura por lo menos tres efectos de la mordedura.

5. Identifique qué medio de transporte usó el hombre para buscar ayuda.

6. Haga una segunda lectura más lenta para comprender bien lo que lee.

LECTURA

Horacio Quiroga

Uruguay es la patria de Horacio Quiroga, uno de los más importantes cuentistas de la literatura hispanoamericana. Su vida estuvo marcada por un signo trágico. La muerte violenta de familiares y amigos cercanos, y su familiaridad con la selva donde vivió por muchos años, dejaron huella profunda en su obra. El amor, la selva, el horror, lo macabro y la muerte son sus temas fundamentales. El cuento «A la deriva» forma parte de su libro *Cuentos de amor, de locura y de muerte*.

A la deriva

mordida
snake / coiled / to turn around

snake

El hombre pisó algo blanduzco y en seguida sintió la *mordedura* en el pie. Saltó adelante, y al *volverse* con un juramento, vio una *yararacusú* que, *arrollada* sobre sí misma, esperaba otro ataque.

El hombre echó una veloz ojeada a su pie, donde dos gotitas de sangre engrosaban dificultosamente y sacó el machete de la cintura. La *víbora* vio la amenaza y hundió la cabeza en el centro mismo de su espiral, pero el machete cayó de plano, dislocándole las vértebras.

bound / ankle
path
swelling
sharp pain
lightning / pierna

El hombre se bajó hasta la mordedura, quitó las gotitas de sangre y durante un instante la contempló. Un dolor agudo nacía de los dos puntitos violetas y comenzaba a invadir todo el pie. Apresuradamente *se ligó* el *tobillo* con su pañuelo y siguió por la *picada* hacia su rancho.

El dolor en el pie aumentaba, con sensación de tirante *abultamiento*, y de pronto el hombre sintió dos o tres *fulgurantes puntadas*, que como *relámpagos*, habían irradiado desde la herida hasta la mitad de la *pantorrilla*. Movía la pierna con dificultad; una metálica sequedad de garganta, seguida de sed quemante, le arrancó un nuevo juramento.

<table>
<tr><td>sugar mill</td><td>

Llegó por fin al rancho y se echó de brazos sobre la rueda del *trapiche*. Los dos puntitos violetas desaparecían ahora en una monstruosa hinchazón del pie entero. La piel parecía adelgazada y a punto de ceder, de tensa. Quiso llamar a su mujer, y la voz se le quebró en un ronco arrastre de garganta reseca. La sed lo devoraba.</td></tr>
</table>

<table>
<tr><td>ronquido
bebió</td><td>

—Dorotea—alcanzó a lanzar en un *estertor*—¡Dame caña!

Su mujer corrió con un vaso lleno, que el hombre *sorbió* en tres tragos. Pero no había sentido gusto alguno.</td></tr>
<tr><td>Gritó</td><td>

—Te pedí caña, ¡no agua! *Rugió* de nuevo. ¡Dame caña!

—Pero es caña, Paulino—, protestó la mujer espantada.

—No, me diste agua. ¡Quiero caña!</td></tr>
<tr><td>pitcher</td><td>

La mujer corrió otra vez, volviendo con la *damajuana*. El hombre tragó dos vasos, uno tras otro, pero no sintió nada en la garganta.</td></tr>
<tr><td>spilled over
sausage</td><td>

—Bueno, esto se pone feo, murmuró entonces, mirando su pie, lívido y ya con lustre gangrenoso. Sobre la honda ligadura del pañuelo la carne *desbordaba* como una monstruosa *morcilla*.</td></tr>
<tr><td>groin</td><td>

Los dolores fulgurantes se sucedían en continuos relampagueos y llegaban ahora hasta la *ingle*. Cuando pretendió incorporarse un fulminante vómito lo mantuvo medio minuto con la frente apoyada en la rueda del palo.</td></tr>
<tr><td>stern</td><td>

Pero el hombre no quería morir y descendiendo hasta la costa subió a su canoa. Sentose en la *popa* y comenzó a palear hasta el centro del Paraná. Allí la corriente del río que en las inmediaciones del Iguazú corre seis millas, lo llevaría antes de cinco horas a Tacuru-Pacú.</td></tr>
<tr><td>was setting</td><td>

El hombre con sombría energía pudo efectivamente llegar hasta el medio del río; pero allí sus manos dormidas dejaron caer la pala en la canoa, y tras un nuevo vómito de sangre esta vez dirigió una mirada al sol que ya *trasponía* el monte.</td></tr>
<tr><td>ligature
abultado</td><td>

La pierna entera, hasta medio muslo, era un bloque deforme y durísimo que reventaba la ropa. El hombre cortó la *ligadura* y abrió el pantalón con su cuchillo: el bajo vientre desbordó *hinchado*, con grandes manchas lívidas y terriblemente doloroso. El hombre pensó que no podría jamás llegar solo a Tacuru-Pacú y se decidió a pedir ayuda a su compadre Alves, aunque hacía mucho tiempo que estaban disgustados. La corriente del río se precipitaba</td></tr>
<tr><td>to land</td><td>

ahora hacia la costa brasileña y el hombre pudo fácilmente *atracar*. Se arrastró por la picada en cuesta arriba, pero a los veinte metros, exhausto, quedó tendido de pecho.</td></tr>
<tr><td>gritó</td><td>

—¡Alves! gritó con cuanta fuerza pudo, y prestó oído en vano.

—¡Compradre Alves no me niegues este favor, *clamó* de nuevo alzando la cabeza del suelo. En el silencio de la selva no se oyó un rumor. El hombre tuvo aún valor para regresar a su canoa, y la corriente, cogiéndola de nuevo, la</td></tr>
<tr><td>adrift
chill</td><td>

llevó velozmente *a la deriva*. El sol había caído ya, cuando el hombre, semitendido en el fondo de la canoa tuvo un violento *escalofrío*. Y de pronto, con asombro, enderezó pesadamente la cabeza; se sentía mejor. La pierna le dolía apenas, la sed disminuía, y su pecho, libre ya, se abría en lenta inspiración.</td></tr>
<tr><td>dew</td><td>

El veneno comenzaba a irse, no había duda. Se hallaba casi bien, y aunque no sentía fuerza para mover la mano, contaba con la caída del *rocío* para reponerse del todo. Calculó que antes de tres horas estaría en Tacuru-Pacú.

El bienestar avanzaba y con él, una somnolencia llena de recuerdos. No sentía nada ni en la pierna ni en el vientre. ¿Viviría aún su compadre Ganoa en Tacuru-Pacú? Acaso viera también a su ex patrón míster Dougald y al recibidor del obraje. ¿Llegaría pronto? El cielo, al poniente, se abría ahora en pantalla de oro, y el río se había coloreado también. Desde la costa paraguaya,</td></tr>
</table>

dark
olores / wild

ya *entenebrecida*, el monte dejaba caer sobre el río su frescura crepuscular en penetrantes *efluvios* de azahar y miel *silvestre*. Una pareja de guacamayos cruzó muy alto en silencio hacia el Paraguay.

bubling / whirlwind

Allá abajo, sobre el río de oro, la canoa derivaba velozmente, girando a ratos sobre sí misma, ante el *borbollón* de un *remolino*. El hombre que iba en ella se sentía cada vez mejor, y pensaba entre tanto en el tiempo justo que había pasado sin ver a su patrón Dougald. ¿Tres años? No tanto. ¿Dos años y nueve meses? Acaso. ¿Ocho meses y medio? Eso sí, seguramente.

De pronto sintió que estaba helado hasta el pecho. ¿Qué sería? Y la respiración también...

Al recibidor de maderas de míster Dougald, Lorenzo Cubilla, lo había conocido en Puerto Esperanza, un Viernes Santo... ¿Viernes? Sí, o jueves...

El hombre estiró lentamente los dedos de la mano.

Un jueves...

Y cesó de respirar.

Preguntas

A. Preguntas sobre la lectura

1. ¿En qué parte de Hispanoamérica se desarrolla el cuento?
2. ¿Sabe lo que es una yararacusú?
3. ¿Qué consecuencia tiene para el hombre la mordedura de la víbora?
4. ¿Qué síntomas físicos comienza a tener el hombre?
5. ¿Qué tratamiento se aplica a sí mismo el hombre?
6. ¿Qué esfuerzo máximo realiza el hombre para salvarse?
7. ¿Qué efecto tiene para el hombre navegar por el río?
8. ¿Cómo explica usted el bienestar que de repente siente el hombre?
9. ¿Qué nos indica la paz que siente el hombre?
10. ¿Cuál es el final de la historia?

B. Otras preguntas

1. Algunas personas tienen reptiles como mascotas. ¿Tendría usted uno? ¿Tocaría usted una culebra aunque supiera que no es venenosa?
2. ¿Sabe lo que es un machete?
3. ¿Sabe lo que es una damajuana? ¿Y caña?
4. En el cuento se menciona el Iguazú. ¿Sabe lo que es?
5. El hombre en la historia está muriéndose y parece no darse cuenta. ¿Cree usted que esto es así en la vida real?
6. ¿Cree usted que esta historia pudiera sucederle a cualquier persona?
7. ¿Dónde pudiera suceder un caso semejante aquí en los Estados Unidos? ¿Conoce o ha oído mencionar algún caso parecido?

Modismos

de pronto	*suddenly*
del todo	*completely*
a ratos	*once in a while, occasionally*

De pronto un conejo entró corriendo en la sala.
Suddenly a rabbit came running into the living room.

Estuvo enfermo pero ya se ha recuperado **del todo**.
He was sick but he has recuperated *completely*.

A ratos la mujer tomaba un sorbo del vaso que tenía delante.
Occasionally the woman would take a sip from the glass she had in front of her.

Complete las oraciones con uno de los modismos.

1. _____ el hombre se tocaba la corbata demostrando su ansiedad.

2. En el accidente pasaron un susto tremendo del cual no se han repuesto
   _____ .

3. Estábamos sentados tranquilamente mirando la película cuando
   _____ se fue la electricidad.

Mejore su vocabulario

A. Marque en la lista de palabras la que no tenga el mismo significado que las demás.

1. mordedura   picada   mordida   picazón
2. víbora   arma   serpiente   culebra
3. fulgurante   exacto   intenso   vivo
4. puntada   pinchazo   hincada   zapatazo
5. hinchazón   inflamación abultamiento quemadura
6. estertor   ronquido   ruido sordo gritería
7. sorbió   bebió   agarró   tomó
8. desbordar   descoser   esparcir   derramar
9. trasponer   ocultarse   trasladar   ir más alla
10. clamar   gritar   aumentar   pedir
11. a la deriva   solo   sin rumbo   sin dirección
12. picada   sendero   montaña   trecho
13. ligar   atar   meter   anudar

Calle comercial en Montevideo, Uruguay.

14. efluvio   lluvia   irradiación   emanación

15. entenebrecer   oscurecer   divertir   ensombrecer

16. arrollada   anillada   enroscada   cubierta

B. Dé la palabra que mejor se ajuste a la definición dada.

1. Parte delantera de una embarcación.
2. Embutido parecido a una salchicha cuyo relleno es de sangre.
3. Aparato que se usa para extraer el jugo de los vegetales como la caña de azúcar.
4. Luz que en una tormenta precede al trueno.
5. Sonido de algunas fieras como leones y tigres.
6. Movimiento involuntario del cuerpo que indica sensación de frío o temor.
7. Movimiento rápido del agua o del viento alrededor de su centro.
8. Acumulación de gotas de agua sobre las plantas en la mañana.
9. Parte del cuerpo entre la pantorrilla y el pie.
10. Parte del cuerpo entre el bajo vientre y el muslo.
11. Manera atropellada en que sale un líquido.

Temas para redactar y conversar

A. Los peligros del medio ambiente. El hombre del cuento muere a causa del veneno de la mordedura de la serpiente y la distancia de un lugar donde pudieran haberle prestado ayuda. Siguiendo esta idea, haga un paralelo sobre los peligros que acechan al individuo en la ciudad.

B. Use su imaginación. Escriba un relato igual o parecido al cuento leído, pero cambie los sucesos de modo que la historia tenga un final feliz.

C. Haga un resumen de la historia.

GRAMÁTICA

I. Las conjunciones

Las conjunciones se usan para unir palabras y oraciones. Las conjunciones principales son: **y, o, ni, que, pero, sino, hasta que, cuando, como, por consiguiente, mientras que, según, si a fin de que, porque, antes de que, siempre que, así**

La conjunción **y** cambia a **e** antes de palabras que empiezan con **i** o **hi**:

Ana **e** Isabel   madre **e** hija   Pedro **e** Higinio

No se realiza la sustitución si la palabra que sigue a la **y** es un diptongo o si la **y** empieza una frase interrogativa:

lobos **y** hienas   limón **y** hielo   ¿**y** Ismael?

La conjunción **o** cambia a **u** antes de palabras que empiezan con **o** u **ho**:

Amelia **u** Onofrio   cuello **u** hombro
claridad **u** obscuridad   dinero **u** honor

2. Usos de <u>pero</u>, <u>sino</u>, y <u>sino que</u>

But puede tener tres traducciones en español: **pero, sino** y **sino que**.

a) *But* (nevertheless) equivale a **pero** cuando no se establece una relación opuesta entre las dos ideas expresadas:

Ana es callada, **pero** alegre.   No hay asientos, **pero** pueden pasar.

Obsérvese que la idea expresada en el primer término admite la posibilidad del segundo término.

b) Se usa **sino** cuando la idea del primer término, expresada en forma negativa, se opone a la idea afirmativa del segundo término. Obsérvese que las ideas del primero y segundo término son contradictorias, no pueden existir al mismo tiempo:

La vara no es de metal **sino** de madera.
El agua no es azul **sino** verde.

c) Se usa **sino que** cuando la contradicción u oposición ocurre entre dos verbos conjugados:

No quiero que llames **sino que** vengas.
No le interesa que trabaje **sino que** estudie.

Observe que si los verbos están en forma infinitiva se usa **sino**:

No quiere cantar **sino** bailar.   No le interesa ganar **sino** competir.

No debe confundirse la conjunción **sino** con la conjunción **si** seguida del adverbio de negación **no**. Una regla práctica para distinguir ambas formas es la siguiente: si se puede poner una palabra entre **si** y **no**, se escriben separadas:

Si (tú) **no** vienes no firmaré.
Si (ella) **no** trabaja no tendrá dinero.
Not only . . . but also . . .
No solamente... sino (que) también...

No es **solamente** bonita **sino también** buena.
Dice que **no solamente** estudia poco **sino que** también se porta mal.
Nota: Si *but* significa *except*, se traduce como **excepto, salvo** o **menos**.

Todos lo elogiaron **excepto** (menos, salvo) yo.
All praised him *but* me.

Ejercicios

A. Complete con la conjunción apropiada.

1. Sólo se alimenta de agua _____ hierba.
2. _____ Ignacio, ¿no ha llegado aún?
3. Poder _____ honestidad, ese fue el gran dilema.
4. León _____ oso, cualquiera es peligroso.
5. No dijo más que palabras groseras _____ hirientes.
6. Carlos _____ Inés son ricos _____ inteligentísimos.
7. Mujeres _____ hombres, aquí todos ganan lo mismo.
8. Necesito aguja _____ hilo para coser esta ropa.

B. Traduzca las oraciones al español usando la forma apropiada de <u>but</u>.

1. You are mistaken, my dog is not a Great Dane but a Chihuahua.
2. They don't want to travel by car but by plane.
3. The salesman said it won't matter because it's not a refund but an even exchange.
4. She doesn't play the piano but the guitar.
5. I didn't ask you to close the window completely but to close it a little bit.
6. How beautiful! The water is not blue but turquoise!
7. The coat is very pretty but expensive.
8. The film was interesting but rather long.
9. It's not that the work is difficult but very tedious.
10. I would like to do it but I don't have the time for it.
11. He didn't say that he was coming but that he would call.
12. He is not only unpleasant but also incompetent.
13. Everybody must pay an entrance fee but the children.
14. They don't want him to pay but at least to acknowledge the debt.
15. He isn't here now but will come any minute.

C. Complete con <u>pero</u>, <u>sino</u> o <u>sino que</u>.

1. El médico no le prohibe que haga ejercicios _____ éstos no sean violentos.
2. Al fin le ofrecieron el empleo _____ ya ella tenía otro.
3. El automóvil no era de él _____ de su papá.
4. Los precios han subido en las últimas semanas _____ compraremos el condominio de todos modos.
5. En sus discursos no dice nada _____ lo dice con estilo.
6. La compañía no le exige que tenga una maestría _____ empiece a tomar algunos cursos.
7. No es uruguayo _____ paraguayo.
8. No es necesario que lo termines hoy _____ mañana.

3. Las cláusulas con <u>si</u>

En las oraciones con **si**, existen dos cláusulas, una con **si**, la cual introduce la idea que se trata de expresar y la cláusula resultante. Estas cláusulas requieren el uso del indicativo o del subjuntivo. Si la idea expresada tiene fuertes posibilidades de realizarse, el modo que se usa es el indicativo en ambas cláusulas.

<u>**Iré (voy)**</u> contigo si <u>**termino**</u> el trabajo. (es probable que lo termine)
indicativo   indicativo

Si las posibilidades de realizar la acción son remotas o contraria a los hechos, entonces el modo requerido es el subjuntivo. Si la idea expresada se refiere al presente, la cláusula con **si** usa el imperfecto del subjuntivo y la cláusula resultante requiere el condicional simple del indicativo. En el pasado, la cláusula resultante usa el pluscuamperfecto del subjuntivo o el condicional compuesto del indicativo.

Presente: <u>**Iría**</u> contigo si <u>**terminara**</u> el trabajo. (es poco probable que lo
          condicional   imperfecto del subj.
          simple
          termine)

Pasado: **Hubiera ido**
          pluscuamperfecto
          del subjuntivo

                            contigo si **hubiera terminado** el trabajo.
                                              pluscuamperfecto
                                              del subjuntivo

          Habría ido
          condicional
          compuesto
          del indicativo

Ejercicios

A.   Conteste las preguntas. Use <u>si</u> en la respuesta.

1. ¿Qué le sucede a una persona si bebe mucho?
2. ¿Qué le sucedería a usted en ese caso?
3. ¿Qué le puede ocurrir al que juega con fuego?
4. ¿Qué le pasaría a un niño si hiciera esto?
5. ¿Qué nota recibe generalmente un alumno si no estudia?
6. ¿Cuál cree que recibiría usted si hiciera lo mismo?
7. Si usted le diera un pisotón a alguien, ¿qué le diría?
8. Una vez mucha gente vio un hombre que atacaba a una muchacha y nadie hizo nada. ¿Qué haría usted ante un hecho así? ¿Qué cree hubiera hecho su papá?
9. ¿Cómo cree que le afectaría a usted si no hubiera espejos?
10. ¿Qué haría usted si viera a una persona «cartereando» a otra?
11. ¿Qué haría usted si después de cerrar el coche se da cuenta que ha dejado la llave dentro y no tiene otro juego de repuesto? Dé tres soluciones.
12. Si usted trabajara este verano, ¿en qué cosas emplearía el dinero?

B.   Escriba oraciones completas con <u>si</u> usando los elementos dados y de acuerdo con las probabilidades.

1. Escribir novela / ser escritor. (probabilidad remota en el presente)
2. Comprar traje de baño / tener dinero. (probable)
3. Dar dinero / pedir prestado. (improbabilidad en el pasado)
4. Ir de viaje / tener dinero. (improbabilidad en el presente)
5. Comer mucho / engordar. (probable)
6. Terminar a tiempo / recibir ayuda. (improbabilidad en el presente)
7. Fumar en clase / profesor no gustarle. (probable)
8. Lanzarme en paracaídas / ser valiente. (improbabilidad en el presente)
9. Limpiar cuarto / estar sucio. (improbabilidad en el pasado)
10. Tener sueño / dormir. (probable)

Gaucho uruguayo tirando el lazo sobre un hermoso caballo.

4. Las abreviaturas

Llamamos abreviaturas a la representación de una palabra por una o más de sus letras; así abreviamos la palabra **señor** usando sólo dos de sus letras: **Sr**.

La mayor parte de las abreviaturas se escriben con mayúscula, seguidas de un punto, aunque algunas se escriben con minúscula y otras no llevan punto como a/c usada en cartas. Algunas de las más comúnmente usadas son:

admón.	administración	pág.	página
admor.	administrador	P.D.	posdata
apto.	apartamiento	Prov.	provincia
aptdo.	apartado	%	por ciento
Arq.	arquitecto	Rte.	Remite
Atte.	atentamente	S.A.	Sociedad Anónima
Ave. Avda.	Avenida	S.S.	Su Santidad
cap.	capítulo	Sr.	señor
c.c.	copia de carbón	Sra.	señora
Cía.	compañía	Srta.	señorita
Dr.	doctor	Sres.	señores
Dra.	doctora	ton.	tonelada
Depto.	departamento	Ud.	usted
ej.	ejemplo	Uds.	ustedes
E.P.D.	En paz descanse	Vda.	viuda
Fdo.	firmado		
Hnos.	Hermanos		
km.	kilómetro		
Lic.	Licenciado		
m.	metro		
No.	número		

Algunas abreviaturas de origen latino comúnmente usadas son:

ibid.	en el mismo lugar
i.e. (id est)	esto es
loc. cit.	en el lugar citado
N.B. (nota bene)	fíjese bien
op. cit.	en la obra citada
vs. (versus)	opuesto

Ejercicios

A. Prepárese a tomar un dictado de abreviaturas.

B. Escriba en forma completa las abreviaturas dadas.

Sres.	vs.	S. S.	Vda.	Avda.
E.P.D.	Srta.	Cía.	N. B.	ibid.
S.A.	Km.	op. cit.	i.e.	c.c.
Ej.	Atte.	m.	No.	

5. La correspondencia comercial; elementos básicos

La correspondencia básicamente puede ser de dos tipos: la familiar o informal y la comercial o de negocios. Aquí nos ocuparemos principalmente de la del último tipo.

Partes de una carta comercial.

Una carta comercial consta esencialmente de las siguientes partes:

1. El membrete (*letterhead*), generalmente ya impreso en el papel que se usa, incluye el nombre de la compañía, tipo de negocio a que se dedica, la dirección postal, el teléfono y si lo tiene, el código del cable, télex o fax.

   Compañía Maderera Gómez
   madera de importación
   Avenida General Paz #14
   Córdoba, Argentina
   Teléfono 440-3232 cable «Comago»

2. Lugar y fecha. Se observa vacilación en la forma usada en la fecha debido a la influencia del inglés. La forma tradicional en español usa primero el día y luego el mes.[1]

   Buenos Aires, 15 de octubre de 1992

3. El nombre de la persona o compañía a la que va dirigida la carta. Incluye el cargo oficial y la dirección de la persona.

   Director de la Agencia publicitaria Godo
   Sr. Eliseo Godínez
   Calle 12 #758
   El Callao, Ecuador

4. Saludo (*greeting*). El saludo puede variar. Algunas formas comunes son:

   Estimado (señor, señora, señorita, amigo, cliente Sr. Díaz).
   Distinguido (señor, compañero, colega, señora, etc.).
   Muy señor mío, muy señora mía
   Señores

   Algunos saludos especiales son:

   Honorable señor (Presidente, Ministro, Juez, Embajador)
   Reverendo Padre
   Excelentísimo señor Obispo

---

[1] Cuando se usa números, el día va primero; 3/5/95 equivale a 3 de mayo.

5. El cuerpo de la carta (*body of the letter*) contiene el asunto de que se trata. Generalmente se comienza con una frase que hace referencia al motivo de la carta.

a) En contestación a su carta de fecha de…

b) Tengo (tenemos) el gusto de informarle que…

c) Me (nos es grato comunicarle que…

d) Siento (sentimos) informarle que…

e) Acuso (acusamos) recibo de su carta fecha de…

f) Me (nos) complace notificarle que…

g) Le ruego me informe…

h) Le agradecería me enviara…

i) Le adjunto un cheque por…

j) Siento decirle…

6. La despedida (*closing*) muestra ahora tendencia a la brevedad. Algunas formas muy usados son:

(muy) atentamente,   sinceramente,
cordialmente,   respetuosamente,

7. Posdata (P.D.) o Post Scriptum (P.S.) se usa al final de la carta si se desea añadir alguna información que no fue incluida en el cuerpo de la carta.

Ejercicios

Escriba cartas a personas o compañías:

pidiendo información sobre el costo de algún artículo;
haciendo un pedido del artículo sobre el cual recibió información;
reservando asiento en una línea aérea para hora y fecha determinada;
comunicándole a alguna compañía que aún no ha recibido el artículo que pidió;
preguntándole al gerente de un banco sobre la posibilidad de empleo para el
    verano;
al alcalde de su ciudad protestando sobre la suciedad en las calles.

Humor

Comente el chiste en español, luego explíquelo en inglés.

Cuestión de apreciación.

El nuevo miembro del circo habla con otro empleado.
—Y tú, ¿qué haces aquí?
—Soy encantador de serpientes.
—¿Y no tienes miedo de morir mordido por las serpientes?
—No, hay otros oficios más peligrosos.
—Y tú, ¿qué haces?
—¡Oh! mi oficio no es tan peligroso como el tuyo, soy el domador de leones.

SEMEJANZAS Y CONTRASTES

- *turn*
  - volverse — (*to turn around*)
  - dar vueltas a — (*to rotate*)
  - doblar — (*to turn right, left*)
  - ponerse — (*to become*)
  - llegar a + edad — (*to reach a certain age*)
  - cambiar de dirección — (*to change direction*)

El hombre **se volvió** hacia la mujer.
The man *turned around* to the woman.

Para abrir la puerta hay que **dar vueltas** a la manigueta.
To open the door it is necessary *to rotate* the handle.

En la próxima luz, **doble a** la izquierda.
At the next light, *turn* to the left.

Se puso roja cuando oyó el nombre de él.
She *turned* red when she heard his name.

Llegó a los 60 años sin ninguna cana.
She *reached* (*turned*) sixty without a gray hair.

La tormenta **cambió** de rumbo.
The storm *turned* its direction.

- Expresiones que se usan con *turn*:

to turn one's stomach = dar asco, repugnancia, náusea, revolver el estómago

El olor del aceite rancioso me **da náusea**.
The smell of rancid oil *turns my stomach*.

to turn against = volverse contra

Sus amigos **se volvieron contra** ella.
Her friends *turned against* her.

to turn back = rechazar, devolver, regresar

El ejército **rechazó** el ataque de la guerrilla.
The army *turned back* the guerrilla's attack.

to turn down = rechazar, declinar

Le ofrecieron un trabajo con mejor sueldo pero lo **rechazó**.
They offered him a job at a better salary but he *turned it down*.

to turn in = devolver, entregar

¿**Devolvió** alguien una sombrilla roja?
Did anyone *turn in* a red umbrella?

to turn off = apagar

Por favor, **apague** las luces.
Please *turn off* the lights.

to turn on = *abrir, encender, prender*

Encienda las luces solamente cuando sea necesario.
Turn on the lights only if necessary.

turn out = hacer, llegar a ser, salir

Es sorprendente, pero el trabajo **salió** bien después de todo.

It is surprising, but the work *turned out* well after all.

to turn toward = encaminarse, ir hacia

Nos **encaminamos** hacia el baño al mismo tiempo.
We *turned to* the bathroom at the same time.

- wild ⟨ salvaje (animales, personas)
          silvestre (plantas)

Hay muchos animales **salvajes** en ese parque.
There are many *wild* animals in that park.

En el país abundan las orquídeas **silvestres**.
In the country the *wild* orchids are abundant.

- to pretend————————hacerse
  pretender————————to aspire, to try

Ella **se hace** la inteligente pero no lo es.
She *pretends* to be smart but she is not.
El hombre **pretendió** incorporarse pero no pudo.
The man *tried* to sit up but he couldn't.

- atracar ⟨ to assault, to mug
            (for a ship) to approach land
            (se) to glut with food or drink

Le **dieron un atraco** en pleno día.
He *was assaulted* in daylight.

Dos o tres barcos **atracan** en el muelle diariamente.
Two or three vessels *approach* the dock daily.

Cuando llegamos **nos atracamos** de mangos y papayas.
When we arrived *we stuffed ourselves* with mangos and papayas.

Ejercicio

Traduzca las palabras en inglés con un equivalente apropiado.

1. *My stomach turns* cada vez que recuerdo que lo que comí era filete de cocodrilo.

2. La compañía le propuso darle otro refrigerador pero él *turned down* la oferta.

3. No estoy segura si es aquí donde debemos *turn* a la derecha.

4. Nos asustamos mucho cuando vimos que él *turned* lívido.

5. Después que lo abandonó todo, incluso la hijita, su propia familia *turned against* ella.

6. —Señor, ¿puede decirme si alguien ha *turned in* un diccionario en español?

7. Para abrir estos nuevos pomos de medicina hay que apretar la tapa hacia abajo y luego *turn it*.

8. El departamento de meteorología anunció nieve para hoy a menos que la tormenta *turns direction*.

9. Al oír su voz, ella *turned around* rápidamente sin poder evitarlo.

10. El guía nos advirtió que tuviéramos cuidado con los *assaults* en los lugares oscuros y poco concurridos. (No use **asaltos**).

11. En cada aula hay un letrero que dice: *turn off* la luz al irse.

12. Cada cinco o seis meses *I stuff myself* de helado de chocolate.

13. La fábrica *turns out* 300 abrigos por semana.

14. Teníamos tanta hambre que cuando vimos el restaurante todos *turned toward* él.

15. Las últimas noticias dicen que la policía fue *turned back* por los ladrones aún dentro del banco.

16. En la entrada principal de la biblioteca había un adorno de *wild plants and flowers*.

17. Los exploradores *try* de llegar al pico más alto de los Andes.

18. Ella *pretends* ser tu amiga pero en realidad no lo es.

19. En algunos países comen una especie de *wild pig* que dicen tiene muy buen gusto.

20. El barco era tan pequeño que no pudo *approach land* en el pequeño puerto.

ORTOGRAFÍA

Los parónimos que siguen se pueden prestar a confusión. Estúdielos con cuidado.

1. *ligar – legar – legal*

   ligar = atar, unir, mezclar

   El hombre se **ligó** la herida con el pañuelo.
   The man *tied* his wound with his handkerchief.

Almorzando al aire libre en la zona portuaria de Montevideo, Uruguay.

legar = dejar por herencia

Decidió **legar** su fortuna a la universidad donde estudió.
He decided *to leave* his fortune to the university where he studied.

legal = se refiere a la ley

Eso no es un documento **legal**.
That is not a *legal* document.

2. *espiral – espirar – expirar*

espiral = figura geométrica cuyos círculos se alejan del centro

La escultura parece un alambre arrollado en **espiral**.
The sculpture looks like a wire in *spirals*.

espirar = echar el aire fuera del cuerpo

El maestro de canto le dijo que **espirar** correctamente era muy importante.
The voice teacher told her that to *exhale* properly was very important.

expirar = morir

Cuando llegaron los familiares al hospital había acabado de **expirar**.
When the family arrived at the hospital he had just *died*.

3. *rozar – rociar*

rozar = tocar ligeramente

La vía es tan estrecha que los coches casi **rozan** las paredes.
The road is so narrow that the cars almost *brush* the wall.

rociar = mojar en forma de rocío o lluvia fina

Algunas telas necesitan que se les **rocíe** antes de plancharlas.
Some fabrics need to be *sprinkled* before ironing.

4. *Asar – azar – azahar*

asar = forma de cocinar carne

Compré una olla para **asar** la carne.
I bought a pan *to roast* the meat.

azar = fortuna, coincidencia

Me han dicho que se conocieron **al azar**.
They have told me they met *by chance*.
Los juegos de **azar** son muy populares.
Games of *chance* are very popular.

azahar = flor del limonero o naranjo

Aquí hacen una colonia exquisita de **azahar**.
Here they make an exquisite cologne of *orange blossom*.

Ejercicio

Escoja la palabra que crea mejor se ajusta al sentido de la oración.

1. Después de (ligar/legar) los ingredientes líquidos, añádalos a la masa.
2. Para (legal/legar) parte de su fortuna a los parientes lejanos hizo un testamento.

3. Para que la radiografía salga clara debe inspirar profundamente y luego (expirar/espirar) el aire con fuerza.

4. La sala se comunica con los dormitorios por una escalera en (espiral/espirar).

5. Cuidado, no vayas a (rociar/rozar) el vestido con la pared que está recién pintada.

6. Si desea, antes de poner la masa del pan en el horno puede (rociarla/rozarla) con agua azucarada.

7. Para estar descansada el día de la fiesta puede (azar/asar) la pierna de cordero el día anterior.

8. La novia llevaba el velo atado con una pequeña corona de (azar/azahar).

Práctica de acentos

Ponga los acentos en las palabras que lo requieran.

1. Punta del Este, el centro turistico mas importante de Uruguay, esta a solo cuarenta y cuatro kilometros de Montevideo.

2. Punta del Este ofrece diversion para todos los gustos: el clasico tenis, el esqui, el lanzamiento en paracaidas, la equitacion; tambien puede alquilar una embarcacion para dar un paseo por la bahia.

3. El acceso a la angosta peninsula es muy facil, dos aeropuertos permiten una rapida comunicacion a traves de las lineas aereas regulares ademas de los aviones particulares.

4. Punta del Este es ademas un centro artistico y cultural; en sus concurridisimas galerias, los pintores uruguayos e internacionales exponen sus obras ante un publico avido que asiste a multiples exposiciones diarias.

Vista de Punta del Este, famoso centro de veraneo en Uruguay.

Miscelánea para leer y comentar

Sabía usted que:

En Uruguay existe un sistema de encarcelamiento muy peculiar; aplicado a los que atentan contra la seguridad del estado. Al ponerse a alguien en prisión sus bienes son embargados, y durante su permanencia en la cárcel, el detenido debe costear todos sus gastos de alimentación, alojamiento, vestidos y hasta el transporte, cada vez que lo lleven a cumplir con algún trámite judicial.

El Río de la Plata, que los indios guaraníes llamaban «grande como un mar», está formado por la confluencia de los ríos Paraná y Uruguay. Montevideo, la capital de Uruguay, está al lado opuesto de Buenos Aires, justamente en la ribera al norte del Río de la Plata.

Punta del Este es uno de los centros de veraneo más importantes de la zona rioplatense, favorito de los propios uruguayos, así como de los argentinos y brasileros.

En Uruguay, el 58% de las mujeres son profesionales.

Uruguay ha contribuido a la literatura hispanoamericana con grandes escritores entre ellos: Juan Zorrilla de San Martín, autor del conocido poema sobre los indios charrúas, *Tabaré*, la poetisa Juana de Ibarborou, «Juana de América», una de las excelsas poetisas del siglo XX y José Enrique Rodó, el también conocido autor de *Ariel*, ensayo de gran significación para Hispanoamérica.

CAPÍTULO
22

ARGENTINA

Nombre oficial: República Argentina

Capital: Buenos Aires

Adjetivo de nacionalidad: argentino(a)

Población 1992 (est.): 32.901.000

Millas cuadradas: 1.065.000

Grupo étnico predominante: blancos 97%

Lengua oficial: el español

Moneda oficial: el peso

Educación: analfabetismos %

Principales productos de exportación: carne, trigo y lana

ANTES DE LEER

A. Conteste las preguntas que siguen.

1. ¿Sabe usted cuándo llegaron los primeros esclavos africanos a los Estados Unidos?

2. ¿Puede usted mencionar algunos reinos africanos?

3. ¿Cree usted que todos los esclavos africanos que llegaron a los Estados Unidos tenían una lengua común?

4. En referencia a la música africana, ¿qué instrumento asocia usted principalmente con ella?

5. ¿Conoce usted algún baile que al principio no fuera aceptado por la sociedad?

6. A veces se habla de «la jerga de los mecánicos», de «la jerga de los adictos a las drogas» e inclusive de «la jerga de los médicos». ¿Puede usted explicar que quiere decir la palabra jerga?

7. ¿Sabe usted la diferencia que hay entre lengua y lenguaje? Si no sabe búsquela en el diccionario.

8. Las palabras a veces toman un sentido nuevo. Por ejemplo, la palabra plata se refiere a un metal, pero modernamente ha adquirido el significado de dinero. ¿Puede usted pensar en algunas otras palabras que hayan adquirido una nueva significación?

9. ¿Hay algún baile que se asocie con la clase alta? ¿o con la baja?

10. ¿Conoce usted alguna canción cuya letra refleje algún problema social?

B. Sobre la lectura

1. Lea el título de la lectura. ¿Le da una idea del contenido?

2. ¿Sabe lo que quiere decir la frase «volver por los laureles»?

3. Haga una primera lectura rápida para tener una idea general del contenido.

4. Busque en la lectura el nombre de tres tangos famosos.

5. Haga una segunda lectura más lenta tratando de entender lo que lee.

LECTURA

El tango argentino retorna por sus laureles

La presencia del negro en el Río de la Plata es casi tan antigua como la propia fundación de Buenos Aires,[1] apenas diez años de su fundación por Juan de Garay, ya se habían traído los primeros esclavos africanos a la ciudad. A estos esclavos no se les permitía reunirse socialmente a no ser durante ciertas festividades del santoral, especialmente durante la festividad del 6 de enero así como durante el carnaval, pero los esclavos *libertos* formaban sociedades o «cofradías» en las que se reunían para celebrar sus ritos y sus bailes que bailaban al compás de unos tambores que llamaban tangos.

free slaves

Todos estos negros libertos eran descendientes de los africanos traídos como esclavos a las colonias de América. Pertenecían a diferentes *reinos* pero en su mayoría eran congos, mozambiques, minas y mandingas. Pronto los bailes de sus cofradías empezaron a conocerse como «tangos de negros» o tambos, calenda, bámbula, semba o samba y candombe, que con todos estos nombres eran conocidos en el Río de la Plata. Algunos creen que el tango en particular es de origen bantú, y que para el 1870 los negros de Buenos Aires ya lo bailaban.

kingdoms

El tango o tangó servía tanto para nombrar el instrumento como al baile o al bailarín, comúnmente de ascendencia africana. Según asegura el historiador *rioplatense* Don Santiago Possi, el tango «fue cosa de negros». Según sus datos, el tango se bailó por primera vez en Montevideo en el 1866 y se le llamaba «el Chicoba». Otros aseguran que el tango es de ascendencia española y *citan* el tango andaluz que ya se bailaba en el Río de la Plata hacia el 1850, el

Río de la Plata zone

nombran

[1] Fundada por Pedro de Mendoza en 1536, la colonia fue abandonada; más tarde otro conquistador, Juan de Garay, la fundó de nuevo en 1580.

Una pareja porteña bailando un tango en un parque de Buenos Aires.

cual sobrevivió hasta las primeras décadas del siglo XX en numerosos sainetes[2] y zarzuelas.[3]

Lo que sí parece cierto es que el tango tuvo un origen humilde entre las *enthroned / brothel* clases más pobres, y luego se *entronizó* en el *lupanar*. Al principio el tango no fue bien visto por las clases alta y media que lo consideraban un baile de pueblo bajo, pero para el 1911, la revista *El hogar* de Buenos Aires reprodujo *de París* fotos de la revista *parisiense Fémina* donde aparecen hombres y mujeres vestidos elegantemente bailando un tango de salón.

peak El *auge* del tango coincide con el comienzo de la primera guerra mundial en 1914. Ya entre 1911 y 1913 el tango conquista París donde le gana en popularidad al tradicional can-can y a las danzas apaches. Las películas del ídolo del cine silente en Hollywood Rodolfo Valentino también contribuyeron a su popularidad. Pero el carácter sensual de la danza hizo que no todos en Europa la aceptaran. El emperador Guillermo II de Alemania prohibió que ningún oficial de su ejército bailara esta danza, y el Vaticano en 1913 censuró el tango como «danza lasciva». Poco después el bailarín Casimiro Ain, apodado «El Vasquito», bailó un tango frente a Su Santidad Pío X y a éste le gustó tanto que *agreed* levantó la censura anteriormente impuesta. Charles Chaplin *tuvo a bien* retratarse con el llamado «Rey del tango» y su homónimo Carlos Gardel y el *heir* Duque de Windsor, *heredero* a la corona británica, tomó lecciones de tango. Esta popularidad en Europa del tango hizo que en Buenos Aires le empezaran *to pay attention* a *prestar atención* de nuevo.

El lenguaje del tango es el *lunfardo*, jerga de origen urbano y rioplatense que originariamente hablaban los delincuentes, a los que también se les lla-

---

[2] Pieza dramática de un acto, generalmente de carácter jocoso y popular.
[3] Obra dramática musical en la que se alterna el canto y la declamación. Se parece a la opereta.

maba lunfardos. Los inmigrantes europeos aumentaron el vocabulario relacionado con el tango con palabras del argot francés, del genovés y de otras lenguas. Todas estas voces enriquecieron el lunfardo que pasó de lengua de los delincuentes al lenguaje común de la ciudad. El primer tango cantado tiene *letra* lunfarda, se llama «Mi noche triste» y fue cantado por Carlos Gardel en 1917. Es curioso observar como el lunfardo usado en los tangos modificó la significación de las palabras; la palabra «mina», por ejemplo se generalizó como sinónimo de mujer, porque se refería a la mujer que se explotaba como una mina de oro.

lyrics

Pronto los tangos empezaron a referirse a la realidad de la sociedad argentina. En 1927 Enrique Santos Discépolo escribió su famoso tango «Yira-Yira». La letra del tango refleja la situación política de esos momentos que culminó en un *golpe de estado* en 1930, en la época conocida como la «década infame». Otro famoso tango «Cambalache» *recoge* la crisis de los valores morales «donde es lo mismo un burro que un gran profesor».

coup d'etat
reflects

La década del 40 marca el *apogeo* del tango en el Río de la Plata y en el resto de Hispanoamérica.

peak

Los participantes del golpe de estado de 1943, entre los cuales se encontraba el más tarde dictador Juan Domingo Perón, decidieron que era necesario cambiar las letras del tango, «afeados por el *mal gusto* y el lunfardo». Un grupo de autores y compositores de tangos, entre ellos el admirado Enrique Santos Discépolo, se entrevistó con Perón y le *planteó* su oposición a todo tipo de censura. Discépolo, que había conocido a Perón en Chile, le recordó que «La Chorra», uno de los tangos censurados, era el preferido de Perón.

tasteless

expresó

En 1943 Discépolo *estrenó* «Uno», quizás uno de los tangos más conocidos en toda Hispanoamérica.

was the premiere

Existen distintos tipos de tangos: el tango canción para ser cantado y el tango rítmico más apropiado para ser bailado. Existe además un tipo de tango llamado «de la vieja guardia» que popularizó el internacionalmente famoso cantante de tangos Carlos Gardel. Dos muy conocidos son «Volver» y «El Choclo».

Otra vez, el éxito espectacular que tuvo «Tango argentino» en Broadway ha hecho que en la Argentina se le preste atención otra vez a este baile nacional.

Recientemente el conocido actor norteamericano Al Pacino bailó un tango en la película «Perfume de mujer» (*Scent of a Woman*) y la también famosa presentadora de televisión Oprah Winfrey hizo un programa donde se enseñó a bailar el tango.

Preguntas

A. Preguntas sobre la lectura

1. ¿Cuándo se trajeron los primeros esclavos a la Argentina?
2. ¿Dónde se reunían los esclavos liberados para celebrar sus ceremonias religiosas y sus bailes?
3. ¿Con qué otros nombres se conocía el tango?
4. ¿Qué dicen los uruguayos sobre el origen del tango?
5. ¿Con qué clase social se asoció el tango en sus orígenes?
6. ¿Cuándo y en qué país se desarrolló la popularidad del tango?
7. ¿Qué lenguaje popular le sirvió de base?
8. ¿Qué personajes mundialmente importantes contribuyeron a la aceptación del tango?

9. ¿En qué forma el actor del cine silente Rodolfo Valentino contribuyó a la popularidad del tango?

10. ¿Qué relación hay entre la letra de algunos tangos y los problemas sociales en la Argentina?

B.   Otras preguntas

1. ¿Ha oído usted o ha bailado un tango alguna vez?

2. ¿Ha oído cantar a Carlos Gardel? Si no ha oído a este cantante, pregúntele a sus padres o a sus abuelos si ellos lo han oído a ver lo que le dicen.

3. Y el lunfardo, ¿lo ha oído hablar en alguna película argentina? ¿Conoce alguna palabra de esta jerga?

4. Muchos opinan que el tango, especialmente el llamado tango de la vieja guardia es triste y lacrimoso. ¿Le gusta a usted este tipo de música o prefiere la música alegre?

5. Rodolfo Valentino fue un ídolo de la pantalla silente. ¿Le atrae a usted este tipo de película o prefiere las modernas?

6. ¿Ha visto alguna película de Charles Chaplin? ¿Hay algún tocayo de él en la clase?

7. ¿Sabe quién era el Duque de Windsor que se menciona en la lectura y qué parentezco tenía con el actual príncipe heredero de Inglaterra?

8. ¿Sabe cuál es el origen del jazz? Compárelo con el del tango.

Modismos

tener a bien	*to accept–to agree*
prestar atención	*to pay attention*
tener mal gusto	*to lack taste*

El príncipe tuvo a bien aprender a bailar el tango.
The prince agreed to learn how to dance the tango.
Ella no prestó atención al aviso.
She did not pay attention to the sign.
Ella es bonita, pero tiene mal gusto para vestirse.
She is pretty, but she has no taste in clothes.

La famosa calle "Florida" de Buenos Aires, Argentina.

Mejore su vocabulario

A. Sustituya la palabra subrayada por otra de igual significación.

1. Los esclavos pertenecían a diferentes *tribus* africanas.
2. En las cofradías se reunían los esclavos *a los cuales se les había dado la libertad*.
3. Muchos de estos esclavos vivían en la zona *alrededor del Río de la Plata*.
4. Muchos *mencionan* al argot francés y el genovés como contribuyentes al lunfardo bonaerense.
5. Se cree que el tango tuvo *su centro* primeramente en las casas de prostitución.
6. Al principio, el tango se popularizó en *el prostíbulo*.
7. «Fémina» era una revista *publicada en París*.
8. *El punto máximo* de la popularidad del tango ocurre hacia el 1914.
9. Los autores de tangos *expusieron* su protesta al gobierno por la censura.

B. Dé la palabra que defina.

1. Jerga que usan los habitantes de la zona rioplatense.
2. Se aplica a las personas que tienen el mismo nombre.
3. Se dice de las personas que viven al margen de la ley.
4. Acción que echa abajo un gobierno legalmente constituído.
5. Presentar o usar algo por primera vez como una película o una prenda de vestir.
6. El punto cuminante o más alto de algo.
7. Persona designada para recibir bienes o una corona.
8. Parte escrita en palabras de una canción.

Temas para redactar y conversar

A. Un conocido escritor español, Gracián, dijo en cierta ocasión: «Habla, si quieres que te conozca». ¿Está usted de acuerdo con esta afirmación? ¿Cree que se puede saber mucho acerca de una persona (educación, origen, posición social y económica, sentimientos, filosofía de la vida) por la forma en que se expresa?

B. Aquí en los Estados Unidos se ha debatido mucho sobre el llamado *Black English*. Algunos creen que se debe enseñar en las escuelas y mantenerse, mientras que otros opinan que sólo debe mantenerse como lengua informal en el hogar y entre amigos, ya que de otro modo se limitarían las posibilidades de progreso del individuo en la sociedad general. Adopte una de las posiciones y explique sus razones.

C. Vea en el apéndice la letra del tango «Cambalache» y explique en sus propias palabras a qué quiebra de valores morales se refiere la letra del mismo.

GRAMÁTICA

La interjección

Las interjecciones son las palabras que se usan para expresar impresiones o estados emocionales. Generalmente van encerradas entre signos de admiración.

Algunas interjecciones tienen significación propia: ¡ay! ¡oh!; otras son palabras a las que se les ha dado una connotación determinada, que puede ser de dolor, alegría, ira, sorpresa, aprobación, prohibición, etc.

Las más comunes son:

¡ay!	¡ah!	¡eh!	¡oh!	¡bah!	¡hey!	¡ja ja ja!	¡caray!
¡caramba!	¡mi madre!	¡bendito!	¡olé!	¡abajo!	¡ojalá!	¡oye!	
¡cuidado!	¡arre!	¡adiós!	¡Dios mío!	¡alto!	¡pase!	¡fuera!	
¡ahora verás!	¡a callar!	¡cómo!	¡qué diablo!	¡hola!	¡muera!		
¡viva!	¡qué lástima!	¡auxilio!	¡vamos!	¡qué pena!	¡bravo!		

Ejercicios

A. Dé la interjección que exprese (puede haber más de una):

1.	aprobación	5.	decepción	9.	lástima
2.	sorpresa	6.	peligro	10.	resolución
3.	desprecio	7.	animación	11.	ira
4.	temor	8.	mandato	12.	alegría

B. Complete con las interjecciones apropiadas.

1. ¡ _____ ! hay un pajarito con el ala partida.

2. ¡ _____ ! que me matan.

3. ¡ _____ ! se me perdió la llave de la casa y ahora no puedo entrar.

4. ¡ _____ ! ¿qué dice? no lo oigo.

5. ¡ _____ ! qué dolor de muelas; ¡ _____ ! ¿cómo me lo quitaré?

6. ¡ _____ ! qué bueno que llegaste.

7. ¡ _____ ! total se vive sólo una vez, y yo nunca me compro nada para mí.

8. ¡ _____ ! qué chiste más gracioso.

9. ¡ _____ ! el comunismo y ¡ _____ ! la democracia.

Humor

Explique el chiste oralmente o por escrito.

En el gallinero.

A altas horas de la noche un campesino oye ruidos sospechosos, se levanta, coge una escopeta y se dirige al gallinero.

—¡Alto! ¿Quien está ahí?—grita amenazador.
Y una voz tímida le responde:
—Nadie, sólo el gallo y las gallinas.

SEMEJANZAS Y CONTRASTES

● El verbo inglés *to get* tiene distintas traducciones en español según lo que se desee expresar:

comprar, recibir, comprender, obtener, buscar, coger, llegar

Hacerse y **llegar a ser** también equivalen a *to get* con el sentido de *to become.*

(Véase «Semejanzas y contrastes» en el capítulo 14.)

1. Cuando *to get* significa:

    a) *to buy* = **comprar**

        Compré algunos discos.   I *got* (= bought) some records.

    b) *to receive* = **recibir**

        Elena **recibe** el dinero aquí.   Elena *gets* (= receives) the money here.

    c) *to understand* = **entender, comprender**

        ¿**Entendiste** el chiste?   Did you *get* (= understand) the joke?

    d) *to obtain* = **obtener**

        Mario **obtuvo** los datos hoy.   Mario *got* (= obtained) the data today.

    e) *to fetch, to go for* = **buscar, ir por**

        ¿Quien va a **buscar** (**va por**) el vino?   Who is going *to get* the wine?

    f) *to catch* = **agarrar, coger**

        Cogieron (**agarraron**) al ladrón.   They *got* the thief.

    g) *to arrive (at a place)* = **llegar**

        Llamen cuando **lleguen**.   Call when you *get* there.

2. Muchos verbos reflexivos en español se usan como equivalentes de *to get*:

    a) **aburrirse** = *to get bored*

        Luisa **se aburrió** en la fiesta.   Luisa *got bored* at the party.

    b) **bajarse** = *to get down*

        El mono **se bajó** del árbol a coger el plátano.
        The monkey *got down* from the tree to get the banana.

    c) **calentarse** = *to get warm*

        La cerveza **se calentó**.   The beer *got warm*.

    d) **cansarse** = *to get tired*

        La gente **se cansó** de esperar.   People *got tired* of waiting.

    e) **enfermarse** = *to get sick*

        Carmen **se enfermó** allí.   Carmen *got sick* there.

    f) **enfriarse** = *to get cold*

        El café **se enfrió**.   The coffee *got cold*.

g) **mejorarse/empeorarse** = *to get better/worse*

El paciente **se mejoró/se empeoró**. The patient *got better/worse*.

h) **enfurecerse** = *to get angry*

El jefe **se enfurece** rara vez. The boss rarely *gets angry*.

i) **vestirse** = *to get dressed*

Amalia **se vistió** en un minuto. Amalia *got dressed* in a minute.

3. Expresiones idiomáticas con *to get*. Estudie los equivalentes en español de algunas de las más comunes:

a) **llevarse bien con** = *to get along well with*

Gloria **se lleva bien con** todos. Gloria *gets along well with* everybody.

b) **irse, escaparse** = *to get away, to escape*

El prisionero **se fue** (**se escapó**). The prisoner *got away*.

c) **desquitarse, vengarse** = *to get even* (*to get revenge*)

Ellos lo atacaron y luego él **se desquitó** (**se vengó**).
They attacked him and later he *got even* with them.

d) hacer algo ilegal **y salir bien** = *to get away with it*

Mostró una identificación falsa y **salió bien**.
He showed a false I.D. and he *got away with it*.

e) **meterse en, relacionarse con** = *to get involved in* (*with*)

El hijo **se metió en** (**se mezcló con**) una pandilla.
The son *got involved with* a gang.

f) **sobreponerse, recuperarse** = *to get over it*

Le fue difícil **recobrarse** de la muerte del marido.
It was difficult for her *to get over* the death of her husband.

g) **subir a/bajar de** = *to get on/off* (*a vehicle*)

Después de **subir al** tren tuvieron que **bajar de** él rápidamente.
After *getting on* the train they had *to get off* of it quickly.

h) **terminar, pasar** = *to get through*

Terminamos el trabajo en 20 minutos. We *got through* in 20 minutes.

Vista general de Buenos Aires, Argentina.

i) **continuar, seguir** = *to get on with*

> Después del divorcio ellos **siguieron** su vida.
> After the divorce they *got on with* their lives.

j) **deshacerse de** = *to get rid of*

> La biblioteca **se deshizó de** algunos libros viejos.
> The library *got rid of* some old books.

Ejercicio

Traduzca al español.

1. Did you get the apples on the road?
2. Sorry, I didn't get what you said.
3. He got the application form by mail and he got the job that way too.
4. She got a cold after they got there.
5. The two dogs got sick at the same time, but one is getting better and the other is getting worse.
6. After a while Lucinda got bored and her husband got angry at her for not paying attention.
7. In order to get warm the animal got into a hole in the trunk of the tree.
8. The man robbed a store and he got away with it, but the second time he did it the police got him.
9. After her husband died Anita got depressed, but after some time she got on with her life.
10. When the inspectors got there the situation was tense but they got along well with everybody.
11. She got offended and she told him she was going to get even with him.

12. In order to get through with the work the had to start very early.

13. A few police officers got involved in some illegal activities and they got caught.

14. I got tired of getting on and off so many trains and buses just to save a few dollars that I got a car.

15. The weather gets so cold that they had to get rid of the old furnace.

ORTOGRAFÍA

Palabras que cambian de significación según se usen juntas o separadas

abordo	*to board*	**Abordo** el tren en Madrid.
a bordo	*on board*	El cargamento ya está **a bordo.**
a sí mismo	*himself*	Se hirió **a sí mismo**.
asimismo	*likewise*	**Asimismo** le atribuyen otro asalto.
a cuestas	*on back or shoulder*	El viejo llevaba un saco **a cuestas**.
acuestas	*put to bed*	¿A qué hora **acuestas** al bebé?
a Dios	*to God*	una plegaria **a Dios**
adiós	*good bye*	Nos dijo **adiós** con un pañuelo.
conque	*so*	**Conque** eres el hijo de Amelia.
¿Con qué?	*With what?*	**¿Con qué** material hacen esas vasijas?
enhorabuena	*congratulations*	Me alegro de tus triunfos, **en-horabuena**.
en hora buena	*in a propitious time*	Nació **en hora buena**.
entretanto	*meanwhile*	Lea esta revista **entretanto** espera.
entre tanto	*among so much*	No me puedo concentrar **entre tanto** ruido.
los **demás**	*the others*	Nunca habla de los **demás**.
de más	*superfluous, unnecessary*	Todas esas anotaciones están **de más**.
hazme reír	*command: make me laugh*	**Hazme reír** si puedes.
hazmerreír	*laughingstock*	Es el **hazmerreír** (la diversión) de todos.
malcriado	*spoiled*	Es un niño sumamente **malcriado**.
mal criado	*badly raised*	Juan ha sido **mal criado**, por eso actúa así.

mediodía	*noon*	Te veré en la cafetería al **mediodía**.
medio día	*half a day*	Ahora trabaja sólo **medio día**.
¿por qué?	*why?*	**¿Por qué** salen tan temprano?
porqué	*reason*	Eso es el **porqué** de su descontento.
porque	*because*	No trabaja **porque** está enfermo.
porvenir	*future*	Les preocupa su **porvenir** incierto.
por venir	*yet to come; because he came*	El tren está **por venir**. **Por venir** tarde perdió el tren.
quehacer	*chores, work*	Tiene mucho **quehacer**.
qué hacer	*what to do*	No sé **qué hacer** con tanto dinero.
sinnúmero	*a great number*	Hay un **sinnúmero** de estudi antes extranjeros.
sin número	*without a number*	Estas maletas están **sin número**.
sino	*fate*	Cada uno viene con su **sino** marcado.
sino	*but*	No es blanco **sino** crema.
si no	*if . . . don't*	**Si no** vienes, te iré a buscar.
sinvergüenza	*a scroundrel*	Es un **sinvergüenza** que abusa de ellos.
sin vergüenza	*without shame*	Actúa **sin vergüenza** de ninguna clase.
sobretodo	*overcoat*	Traía puesto un **sobretodo** negro.
sobre todo	*above all*	**Sobre todo** te recomiendo cuidado.
también	*too, also*	Queremos que vengas tú **también**.
tan bien	*so well*	No sabía que bailaba **tan bien**.
tampoco	*neither*	Él no lo conoce ni yo **tampoco**.
tan poco	*so little*	Gana **tan poco** dinero que no le alcanza para vivir.

Ejercicios

A. Escoja la palabra apropiada al sentido de la oración.

1. Se enfermó en la travesía pero afortunadamente había un médico (a abordo/abordo).

2. He comprado un (sobre todo/sobretodo) de excelente calidad a bajo precio.

3. Ese señor ha llamado un (sin número/sinnúmero) de veces.

4. Es un magnífico hotel; aquí estaremos (tan bien/también) como en casa.

5. Es un (mal criado/malcriado), no lo puedo soportar.

6. Llamemos a la policía y (sino/si no) vienen llamemos a los bomberos.

7. Es un (sinvergüenza/sin vergüenza) que no merece ninguna lástima.

8. Es más fácil decidir si sabemos el (porque/porqué/por qué) de las cosas.

9. ¿(Con qué/conque) parte de la vaca se hace el asado?

10. Llegarán al (mediodía/medio día).

11. No quieren trabajar por (tampoco/tan poco) dinero.

12. Si se comporta aquí igual que allá será el (hazmerreír/hazme reír) de todos.

13. No sabe (quehacer/qué hacer) con tantos problemas.

14. Con estos nuevos triunfos, creo que su (por venir/porvenir) está asegurado.

15. Su situación económica es precaria, (asimismo/a sí mismo) la de su salud.

16. Dales nuestra (en hora buena/enhorabuena) por el nacimiento del bebé.

17. Anímate, para qué andar con todas esas preocupaciones (a cuestas/acuestas).

18. Es muy difícil escoger (entretanto/entre tanto) calor.

19. ¡(Adiós/A Dios), que les vaya bien!

B. **Traduzca al español.**

1. The fare will be cheaper if I board the ship in San Francisco.

2. The cabins are without numbers and I have lost half a day looking for mine.

3. So you can't find yours either, eh?

4. For me, ironing is the most boring chore of all.

5. She doesn't drink and she doesn't smoke either.

6. He shot himself accidentally in the foot.

7. Meantime, we can eat too.

8. And above all, don't make yourself the laughingstock of the town.

Las cataratas de Iguazú cerca de la frontera entre Argentina y Brazil.

Práctica de acento

Ponga el acento sobre las palabras que lo requieran.

1. Cordoba, la aristocratica ciudad colonial argentina, geograficamente esta situada en el centro de una rica region agricola.

2. Rosario, situada en la ribera occidental del rio Parana, es una prospera ciudad; alli se encuentra la Universidad del Litoral, uno de los mas importantes centros de enseñanza de la Republica.

3. Mar de Plata sobre el oceano Atlantico es el punto de reunion mas animado durante la estacion veraniega cuando el exodo de porteños comienza a principios de diciembre.

4. La cosecha, recoleccion, secado y preparacion de la yerba mate para el mercado constituye una industria importante. El te de la yerba mate se bebe frio o caliente, con azucar y leche o limon.

Gaucho argentino con sus hermosos caballos.

Miscelánea para leer y comentar

Sabía usted que:

A las fincas en la Argentina se les llama estancia y que el poncho es la prenda de vestir típica, usada por los campesinos para protegerse del frío y de la lluvia.

Buenos Aires es una de las capitales más populosas y la más europeizada de Hispanoamérica. Allí está la famosa Calle Florida, la Quinta Avenida bonaerense. La Calle Florida se cierra al tránsito de vehículos para que el público circule libremente por sus tiendas, restaurantes y confiterías.

En La Patagonia, región al sur de la Argentina, viven unos animales pertenecientes a la familia de la llama, llamados guanacos, cuya piel es muy estimada.

En la Argentina, Paraguay y Uruguay beben un té hecho de la yerba mate. Para cebar el mate ponen la yerba en una calabaza seca y lo beben a través de una cánula, llamada bombilla, generalmente hecha de plata.

En la Argentina se encuentra el Aconcagua, el pico más alto del hemisferio occidental con una altura de 22.834 pies.

En la Argentina existe una ley que permite que las amas de casa se jubilen.

La carne es muy abundante en la Argentina y constituye uno de los principales renglones de su economía. Las gauchos—los cowboys argentinos—además de carne fresca comían una carne seca llamada «charque» de donde viene la palabra inglesa *beef jerky*.

El bandoneón, instrumento musical muy importante en la música argentina, fue inventado por el alemán Herman Uhlig alrededor del 1830.

A. Complete las oraciones usando <u>pero</u>, <u>sino</u> o <u>sino que</u> según crea apropiado.

1. No es Raúl el que viene _____ su hermano.
2. El día estaba lluvioso _____ fuimos de todos modos a la reunión.
3. Elena llega tarde _____ siempre termina su trabajo a tiempo.
4. No te he dicho que apagues la televisión _____ la bajes un poco.
5. Al fin no compré las toallas azules _____ las color café.
6. Estuvieron sólo tres días _____ vieron lo más importante de la ciudad.
7. Pablo no quiere estudiar _____ trabajar.

B. Corrija los errores que encuentre en el uso de <u>y</u>, <u>o</u>.

1. Aunque Armando y Ignacio tienen el mismo apellido, no son familia.
2. No estoy segura si es Enrique o Oscar el que vive en Uruguay.
3. E Hilda, la hermana mayor, ¿dónde vive?
4. Padre y hijo tienen la misma profesión.
5. Regalo o oferta, al final la tienda nunca pierde.
6. El viaje desde el principio estuvo plagado de dudas y incertidumbres.

C. Complete las frases dadas.

1. Bebo agua si…
2. Hubiera ido al concierto si…
3. Compraría un auto si…
4. Terminaré a tiempo si…
5. Iría en un viaje al espacio si…

D. Escriba en forma completa las abreviaturas dadas.

Arq. Vda. Avda. P.D. Dra.

op.cit. c/c km. Cía.

E. Escriba una carta a un comercio de su localidad acerca de la posibilidad de empleo durante el verano. Incluya la información pertinente sobre su persona.

F. Escriba interjecciones que expresen:

1. deseo de ser ayudado
2. advertencia de peligro
3. aclamación entusiasmada
4. sorpresa
5. lástima
6. llamar a alguien
7. dolor o temor
8. desaprobación

G. Traduzca las oraciones al español. Ponga especial cuidado en las palabras subrayadas.

1. Without any warning, the car <u>went off course</u>, hit the wall and <u>turned over</u>.

2. If the motor fails to start, <u>turn it on</u> and then <u>turn it off</u> quickly.

3. There were two exhibitions, one of <u>wild animals</u> and another of <u>wild flowers</u>.

4. He said that a man <u>pretending</u> to be a police officer <u>assaulted</u> him.

5. When she fell down she <u>turned</u> very pale but <u>turned down</u> any offer of help.

6. She <u>failed</u> to see that the teacher <u>failed</u> her because of the quality of her work.

H. Escoja la palabra apropiada al sentido de la oración.

1. El abogado dice que es _____ dejar todo a un perro y no _____ nada a los parientes. (legar/legal/ligar)

2. Murió dormido, una buena forma de (espirar/expirar/espiral), ¿no crees?

3. Nunca ganó nada en los juegos de (asar/azahar/azar).

4. La pintura está húmeda, cuidado no vayas a (rociar/rozar) la ropa con ella.

5. Cree que de esa manera puede asegurar el (porvenir/por venir) de los hijos.

6. Él no habla inglés y ella no lo habla (tampoco/tan poco).

7. El trabajo está tan flojo que ahora sólo trabajan (medio día/mediodía).

8. Lo hizo para beneficiarse (asimismo/a sí mismo).

9. Nadie puede entender el (porque/porqué/por qué) de sus acciones.

10. Tiene mucho (quehacer/qué hacer) en una casa tan grande.

I. Complete con una preposición que convenga al sentido de la oración.

1. Onelia trabaja _____ una compañía _____ importaciones _____ hace dos años.

2. Los huevos se venden sólo _____ docena.

3. El acusado compareció _____ el juez _____ un delito de robo.

4. Hoy vienen _____ la Argentina y siguen en seguida _____ California.

5. Le robaron el auto _____ Miguel _____ me dijo él mismo hoy.

6. El grupo protestaba _____ la propagación de las armas nucleares _____ gritos y carteles.

7. Alguien le arrebató la cartera _____ Hortensia pero ella corrió _____ el ladrón y la recuperó.

APÉNDICE

SUGERENCIA DE LECTURAS ADICIONALES

1. España

EMILIA PARDO BAZÁN, «El décimo» en *Album*, D.C. Heath and Company, Lexington, Massachusetts, 1993.

ANA MARÍA MATUTE, «El árbol de oro» en *Historias de la Artámila*, Ediciones Destino, 1961.

CARMEN MARTÍN GAITE, «La conciencia tranquila» en *Las ataduras*, Ancora y Delfín, 1960.

2. México

CARLOS FUENTES, «Chac Mool» en *Espejos*, Holt, Rinehart & Winston, New York, 1980.

JUAN RULFO, «Talpa» en *El llano en llamas*, Fondo de Cultura Económica, México, 1973.

ROSARIO CASTELLANOS, «La rueda del hambriento» en *Detrás de la reja*, Monte Avila Editores C.A., Venezuela, 1980.

ELENA PONIATOWSKA, «El recado» en *Contextos literarios hispanoamericanos*, Holt, Rinehart & Winston, New York, 1986.

3. Mexicoamericanos

SABINE ULIBARRI, «El relleno de Dios» en *Tierra amarilla. Cuentos de Nuevo México*, Casa de la Cultura Ecuatoriana, 1964.

TOMÁS RIVERA, «Las salamandras» en *Festival de flor y canto: An Anthology of Chicano Literature*, University of Southern California Press, Los Angeles, 1976.

ROLANDO R. HINOJOSA-SMITH, *Estampas del Valle y otras obras*, Publicaciones Quinto Sol, 1973.

5. Puerto Rico

JOSÉ LUIS GONZÁLEZ, «En el fondo del caño hay un negrito» en *Cuentos puertorriqueños de hoy*, Editorial Cultural, Río Piedras, Puerto Rico, 1968.

RENÉ MARQUÉS, «Tres hombres junto al río» en *En una ciudad llamada San Juan*, Editorial Cultural, Inc. Río Piedras, Puerto, Rico, 1968.

ANA LYDIA VEGA, «Encancaranublado» en *Encancaranublado y otros cuentos de naufragio*, Editorial Antillana, Puerto Rico, 1990.

ROSARIO FERRÉ, «La muñeca menor» en *Contextos literarios hispanoamericanos*, Holt, Rinehart & Winston, New York, 1986.

6. Cuba

ALEJO CARPENTIER, «Viaje a la semilla», en *Guerra del tiempo*, Cía. General de Ediciones, S.A. México, 1971.

ALFONSO HERNÁNDEZ CATÁ, «Los chinos» en *Antología del cuento cubano contemporáneo*, Ambrosio Fornet, Editor, Ediciones Era, México, 1967.

JOSÉ SÁNCHEZ BOUDY, «El regreso de los perros» en *Narradores cubanos de hoy*, Ediciones Universal, Miami, 1975.

ELADIO SECADES, «Los amigos en Miami» en *Estampas cubanas*, Ediciones Universal, Miami.

7. República Dominicana

PEDRO HENRÍQUEZ UREÑA, «El peso falso» en *Veinte cuentos hispanoamericanos del siglo* XX. Appleton-Century-Crofts, Inc., New York, 1956.

JUAN BOSH. «La bella alma de Don Damián» en *Literatura hispanoamericana*, Vol. II, Holt, Rinehart & Winston, New York, 1970.

——, «Dos pesos de agua» en *Lecturas dominicanas*, Playor, S.A. 1977.

AIDA CARTAGENA, «La fuerza aniquilada» en *Tablero: Doce cuentos*. Editorial Taller, República Dominicana, 1978.

8. Guatemala

RAFAEL ARÉVALO MARTÍNEZ, «El hechizado» en *Obras escogidas*, Editorial Universitaria, Guatemala, 1959.

MIGUEL ÁNGEL ASTURIAS, *Leyendas de Guatemala*, Pleamar, Buenos Aires, 1948.

——, *El señor Presidente*, Losada, Buenos Aires, 1964.

9. El Salvador

SALVADOR SALAZAR ARRUÉ. «Salarrué», «La botija» en *El cuento hispanoamericano*, Fondo de Cultura Económica, México, 1978.

FRANCISCO HERRERA VELADO, «La piedra» en *Antología del cuento salvadoreño*, Ministerio de Educación, El Salvador, 1976.

HUGO LINDO, «Risa de tonto» en *Antología del cuento salvadoreño*, Ministerio de Educación, El Salvador, 1976.

10. Honduras

ALEJANDRO CASTRO, «Confesiones de un niño descalzo» en *Narradores centroamericanos contemporáneos*, Editorial Ariel, Guayaquil, Ecuador, 1973.

VÍCTOR CÁCERES LARA, «Paludismo» en *El cuento hispanoamericano*, Fondo de Cultura Económica, México, 1978.

JUAN ACOSTA, «El vengador» en *Narradores centroamericanos contemporáneos*, Editorial Ariel, Guayaquil, Ecuador, 1973.

11. Nicaragua

RUBÉN DARÍO, «Sonatina», «A Roosevelt», «Lo fatal» en *Obras completas*, 5 Vols., Afrodisio Aguado, Madrid, 1955.

————, *Cuentos*, Espasa-Calpe, Buenos Aires, 1957.

JOSÉ DE JESÚS MARTÍNEZ, «Juicio final» en *En un acto. Nueve piezas hispanoamericanas*, Van Nostrand Company, New York, 1974.

SERGIO RAMÍREZ, «¿Te dio miedo la sangre?» en *Novísimos narradores hispanoamericanos en marcha*, Marcha, México, 1980.

GIOCONDA BELLI, *Sofía de los presagios*, Editorial Vanguardia, Managua, Nicaragua, 1990.

12. Costa Rica

CARMEN LYRA, «Uvieta», en *Cuentos de mi tía Panchita*, Editorial Universitaria Centroamericana, EDUCA, Costa Rica, 1936.

MANUEL GONZÁLEZ ZELEDÓN, «El clis de sol» en *El cuento hispanoamericano*, Fondo de Cultura Económica, México, 1978.

JULIETA PINTO, «El pino de la calle de enfrente» en *Narradores centroamericanos contemporáneos*, Editorial Ariel, Guayaquil, Ecuador, 1973.

13. Panamá

ROGELIO SINÁN, «La boina roja» en *El cuento hispanoamericano*, Fondo de Cultura Económica, México, 1978.

ENRIQUE CHUEZ, «La mecedora» en *Narradores centroamericanos contemporáneos*, Editorial Ariel, Guayaquil, Ecuador, 1973.

14. Colombia

GERMÁN ARCINIEGAS, *El continente de siete colores*, Editorial Sudamericana, Buenos Aires, 1965.

GABRIEL GARCÍA MÁRQUEZ, «La increíble y triste historia de la cándida Eréndira y de su abuela desalmada» en *El coronel no tiene quien le escriba y otros relatos*, Ediciones Huracán, Cuba, 1981.

HERNANDO TÉLLEZ, «Espuma y nada más» en *Veinte cuentos hispanoamericanos del siglo* XX, Appleton-Century-Crofts, Inc., New York, 1956.

15. Venezuela

ARTURO USLAR PRIETO, «La lluvia» en *El cuento hispanoamericano*, Fondo de Cultura Económica, México, 1978.

GUILLERMO MENESES, «La mano junto al muro» en *Narrativa venezolana contemporánea*, Alianza Editorial, 1971.

LUIS BRITO GARCÍA, «El juego», en *Novísimos narradores hispanoamericanos en marcha*, Marcha Editores, México, 1980.

16. Ecuador

DEMETRIO AGUILERA MALTA, «El cholo que se vengó», en *Veinte cuentos hispanoamericanos del siglo XX*, Appleton-Century-Crofts, Inc., New York, 1956.

JOSÉ MARTÍNEZ QUEIRALO, «Requiem por la lluvia» en *Teatro contemporáneo*, Heinle & Heinle Publishers, Boston, 1983.

JOSÉ DE LA CUADRA, «Se ha perdido una niña» en *Literatura hispanoamericana*, Vol. II, Holt, Rinehart & Winston, New York, 1970.

17. Perú

RICARDO PALMA, «Contra pereza diligencia» y «La camisa de Margarita» en *Cuentos americanos*, W. W. Norton & Company, Inc., New York, 1948.

MARIO VARGAS LLOSA, «El hermano menor» en *Espejos. Doce relatos hispanoamericanos de nuestro tiempo*, Holt, Rinehart & Winston, New York, 1980.

ARTURO-JIMÉNEZ BORJA, «La culebra y la zorra» en *Aquí y ahora*, Holt, Rinehart & Winston, New York, 1979.

18. Bolivia

RICARDO JAMES FREYRE, «En las montañas» en *Cuentos americanos*, W. W. Norton Company, Inc., New York, 1948.

————, «Justicia india» en *El cuento hispanoamericano*, Vol. I. Fondo de Cultura Económica, México, 1978.

WALTER GUEVARA ARZE, «Tempestad en la cordillera» en *El cuento boliviano*, Universidad Mayor de San Andrés, 1969.

ALCIDES ARGUEDAS, *Raza de bronce*, Editorial Valencia, 1922.

19. Chile

MARÍA LUISA BOMBAL, «El árbol» en *El cuento hispanoamericano*, Fondo de Cultura Económica, México, 1978.

SERGIO VODANOVIC, «El delantal blanco» en *En un acto: nueve piezas hispanoamericanos*, Van Nostrand Company, New York, 1974.

MANUEL ROJAS, «El vaso de leche» en *Tres cuentistas hispanoamericanos*, Macmillan Company, New York, 1969.

MARTA BRUNET, «La raíz del sueño» en *Detrás de la reja*, Monte Avila Editores, C.A., Venezuela, 1980.

20. Paraguay

AUGUSTO ROA BASTOS, «La flecha y la manzana» en *Espejos. Doce relatos hispanoamericanos de nuestro tiempo*, Holt, Rinehart & Winston, New York, 1980.

————, *Hijo de hombre*, Buenos Aires, 1959.

21. Uruguay

JORGE ONETTI, «El amor es un bicho» en *Narradores uruguayos*, Monte Avila Editores, S.A., Venezuela. Sin Fecha.

CRISTINA PERI ROSSI, «Indicio pánico No. 46» en *Con-textos literarios hispanoamericanos*, Holt, Rinehart & Winston, New York, 1986.

ARMONÍA SOMERS, "El hombre del túnel" en *Detrás de la reja*, Monte Avila Editores, S.A. Venezuela, 1980.

22. Argentina

JULIO CORTÁZAR, «La noche boca arriba» en *La isla al mediodía y otros relatos*, Salvat Editores, S.A., Barcelona, 1971.

JORGE LUIS BORGES, «El sur» en *Antología del realismo mágico. Ocho cuentos hispanoamericanos*. The Odyssey Press, New York, 1970.

SILVINA BULLRICH, «La abnegación» en *Exploraciones imaginativas. Quince cuentos hispanoamericanos*. Macmillan Publishing Co., New York, 1990.

LUISA VALENZUELA, "Cambio de armas" en *Cambio de armas*, Ediciones del Norte, Hanover, New Hampshire, 1987.

VERSOS SENCILLOS DE JOSÉ MARTÍ

Cultivo una rosa blanca,
En julio como en enero,
Para el amigo sincero
Que me da su mano franca.

Y para el cruel que me arranca
El corazón con que vivo,
Cardo ni ortiga cultivo:
Cultivo una rosa blanca.

Yo soy un hombre sincero
De donde crece la palma;
Y antes de morirme quiero
Echar mis versos del alma.

Yo vengo de todas partes,
Y hacia todas partes voy:
Arte soy entre las artes;
En los montes, montes soy.

Si dicen que del joyero
Tome la joya mejor,
Tomo aun amigo sincero
Y pongo a un lado el amor.

Mi verso es de un verde claro
Y de un carmín encendido
Mi verso es un ciervo herido
Que busca en el monte amparo.

Mi verso al valiente agrada:
Mi verso, breve y sincero,
Es del vigor del acero
Con que se funde la espada.

CAMBALACHE (TANGO)

El mundo fue y será una porquería, ya lo sé
en el quinientos diez y en el dos mil también.
Que siempre ha habido chorros, maquiavelos y estafaos, contentos y amargaos, valores y
    doblez.
Pero que el siglo XX es un despliegue de maldad insolente,
ya no hay quien lo niegue,
vivimos revolcaos en un merengue
y en el mismo lodo, todos manoseaos
Hoy resulta que es lo mismo ser derecho que traidor,
ignorante, sabio, chorro, pretensioso, estafador.
Todo es igual, nada es mejor,
lo mismo es un burro que un gran profesor,
no hay aplazao, ni escalafón,
los inmorales nos han igualao.
Si uno vive en la impostura
y otro afana en su ambición
da lo mismo que sea cura, colchonero, rey de basto
caradura o polizón.
Qué falta de respeto, qué atropello a la razón,
cualquiera es un señor, cualquiera es un ladrón,
mezclao con dos canillas va Scarpazo y Napoleón,
Don Bosco y Damignon, Carrera y San Martín,
igual que en la vidriera irrespetuosa de los cambalaches
se ha mezclao la vida y herida por un sable
sin remache, desorar la Biblia junto a un calefón.
Siglo XX, cambalache, problemático y febril,
el que no llora no mama y el que no afana es un gil.
Dale que va, dale no más
Y allá en el horno se vamo a encontrar.
No pensés más, sentate a un lao
que a nadie le importa si naciste honrao.
Si es lo mismo el que labura, noche y día como un buey
que el que vive de las minas que el que mata,
que el que bura o está fuera de la ley.

SPANISH–ENGLISH GLOSSARY

The words in this glossary provide definitions that relate specifically to contexts in this book. The gender of nouns is indicated only when the noun ending is other than **a** or **o**. Adjectives are listed in the masculine form.

Following the Spanish Royal Academy's new decisions about alphabetization in Spanish, words beginning with **ch** and **ll** are included in the **c** and **l** sections, as in other Western languages. Words that include **ch** and **ll** internally are alphabetized as in English; **ñ** follows **n**.

The following abbreviations are used: *f* feminine, *m* masculine, *mf* masculine and feminine, *pl* plural.

A

abarrotar   to overstock
abstraído   abstracted
acaloradamente   with agitation
acecho: en acecho   to lie in ambush
acéfalo   without head
acera   sidewalk
acertar   to guess right
achaque *m*   chronic ailment
achicar   to lessen
acontecimiento   event
acorralada   trapped
acotaciones *f pl*   annotations
acre   acrimonious
acuoso   watery
adelanto   progress
adelgazar   to lose weight
adular   to flatter
afanar   to work
agallas *f pl*   guts
agrado   liking
agrio   sour
aguacate *m*   avocado
águila   eagle
ahijado   godson
ahogarse   to drown
ahorrar   to save
ahumado   smoky
alardear   to boast
alberca   pool
albergue *m*   shelter
alcalde *m*   mayor

alcance: al alcance   within reach
aldea   village
alfombra   rug
algarabía   shouting
algodón *m*   cotton
alhaja   gem
alimentar   to feed
almacén *m*   department store; warehouse
almíbar *m*   syrup
almidón *m*   starch
almohada   bed pillow
alojar   to lodge
alpargata   cloth shoe
ambiente *m*   environment
amenazador   threatening
amparo   protection
analfabetismo   illiteracy
anciano   old person
anhelado   longed for vehemently
anidar   to nest
anochecer *m*   nightfall
antiguo   ancient; old fashioned
anuncio   announcement; ad, sign
anzuelo   fishing hook
apacible   placid
apartar   to set aside
apegado   attached to, close to
apellido   surname
apertura   opening
aplazar   to postpone
aplicado   studious
apocado   timid, fearful

apodo   nickname
aportar   to contribute
aporte *m*   contribution
aposento   bedroom
apoyar   to back; to support
apoyo   support
aprendizaje *m*   learning
aprisa   in a hurry
apuesta   bet
araña   spider
ardilla   squirrel
aro   hoop
arrasar   to level
arrinconar   to corner
arrojo   bravery
artesanía   craft
asaltadores *m pl*   muggers
asistentes *mf*   people attending an event
asistir a   to attend
asombrado   astonished
áspero   rough
ataviado   dressed
atento   polite; attentive
atracar: atracar un barco   to approach land
atuendo   garment
atún *m*   tuna (fish)
audaz   daring
aula   classroom
avergonzarse   to be ashamed
averiguar   to find out
aviso   notice
ayuno   fast (no food)
azotea   walkable roof

B

baba   drivel
bachiller *mf*   high school graduate
bahía   bay
baratija   trinket
barniz *m*   varnish
barriga   belly
barro   mud
bastón *m*   cane
bienestar   well-being
blanduzco   soft
bohío   Indian hut
boina   beret
bombín *m*   Derby hat
bonaerense   from Buenos Aires
bordar   to embroider
bosque *m*   woods
breve   brief

bufete *m*   lawyer's office
bullicio   noise; bustle
burlarse   to make fun of
búsqueda   search

C

cabecear   to nod in sleep
cabecilla   head of a gang
cabello   hair
cabilla   iron bar
cacería   hunting
chafalina   type of scarf
cajero   cashier
caldo   broth
calefón *m*   warm place; heater
cálido   warm
callado   quiet
callejero   on the street
calzado *m*   shoe (noun; **calzado** wearing shoes)
camarón *m*   shrimp
cambalache *m*   shady bartering
camilla   stretcher
camisón *m*   women's underwear
campana   bell
campaña   campaign
campeonato   championship
campesino   peasant
campiña   counstryside
campo   field; professional field
cana   white hair
canalla *mf*   villain; *f*   mob
canilla (*Arg.*)   newsboy
cansancio   fatigue
caña   rum
caño   sewer
capataz *mf*   foreman
capilla   chapel
caracol *m*   shell
caradura *mf*   shameless person
cariño   affection
carnero   ram
carrera   race; career
carreta   oxcart
carriles *m pl*   lanes (road)
cartera   purse
castigado   punished
castigar   to punish
castizo   correct
cataratas *f pl*   waterfall
cavidad *f*   hole
ceguera   blindness
ceiba   gigantic silk-cotton tree

celeste   celestial

cerdo   pig

cereza   cherry

cerilla   match (light)

cerro   hill

cerrojo   lock

cesta   basket

charlar   to chat

chiquillo   boy

chirrido   screech

chocar   to collide

chorro *(lunfardo)*   abusive person

ciego   blind

cieno   mud

cigüeña   stork

ciruela   prune

ciudadano   citizen

clave *f*   code; key, solution

cognado   cognate

colgar (ue)   to hang up

colina   hill

colmar   to fill completely

colmillo   eyetooth; fang

comején *m*   termite

comestibles *m pl*   food

compadrazgo   relationship among parents and godparents

concurso   contest

conseguir   to get

conseja   fable

consejero   advisor

consultorio   physician/doctor's office

contén *m*   edge of sidewalk

contienda   dispute

contorno   silhouette

contrincante *mf*   contender

cónyuges *m pl*   spouses

cordillera   mountain range

cordón *m*   string, cord

coro   chorus; choir

corona   crown

corregir   (i, j) to correct

cortejo   procession

corteza   bark of a tree

cosquillas *f*   tickling

costado   side

costeño   from the coast

costilla   rib

coto *m* **de caza**   hunting ground

creyente *mf*   believer

crianza   raising

criarse   to grow up

crin *f*   mane of a horse

criterio   opinion

cuadra   street block

cuadro   frame; picture

cuantioso   in great quantity

cuartel *m*   army quarters

cubo   bucket

cuclillas: en cuclillas   in a squatting posture

cuestión *(f):* **es cuestión de**   it is a matter of

cumbre *f*   summit

cundir   to spread

cuñado   brother-in-law

cursiva *f (letra)*   italics

D

defraudado   disappointed

deletrear   to spell

denominar   to name

derechista   rightist (politically)

derecho   right (what a person is entitled to)

derretir   to melt

derrotado   defeated

derrotar   to defeat

derrumbarse   to crumble

desagüe *m*   drainage

desaprobar   disapprove

desarrollo   development

desavenencia   discord

descalzo   barefoot

desconocido   unknown

desembolsar   to expend

desempleo   unemployment

desgano: con desgano   reluctantly

deslenguado   foul-mouthed

desorar *(lunfardo)*   to misread

despacho   dispatch, report; office

desparramar   to spread, to scatter

despegar   to take off (airplane)

despilfarrar   to waste

desplazarse   to move toward

despojos *m pl*   human remains

destello   ray of light

desuso: en desuso   obsolete

desvelo   inability to sleep

detenimiento   stop

devoto   pious

difunto   dead person

diseño   design

disfrutar   to enjoy

disgusto   disagreement

disputar   to challenge possession; to dispute

distraer   to distract

divertido amusing
dramaturgo dramatist

E

eficacia usefulness
egoísta selfish
ejército army
elegir to choose; to elect
elogio praise
empaquetar to pack
empresa enterprise
encadenarse to be chained
encaje *m* lace
encantado delighted
encendido lighted
endulzar to sweeten
enfermera nurse
enfilar to go in a specific direction
enfrentarse a to face; **enfrentarse con** to confront
enfurecerse to get furious
engrosar to fatten
enjalma packsaddle, sack on a horse
enjuagar to rinse
enjugar to wipe
enojo anger
enseñanza teaching
enseres *m pl* utensils
enterado to have knowledge of
enterrado buried
entierro burial
entrada entrance; admission ticket
entremezclar to mix
envenenamiento poisoning
envidioso envious
envío remittance
equitación *f* horse riding
erigir to erect
escala scale
escaramuza skirmish
escarmiento: dar un escarmiento to inflict punishment
escaso scarce
escenario stage
escoba broom
escollo difficulty
escolta personal guard
escrito writing; *adjective* written
escritorio desk
escritura writing
escrutar to examine carefully
escudo seal of a country

escupir to spit
eslabón *m* chain link
espada sword
espantado terrified
especia spice
especie *f* species
espesar to thicken
espeso thick
espina thorn
esquema outline
esquivar to avoid
estadía stay
estadista *mf* stateman
estallar to explode
estampa image
estampilla stamp
estatura height
estirar to stretch
estorbo impediment
estruendo loud noise
etapa period, time
éxito success
extranjero foreigner

F

fabricante *mf* manufacturer
fallecer to die
fango mud
feligrés *m* parishioner
féretro coffin
ferrocarril *m* railroad
fiel faithful
fieles *mf pl* Catholics
finca farm
flecha arrow
flores silvestres *f pl* wild flowers
flotilla fleet
folleto brochure
foráneo from outside
fortaleza fortress; strength
fósforo match (light)
fracaso failure
frenos *m pl* brakes
frutero fruit vendor
fuente *f* source; fountain
fulgurante sharp; flashing
funcionario government official

G

gafas *f pl* eyeglasses
gama range, assortment
ganado (*vacuno*) cattle

ganancia profit
garabatear to scribble
gastado worn out
gastos *m pl* expenses
gemido moan
gentileza charm; courtesy
gentío crowd
gerundio gerund, present participle
gestión *f* effort, action
gil *m (lunfardo)* important, admired
gimotear to cry often
girasol *m* sunflower
gitano gypsy
globo balloon
gorra cap (commonly with a visor)
gorro cap
gotita droplet
grado grade (rank), degree (temperature)
gritería screams
grosero rude, vulgar
guacamayo type of parrot
guayaba guava
guerrillero guerrilla fighter
guía *mf* guide, director; *f* plan
guisar to cook
guiso stew

H

habla *m* speech; language
hablador (a) talkative
habladuría gossip
hablante *mf* speaker
hallazgo find
harapos *m pl* rags
hazaña heroic feat
heces *f pl* feces
heredero heir
hereje *mf* heretic
herencia heritage
herramienta tool
hierba grass
higo fig
hijastro stepson
hilacha thread out of a cloth
hincapié: hacer hincapié to emphasize
hinchado swollen
hinchazón swelling
hogar *m* home
hoguera bonfire
hojear to leaf (a book)
honrar to honor
horca gallows

hormiga ant
horno *(lunfardo)* hell
hostigamiento hostility
huérfano orphan
huésped *mf* guest
hundirse to sink
huraño intractable

I

idioma *m* language
ignominia indignity
impedido disabled
impedir to hinder
importe *m* amount
impregnarse to get saturated
impuestos *m pl* taxes
incauto unwary
incendio fire
incómodo uncomfortable
ínfulas *f pl* presumption
ingenioso creative
injuria insult, offense
inoportuno inconvenient
insigne illustrious
intemperie: a la intemperie outside
inundación *m* flood
ira wrath
islote *m* small island
izar to raise (a flag)
izquierdista leftist (politically)

J

jamaiquino from Jamaica
jerga slang
jeringuilla syringe
jeroglífico hieroglyphic
jicotea turtle
jimagua *mf* twin
jinete *mf* horse rider
jocoso playful
juego game
juez *m* judge
juguete *m* toy
jurado jury
jutía edible rodent *(Cuba)*
juzgar: a juzgar por judging by

L

labranza cultivation
lacrimoso weeping
lágrima tear
lastimado hurt
leal loyal

lectura   reading
legumbre *f*   legume
lento   slow
leña   firewood
letra   lyrics; **letras** *f pl*   letters (literature)
letrero   sign
levantar   to lift
leyes *f*   laws
litigio   dispute
liviano   light (weight)
llamarada   flame
llantas *f pl*   tires
llanto   cry
locuaz   talkative
lumbre *f*   fire; light
lunfardo   Buenos Aires slang
lustre *m*   shine
lustroso   shining
luto   mourning

M

macizo   solid
madero   piece of wood
madrastra   stepmother
maduro   ripe
majadería   nonsense
mal de ojo *m*   evil eye
maltratar   to mistreat
mambí *m*   fighter for Cuban independence
mancilla   blemished reputation
mandato   order, command
manta   cover
mantener   to provide for
mantilla   type of veil made of lace
maqueta   model (to scale)
maquiavelo *(lunfardo)*   admirer of Machiavelli
marco   frame
márgenes *f pl*   banks of a river
marrón   brown
martillo   hammer
mazorca   ear of corn
mecha   wick (of candles)
mediodía *m*   noon
mejilla   cheek
mentir (ie)   to lie
mercader *m*   merchant
merienda   snack
mestizo   mixture of White and Indian
meta   goal
mezclar   to mix
milagro   miracle

mirilla   peep hole
mito   myth
mochila   knapsack
molestia   nuisance, bother
monja   nun
montero   farm worker
morado   purple
morcilla   blood sausage
mordedura   bite
muchedumbre *f*   crowd
mueble *m*   piece of furniture
mueca   grimace
muelle *m*   port deck; *adjective*   comfortable
mullido   soft, comfortable
muralla   defensive wall
muro   stone wall

N

nave *f*   airplane
netamente   purely
nido   nest
niñez *f*   childhood
nobleza   nobility
noviazgo   courtship
nudo   knot
nuera   daughter-in-law
nuez *f*   nut

O

obrero   worker
obstruído   blocked, obstructed
oculto   hidden
ojeada   glance
oloroso   perfumed
opositor *m*   contender
oración *m*   prayer, grammatical sentence
orar   to pray
ordenar   to put in order; to put everything in place
otorgar   to concede, to give
oveja   sheep

P

padrastro   step-father
pagar mal   to behave badly
paisaje *m*   landscape
pájaro   bird
pala   oar
palear   to row
palo   stick
pantalla   film screen
pantorrilla   leg
paño   cloth; woolen cloth

par: a la par   as a pair
parecido   similar
pareja   pair
parentesco   relationship
pariente *m*   relative
partido   game; party
párrafo   paragraph
pasaje *m*   fare; passage of a book
pasmado   paralyzed
pasto   pasture
patilla   sideburn
patria   motherland
pavo real *m*   peacock
peatones *m pl*   pedestrians
pecho   chest
pedrada   blow with a stone
pelaje *m*   hair
pelele *m*   large human figure
película   film
peligroso   dangerous
peluca   wig
pena   sorrow
penumbra   darkness
peña   rock
pérdida   loss
perdido   lost
peregrinar   to wander
pereza   laziness
perezoso   lazy
perfil *m*   profile
personaje *m*   character (play, novel)
pesa   scale
pesadilla   nightmare
pesadumbre *f*   affliction
pesar *m*   grief
pescuezo   neck of an animal
peste *f*   bad odor
picada   path
piel *f*   skin
pintoresco   colorful
pista   trace; arena
planilla   application form
platicar   to talk
platillo   cymbal
plato   dish
plaza   square
plebeyo   plebeian, vulgar
plegaria   prayer
plumero   duster
poblar (ue)   to populate
poder *m*   power
podrida   rotten

polígloto   multilingual
polizón *m* (lunfardo)   bum
pomada   pomade
poro   pore
porteño   from Buenos Aires
poste *m*   pole
postergar   to hold back, to delay
prado   meadow
preceder   to precede
predecir   to predict
prenda de vestir   clothes
prendida   attached
prescindir   to omit, to do without
presidir   to preside
preso   in jail, held
primeriza   first-time mother
primogénito   firstborn
prisa   haste
proceder   to proceed
prole *f*   offspring
pueblo   nation, town
puntilla   nail
puño   fist
pupitre *m*   school desk

Q

quebrar   to break
quehaceres *m pl*   chores
quemante   burning
querella   complaint
querencia   love
quimera   illusion
quiteño   from Quito

R

raíz *f*   root
rajadura   crack
rama   branch of a tree
ramo   field
rapado   head-shaved
rasguear   to string (a guitar)
raso   lowest rank of a soldier
raya   line, stripe
rebaja   discount
rechazar   to reject
recién nacido   new born
recogerse   to withdraw into oneself; to retire to rest
recompensa   reward
recóndito   hidden
recursos *m pl*   resources
redactar   to write

redoble *m*   double beat on a drum
refugiado   refugee
refulgente   brilliant
regañar   to scold
regazo   lap
regocijo   merriment
rehacer   to do, to make again
rehenes *mf pl*   hostages
reino   kingdom
relampagueo   lightning; flash
rellenar   to fill to capacity
remanente *m*   remnant
remitir   to send
remontarse   to go back in time
rendir culto   to worship
renglón *m*   product
repicar   to toll (bells)
reposado   calm
rescate *m*   rescue
resorte *m*   gadget
respecto de   respective of
respeto   respect
restos *m pl*   remains of a person
resuello   heavy breathing
retazo   piece of cloth
retozo   frolic
revisar   to check
revista   magazine
rey de bastos *m*   card in the Spanish cards
riesgoso   risky
rizar   to curl
rizo   curl
rocío   dew; sprinkling
rostro   face
rotura   fracture, breakage
rozamiento   friction
rueda   wheel
rugido   roar

S

sabiduría   wisdom; knowledge
sabroso   tasty
sacerdote *m*   priest
sacudir   to get rid of; to dust
salpicar   to spatter, to sprinkle
santoral *m*   saints' calendar
segundo: de segunda mano   second hand
selva   jungle
selvático   from the jungle
sembrado   sowing field
semejante   similar
semilla   seed

sendero   path
seña   signal
señalado   indicated
sequedad *f*   dryness
sereno   night watchman
seres *m pl*   beings
serrano   from the highland
sien *f*   temple (*anatomy*)
siesta   nap
siglo   century
solicitud *f*   request
solitario   alone; deserted
sombra   shadow; shade
sonambulismo   sleep walking
sonetista *mf*   sonnet writer
sorbitos: a sorbitos   in slow sips
sortear   to cast lots
sudor *m*   sweat
sudoroso   sweating
suegro   father-in-law
sueldo   salary
suelo   soil
sujeto   a person; subject of a sentence
suplicar   to beg
suplicio   torture
surgir   to spring from; to appear suddenly
susto   scare
susurrar   to speak in a soft voice

T

tallo   stem of a plant
tamaño   size
tañer   to toll (bells)
tapia   stone wall
taquilla   ticket window
tasa   rate
tea   torch
techo   ceiling
tejado   roof
tejedor *m*   weaver
tela de araña   spider web
tema *m*   theme
temporada   season of an event
teniente *m*   lieutenant
terco   obstinate
ternero   calf
terremoto   earthquake
tierra adentro   inland
tocado   headdress
tocayo   namesake
tomillo   thyme (herbal)
tornillo   screw

toronja grapefruit
trapear to mop
trapo rag
tratado treaty
trenza braid
trenzar to braid
trigo wheat
trillo path
trombosis *f* stroke
tronar to thunder
tubular tube shaped
tuerto one-eyed
tupido thick
tutear to use the informal you (**tú**)

U

ubicado placed
umbilical pertaining to the navel
unión *f* unification
unísono; al unísono at the same time
untar to spread on

V

vaciar to empty
vacilar to hesitate
vahído fainting spell
vajilla set of plates
valentía bravery
vástago son or daughter
vecino neighbor
vejado humiliated
vejar to vex
vejete *m* old person (*pejorative*)
vela: en vela without sleep
veleidoso inconstant
veloz quick
venganza revenge
vengarse to avenge
verduras *f pl* legumes
verruga mole (skin)
vertiente *f* side; slope

vía route
viajante *mf* salesman (representative of a company)
viajero traveler
viciado contaminated
vidrio glass
vientre *m* abdomen
vinícola of wine
violar to rape
virar to turn around; to return
virrey *m* viceroy
vistazo glance
vitalicio for life (pension or benefit)
víveres *m pl* food
vivienda dwelling
vivo bright (color)
vocablo word
voltear to turn over
vos sos (*Arg.*) you are
vuelco turnover

Y

yararacusú *m* (*Guaraní*) poisonous snake
yarda yard (36 inches)
yegua mare
yema yolk
yerno son-in-law
yerto rigid
yeso gypsum
yugo domination: yoke

Z

zalamero flatterer
zanahoria carrot
zancadilla: poner una zancadilla to trip someone
zángano male bee
zapatilla slipper
zonzo dumb
zumbido buzzing
zumo juice

PHOTO CREDITS

Chapter 1 Page 17: José Fuste Raga/The Stock Market. Page 20: Hugh Sitton/Tony Stone Images/ New York, Inc. Page 23: Courtesy New York Public Library. Page 27: Jon Bradley/Tony Stone Images/ New York, Inc. Page 34 (left): Mark Antman/The Image Works. Page 34 (right): Peter Menzel/Stock, Boston. **Chapter 2** Page 37: Hugh Rogers/Monkmeyer Press Photo. Page 39: Stuart Cohen/Comstock, Inc. Page 40: Jim Fox/Photo Researchers. Page 46: Carl Frank/Photo Researchers. Page 52: Ulrike Welsch Photography. **Chapter 3** Page 56: Courtesy Northrop Corporation. Page 62: Alan Carey/The Image Works. Page 69: Stuart Cohen/Comstock, Inc. Page 72: Greg Gorman/Gamma Liaison. **Chapter 4** Page 76: Beryl Goldberg. Page 77: Hugh Rogers/Monkmeyer Press Photo. Page 81: Barbara Rios/Photo Researchers. Page 86: Hugh Rogers/Monkmeyer Press Photo. Page 87: Courtesy Goya Foods, Inc. Page 91: Courtesy Key Foods. Page 93: Raphael Gaillarde/Gamma Liaison. **Chapter 5** Page 98: Jim Becchione/Gamma Liaison. Page 100: Peter Menzel. Page 104: Peter Menzel/Stock, Boston. Page 106: Peter Menzel/Stock, Boston. Page 109: Owen Franken/Stock, Boston. **Chapter 6** Page 116: Al Diaz/The Miami Herald/Sygma. Page 121: Allan Tannenbaum/ Sygma. Page 123: Peter Menzel/Stock, Boston. Page 127: Courtesy D. Wiley. Page 135: Culver Pictures, Inc. **Chapter 7** Page 139: Huburtus Kanus/Photo Researchers. Page 140: Mary Ann Hemphill/Photo Researchers. Page 142: Courtesy Dominican Tourist Information Center. Page 147: Hugh Rogers/Monkmeyer Press Photo. Page 151: Nick Nicholson/The Image Bank. **Chapter 8** Page 154: Paul S. Howell/Gamma Liaison. Page 156: Jim Harrison/Stock, Boston. Page 162: Hermine Dreyfuss/Monkmeyer Press Photo. Page 166: Arvind Garg/ Photo Researchers. Page 170: Peter Menzel/Stock, Boston. **Chapter 9** Page 174: (C) Stuart Cohen Photographer. Page 175: Marc Solomon/The Image Bank. Page 179: Carl Frank/Photo Researchers. Page 184: David Hume Kennerly/Gamma Liaison. Page 186: Carolyn Redenius/Monkmeyer Press Photo. **Chapter 10** Page 189: George Holton/Photo Researchers. Page 195: Peter Menzel/ Stock, Boston. Page 200: Peter Menzel. **Chapter 11** Page 205: P.Bosio/Gamma Liaison. Page 211: R. Kalman/The Image Works. Page 215: Catherine Ursillo/Photo Researchers. Page 220: David Kupferschmidt/Sygma. **Chapter 12** Page 223: Larry Ulrich/Tony Stone Images/ New York, Inc. Page 228: Arlene Collins/Monkmeyer Press Photo. Page 229: Audrey Gottlieb/Monkmeyer Press Photo. Page 232: Carl Frank/Photo Researchers. Page 238: Jane Latta/Photo Researchers. **Chapter 13** Page 242: Owen Franken/Stock, Boston. Page 243: Will & Deni McIntyre/Photo Researchers. Page 246: Algaze/The Image Works. Page 251: Wallet/Gamma Liaison. Page 254: Carl Frank/Photo Researchers. **Chapter 14** Page 260: Jerry Frank. Page 262: Peter Menzel. Page 265: Stuart Cohen/ Comstock, Inc. Page 268: Peter Menzel/Stock, Boston. Page 272: Bettmann Archive. **Chapter 15** Page 277: Culver Pictures, Inc. Page 278: Peter Menzel/Stock, Boston. Page 282: Hugh Rogers/Monkmeyer Press Photo. Page 287: Peter Menzel/Stock, Boston. Page 289: Comstock, Inc. **Chapter 16** Page 297: Peter Menzel. Page 298: Carl Frank/Photo Researchers. Page 304: Peter Menzel/Stock, Boston. Page 310: Eric Wessman/Viesti Associates, Inc. **Chapter 17** Page 313: Courtesy Embassy of Peru. Page 316: Stuart Cohen/Comstock, Inc. Page 322: Carl Frank/Photo Researchers. Page 328: Stuart Cohen/Comstock, Inc. **Chapter 18** Page 332: Ira Kirschenbaum/Stock, Boston. Page 333: Paul Conklin/ Monkmeyer Press Photo. Page 337: Ulrike Welsch/Photo Researchers. Page 340: George Holton/Photo Researchers.

INDEX

A, sonido 24
Abreviaturas, 387
Acento, 85
  clasificación, 85
  reglas, 86, 101, 130
Actitud, altitud, aptitud (confusión de palabras), 342
Adjetivo, 279
  alteración de la posición normal de los adjetivos, 279
  apócope (contracción), 282–283
  comparación regular e irregular, 226–227
  compuestos en inglés y sus equivalentes en español, 231
  demostrativos, 335–336
  posición invariable en frases hechas, 283
  superlativos, 227
  terminaciones *ing* y sus equivalentes en español, 231
  uso del participio pasado como adjetivo, 226
Admiración, signo de, 182–183
Adverbio, 349–350
  abreviación, 350
  clases, 350
  comparación irregular, 350
  diminutivos, 350
  formación, 349
  frases adverbiales, 351
Alfabeto, letras sencillas y dobles, 24
Alsolver–absorber (confusión de palabras), 342
Amenizar-amenazar (confusión de palabras), 342
Americanismos, 18
Antiguo, equivalentes en inglés, 197
Apertura-abertura-obertura (confusión de palabras), 89
To apply, equivalentes en español, 168
Arcaísmos, 19
Artículo, 79
  artículo indefinido, omisión, 83
  artículo indefinido en expresiones idiomáticas en inglés, 88

artículo neutro **lo,** 82
concordancia de artículo y sustantivo, 80
contracción del artículo **el,** 81
refranes que omiten el artículo, 84
uso del artículo definido, 79
omisión, 80
Asar-azar-azahar (confusión de palabras), 393
To ask, equivalentes en español, 286
Asistir, equivalentes en inglés, 68
Asterisco, 182–183
Atracar, equivalentes en inglés, 391
Aumentativos, 104

B, sonido, 24,
  uso, 134
Back y *to back,* equivalentes en español, 106–108
Because, equivalentes en español, 250–251
Begining, equivalentes en español, 89
Borrador (escritura), 15
Bosquejo (escritura), 15
But, equivalentes en español, 384

C, sonido 24
uso, 32
Cargar y sus equivalentes en inglés, 217
Cláusulas con si, 385–386
Casi, 285
Ch, 24
Cognados: 27
  actually vs. **actualmente,** 168
  alms vs. **almas, 109**
  assistance-attendance vs. **asistencia,** 233
  audience vs. **audiencia, 181**
  cognados con c, 28
  couch vs. **caucho, 197**
  cube , bucket vs. **cubo, 28**
  cult vs. **culto,** 325
  disgust vs. **disgusto,** 181
  exit vs. **éxito, 68**
  grade vs.**grado, grada,** 198
  large vs. **largo, 133, 168**

mayor vs. **mayor, 88**
mm-mn (inglés) vs. *m-nm* (español), 30
ch vs. q, c, 28
parcel vs. **parcela,** 234
policy-police-politics vs. *política-policía-póliza,* 233
pp (inglés) vs. **p** (español), 30
pretend vs. **pretender, 391**
principal vs. **principal, 325**
public vs. **publico, 81**
rope vs. **ropa, 88**
support vs. **soportar, 324**
vulgar vs. **vulgar, 27**
Colectivos, Coma, (signo), 182–183
Comillas, (signo) 182–183
Complemento directo e indirecto, 318
Complemento indirecto, uso especial, 320
Composición: 20
  actividades preparatorias, 21–22
  sugerencias sobre la redacción, 14–15
Comprensión, 10–11
  de definiciones y palabras, 10–12
  de ideas similares, 12–14
Concordancia de artículo y sustantivo, 80
Concordancia de sujeto y verbo, 194
Condicional (verbo), uso, 301
  probabilidad en el pasado, 301
Conjunciones, 383
  pero-sino-sino que, 384
Consonantes, sonidos, 24–25
Consumar-consumir (confusión de palabras) 354,
Contracción del artículo definido, 81
Convertirse en, 267–269
Corchetes. 182–183
Correspondencia comercial, 388
Cuyo, (pronombre relativo), 338–339

D, sonido, 24
  uso, 198

Definiciones y palabras (comprensión), 10–12
Despectivos, 105
Destrucción del diptongo por el acento, 86
Diéresis o crema (signo), 182–183
Diminutivos, 104
Diptongo, 42

E, sonido, 24
Escritura, 14–15
Esdrújulas, 85
Espiral-espirar expirar (confusión de palabras), 393

F, sonido, 24
To fail, equivalentes en español, 352–353
Figure, equivalentes en español, 181
Former and latter, equivalentes en español, 181
Frases completas (lectura rápida, 6
Frases con *for,* 367–368
    to ask for, 367–368
    to look for, 3367–368
    to pay for, 367–368
    to search for. 367–368
    to be sorry for, 367–368
    to be thankful for, 367–368
    to wait for, 367–368
Frases sinónimas, 9–10
El futuro (verbo) regular e irregular, 145
otros usos del futuro, 146
F vs. **ph, 31**

G, sonido, 24
    uso, 270
Galicismos, 18
Gentilicios, 249
Gerundio, simple y compuesto, 124
To get, equivalentes en español, 403–405
To grow, equivalentes en español, 181
Guión, 182–183
Gustar, estructura, 321

H, sonido, 4
    uso, 218
Haber, (verbo auxiliar), 125
Hacerse, 268
Hacerse de, 268
Homófonos: 169
    con b y v, 169
    con c y s, 70–72
    con h y sin h, 234–236
    con ll y con y, 372–373
    con s y z, 110–111

I, sonido, 24
Imperativo, 177
Irregularidades en los mandatos con tú, 177
Imperfecto (indicativo), 213
    cambio de significación con el pretérito o el imperfecto, 214
    uso, 213–214
Los indefinidos unos-unas, 83
Indicativo, 125
    cambios ortográficos e irregularidades en el presente, 126
    tiempos compuestos, 303
El infinitivo, 124
La interjección, 402
La interrogación (signo), 182–183
Italianismos, 18

J, sonido, 24
    uso, 270, 287

K, sonido, 24
Key, equivalentes en español, 67
Kind vs. **suerte,** 69

L, sonido, 24
Letras sencillas y dobles, 25
Let's, equivalencia en español, 178
Ligar–legar-legal (confusión de palabras), 392–393
Luck vs . **suerte,** 89
LL, sonido, 24
LLave, (signo), 182–183
Llegar a ser, 268

M, sonido, 25
Mandatos impersonales e indirectos, 177
Mayúsculas y minúsculas, 102
Meterse a, 269
Modismos, 21, 58, 298, 381
Monosílabos, acentuación, 101
To move, equivalentes en español, 285

N, sonido, 25
Neologismos, 28
Número de los sustantivos, 262
Ñ, sonido, 25

O, sonido, 24
Opening, equivalentes en español, 89
La oración, 192
    clases, 192–193
    estructura, 193
    núcleos, 193–194
    oraciones impersonales, 193
    orden de los elementos en la oración, 195

principal y subordinada, 195,
simple y compuesta, 195

P, sonido, 25
Palabras, 59
    cambios de significación unidas o separadas, 406
    clasificación, 59
    derivadas, ie>e, ue>o, 60
    distinción de palabras, 4–6 familia de palabras, 60
    parasintéticas, 59
    percepción visual, 2–4
    Pronunciación, 85
    reconocimiento, 1–2
    simples y compuestas, 59
    sinónimas, 7–8
Para, uso, 365–367
Paréntesis (signo), 182–183
Parónimos, 236, 354–355, 392–393, 342
Parónimos con **h** y sin **h**, 236–237
Participios, 124
Participios irregulares, 143–144
Participios usados como adjetivos, 226,
Patrón, equivalentes en inglés, 325
Pero, 384
Ph vs. **f, 31**
Planta, equivalentes en inglés, 109
Plural:
de los apellidos, 263
    cambio de significación de palabras en plural o singular, 263
    diferencias entre inglés y español
    en el uso del plural, 148
    frases idiomáticas, singular y plural en inglés y español, 148
    de los nombres compuestos, 263
    palabras que sólo se usan en plural, 263
Ponerse, 267
Por, uso, 365–36
Por poco, 285
Preceder-proceder-predecir-presidir (confusión de palabras), 354–355
Prefijos, 63
    super, 68
    sobre, 68
Preposiciones, 363–364
    equivalentes especiales de ciertas preposiciones, 369–370
    uso del infinitivo después de preposición, 370
Préstamos de la lengua, 47–49

Pretérito, 209
almost + preterit vs. **casi+ presente, 285**
cambios ortográficos, 210
cambios propios, 209
formas regulares e irregulares, 209–211
uso, 209
verbos terminados en **ear,** 211–212
Pronombres, 317
demostrativos, 335–336 indefinidos, 339
reflexivos, uso especial, 322–323
relativos, 336–338
Provenir-porvenir-prevenir, 355
Puntuación, (signos), 182–183

Q, sonido, 25
Quedarse, 267–269

R, sonido, 25
diferencia de sonido entre **d** y **r**, 252–253
diferencia entre **l** y **r** al final de palabra, 252
uso, 252
To raise, equivalentes en español, 216
Raíz o radical, 63, 124
La raya (signo), 182–183
Real, equivalentes en inglés, 109
To realize, equivalentes en español, 133
Recíprocos (verbos), 324
Reflexivos, 321–322
Refranes, 33, 84, 151, 185
Relativo cuyo, 338–339
Revisión, (redacción), 15
Right, equivalentes en español, 132
Rozar-rociar- (confusión de palabras) 393
RR, sonido, 25
letra sencilla, 25
uso, 252–253

S, sonido, 25
uso, 51

To save, equivalentes en español, 285
Shade, equivalentes en español, 89
Si, (cláusula con), 385–386 Sílaba, 44
división, 44–45
recomendaciones sobre el silabeo, 45
Singular y plural, frases idiomáticas en inglés y español, 148–150
Sinónimos(frases), 9–10
Sino-sino que, 384
Sión (terminaciones), 51
Sonido de letras del alfabeto, 24, 25
Subjuntivo, 158
cambios ortográficos en el presente, 159
formas del presente, 158
imperfecto, 163
irregularidades en el presente, 160–161
irregularidades en el imperfecto, 164
secuencia de tiempos, 165
tiempos compuestos del subjuntivo, 179
uso del imperfecto, 164
Suerte vs. kind, luck, 89
Sufijos, 63Z
Sujeto, concordancia con el verbo, 194
Sustantivo, 246
género, 246–248
número, 262

T, sonido, 25
To take, equivalentes en español, 65–66
Than, equivalentes en español, 250
Tiempo, equivalentes en inglés, 341–342
Tratar, equivalentes en inglés, 305–306
Triptongos, 42
To turn, equivalentes en español, 390
Type vs. **suerte, 89**

U, sonido, 24

V, sonido, 25
uso, 149
Variantes pronominales, 318
Verbos, 123
cambios de significación de algunos verbos, 214
concordancia de sujeto y verbo, 214
diptongación de vocal en la raíz, 126
haber (verbo auxiliar, 125
infinitivo, 124
participios regulares e irregulares, 142–143
raíz, 124
recíprocos, 324
reflexivos, 321–322
regulares e irregulares, 124
terminados en **uir** que agregan **y,** 126
verb+ for, equivalentes en español, 367–368
Vez (expresiones con), 342
Vocales, 24
Volverse, 267–268
Voseo, 19

W, sonido, 25
Wild, equivalentes en español, 391
Would, equivalentes en español, 305–306

X, sonido, 25
Xión (terminación), 51

Y, sonido, 25
uso, 326
Yeísmo, 19
Y vs. **LL**, 372–373

Z, sonido, 25
uso , 90
Z vs. S, 25